NOUVELLE HISTOIRE
DE L'OCCUPATION

DU MÊME AUTEUR

L'Histoire des paysans français, Perrin, 2016 ; coll. «Tempus», 2019.

La Grande Guerre des civils (1914-1919), Perrin, 2013 ; coll. «Tempus», 2018.

Il y a 50 ans Mai 68, Larousse, 2018.

L'Exode. Un drame oublié, Perrin, 2010; coll. «Tempus», 2013.

Histoire de la gendarmerie, Calmann-Lévy, 2000; coll. «Tempus», 2011.

Dictionnaire de la France sous l'Occupation (avec Bénédicte Vergez-Chaignon), Larousse, 2011.

Les Grandes Affaires criminelles en France aux XIXe et XXe siècles (direction), Geste éditions, 2009.

La Ligne de démarcation, Perrin, 2003; coll. «Tempus», 2010.

Les Résistants (avec Bénédicte Vergez-Chaignon et Robert Belot), Larousse, 2003.

Mars 1942. Un procès sous l'Occupation au Palais-Bourbon, Éditions de l'Assemblée nationale, 2000.

Éric Alary

NOUVELLE HISTOIRE DE L'OCCUPATION

PERRIN

© Perrin, un département de Place des Éditeurs, 2019

12, avenue d'Italie
75013 Paris
Tél. : 01 44 16 09 00
Fax : 01 44 16 09 01

ISBN : 978-2-262-04714-6
Dépôt légal : mars 2019

Mise en pages : Soft Office

À Florence.

À Louis, Anne, Pierre et Gabrielle,
en espérant leur transmettre la passion de l'Histoire et des histoires !

À nos parents et grands-parents,
acteurs et témoins de la guerre et de la reconstruction du pays.

« Tu ne devras jamais aller en France avant d'y pouvoir entrer botté et casqué. »

Vercors, *Le Silence de la mer*,
Paris, Éditions de Minuit, 1942
(Le Livre de Poche, 1979, p. 35)

Sigles et abréviations

Abwehr	Abréviation de *Abwehrstelle Frankreichs* (Service de renseignements de la Wehrmacht)
AS	Armée secrète
BdS	*Befehlshaber der Sicherheitspolizei und des SD* (Commandant de la police de sûreté et du SD)
CAA	Commission allemande d'armistice
CGQJ	Commissariat général aux Questions juives
CNR	Conseil national de la Résistance
DFCAA	Délégation française auprès de la CAA
DGFP	*Documents on German Foreign Policy* (documents sur la politique étrangère allemande)
DGTO	Délégation générale du gouvernement français dans les territoires occupés
DVG	*Deutsche Volksgemeinschaft* (communauté du peuple allemand)
ERR	*Einsatzstab Reichsleiter Rosenberg* (état-major d'intervention Rosenberg)
FK	*Feldkommandantur* (état-major de l'administration militaire allemande à l'échelon du département)
FTP-MOI	Francs-tireurs et partisans-Main-d'œuvre immigrée
GFP	*Geheime Feldpolizei* (police secrète de campagne)
HSSPF	*Höhere SS – und Polizeiführer* (titre du général Oberg à Paris, le chef supérieur des SS et de la police)
Kds	*Kommandeur der Sicherheitspolizei und des SD* (commandant de la Sipo-SD dans les FK, à savoir commandant régional de la police de sécurité et du service de sécurité SS)

KHSF	*Kommandant des Heeresgebiets Südfrankreich* (commandant du territoire d'armée du sud de la France)
LVF	Légion des volontaires français contre le bolchevisme
MAE	Ministère des Affaires étrangères (français)
MBB	*Militärbefehlshaber in Belgien und Nordfrankreich* (gouverneur militaire en Belgique et dans le nord de la France occupée siégeant à Bruxelles)
MbF	*Militärbefehlshaber in Frankreich* (gouverneur militaire en France siégeant à l'hôtel Majestic à Paris)
MUR	Mouvements unis de la Résistance
NSDAP	*Nationalsozialistische Deutsche Arbeiter-Partei* (Parti national-socialiste des travailleurs allemands, parti nazi)
NSV	*Nationalsozialistische Volkswohlfahrt* (Secours populaire national-socialiste)
OBW	*Oberbefehlshaber West* (commandant en chef du front ouest)
OFK	*Oberfeldkommandantur* (état-major de l'administration militaire allemande à l'échelle régionale)
OKH	*Oberkommando des Heeres* (haut commandement de l'armée de terre allemande)
OKW	*Oberkommando der Werhmacht* (Commandement en chef des armées)
PQJ	Police des questions juives
RAD	*Reichsarbeitsdienst* (Service de travail du Reich)
RSHA	*Reichssicherheitshauptamt* (Office central de sécurité du Reich qui inclut la Sipo-SD)
S-Betrieb	*Sperrbetriebe* (entreprise protégée)
SDN	Société des Nations
Sipo-SD	*Sicherheitspolizei Sicherheitsdienst* (Service de renseignements du Reich composé de la Gestapo et de la Kripo)
SS	*Schutzstaffel* (échelon de protection)
STO	Service du travail obligatoire
UGIF	Union générale des Israélites de France

Introduction

En 1949, les derniers prisonniers de guerre allemands quittent le sol français, l'année même où les cartes de rationnement du pain sont supprimées. Étrange collusion de faits. Les Français sont marqués par les années douloureuses de l'occupation allemande et les ex-occupants sont vaincus, écrasés, leurs pays détruit et occupé par les puissances alliées (URSS, États-Unis, Angleterre et France).

La libération du territoire en 1945 ouvre la voie à des années difficiles pour les Français avec le retour à la légalité républicaine, des restrictions alimentaires encore nombreuses et pénibles, la reconstruction du pays, la remise en ordre sur fond de règlements de comptes politiques et idéologiques en pleine guerre froide. Vient aussi le temps de châtier ceux qui ont occupé la France de 1940 jusqu'à 1945 avec l'aide des Italiens pour la partie sud-est du pays. L'histoire contemporaine des Allemands en France a commencé avec la guerre de 1870, puis a continué avec la Grande Guerre. Les deux peuples ont toujours semblé exercer l'un sur l'autre une attraction, une sorte de fascination méfiante parfois, mais la haine l'a emporté à chaque fois, entraînant un long cortège de souffrances.

Assurément, l'occupation allemande de la France a laissé des traces indélébiles depuis 1945, réveillées sans cesse par les enjeux de mémoire, les procès tardifs (Papon, Touvier, Barbie) et les instrumentalisations politiques de cette histoire. Aujourd'hui, la mémoire est apaisée. Les traces de l'Occupation sont toutefois nombreuses dans le pays : les blockhaus sur le littoral, les cimetières allemands, les rues portant le nom de résistants martyrisés par des tortionnaires nazis. Depuis la guerre, la France et l'Allemagne ont franchi de nombreuses étapes pour se réconcilier et créer la CEE (Communauté économique européenne) devenue l'Union européenne. Le général de Gaulle et le chancelier Konrad Adenauer n'ont pas ménagé leurs efforts pour ce faire. Des centaines de comités de jumelage franco-allemands ont vu le jour depuis le début des années 1960, dans des villes et des villages des deux côtés du Rhin. Pourtant, rien ne laissait présager cette longue marche vers l'amitié entre les deux pays. Les souffrances infligées par les occupants allemands en France ont été terribles. Les historiens les connaissent bien, chacun étudiant un aspect particulier de cette présence, vu du côté français essentiellement. Or, une histoire aussi équilibrée que possible se doit de regarder de l'autre côté. Les occupants ont aussi été des pères de famille, des frères, des fils, des filles. Ils ont échangé leurs impressions par des milliers de lettres et d'écrits sur leur situation en France. Certains ont noué des relations amicales avec la population française tandis que d'autres ont commis l'irréparable, des crimes de guerre et des crimes contre l'humanité.

Il est donc temps de rassembler notre savoir sur l'histoire alle-mande de l'Occupation en France, en tenant compte des trois dernières décennies de recherches en Allemagne et en France sur la présence de l'occupant pendant la Seconde Guerre mondiale. Entendue au sens large, cette histoire encore méconnue commence avant la guerre et s'achève après le départ des derniers prisonniers de guerre allemands en 1949. Les plaies de la mémoire des souf-frances, elles, se refermeront plus tard, beaucoup plus tard. Les comportements et les attitudes des Allemands ont été très variés et il n'est pas question de dresser des généralisations abusives. Certains ont aimé la France et se sont demandé ce qu'ils y faisaient sous l'uniforme, d'autres l'ont haïe ou bien ont appris à la découvrir, adoptant une position plus distanciée. Nous nous contenterons d'approcher au plus près les motivations des Allemands en France, mais aussi leurs contradictions, partant de la multiplicité des témoi-gnages, avant d'esquisser une vision d'ensemble.

Historiciser une histoire de l'Occupation vue du côté allemand n'est pas toujours simple. Certains anciens résistants rencontrés dans nos enquêtes historiques précédentes refusaient souvent que l'on évoque l'autre facette de cette histoire restée largement traumatique. C'était sans doute trop tôt ; on risquait même d'être soupçonné de complaisance et de vouloir salir la mémoire de tous les martyrs français du IIIe Reich, tels les Juifs, les résistants, les « indésirables » désignés par Vichy aux Allemands, les Tsiganes, les tirailleurs sénégalais massacrés en 1940, les civils tués dans des conditions atroces à Argenton-sur-Creuse, Maillé, Oradour-sur-Glane, Tulle, entre autres. La présence forcée des Allemands a interrogé les occupés. Que faire ? Les rejeter ? Vivre avec ? Les aimer ? L'Occupation a bouleversé les raisonnements, les habitudes ordinaires et a remis en cause bien des visions de l'humanité. Les Allemands ont provoqué des mutations irréversibles dans la société française, cassant l'unité nationale et ouvrant des blessures difficiles à refermer après la guerre.

Notre objectif, celui de tout historien, est d'expliquer, de donner du sens à ce qui n'en a pas, et non de faire du sensationnel. Ce n'est pas toujours facile d'ausculter cette riche histoire, car certains Allemands ont torturé des Français, en ont tué sans procès et en ont pillé la majorité. Leur action et leur attitude permettent toutefois de comprendre bien des comportements de Français sous l'Occupation et au-delà des années de guerre. Il faut donc embrasser cette histoire de façon à la fois large et croisée. Depuis des décennies, les historiens de la Seconde Guerre mondiale savent qu'il n'est pas aisé d'opérer entre « histoire de France » et « histoire de l'Occupation » ; la première a été largement privilégiée, on l'a dit. On a braqué le projecteur essentiellement sur l'État français et sur les Français sous Vichy. Le renouvellement en ce domaine est indiscutable. En revanche, l'autre versant reste largement à explorer.

Dans les années 1930, les Allemands humiliés jugent les Français présomptueux et entretiennent à leur encontre une solide volonté de vengeance. Les idéologues nazis, à commencer par Hitler et Goebbels, pensent que la France doit être écrasée, rayée de la carte du monde, dans une guerre prochaine qui mènera à la construction d'une Europe allemande. En aucun cas pourtant, et on le verra dans l'ensemble de notre ouvrage, les Allemands ne sauraient former une masse homogène poursuivant les mêmes desseins.

À l'issue de la victoire éclair de 1940, des millions de Français passent sous le joug allemand – une occupation militaire avant tout. Mais un diktat aussi. Sur les deux tiers du territoire national, ils sont occupés, submergés par les hommes et les symboles du nazisme. Les autres vivent soi-disant « libres » sur le dernier tiers du sol national. Par ailleurs, des centaines de milliers d'habitants connaissent une situation inédite sur la ligne de démarcation qui marque l'éclatement du territoire en plusieurs zones.

Jusqu'au 11 novembre 1942, une partie des Français est au contact de l'ennemi qui a installé sa signalétique en langue allemande et vit à l'heure de Berlin. Les occupants dorment et mangent chez l'occupé. Ils se déplacent librement dans les rues et entre les grandes villes ; ils parcourent les campagnes, se nourrissant dans les fermes et achetant tout ce qu'ils veulent avec un Reichsmark surévalué. Ils sont les maîtres du pays. Les Français sont les seuls dans l'Europe occupée à voir leur territoire morcelé non seulement par le IIIᵉ Reich, mais aussi par l'Italie (mais dans une proportion bien plus réduite dans les Alpes et le Sud-Est). La France a déjà été occupée dans le passé, mais à une échelle bien moindre.

Ce régime d'exception augure d'un traité de paix impitoyable, conforme à la volonté francophobe du Führer. Les historiens ont majoritairement privilégié le sujet sous l'angle administratif et institutionnel et dans la seule perspective des politiques menées. Or, il faut aussi étudier les occupants comme une collectivité constituée artificiellement d'hommes – et de quelques femmes – soumis à un entraînement sévère et à une discipline de fer ; leur comportement est révélateur de leur société d'origine et de la manière dont ils vivent et ressentent l'Occupation.

Depuis 1945, des milliers d'ouvrages ont été écrits sur l'occupation allemande en Europe et plus particulièrement en France. Naturellement, on pense à *La France dans l'Europe de Hitler*, écrit par l'historien allemand Eberhard Jäckel, en 1968[1], mais aussi à l'*opus magnum* du Suisse Philippe Burrin, *La France à l'heure allemande*[2], en 1994. Ce dernier a magistralement mis en évidence les silences et l'accommodation de la population française face à la présence allemande. Après Rita Thalmann dans *La Mise au pas*[3], l'historienne française Gaël Eismann a, de son côté, étudié les nombreuses formes de la répression allemande en France au même titre que le juriste et historien Clément Millon[4] a éclairé les historiens sur le joug pesant sur la justice française. La bibliographie en fin d'ouvrage recense les témoignages d'Allemands-occupants, des plus connus (Heinrich Böll, Ernst Jünger, Gerhard Heller) aux plus anonymes des soldats de la Wehrmacht. D'autres historiens et institutions ont également permis d'aborder des sources originales telles que les témoignages écrits, sous forme de lettres, des soldats et des officiers allemands[5]. En Allemagne, depuis les années 1990, d'autres correspondances, mais aussi des albums photo et des journaux intimes ont été étudiés. Leur apport s'avère particulièrement éclairant sur ce que pensent les occupants des Français, des Françaises et des poilus de 14-18. En 2005, après des décennies de collectes, Walter Kempowski a réuni des milliers de sources intimes d'Allemands de la Seconde Guerre mondiale, remises aux Archives de l'Académie des arts à Berlin ; des centres de collectes spécifiques de sources ont ouvert leurs portes pour collecter des lettres ; nous pensons à la *Museumsstiftung Post und Telekommunikation* de Berlin ouverte en 1995. Vingt-huit milliards de lettres auraient été convoyées sur tous les fronts par le service postal de la Wehrmacht (*Feldpost*)[6] ! Les sources allemandes sont aussi très présentes aux Archives nationales en France, en Allemagne (Freiburg im Breisgau est essentiel[7]), mais aussi à l'Institut historique allemand à Paris ; l'Institut d'histoire du temps présent (IHTP) a également mis à la disposition des historiens les rapports du MbF sur Internet.

Nous disposons de nombreuses biographies récentes de chefs nazis et de la Wehrmacht, sans oublier le travail de Barbara Lambauer sur Otto Abetz, qui fit office d'ambassadeur du IIIe Reich à Paris[8]. Nous étudions aussi les Allemands par le prisme des nombreux ouvrages consacrés aux Français sous l'Occupation. En 2006, avec Bénédicte Vergez-Chaignon et Gilles Gauvin, nous avons consacré près de 850 pages à la vie des Français au quotidien entre 1939 et 1949[9], montrant les servitudes de nos compatriotes face au pillage et aux diverses persécutions exercés par les occupants. Les Allemands, nous les retrouvons encore dans les études sur la ligne de démarcation, l'exode de mai-juin 1940, les synthèses sur la Résistance – innombrables –, la persécution des Juifs, des francs-maçons, des communistes, des homosexuels… – la liste n'est malheureusement pas exhaustive. Les rapports occupés-occupants ont également fait l'objet de nombreuses études régionales, souvent minutieuses, permettant des comparaisons essentielles.

Une histoire synthétique de l'occupation par les Allemands s'imposait donc alors que le siècle approche déjà de sa vingtième année. Si l'histoire des Français et celle du régime de Vichy ont occupé l'avant-scène, il faut explorer à frais nouveaux l'histoire du contrôle allemand, celui des habitants, des administrations. L'Occupation, c'est une superposition sur le même territoire de deux souverainetés et en tout cas de deux administrations. Comment les Allemands ont-ils investi la vie sociale des occupés ? Avec quel imaginaire arrivent-ils en France en 1940 ? Quelles ont été leurs projections idéologiques, historiques, culturelles et économiques sur la France depuis la défaite de 1918? Comment les troupes du IIIe Reich arrivent-elles et s'installent-elles en France? Comment évoluent-elles au fil des années? Tiennent-elles compte – et comment – de l'opinion des Français des deux zones? Assurément, les situations sont disparates d'une région à l'autre, et évoluent avec le temps. En regard, le régime de Vichy est un produit de la défaite et de l'Occupation; il faut y revenir. Les Allemands instrumentalisent rapidement les errements du régime et ses divisions. Grâce à la collaboration d'État, le statut de l'Occupation est sans cesse aménagé et corrigé au gré des circonstances. Pour l'occupant, il s'agit aussi et de plus en plus de promouvoir des collaborationnistes, au risque de déstabiliser l'entente avec Vichy. L'Occupation n'est pas seulement politique et militaire; elle est aussi policière, judiciaire, économique et culturelle. Enfin, elle change de registre et de nature à partir du 11 novembre 1942, induisant un durcissement global, par exemple en matière de répressions.

Incontestablement, l'Occupation a engendré des comportements d'adaptation permanente transformant profondément des hommes et des femmes, soit par connivence idéologique, soit par intérêt, soit par bêtise. L'étude d'une masse considérable d'ouvrages et de sources nous montre aussi les divisions entre les services d'occupation. La phase d'invasion passée, la Wehrmacht continue de projeter son identité et celle de sa société d'origine, que ce soit volontairement – à travers notamment ses directives et ses magazines dictant un comportement envers les populations indigènes –, et surtout involontairement. Les Allemands essaient aussi de se détendre pour oublier la guerre. La France, qui doit être le «jardin de l'Europe allemande», est pensée, repensée par les dirigeants du IIIe Reich au fil des événements intérieurs et extérieurs. Mais ne nous y trompons pas, Hitler n'a que faire de la France, qu'il déteste et instrumentalise au gré des circonstances. Nous avons parfois le sentiment que l'improvisation joue un rôle plus important que les stratégies planifiées à long terme pour occuper durablement le pays. L'orgie administrative qui en découle en témoigne; c'est aussi le propre des régimes totalitaires.

L'Occupation a conjugué compromissions, exploitations, blessures, souffrances, malheurs, séparations, divisions, tensions permanentes, incertitudes. Les souffrances qu'elle a suscitées ont été autant physiques que psychiques. Les Allemands ont dû adapter leurs positions en fonction de l'évolution de leur engagement militaire sur plusieurs fronts, le plus souvent en radicalisant les répressions, laissant penser que certains moments de panique ont pu les atteindre, notamment avec l'entrée des communistes dans la lutte armée contre les soldats du Reich, après l'attaque de l'URSS au printemps 1941.

Enfin vient l'heure tant attendue, mais là aussi très complexe et échelonnée, de la Libération. Les Allemands ne triomphent plus. Entre 1945 et 1955 se pose la question du sort de certains criminels nazis. La justice s'interroge et tranche dans la foulée dès le procès de Nuremberg. Certains Allemands ont aussi laissé des enfants en France, ceux que d'aucuns appellent les «enfants de Boche», nés de viols ou d'amours véritables – vécus pendant la guerre, mais aussi entre 1945 et 1949.

Notre ambition n'est pas de proposer une histoire globale de *la France* sous l'Occupation ou *des Français* sous l'Occupation, mais bien – en suivant un fil d'Ariane chronologique – de l'Occupation par les Allemands. La tâche est immense et complexe, mais nous avons relevé le gant dans l'espoir de livrer une synthèse inédite, une «nouvelle» histoire allemande de l'occupation en France composée à partir de la riche bibliographie existante, mais aussi de nouvelles archives, en tentant de conserver la distance critique nécessaire, sans concessions et sans verser non plus dans le simplisme.

1

La montée des tensions

La France et l'Allemagne sont deux nations meurtries par la Première Guerre mondiale. En France, les conséquences de la Grande Guerre ont été terribles sur le plan démographique et économique. La crise de 1929, commencée aux États-Unis, s'y fait sentir à partir de 1931.

Après la Première Guerre mondiale, l'Allemagne est sans Kaiser – renversé – et dotée d'une République socialiste installée à Berlin. Le traité de Versailles l'a reléguée au rang de puissance mineure. Humiliée, elle a perdu ses colonies ainsi que l'Alsace et la Moselle, le Nord-Schleswig, la Posnanie et la Prusse-Occidentale, soit 6 millions d'habitants et 11 % du territoire de 1914. La Sarre est séparée du territoire allemand pour quinze ans ; la rive gauche du Rhin et une bande de 50 kilomètres sur la rive droite sont démilitarisées ; l'armée est limitée à 100 000 hommes. D'autres mesures abaissent encore l'Allemagne, comme l'article 231 du traité qui prévoit le paiement de réparations étouffantes pour le vaincu.

Des penseurs allemands revanchards rêvent alors d'une France dépecée et donnent libre cours à leurs désirs dans des publications. L'arrivée de Hitler au pouvoir en janvier 1933 marque un tournant majeur ; en défendant un programme expansionniste, raciste et nationaliste, cherchant à anéantir définitivement la France avant de se tourner vers la conquête de l'Est européen. L'objectif est de réunir tous les Européens de « race germanique ». De son côté, la France tente de maintenir une politique de non-confrontation avec les Allemands. Au milieu des années 1930, Hitler avance « ses pions » en testant la France et en remilitarisant la Rhénanie. Du côté des alliés antinazis, le pacifisme à tout prix a montré ses ambiguïtés et ses limites. La marche à la guerre devient inévitable. Elle commence par la «drôle de guerre», plusieurs mois sans un coup de feu où les deux ennemis s'observent. Les opinions sont fébriles de part et d'autre du Rhin.

Regards allemands

La France a occupé l'Allemagne et l'Allemagne a occupé la France. Cela est à la base du regard porté par un pays sur l'autre, entre 1918 et 1940. Les visions allemandes de la France sont beaucoup plus disparates que l'historiographie ne l'a perçu jusqu'au début des années 1990. En effet, les historiens ont longtemps résumé l'histoire des relations franco-allemandes à un conflit géopolitique. Or, depuis les années 1910, les Allemands ont porté un regard multiforme sur la France. On distingue, par exemple, une approche nationaliste sur fond d'«amour haine», une approche francophile ou encore ethno-raciste. Ces différents regards ont coexisté dans un contexte de «propagande de paix» hitlérienne jusqu'en 1938, grâce à des ouvrages d'intellectuels allemands, enseignant souvent dans les universités outre-Rhin. Les approches sont tantôt francophiles tantôt nationalistes.

Des auteurs allemands, comme Paul Distelbarth (1879-1963)[1], ont proposé, dans l'entre-deux-guerres, une vision francophile de la France, sans penser à un quelconque démantèlement territorial. Certains comme Roland Krug von Nidda ont repris tous les stéréotypes de la «douce France[2]», insistant sur l'aspect climatique. D'autres se sont intéressés à l'histoire politique et ethnique de l'Allemagne en travaillant sur la «frontière», tel l'historien Ernst Anrich qui a remis en cause l'identité entre la frontière linguistique et la frontière «ethnique»[3], à la veille de la Seconde Guerre mondiale. Cette littérature a nourri la culture des nationalistes allemands de l'entre-deux-guerres, et notamment d'une bonne partie des pangermanistes, souvent d'anciens militaires. On retrouvera une partie de ces éléments dans la propagande nazie des années 1930 et 1940.

Friedrich Sieburg illustre l'approche nationaliste. En 1929[4], il publie un essai intitulé *Dieu est-il français?* (*Gott in Frankreich?*). Cet ouvrage, qui semble vouloir défendre un pseudo-rapprochement franco-allemand, a été déterminant dans la formation de l'image que l'Allemand s'est construite de la France dans le contexte de la république de Weimar (1918-1933) finissante et pendant les années du IIIe Reich. Car Sieburg a été très lu; ses livres furent vendus à plusieurs dizaines de milliers d'exemplaires en Allemagne et en France.

L'auteur, qui a vécu en France comme correspondant du quotidien *Frankfurter Zeitung* entre 1926 et 1929, éprouve un sentiment ambivalent face à la France et aux Français.

> Le Français doit à la richesse de son sol de pouvoir déployer sa civilisation jusque dans le manger et le boire. Les vins français sont d'une telle splendeur et d'une telle variété que c'est presque une activité spirituelle que de les goûter. L'ouvrier agricole ou le prolétaire le plus misérable de la capitale boit son vin rouge ou son cidre, qui, grâce à leur fluidité et à leur transparence, ne provoquent pas l'ivresse lourde. [...] Le menu est l'expression de l'idée française de civilisation à table. Il trahit un besoin d'ordre et de durée, car la suite des mets est invariable et obligatoire, quels que soient les classes et les gens. [...] Heureusement, le Français peut sans arrière-pensée sociale s'asseoir ainsi devant une table bien servie, car il sait que son pays est riche en blé, en vin et en tout ce qui se mange[5].

Plus loin, Sieburg ajoute : « Depuis des siècles, les Français jouissent de la réputation injustifiée d'être le peuple le plus poli. » Il ironise souvent car ils ne seraient pas capables de voir l'avenir et resteraient rivés au passé et au présent. Il dénonce le nationalisme inné des Français qui croient sans doute appartenir à un peuple élu par Dieu. Mais Sieburg n'offre qu'une description très partielle d'un peuple qui n'est pas figé dans son mode de vie de la Belle Époque[6] et a beaucoup changé depuis la Grande Guerre et dans les années 1920, ce qu'il semble omettre. Selon lui, la France nationaliste est un handicap pour le développement de l'Europe ; celle-ci triomphera mais elle devra sans nul doute être allemande.

En 1930, Bernard Grasset publie une édition en français de l'ouvrage en y ajoutant, en annexe, une lettre cinglante :

> Vous connaissez, sans doute, cette fable qu'inspira à notre La Fontaine la sagesse grecque : la Poule aux œufs d'or. Ne pensez-vous pas que ceux, parmi nous, qui n'en ont point oublié la leçon, pourraient répondre à certains des vôtres : « Nous ne doutons pas de votre amour ; mais il peut nous coûter la vie[7] » ?

Avant la Grande Guerre, le ton se durcit. L'approche peut être ethno-raciste. En 1912, un certain Adolf Sommerfeld publie *Frankreichs Endes im Jahre 19 ??*[8] en Allemagne, mais aussi dans plusieurs pays, dont l'Espagne et la France, sous le titre : *Le Partage de la France. Ce qu'on verra un jour.* La carte en couleurs reproduite sur la couverture de l'ouvrage montre une France partagée par une frontière – son tracé épouse d'ailleurs en partie celui de la future ligne de démarcation de 1940. Un très large espace est occupé par les Allemands et une partie méridionale plus petite l'est par les Italiens. Calais est alors la capitale de la Grande-Bretagne. Le Massif central est devenu allemand, marquant la limite sud avec une zone italienne. Le Midi est italien, très au sud d'une ligne qui relie Genève à Bordeaux. Dans l'avant-propos de l'édition française, l'auteur écrit : « Un jour va venir où, nous Allemands, nous vous rayerons complètement de la carte de l'Europe : plus de France, plus de Français ! Voilà la substance de cet ouvrage[9]. »

Totalement fantaisiste, le livre révèle les projets de certains penseurs et propagandistes allemands, ceux qui seront lus par nombre d'élèves des écoles militaires. La fiction d'une France rayée de la carte de l'Europe ou partagée en plusieurs espaces n'est sans doute pas isolée au XIXe siècle dans les cénacles du *Petit Reich* de Bismarck, et au début du XXe siècle dans les cercles pangermanistes. Entre le XIXe siècle et la fin des années 1930, des écrivains ont imaginé le sort futur de la France, celui d'un pays démembré. Dans l'entre-deux-guerres, les militaires allemands ne méconnaissent assurément pas la pensée des pangermanistes, mais aussi celle des nationalistes allemands du XIXe siècle.

Par exemple, le géographe Friedrich Ratzel (1844-1904) a apporté des éléments d'explication sur le sens de l'occupation territoriale bien avant la Grande Guerre :

> La guerre, qui constitue l'expérience décisive pour tant de questions politico-géographiques, révèle les rapports qui sont ceux de l'État et du territoire (*Land*). La guerre moderne a comme objectif de priver l'ennemi de la disposition de son territoire, le moyen le plus simple étant de mettre en déroute son armée. On dénie la particularité spatiale de l'État, on méconnaît ses frontières, on occupe son territoire et on le prive de tout moyen qui lui permettrait de maintenir sa puissance[10].

Pour Ratzel, une frontière territoriale est une limite géographique flottante ; c'est l'idée maîtresse du *Lebensraum* (« l'espace vital »), reprise par Adolf Hitler un peu plus tard, notamment dans *Mein Kampf.* D'autres géographes, mais aussi des juristes allemands moins connus, ont livré leur contribution à cette conception des frontières, en dressant des typologies multiples[11].

Depuis 1933, la propagande nazie a largement entretenu le fossé entre les deux pays, teintée de confrontation politique[12]. Les faiblesses démographiques de la France sont pointées du doigt. Des pseudo-savants nazis appuient la théorie selon laquelle les Français ne se relèveraient pas de cette décadence, annonçant la suprématie future des nazis. Cela était écrit dans *Mein Kampf*. Selon certains «docteurs» nazis, la France a plus à craindre de son propre déclin démographique que du Reich lui-même. D'aucuns évoquent aussi les origines germaniques de l'art gothique tout en fustigeant les Juifs qui étaient à l'origine de machinations financières au sein de la République française[13]. De manière générale, les Allemands pensent que les Français travaillent pour vivre quand eux vivent pour travailler. En effet, le traité de Versailles leur a imposé des centaines de milliards de dettes à rembourser pour leur faire payer les conséquences catastrophiques de la guerre de 1914-1918. L'opinion allemande trouve cela inadmissible, alors que nombreux sont ceux qui pensent qu'ils n'ont pas vraiment perdu la guerre. Rappelons qu'en 1918, quand les soldats allemands rentrent au pays après leur défaite, ils sont acclamés par leurs concitoyens. L'opinion est revancharde, d'autant que le traité de Versailles de 1919 a été vécu comme un «coup de poignard dans le dos». De là naissent nombre de rêves pangermanistes et géopolitiques d'occupation de la France déterminant sans doute bien des comportements pendant l'Occupation.

Hitler et la France

Hitler a envahi la France en mai-juin 1940, avant de l'occuper pendant près de cinq années, mais que connaît-il vraiment de ce pays? Il a combattu pendant trois années en Artois, en Flandre et en Picardie. En 1917, il est en Alsace, puis en Champagne. En 1918, il revient en Picardie, puis il séjourne à Lille, Tourcoing, Douai, Mulhouse, Laon, Tergnier, Bapaume et Roubaix. Il a connu les tranchées et les repos dans des petites villes évacuées ou détruites par les combats. Il n'a pas croisé de Français et n'a pas vraiment connu la France. D'ailleurs, quand il évoque la Grande Guerre, Hitler ne parle pas des Français, mais plutôt des Anglais, car il a surtout combattu ces derniers avec son régiment.

Hitler connaît-il mieux la France qu'à la sortie de la guerre? Ce n'est pas certain. Dans sa bibliothèque personnelle (15 000 ouvrages), nombre de livres concernent la guerre, les arts, la sociologie, l'Église catholique, l'astrologie et le spiritisme[14]. Il y a aussi quelques romans policiers ou populaires. En revanche, il n'y a aucun ouvrage de littérature, allemande et française. Se doter d'une culture générale n'est pas la priorité absolue pour Hitler. Il se forge des idées fixes à partir de résumés, de comptes rendus et de fiches de synthèse. Hitler ne connaît finalement la France que par des clichés, peut-être ceux d'auteurs comme Friedrich Sieburg[15], des articles, des rapports et des notes que ses services lui transmettent. Il ne la voit toujours qu'en «ennemi héréditaire et mortel» de l'Allemagne (*Todfeind*). Autant dire que ses visions territoriales de la France sont fondées sur un maigre terreau de connaissances. Si Hitler est vague en ce qui concerne la France et son territoire, ainsi que sur sa définition historique et géographique de la «frontière», sa ténacité à l'anéantir ne sera pas démentie en 1940[16]. Après l'armistice, Hitler ne changera toujours pas d'avis sur la France.

Quand il revient de la guerre, il constate que l'Allemagne vit dans le plus grand des chaos. Dans ses premiers discours, il développe ses idées revanchardes; le 13 novembre 1919, il prononce ces paroles : «La détresse de l'Allemagne doit être brisée par le fer. Il faudra bien que ce temps vienne.» Le 5 septembre 1920, il ajoute : «Nous sommes garrottés, mais même sans armes nous ne redoutons pas une guerre avec la France[17].» Hitler n'accepte pas le traitement implacable que la France réserve à l'Allemagne avec le traité de Versailles. L'Alsace-Lorraine a été perdue et le ressentiment contre «l'ennemi héréditaire» se renforce. Pendant son procès en mars 1924, à la suite de sa tentative de putsch, il déclare que la France reste l'ennemi «déclaré[18]» de l'Allemagne. Emprisonné du 1er avril au 20 décembre 1924, il dicte un ouvrage qui est le premier volume de *Mein Kampf*. Il y répète ses accusations contre la France. Hitler reste persuadé que l'empire colonial de la France fait migrer en Europe des hommes de «races inférieures». En 1926, il réitère dans *Mein Kampf* ses remarques acerbes contre la France, servant ainsi la propagande nazie pour des années :

La France est et demeure l'ennemi mortel et inflexible du peuple allemand. Peu nous importe de savoir qui fut au pouvoir en France ou qui le détiendra dans l'avenir; qu'il s'agisse des Bourbons ou des Jacobins, des bonapartistes ou des démocrates bourgeois, des républicains cléricaux ou bien des bolcheviques rouges : leurs agissements en politique étrangère auront toujours comme but final d'essayer de mettre la main sur les rives du Rhin et d'assurer à la France la possession de ce fleuve au prix du démembrement et de l'éclatement de l'Allemagne[19].

Il est persuadé que l'hégémonie de la France dans l'histoire a empêché l'Allemagne d'être une plus grande nation encore. Cela l'obsédera jusqu'en 1945. D'ailleurs, à cette date, il regrette l'armistice avec la France, qu'il considère comme une erreur car il a négocié avec «la bourgeoisie française décadente[20]». Il aurait fallu détruire totalement la France, afin de germaniser l'Europe, voire le monde.

Dans la version française de *Mein Kampf* (publiée en 1934[21]), Hitler est davantage centré sur le *Lebensraum*, qui doit s'étendre sur les marges orientales de l'Europe et donc contre la souveraineté française. Il ne manque pas de préciser que «la France est, et reste l'ennemi [...] le plus à craindre[22]». Il part du constat que l'Allemagne est en pleine croissance démographique et qu'il faut donc nourrir les nouveaux Allemands. Il ne précise pas les limites territoriales à atteindre, s'octroyant une large marge de manœuvre en cas de conquête de la France.

La Russie et la France sont ensuite désignées comme les deux nations ennemies. La quête de «l'espace vital» doit être effectuée au détriment de la Russie qui devient un autre ennemi principal ; la place de la France a changé dans son esprit. La France doit être anéantie pour donner au peuple allemand les moyens de son extension à l'est de l'Europe ainsi qu'une plus grande prospérité économique. Cette idée est à la base des futurs rapports franco-allemands de la Seconde Guerre mondiale. Une guerre contre la France est donc déjà programmée dans *Mein Kampf* et elle devra permettre l'anéantissement de la France qui ne pourra ainsi plus revendiquer l'hégémonie en Europe.

L'opinion allemande des années 1920 ne suit pas forcément Hitler sur toutes ses vues en politique étrangère. D'ailleurs, une fois chancelier en 1933, il prend garde à ne pas exposer publiquement son double plan d'anéantissement de la France et de conquête de la Russie. Il doit avant tout résoudre les problèmes socio-économiques de son pays avant de penser à la guerre. En mars 1936, Hitler clame haut et fort qu'il ne vise que la paix et qu'il faut signer un pacte pacifique avec la France et la Belgique pour vingt-cinq ans. Parallèlement, dans un mémorandum[23], Hitler estime que l'armée allemande doit être prête à faire la guerre d'ici quatre années.

En 1933, les nazis préparent cependant l'opinion allemande à la revanche à prendre contre la France. Des anciens combattants allemands de la Grande Guerre, structurés en *Freikorps* (des formations paramilitaires ultranationalistes créées pour traquer les communistes), adhèrent au NSDAP et à la SA pour poursuivre leur combat. Ils sont persuadés que l'heure de prendre leur revanche sur la France approche ; c'est qu'ils ont beaucoup souffert des conditions de l'armistice, notamment sur le plan économique et social. Les nazis n'avaient plus qu'à entretenir cet état d'esprit agressif. Plus de 3,5 millions de soldats combattant en France en mai-juin 1940 ont connu la Première Guerre mondiale et ont pour beaucoup perdu un frère, un père ou un ami entre 1914 et 1918.

Certains ont sans aucun doute développé le désir de venger des disparitions familiales. Et puis le devoir en rappelle d'autres à considérer le Français comme un ennemi. Le «bourrage de crâne» fait aussi son œuvre grâce à l'habile propagande de Goebbels.

Du relatif consensus franco-allemand

Dès avant la Seconde Guerre mondiale, dans un temps long, les relations franco-allemandes sont marquées par des périodes de tension et d'apaisement. Pour les premières, cela a commencé à Tanger (1905) et à Agadir (1911), le Maroc étant au cœur d'une lutte pour l'hégémonie entre les deux grandes puissances continentales. En 1911, le président du Conseil, Joseph Caillaux, parvient *in extremis* à négocier l'influence française au Maroc ; les Français doivent en contrepartie faire des concessions aux Allemands au Congo. La politique étrangère de la France s'est alors voulue pragmatique.

Après le pacte de Locarno signé le 16 octobre 1925, lors de la conférence de Thoiry (Jura) le 17 septembre 1926, Aristide Briand, ministre des Affaires étrangères, et le chancelier allemand Gustav Stresemann ont tout fait pour résoudre les difficultés existant entre la France et l'Allemagne. En septembre 1926 naît un cartel franco-allemand de l'acier. En 1927, un accord commercial permet aux ennemis de la Grande Guerre de s'accorder sur la clause inconditionnelle de nation la plus favorisée. Dans les années 1920, l'Allemagne devient donc le premier partenaire commercial de la France à la place de l'Angleterre.

Dans ces années, des organisations promeuvent l'entente franco-allemande, dont le Comité franco-allemand d'information et de documentation créé en 1926. Beaucoup rêvent en France à une harmonie durable avec l'Allemagne contre une domination culturelle des Américains en Europe. Les gouvernants français se préoccupent de préserver la paix et de garantir la sécurité nationale. Deux grands mouvements d'opinion s'affrontent alors en France : celui qui visait uniquement l'intransigeance nationaliste et féroce à l'encontre d'une Allemagne qu'il faut punir, quitte à devenir le « gendarme » de l'Europe ; l'autre visait plutôt à assouplir les clauses du traité de Versailles à l'égard des Allemands dans un contexte révisionniste prôné par la Société des Nations (SDN).

Aristide Briand a tenté le compromis entre ces deux tendances, non sans contradictions. Il incarne la paix franco-allemande de l'entre-deux-guerres et cela fut une référence idéologique pour toute une génération ; il reçoit même le prix Nobel de la paix en 1926, conjointement avec Stresemann. En 1928, le pacte Briand-Kellogg, signé par quinze États, promet de ne jamais recourir à la force armée pour résoudre leurs différends.

La même année, la France commence la construction de la ligne Maginot. En mai 1930, Briand propose même à la SDN le projet de fédération européenne. C'est un échec. Ce qui intéresse Briand c'est moins la paix en Europe que la sécurité de la France. Les reportages montrant une atmosphère de détente entre Briand et ses partenaires allemands ne sont souvent que de façade. Les années 1930 ouvrent une ère de relations franco-allemandes moins consensuelles, marquée par la mort de Stresemann en 1929 et de Briand en 1932. Les nazis percent en outre aux élections de 1930. Toutefois, la société française semble alors éprise de pacifisme.

L'arrivée de Hitler au pouvoir en janvier 1933 annonce un temps plus sombre des relations franco-allemandes. Plus les alliés français et anglais recherchent la paix dans les années 1930, plus la marche à la guerre s'accélère. Les nazis observent les contours de l'idéalisme pacifiste qui séduit nombre d'intellectuels.

En Allemagne, Otto Abetz, pas nazi au début, se met au service de Hitler et apporte toutes ses relations, pour cultiver l'image de l'Allemand non barbare. En janvier 1931, il initie un manifeste dans *Notre Temps*, dirigé par Jean Luchaire, où il s'exprime « contre les excès du nationalisme, pour l'Europe et pour l'entente franco-allemande». Le manifeste est signé par 186 écrivains, savants et artistes, tous des représentants de la culture française, dont Jean Guéhenno, Jean Giono, Jules Romains, Jean Paulhan, Pierre Drieu la Rochelle ou encore Alfred Fabre-Luce[24]. Abetz s'active durant les années 1930 pour défendre l'idée d'une entente franco-allemande toujours possible, même s'il admet que les peuples doivent décider librement de leur destin. En 1935, il crée un Comité franco-allemand qui publie la revue *Les Cahiers franco-allemands*. En France, c'est le journaliste Fernand de Brinon qui dirige le Comité; il est le premier journaliste français à avoir interviewé Hitler, en novembre 1933. Mais le programme du Führer est clairement en opposition avec les idées de non-agression militaire de la France.

Curieusement, les dirigeants français croient dans la bonne volonté du chancelier après le retour de la Sarre à l'Allemagne, lors du plébiscite du 13 janvier 1935. Ils pensent alors que les nazis ne revendiqueront plus de territoires à l'ouest. La France accepte le départ des Allemands de la SDN en 1933, laisse rétablir le service militaire et ne proteste pas contre la remilitarisation de la Rhénanie en mars 1936. La France est persuadée que Hitler n'osera pas la guerre contre elle. C'était mal observer sa politique et ses intentions.

Les positions idéologiques françaises sont alors traversées par des contradictions sensibles : pour les communistes, la guerre est possible face à un ennemi tel que Hitler ; pour les socialistes, les radicaux et les syndicalistes, la guerre n'est pas une solution si facile que cela à envisager. Blum, très favorable à la paix et à la coexistence pacifique, espère encore la réconciliation avec les Allemands. Pourtant, en septembre 1936, son gouvernement décide de lancer un programme de réarmement contre l'avis même des socialistes, qui refusent de voter les nouveaux budgets militaires.

La guerre d'Espagne a créé également des lignes de fracture entre les courants divers de la famille socialiste. Faut-il ou non intervenir ? Blum décide d'envoyer du matériel au gouvernement de Front populaire espagnol lorsque le 18 juillet 1936 les troupes du Maroc espagnol, commandées par le général Franco, se soulèvent contre le gouvernement légal de la République espagnole. La droite et l'extrême droite françaises se déchaînent alors contre lui ; des radicaux, dont plusieurs ministres, disent aussi leur opposition à l'intervention française en Espagne.

En août 1936, Blum propose donc aux Anglais, Italiens et Allemands la signature d'un pacte de non-intervention dans la guerre d'Espagne. Seuls les Anglais respectent le pacte. Contre Franco, la France laisse passer des armes et des hommes – les «Brigades internationales» – en Espagne, tandis qu'Allemands et Italiens aident massivement les franquistes. Les Soviétiques fournissent des conseillers et des armes aux républicains.

Même si l'année 1937 montre un relatif apaisement des relations internationales, Hitler multiplie les provocations. Le Front populaire continue de se déliter, incapable de prendre des décisions internationales tranchées, quand les Italiens et les Allemands renforcent leurs relations. En Angleterre, les atermoiements politiques sont également importants.

Hitler prépare pourtant secrètement ses plans d'attaques en Europe. Il le dit à ses proches et prend lui-même le commandement de la Wehrmacht, secondé par le général Keitel. À la fin de 1937, il a mis en place tous les instruments permettant d'agresser d'autres puissances européennes. La France et l'Angleterre sont dans l'incapacité de prendre des mesures fermes quand l'*Anschluss* – l'annexion de l'Autriche par le IIIe Reich – est officielle en mars 1938.

Le 10 avril 1938, la France se dote d'un nouveau président du Conseil, Édouard Daladier. Le gouvernement ne compte aucun socialiste. Le 21 avril, Hitler demande à la Wehrmacht de se tenir prête à envahir la Tchécoslovaquie. La France entre alors dans une période où tout est fait en haut lieu pour éviter la guerre à tout prix, quitte à exercer une intense pression sur les gouvernants tchèques, ce avec l'aide de Londres, tout au long du mois de septembre 1938. Le 29, à Munich, Daladier et Chamberlain cèdent à Hitler ce qu'il souhaitait en Tchécoslovaquie, à savoir la région des Sudètes. Ils viennent de lâcher leurs alliés tchèques. Les démocraties essuient là un terrible camouflet.

Daladier, qui pensait être conspué à son retour à Paris, est accueilli par une foule en délire ; les accords de Munich signés avec Hitler et Mussolini sont approuvés par la Chambre des députés par 515 voix contre 75. Le 2 octobre 1938, près d'un million de Français acclament Daladier sur les Champs-Élysées alors qu'il vient rallumer la flamme du soldat inconnu sous l'Arc de triomphe. La paix n'est en rien sauvée, contrairement à ce que pense la population ; la France et l'Angleterre ont capitulé face aux fascismes d'Italie et d'Allemagne.

En France, beaucoup croient que les ambitions hégémoniques de Hitler peuvent être ainsi freinées. Or, celui-ci démembre très vite la Tchécoslovaquie ; parallèlement, les Polonais s'emparent de Teschen (la partie tchèque de la ville, partagée avec les Polonais depuis 1920) et les Hongrois du sud de la Slovaquie[25]. La France n'est plus crédible aux yeux des puissances du centre et de l'est de l'Europe. L'URSS, furieuse de ne pas avoir été invitée à Munich, prend ses distances avec les démocraties. Devant le recul de ces dernières, Hitler a désormais les coudées franches pour poursuivre sa politique. Il a quasiment les mains libres à l'est et il est très populaire dans son pays après la conférence de Munich.

Les Français négocient alors avec les Allemands un accord de non-agression qui a pour but le maintien de la paix en Europe et stipule que les frontières entre les deux pays sont définitives. Il est décidé que pour les problèmes futurs, des consultations seront préférées pour éviter les tensions. Un accord similaire entre les Allemands et les Anglais a été signé. La détente semble de mise.

Le 6 décembre 1938, Ribbentrop signe donc à Paris l'accord de non-agression. Hitler gagne du temps pour préparer la guerre. C'est dans ce contexte que plusieurs mois après les Soviétiques accepteront de s'entendre avec les nazis plutôt qu'avec la France et la Grande-Bretagne, lors du pacte germano-soviétique du 23 août 1939.

En France, un clivage très sensible se fait jour dans l'opinion entre « munichois » et « antimunichois », symbole même de l'impuissance française. Dans un premier temps, les Français semblent soulagés de ne pas avoir la guerre, puis après avoir réalisé le sens des accords, des avis plus négatifs se font jour. Une question taraude les Français : que faire après Munich ? Les « munichois » ont formé un groupe de pression plus efficace que les « antimunichois ». Au fond, ces débats entre les deux camps relancent en France celui sur la préparation d'une guerre possible contre l'Allemagne de Hitler.

Daladier gouverne un pays divisé politiquement et fragile démographiquement. La France ne compte que 41 millions d'habitants, face à 80 millions d'Allemands ; elle est très rurale : 36 % de la population travaillent dans le secteur primaire en 1936 contre 20 % en Allemagne. Le démographe Alfred Sauvy est alors chargé de réfléchir aux moyens de relancer la natalité en France par un système d'allocations, des peines plus lourdes contre les avortements et une prime de 3 000 francs pour la naissance du premier enfant ; le « Code de la famille » voit ainsi le jour par le décret-loi du 29 juillet 1939. Mais cela ne diminue en rien les difficultés nées de la crise sociale engendrée par le krach de 1929. Le niveau de vie des Français a chuté et les inégalités sociales sont très fortes. Dans ce contexte de peur du déclin, Daladier pense que Munich est un moindre mal, une sorte de sursis que la France doit utiliser au mieux.

De son côté, Hitler poursuit ses conquêtes en attaquant la Bohême le 15 mars 1939. Cet événement finit d'ouvrir les yeux de nombre d'Occidentaux, qui pensent qu'il faudra désormais stopper les avancées territoriales de Hitler. L'attaque de la Bohême confirme que l'expansionnisme de Hitler n'est pas un vain mot et qu'il fait peu de cas des traités internationaux ou des accords passés avec les Anglais et les Français. La marche à la guerre est inéluctable. Au moment de Munich, une guerre contre l'Allemagne aurait été plus facile et un blocus économique aurait peut-être suffi à faire céder le Führer. Mais plusieurs mois ont passé, il est désormais trop tard.

Dans cette période, les dirigeants allemands doivent s'assurer le soutien des élites économiques et de l'opinion, ce qui n'est pas simple car dans les usines d'armement les journées de travail ont été allongées, les salaires plafonnés et le nomadisme des ouvriers entre les entreprises limité. La course au rendement crée d'importants problèmes d'organisation à l'industrie de l'armement. Sur la ligne Siegfried (ou *Westwall*)[26], construite face à la ligne Maginot, 400 000 ouvriers ont été mobilisés mais l'indiscipline et l'alcoolisme dominent. La propagande est assez discrète sur la recherche de main-d'œuvre, afin de ne pas signaler des faits qui pourraient alerter l'opinion sur la volonté pressante du Führer de se lancer dans la guerre. En quelques mois, de novembre 1937 à février 1938, des généraux de haut rang, des chefs d'entreprise et des ministres sont remplacés par des fidèles du nazisme.

Hitler considère les accords de Munich comme une concession, ce que les diplomates allemands perçoivent dans leurs ambassades, sentant bien que l'expansionnisme hitlérien serait sans limites[27]. Dans le corps diplomatique et dans l'armée – OKW : état-major des forces armées, et OKH : état-major de l'armée de terre –, il y a peu de changements notoires, ce qui rassure les officiers traditionnels. Des officiers plutôt indépendants restent en poste, tels Brauchitsch et Halder. Des luttes internes intenses se développent dans l'armée et la haute fonction publique allemande pour savoir s'il faut ou non suivre Hitler dans ses projets. La Gestapo et la SS sont alors très mal vues. Mais les accommodements quotidiens l'emportent finalement. Hitler affronte donc nombre de difficultés intérieures en 1937-1938, dont le manque de matières premières et un marché du travail trop rigide, ce qui l'oblige peut-être à réaliser encore plus vite son programme d'expansion et de guerre.

Au total, ingénieurs, généraux, diplomates, grands patrons n'ont pas entravé la marche de Hitler à la guerre, ce que les Français n'ont pas vu assez tôt. Mais en 1939, ils savent désormais que l'image de «la der des ders» est devenue une illusion. De son côté, non sans mal, la propagande d'État nazie a convaincu l'opinion publique allemande du bien-fondé de la guerre. La Slovaquie est satellisée par l'Allemagne depuis la fin de 1938 et la Bohême-Moravie est devenue un protectorat totalement entre les mains des Allemands. Les Français et les Anglais se limitent à des condamnations, rappelant que l'esprit de la conférence de Munich a été trahi. Les Alliés sont même sans voix face à la cession de Memel au IIIe Reich par la Lituanie, le 22 mars 1939 ; l'Albanie devient un protectorat italien le 8 avril suivant. Le 22 mars 1939, un «pacte d'Acier» est conclu entre l'Italie et l'Allemagne. Chamberlain et Daladier sont désormais décidés à ne plus laisser faire Hitler, même si les opinions publiques occidentales restent «pacifistes». Progressivement, les Français se rendent compte que la guerre doit être préparée. Hitler exige des Polonais la cession de Dantzig. Hitler fait tout pour mettre les alliés des Polonais – Français et Anglais – à l'écart du problème polonais. En vain.

La propagande allemande tente de saper le moral des populations depuis le mois de février 1939 au moins. L'opinion allemande est façonnée par la presse, la propagande nazie et toutes les vieilles ligues pangermanistes. En témoignent des extraits de tracts diffusés dans la région d'Arras par la Deutscher Fichte-Bund – une organisation fondée en 1914 désireuse de restaurer le sentiment national allemand, et qui relayait dans les années 1920 des thèses racistes contre les Noirs venant des colonies françaises. «Les mensonges de presse portent atteinte à la paix des peuples», «Que l'Autriche s'est rattachée au Reich est un fait irréfutable. Si toutefois on présente ce fait au lecteur peu versé dans l'histoire allemande comme un perfide envahissement, c'est là un mensonge qui peut se maintenir longtemps si le lecteur n'a pas l'occasion d'aller se convaincre personnellement du contraire». On remarquera la syntaxe approximative d'une traduction très moyenne, mais le message à destination

des Français du Nord est clair. Un autre tract sur Hitler est intitulé
« Le libérateur de son peuple[28] ».

Désormais, Hitler compte bien attaquer la France tôt ou tard,
ce qui lui laisserait les mains libres à l'est pour se lancer ensuite
contre l'URSS. Pendant l'hiver 1939-1940, il réunit à plusieurs
reprises ses généraux pour déterminer une date de déclenchement
des opérations militaires contre la France. Les principaux chefs de
l'armée allemande ne sont pas tous convaincus qu'il faille en passer
par les armes et certains pensent qu'un compromis diplomatique
avec la France est possible. Hitler ne veut pas l'entendre. Il doit
aussi tenir compte des facteurs techniques et météorologiques. La
date de l'attaque contre la France a été amendée 29 fois, selon
l'historien allemand E. Jäckel[29].

La guerre est déclarée

Entre le 22 et le 29 août, 900 000 Français sont mobilisés. Les
fortifications frontalières reçoivent leurs premiers hommes en
armes. Le 1er septembre 1939, l'Allemagne attaque la Pologne. Le
Conseil des ministres prend la décision de mobiliser et de convoquer le Parlement le 2. Un crédit militaire de 70 milliards est voté
à la Chambre sans véritable débat. Le Sénat acquiesce. Pierre Laval
émet cependant quelques réserves. La France est désormais entrée
dans un engrenage infernal. Le président du Conseil Daladier doit
expliquer aux Français qu'une nouvelle guerre a commencé alors
qu'ils sont toujours fortement traumatisés par la Grande Guerre
et ses effets. D'ailleurs, le terme de « guerre » n'est pas utilisé le
2 septembre lorsque les députés votent « pour faire face aux obli-
gations de la situation internationale[30] ». Les Français entrent à
reculons dans un nouveau conflit avec l'Allemagne.

La guerre commence officiellement le 3 septembre 1939.
Le Royaume-Uni précède la France de quelques heures dans la
déclaration de guerre. Pour autant, l'offensive allemande ne sera
lancée que le 10 mai 1940. La France mobilise 29 classes d'âge,
soit 4 564 000 hommes, ce qui représente près d'un quart de la
population masculine française[31]. Par un discours, le ministre des
Finances Paul Reynaud lance une grande campagne de souscription
de bons d'armement, dont l'une des formules est restée célèbre :
« Nous vaincrons parce que nous sommes les plus forts. » Cela en

dit long sur les illusions du début de la guerre. Les Français sont invités à penser de façon optimiste devant l'issue du conflit qui commence. La certitude de la victoire ne doit pas faire écran aux difficultés nombreuses que rencontre la France. La propagande est à l'œuvre. Le IIIe Reich fait peur avec ses atouts économiques, militaires et démographiques indéniables. L'opinion se doute que le pays n'est pas si solide que cela face aux Allemands, mais il vaut mieux penser que la victoire est possible, comme lors de la Grande Guerre. Et puis les Alliés pensent qu'ils pourront profiter du potentiel que leur confèrent leurs empires, ce sur quoi Hitler ne peut pas s'appuyer.

Les troupes françaises mobilisées ne vont pas aider la Pologne ; elles se massent derrière la ligne Maginot. Hitler anéantit sans grande difficulté la Pologne en trois semaines. L'état-major français et les dirigeants politiques ne veulent pas se jeter dans les combats dans l'immédiat, craignant des mutineries ou, pis encore, une révolution. Une guerre longue est envisagée d'emblée et surtout aucune précipitation ne doit entraver la stratégie défensive choisie par les Français. Les soldats ne s'enterrent plus dans les tranchées, mais sont cantonnés dans des forts en béton le long de la ligne Maginot, réputée infranchissable pour les chars depuis la frontière suisse jusqu'à la forêt des Ardennes. Face à la frontière belge, personne n'a cru bon d'en prolonger les fortifications. Après tout, les Belges, des amis de la France, sauront contenir les possibles offensives allemandes. D'après le plan Dyle, les troupes françaises pourront éventuellement se dépêcher de rejoindre la Belgique en cas de contournement de la ligne Maginot par les chars allemands. Le plan Breda prévoit même de les envoyer vers les Pays-Bas s'il le faut. Les Français espèrent aussi l'aide américaine, comme en 1917-1918. Ils pensent enfin que les Allemands se lasseront d'attaques répétées contre la frontière avec la France.

La guerre est bien déclarée, mais pas déclenchée.

Jean Malaquais, un écrivain juif venu de Pologne, prix Renaudot 1939 pour *Les Javanais*, mobilisé, rédige son journal de guerre ; le 13 septembre 1939, il écrit :

> La guerre, pour l'instant, consiste à se faire soigner les pieds et à tuer le temps. Dans ma grange, les orteils bandés de gaze, les gars gribouillent des lettres, jouent aux cartes, se content des histoires, bâillent d'ennui. D'autres sont paf dès le matin. Les plus valides s'en vont cueillir des champignons dans les sous-bois, et les plus gourmands fricotent sur un feu de fortune quelque plat de leur invention[32].

Pendant huit mois, les adversaires ne s'affrontent pas directement ; c'est la « drôle de guerre[33] », une période sans un coup de feu. « Voilà trois jours que je n'ai rien noté, poursuit Malaquais le 20 septembre. C'est ainsi que rien ne se passe, rien n'arrive. Où est la guerre ? *Quid* des charges, des bombardements, du typhus, du choléra ? Que dissimule ce calme de mauvais augure ? Quelles saloperies là-derrière se trament[34] ? » Seules quelques manœuvres périphériques sont menées.

Comme si de rien n'était

Hitler a joué de tromperies en 1938-1939 en faisant croire aux Anglais et aux Français qu'il favoriserait la paix. Mais les deux alliés occidentaux s'étaient engagés aux côtés des Polonais le 29 mars 1939. Hitler se retrouva donc face à des Anglais qui contrecarraient ses prévisions au moment de mettre en route sa campagne militaire à l'est. En 1940, les généraux allemands sont méfiants avec la force militaire française et craignent que le Reich ne puisse pas tenir très longtemps sur le plan militaire, ce qu'a bien montré Jean-Paul Cointet dans *Hitler et la France*[35]. Il faut en outre rappeler que les Allemands sont loin d'avoir réfléchi à un plan très précis pour attaquer la France en septembre 1939. Les généraux allemands ont été d'abord obnubilés par le plan d'attaque contre la Pologne, laquelle devait être anéantie au plus vite pour dissuader les Français et les Anglais d'attaquer le IIIe Reich sur le flanc ouest.

À de nombreuses reprises, Allemands et Français évitent au maximum les affrontements directs sur la ligne Maginot. L'officier et écrivain allemand Ernst Jünger note le 15 novembre 1939, alors qu'il est près de Greffern (Bade-Wurtemberg, sur les bords du Rhin) :

Les Français se montrent sans que nous tirions sur eux, et réciproquement. Entre les ouvrages et les tranchées, les paysans labourent et récoltent les betteraves[36].

Le 25 décembre 1939, il ajoute :

Le soir de Noël, d'abord tournée à travers tous les bunkers, puis repas avec le groupe de compagnie – faisans aux choux, bien faisandés dans notre soute à munitions qui nous sert en même temps de resserre à gibier[37].

Tout dans ses descriptions respire la monotonie des inspections répétées des lieux fortifiés et des rapports à rendre à la hiérarchie. La guerre semble à la fois proche et lointaine ; Jünger écrit le 8 janvier 1940 du côté de Baden-Oos :

> Dans ce secteur fortifié, on n'entendait guère de coups de feu, sauf ceux tirés sur des avions et sur les nombreux faisans et lièvres qui avaient leurs nids et leurs gîtes dans les barbelés déjà envahis par de hautes broussailles. Mais certaines coutumes régnaient ; c'est ainsi que le sergent-major Köhler reçut une gerbe de balles lorsqu'il voulut escalader un arbre. De même il y eut des blessés dans le secteur voisin du nôtre parce que l'on y avait dressé une poupée en paille portant le masque de Chamberlain. Dans l'armée, le nombre de victimes d'accidents de la circulation dépasse de loin le nombre des hommes tombés sous les tirs ennemis. L'un des premiers morts fut d'ailleurs un sergent-major de la compagnie de la propagande qui fut tué devant son micro[38].

Cela dit, la «drôle de guerre» n'a pas été qu'ennui pour certains soldats. On l'oublie souvent, l'armée française perd près de 10 000 hommes pendant ces mois de «drôle de guerre», hormis les marins également tués lors de cette période. Nombre de décès sont dus à des accidents de la route, au mauvais maniement des armes, à des maladies et à des suicides[39]. Comme du côté français, la «drôle de guerre» tue aussi chez les Allemands, sans que les décès soient forcément liés à des combats ou à quelque escarmouche sur la ligne Maginot ou à ses abords. Jünger décrit cependant des fusillades pendant l'hiver très rigoureux de janvier à mars 1940. Le 29 mars, l'affrontement avec les Français est plus violent et cause des pertes des deux côtés, certes en nombre restreint[40]. On peut estimer le bilan humain à quelques centaines de décès durant l'hiver.

Une attente fébrile

La guerre est déclarée, mais l'absence de combats ne conduit pas à la nécessité d'une union sacrée comme en 1914. Les pacifistes essaient de mobiliser l'opinion, recrutant dans toutes les familles politiques et syndicales. Le pacifisme est puissamment ancré dans l'opinion publique depuis les accords de Munich. Des parlementaires dirigés par Pierre Laval et Pierre-Étienne Flandin font de la propagande pour la paix. Le ministre des Affaires étrangères

Georges Bonnet affirme être favorable à la paix. Mais il n'y a pas d'union nationale autour du pacifisme ; ce clivage se prolongera après l'armistice franco-allemand. Malgré ce fort courant de pacifisme, les soldats rejoignent les casernes et le front sans rébellion ; tout au plus remarque-t-on sur les murs quelques affiches de mobilisation déchirées.

Quant à Daladier, il reste l'homme de la situation, du moins de l'automne 1939 à mars 1940 ; sa position se fragilise pourtant très vite. La « drôle de guerre » use les esprits et ses opposants ne comprennent pas l'inaction de l'armée française. De plus, les pacifistes le fustigent pour avoir déclaré la guerre. D'aucuns souhaitent aussi une aide française à la Finlande attaquée par l'URSS. En vain. Le 19 mars 1940, la crise politique atteint son paroxysme avec la démission du gouvernement Daladier. Paul Reynaud, favorable à une guerre « réelle », lui succède le 20 mars. D'emblée en position très fragile, il ne parvient pas à constituer un gouvernement d'union nationale.

La France se préparait déjà à la guerre avant la mobilisation générale. Des mesures de défense passive avaient été engagées dès le mois d'août 1939. Il s'agissait de rassurer les habitants. Tout le monde a en tête les images terribles du bombardement de Guernica pendant la guerre d'Espagne. L'État invite les Français à apprendre les mesures de défense passive en cas de bombardement. Pourtant, les sirènes sonnent déjà les premières alertes aériennes à Paris dès les premiers jours de la mobilisation générale.

Curieusement, la « drôle de guerre » rassure sans doute les Français, mais ses effets moraux et politiques se révèlent négatifs. Mois après mois, l'opinion est moins mobilisée ; elle prend peu au sérieux cette guerre. Toutefois, au début, en septembre 1939, la très grande majorité des Français a accepté d'accomplir son devoir. Ils sont persuadés que l'ennemi nazi, l'agresseur, est à abattre. Toutefois, dans l'esprit de beaucoup, la nature de la menace allemande n'est pas bien comprise ; il s'agit d'un conflit qui s'inscrirait dans la continuité des deux précédents en 1870-1871 et en 1914-1918. Ce qui est nouveau cette fois-ci, c'est que ce sont les Français qui ont déclaré la guerre aux Allemands le 3 septembre, alors que le territoire n'était pas directement menacé. Dans ce contexte différent, il est moins facile de mobiliser autour d'un projet d'union sacrée. Daladier essaie de convaincre les Français, dans son discours radiodiffusé du 3 septembre, que les Allemands sont les seuls responsables de la guerre : « La responsabilité du sang répandu retombe entièrement sur le gouvernement hitlérien. Le sort de la paix était entre les mains de Hitler. Il a voulu la guerre[41]. » Il résume une grande partie de l'opinion générale. La résignation l'emporte ; les Français pensent que ce nouveau conflit oppose deux grandes puissances européennes sur fond de nationalisme exacerbé. Mais peu remarquent qu'à la tête de l'Allemagne la nature du régime nazi rend le conflit différent.

De son côté, l'Italie fasciste adopte une position de neutralité, rendant la lecture de la conjoncture internationale difficile. Les Français peuvent alors compter sur l'allié britannique. En conséquence, nombre d'intellectuels, d'hommes politiques et de journalistes ne voient pas cette nouvelle guerre comme celle qui oppose la démocratie au fascisme. D'aucuns pensent qu'il ne faut pas mettre le fascisme italien sur le même plan que le nazisme et qu'il faut ménager les critiques contre Mussolini afin de ne pas se le mettre à dos. La censure a veillé à cela pendant la « drôle de guerre ». Pour les soldats mobilisés, cette guerre n'est pas perçue comme idéologique. Ils la voient comme une guerre classique.

Pour autant, la vie collective est modifiée avec l'interdiction des bals populaires et des réunions publiques. L'instauration du couvre-feu freine aussi l'activité festive nocturne. En Touraine, à Chinon, Loches et Tours, les cafés et restaurants ferment à 23 heures sans provoquer de colère ; chacun s'exécute et prend conscience de l'utilité de telles mesures[42]. Les agents municipaux ont effectué un gros travail de protection en creusant des tranchées et en protégeant les monuments locaux. Deux abris ventilés et très bien étayés sont créés au lycée Descartes de Tours par des agents de la voirie. À Loches, ce sont des caves de particuliers qui font office d'abris. Les caves en tuffeau du Chinonais sont également d'excellents abris en cas d'attaques aériennes. Les mobilisés reçoivent le soutien moral de plusieurs associations, dont celle de l'épouse du préfet de Tours, Mme Vernet, et de son Œuvre du tricot qui envoie des vêtements chauds aux soldats du front.

Dans le Maine-et-Loire, on observe les mêmes initiatives pendant la mobilisation générale et durant la « drôle de guerre ». Le couvre-feu est imposé de 22 heures à 5 heures du matin. Angers, où l'éclairage public est éteint dès le 1er septembre 1939, est une ville dans le noir complet comme tant d'autres dans le pays pour se prémunir contre les bombardements nocturnes. À Baugé,

Chalonnes-sur-Loire, les mêmes décisions sont prises. À Pouancé, les habitants demandent qu'un minimum d'éclairage soit maintenu. D'autres dérogations sont demandées au Lion-d'Angers, à Chaudron-en-Mauges ou encore à Doué-la-Fontaine. Le nombre de piétons accidentés le soir semble augmenter. Aussi, Angers, Cholet et Saumur sont autorisées à laisser un éclairage minimal la nuit ; les autres communes ne peuvent pas en bénéficier. La population n'est pas toujours très disciplinée quand il s'agit de mettre du ruban adhésif sur les fenêtres ou de peindre les phares des voitures en bleu. Les autorités multiplient les appels à la responsabilité quand bien même le front serait à près de 900 kilomètres de distance. Les masques à gaz font défaut à l'automne 1939, notamment dans les villes où les risques de bombardements sont les plus importants. Ils sont récupérés ici et là, mais l'impréparation à la défense passive est manifeste en Anjou[43].

À Lorient et à Vannes, les premiers exercices de la défense passive sont préparés à la toute fin de l'année 1939, mais la population n'en voit plus guère l'utilité, puisque aucun combat n'a encore été engagé sur le front. Le moral de la population bretonne baisse comme ailleurs faute d'informations et de perspective claire.

À Châtellerault (Vienne), Louis Ripault, le maire radical-socialiste, prône la paix dans les années 1930, mais se méfie des accords de Munich. Pendant la «drôle de guerre», il se montre patriote et ne cesse d'encourager ses administrés à en faire de même face au danger que représente Hitler. Le 3 mars 1940, il soutient la Finlande qui vient d'être attaquée par les Soviétiques. Les Châtelleraudais savent que la guerre approche malgré tous les discours pacifiques et patriotiques de certains élus. La défense passive s'organise aussi dans cette cité du Poitou, Louis Ripault en est le principal organisateur. Cette défense civile est très centralisée, comme partout ailleurs, avec des mesures coordonnées avec le préfet, les gendarmes et les sapeurs-pompiers. En 1939-1940, les dépenses municipales consacrées à la guerre ont fait un bond de 70 %. L'aide des bénévoles devient nécessaire et leur apport sera bientôt quasi vital avec le déclenchement des hostilités et l'accueil de dizaines de milliers de réfugiés[44].

Dans l'Yonne, des milliers d'enfants sont recueillis depuis août 1939 ; 3 000, évacués de Paris, sont comptés dans le département en décembre. Ils sont hébergés dans les écoles et des centres de colonies de vacances. Là comme ailleurs, les habitants réactualisent les consignes de la défense passive. Des articles de presse et des conférences rappellent aux Icaunais les moyens de se protéger dans des abris. À Auxerre aussi, la fin de l'éclairage nocturne provoque des accidents de la circulation en plus grand nombre[45].

Dans le monde viticole audois, à Tournissan, les écoliers ont rédigé des pages inédites sur la mobilisation et la guerre vécues dans leur village. Le 7 novembre, Marcelle et Suzanne font le point sur les premières déceptions des familles qui attendent des nouvelles des hommes mobilisés :

> Dans certaines familles la tristesse régnait de plus en plus, surtout quand les lettres étaient retardées en route. Quelquefois les colis envoyés aux soldats leur arrivaient pourris et les lettres au bout de 15 jours. Maintenant, 7 novembre 1939, la France attend chaque jour une offensive de la part de l'Allemagne[46].

Plus tard, le 14 novembre, les mêmes écolières s'intéressent aux vendanges qui ont eu lieu fin août-début septembre :

> Au mois d'août 1939, lorsque les hommes parlaient des dangers de guerre ils disaient « Au moins qu'Hitler nous laisse faire les vendanges ». Mais hélas, Hitler voulut agir à sa guise et n'écouta pas les plaintes de certains Français.

Les vendanges représentent le temps fort de l'année agraire à Tournissan comme dans toutes les régions viticoles du pays. Ce sont les femmes, les enfants et des réfugiés espagnols qui y ont effectué les vendanges, sans chevaux, réquisitionnés par l'armée. La mobilisation affaiblit notablement toutes les régions rurales. En Normandie, l'absence de bras masculins oblige les femmes à travailler davantage, jusqu'à l'épuisement parfois, comme en août 1914, lors de la précédente mobilisation générale. L'ouverture de la chasse est reportée à plus tard ; c'est un temps fort du monde rural qui est ainsi mis en attente. Les masques à gaz sont distribués dans les villages normands. Beaucoup pensent que l'armée française est la plus forte, ce qui permet d'attendre plus sereinement la possible offensive française contre les armées de Hitler. Il faut dire que la propagande fait tout son possible pour délivrer le message d'une défaite impossible, par la presse écrite, les affiches, les communiqués et les émissions de radio[47].

La vie quotidienne reprend donc en ville comme dans les villages français, au fil des mois de la « drôle de guerre ». Certains espèrent que les Allemands n'attaqueront pas, tandis que le préfet demande de collecter tous les métaux pour l'effort de guerre. Dans toutes les régions observées ici, la réalité de la guerre va se réveiller brutalement quand Hitler attaque le Danemark et la Norvège début avril. L'offensive à l'ouest semble avoir commencé. Les espoirs de paix s'éloignent d'autant que la France et la Grande-Bretagne envoient à Narvik un corps expéditionnaire pour résister aux forces allemandes. Les Français sont désormais traqués dès lors qu'ils s'expriment de façon défaitiste.

Chacun essaie pourtant d'oublier un peu la gravité de la situation. Les Parisiens et nombre d'habitants des grandes villes de province continuent de se rendre au restaurant, dans les théâtres et autres cabarets malgré une courte période de fermeture au moment de la mobilisation. Deauville se remplit de Parisiens les samedis et dimanches tandis qu'à Nantes, Nice ou Toulouse, les salles de cinéma et de spectacle sont pleines[48].

Le pays attend et se prépare comme il peut. Il faut songer aux Français qui doivent quitter leurs maisons situées dans des zones potentiellement dangereuses. Le début de la «drôle de guerre» est particulièrement difficile dans les départements frontaliers, où de nombreux habitants sont évacués.

Nombre d'intellectuels ne sont pas dupes de la situation et des astuces de la propagande d'État, tel Maurice Garçon, l'un des plus grands avocats français, qui, de 1939 à 1945, a consigné chaque soir entre Ligugé (Vienne) et Paris les événements, quelle que soit leur importance. Le 11 septembre 1939, il écrit:

> Que vaut cette fameuse ligne Maginot dont on nous rebat les oreilles ? J'en ai vu des descriptions et, un jour de l'hiver dernier, on a présenté dans un cinéma où j'étais un film de propagande destiné à en révéler les perfectionnements. C'est un magnifique travail de précision, quelque chose comme une horlogerie, un chef-d'œuvre de conception polytechnicienne. Les canons sortent de terre pour tirer, montés par ascenseur, redescendent au moment opportun et ressortent quand il faut. [...] Tout cela est trop beau. Tant d'horlogerie m'effraie. N'est-ce point un amusement théorique, et que vaudront ces perfectionnements quand les gros canons y enverront des tonnes d'acier[49] ?

Tous les plans ont pris en compte la construction de la ligne Maginot, sans penser qu'elle pourrait être traversée ou contournée par l'ennemi.

La radio diffuse des informations très contrôlées; le même Maurice Garçon le déplore d'ailleurs le 2 octobre 1939:

> Comme nous étions sur ce sujet, j'ai dit mon sentiment sur l'absurdité des informations radiophoniques. Quand on les compare à celles de l'étranger, on

est honteux. On nous traite comme des enfants. Le communiqué de l'armée est très bref. Il n'y a rien à dire. Mais les commentaires qui l'accompagnent sont à l'usage d'enfants[50].

Des départements ont été désignés pour accueillir les évacués, mais les instructions ministérielles publiées dans les années 1930 ne sont pas très claires sur les moyens logistiques disponibles, notamment pour transporter et nourrir les habitants en partance vers une région de refuge. En 1938-1939, les plans d'évacuation sont pourtant améliorés et la SNCF a prévu de quadrupler le nombre de trains en circulation vers les zones de repli situées pour beaucoup dans le sud-ouest de la France et dans quelques départements proches de Paris. Partout des lits manquent en Anjou quand les premiers Parisiens évacués – pour la plupart des enfants, des femmes et des personnes âgées – arrivent dès septembre 1939[51]. Il faut dire qu'aux évacués «officiels» s'ajoutent ceux partis de leur propre chef, de peur d'être pris de vitesse par une éventuelle attaque allemande. L'hébergement est partout précaire, notamment dans le Loiret, le Loir-et-Cher et l'Yonne, selon un rapport du service central des réfugiés de décembre 1939[52]. La défense passive très suivie au début de la «drôle de guerre» connaît une forme de ralentissement. L'usure de l'attente semble se faire sentir dans la population et au sein des services administratifs chargés d'organiser le départ de milliers de Français loin de la frontière ou de la capitale. 520 000 nouveaux Parisiens sont encore évacués vers douze départements le 15 janvier 1940.

En Alsace et en Lorraine, selon des plans précis préparés depuis le milieu des années 1930, des grands panneaux noirs disposés un peu partout dans les établissements publics indiquent aux habitants les parcours de repli et les destinations finales. La SNCF se mobilise pour le transport de centaines de milliers de Français obligés de tout quitter en un temps limité. Il faut évacuer près de 400 000 habitants d'Alsace et de Lorraine[53]. Les premiers évacués commencent même leur périple dès le mois d'août 1939. Strasbourg est évacuée et ressemble à une ville morte. Dans le Nord-Pas-de-Calais, il en va de même. Beaucoup sont acheminés par train vers le sud-ouest de la France, qui s'organise au mieux pour les recevoir : il faut loger des milliers d'arrivants, parfois dans les cours des fermes, les classes des écoles, les halls de mairies, etc. Autant dire que des dizaines de maires du Sud-Ouest sont dépassés par une telle migration.

Les évacués ne sont pas toujours bienvenus ; le maire de Limoges se montre peu accueillant en janvier 1940 lorsqu'il critique méchamment les Alsaciens dépeints comme des fainéants, comme ceux qui enlèvent le pain de la bouche des autochtones[54]. Ce maire n'est pas le seul à réagir ainsi. Il faut dire qu'à Limoges il y a près de 200 000 évacués qui attendent qu'une aide leur soit apportée. La commune ne peut assurément pas répondre à toutes les demandes sans aide importante de l'État. Celui-ci, dans sa propagande, donne une version différente laissant penser aux Français que les évacués sont bien traités[55]. L'État a fait ce qu'il a pu, mais n'a pas assez anticipé ; Robert Schuman, un Alsacien, est nommé sous-secrétaire d'État aux Réfugiés (une fonction créée pour l'occasion), mais il n'a pas les moyens nécessaires pour répondre à l'urgence des demandes des évacués. Nombre de ces derniers sont mal vus par les populations d'accueil à cause de leur accent guttural ou bien parce que, faute d'emploi, ils errent dans les rues des villes et des villages.

Dans le Sud-Est, il faut prévoir l'évacuation des populations frontalières de l'Italie fasciste. Au casino de Saint-Juan-les-Pins, 2 500 matelas sont entreposés au cas où il faudrait évacuer en urgence des habitants[56]. Des évacués du Nord arrivent en Ille-et-Vilaine et dans le Finistère, comme il était prévu par les plans officiels ; 100 000 sont attendus, mais seuls 40 000 arrivent à destination. Les autres ont refusé de respecter la destination prévue ou se sont perdus en route.

D'autres Français arrivent dans ces départements de façon volontaire, dans des régions où ils avaient l'habitude de venir pendant les vacances. D'autres sont bretons d'origine et viennent de plusieurs régions du nord et de l'est de la France, mais aussi de Paris[57]. Dans les Ardennes, Louis Mexandeau raconte que dans les campagnes ils ont été « très vite plongés dans un monde différent ». Son village, Wanquetin, près d'Arras, est près de la frontière, comme lors de la Grande Guerre, ce qui rend plus grave et inquiétante l'annonce de la mobilisation générale. Louis assiste à la transformation de centaines de villageois civils en militaires, grâce aux uniformes vite enfilés. Des dizaines de soldats sont hébergés dans le village, bouleversant totalement les habitudes quotidiennes. Le boucher doit augmenter sa capacité d'abattage de bêtes pour que tous, civils et militaires, soient nourris correctement. La vie quotidienne reste étrange pendant la « drôle de guerre ». Personne ne sait réellement ce qu'il souhaite le plus, la guerre ou la négociation d'une paix immédiate. Plusieurs contingents anglais se succèdent dans le village. L'hiver est très neigeux et l'activité tourne au ralenti. Mais cela n'empêche pas le piégeage des renards et des taupes pour vendre les fourrures, ce qui rapporte quelque argent de poche aux enfants[58]. Tout cela sera vite oublié avec l'offensive allemande. De même que les annonces triomphalistes de la propagande française.

Le 10 mai 1940, Hitler commence une nouvelle phase de son projet d'anéantissement de la France. Tandis que les Français vont vite déchanter en raison d'une mauvaise coordination militaire sur le terrain et de divisions profondes entre les hommes politiques. Les clivages dans la population auront un impact après mai-juin 1940. Les échéances sont exceptionnelles depuis septembre 1939 et les Français ont du mal à prendre du recul face à des informations denses, parfois contradictoires et d'autres fois inquiétantes.

La non-guerre est un terrible trompe-l'œil. De loin, les Allemands observent les mouvements de population français sans qu'on puisse savoir si cette donnée joue un rôle dans l'élaboration du plan d'attaque à l'ouest.

Les réserves de la population allemande

En Allemagne, l'opinion[59] n'est pas très encline à faire la guerre dans toute l'Europe malgré une hostilité aiguë envers l'URSS. La mobilisation n'est pas si simple à organiser, en dépit d'une propagande qui donne l'image d'une nation unie et indestructible qui doit effacer l'humiliation de 1918, gagner un *Lebensraum* et abattre les démocraties anglaise et française qui lui ont infligé un tel traumatisme. Depuis 1933, Hitler et Goebbels ont compris que le contrôle des médias devait aussi faire peur à l'étranger en montrant que le Reich était à la fois une grande puissance militaire et un peuple sans faille. Or, les Allemands n'ont pas obligatoirement les mêmes certitudes que leur Führer. La population craint aussi les tueries de masse de la guerre 1914-1918, même si elle pense que le traité de Versailles a été injuste pour l'Allemagne. Mais elle n'est pas non plus surprise lorsque l'ordre de mobilisation survient fin août. Ernst Jünger en témoigne dans son journal, les 26 et 28 août 1939 :

> Kirchhorst, le 26 août 1939.
> À 9 heures du matin, tandis que j'étudiais paisiblement Hérodote dans mon lit, Louise m'apporta l'ordre de mobilisation qui me convoque pour le 30, à Celle : je l'accueillis sans trop de surprise, car de mois en mois et de semaine en semaine l'image de la guerre s'était dessinée plus nettement. [...]
> Kirchhorst, le 28 août 1939.
> La mobilisation se poursuit dans tous les pays. Il serait encore temps pour le *deus ex machina*. Mais qu'apporterait-il ? Tout au plus un sursis. Les sujets de querelle sont à tel point accumulés que seul le feu peut les résoudre.

Jünger n'évoque pas le sentiment général des Allemands face à la mobilisation si ce n'est la résignation face à une guerre attendue.

Pour autant, une autre crainte se fait jour dans l'esprit de la population allemande : la peur de nouvelles restrictions alimentaires comme celles de la Première Guerre mondiale et des années 1920, celles de graves crises économiques. Hitler est parvenu aux yeux des habitants à redresser l'économie et donc il fallait sans doute lui faire confiance. Ce dernier aspect lui a permis de nouer un lien de confiance assez étroit avec son peuple. Sa popularité est très forte. Mais la perspective d'une nouvelle guerre européenne effraie, même si la remilitarisation de la Rhénanie (7 mars 1936), l'annexion de l'Autriche (*Anschluss*, les 12 et 13 mars 1938) et l'invasion de la Tchécoslovaquie (15 mars 1939) ont laissé penser aux Allemands que Hitler avait des solutions ponctuelles pour éviter la guerre. Le « guide » du IIIᵉ Reich n'était pas dupe. Il connaissait la méfiance de l'opinion face à une entrée en guerre. D'ailleurs, durant l'été 1939, il cache ses intentions d'attaquer à l'ouest jusqu'au dernier moment, de peur d'effrayer une partie de ses compatriotes.

Éviter les manifestations d'opposition devient la priorité de la propagande. À l'aube du mois de septembre, peu d'Allemands pensent qu'une guerre contre la Pologne est imminente. Après tout, Hitler n'a pas fait la guerre en Tchécoslovaquie, même s'il a démembré ce pays. Quand la mobilisation est décrétée, le peuple n'est guère euphorique, à la différence de 1914. Les journalistes étrangers présents à Berlin le constatent[60]. Les Allemands se résignent à faire la guerre, pris par le sens du devoir envers la patrie davantage qu'ils ne se jettent dans une adhésion aveugle au nazisme. La guerre contre la Pologne est suivie par les Allemands à travers les images de la propagande nazie qui leur laisse penser que l'attaque était un moyen de se défendre et que le Reich n'avait pas d'autre choix. Après la prise de la Pologne, l'opinion nourrit l'espoir d'une solution diplomatique avec les Anglais et les Français pour éviter une nouvelle guerre.

Mais les Alliés refusent de négocier en octobre 1939. À l'automne 1939 et à l'hiver 1939-1940, la population allemande entre donc dans la «drôle de guerre» dans un état d'esprit plutôt déprimé, comme en France, car les réquisitions et les restrictions recommencent[61]. Les civils travaillent durement pour nourrir l'économie de guerre. Au début de 1940, les ouvriers bavarois, par exemple, bien étudiés par Ian Kershaw, l'un des biographes de Hitler, manquent de charbon et leur pouvoir d'achat est en chute libre[62] ; ils manifestent leur mécontentement, ce qui oblige le pouvoir nazi à assouplir les mesures liées à la mobilisation économique de guerre (le décret du 4 septembre 1939 qui demanda beaucoup plus d'efforts aux travailleurs et augmenta les impôts). La Gestapo doit aussi intervenir pour faire des exemples et poser les limites à ne pas dépasser, car le pays ne peut pas être freiné par des actes de sabotage notamment. L'idéologie nazie est loin d'avoir totalement séduit toutes les couches de la société allemande. Sur le front, calme pour l'heure, face à la ligne Maginot, la victoire en Pologne a galvanisé les forces. Du côté des civils, la victoire sur la France va transformer l'état d'esprit de façon positive pour les projets futurs du Führer.

En attendant, Hitler arrête un plan définitif d'attaque à l'ouest le 24 février 1940 : il s'agit de contourner la France par les Pays-Bas et la Belgique. Il a en tête le plan Schlieffen de 1914. Il faut jouer de surprise pour ne pas connaître une nouvelle bataille de la Marne catastrophique pour la Deutsches Heer en septembre 1914. Cela consiste à déborder les Alliés par l'aile droite jusqu'au littoral pour empêcher un éventuel débarquement des Anglais. À cela s'ajoute la volonté de se ruer sur les Ardennes, car les Allemands savent que les Français croient impossible leur franchissement par une armée. Lourde méprise de la part des Français.

2

Les Allemands en France, une invasion *korrekt*

Avant l'attaque contre la France, Hitler manifeste confiance et résolution. Il respecte cependant en partie les recommandations de ses généraux, non certains de posséder les moyens militaires suffisants pour battre les Français[1]. En Allemagne, beaucoup n'ont pas oublié la Marne (1914), ainsi que la très longue guerre qui s'est soldée par une défaite humiliante. De leur côté, les Alliés observent l'état du moral des Allemands. Ils sous-estiment sans aucun doute la popularité de Hitler.

La victoire aussi inattendue que rapide contre la France et la pugnacité anglaise à poursuivre la lutte obligent les vainqueurs à penser très vite à une occupation totale ou partielle. Les Allemands découvrent alors la France, dont on leur a dit qu'on y mangeait bien et que l'amusement y était «roi». À son arrivée, l'armée se méfie pourtant des Français et règle d'emblée leur vie dans les parties occupées. Un ordre «nouveau» est instauré, aussitôt l'armistice franco-allemand entré en vigueur. Il leur faut aussi aider les réfugiés de l'exode à rentrer chez eux pour faire fonctionner l'économie en zone occupée. Les soldats s'installent, tandis que les Alsaciens-Lorrains vivent l'annexion et que les habitants du Nord et du Pas-de-Calais sont rattachés d'office au IIIe Reich. Irréelles situations.

Les Français sont impressionnés par la discipline des troupes qui entrent dans les villes et les villages. À Paris, les Allemands réquisitionnent des centaines de bâtiments, notamment les grands hôtels. Les drapeaux français sont interdits dans l'espace public tout comme les manifestations et les rassemblements patriotiques.

Pour structurer et gérer au plus vite les différents statuts d'occupation du territoire français compartimenté, les services allemands s'installent et rivalisent au sein d'un appareil d'occupation polycratique, une spécificité de la conception nazie de l'administration. Paris devient un haut lieu de l'occupation européenne.

Le déferlement allemand

Blitzkrieg *imprévu*

Avant d'être confrontés à l'attaque allemande, les Français subissent un énième soubresaut politique. Paul Reynaud, le président du Conseil, est combatif et il a le soutien de l'opinion. En revanche, dans son cabinet, il éprouve toutes les peines à tenir le ministre de la Défense nationale Édouard Daladier, avec qui il communique par lettres. Le Conseil des ministres ne peut pas se tenir entre le 14 avril et le 9 mai. Le 9, Reynaud désigne Gamelin comme le responsable des échecs en Scandinavie, regrettant ne pas avoir assez de moyens pour mener la guerre comme il l'entend. Sa démission – tenue secrète – est sur le bureau du président Albert Lebrun le même jour. Le lendemain, il la reprend dans l'urgence après avoir appris le début de l'attaque allemande en Belgique. La guerre peut commencer.

Le 10 mai 1940, dans le nord-est du pays, environ 3 000 000 de soldats allemands sont engagés contre 2 240 000 Français, 450 000 Anglais, 650 000 Belges et quelques milliers de Hollandais. Les spécialistes d'histoire militaire savent aujourd'hui que, sur le papier, les Alliés ont davantage de forces que les Allemands et les Italiens réunis. Les Allemands ne disposent alors pas d'une nette supériorité humaine pas plus que matérielle : par exemple, la France possède 10 700 000 pièces d'artillerie contre 7 378 000 pour les Allemands ; en revanche, ceux-ci disposent de bien plus de chasseurs et de bombardiers.

Sur le plan politique et en ce qui concerne la doctrine d'emploi des forces, les Allemands ont surpassé les Alliés[2]. Ils ont également été mieux préparés au combat. Comme en 1914, le plan d'attaque est fondé sur la violation de la neutralité belge et l'effet de surprise. Hitler lui-même et le général von Manstein ont conçu ce plan en octobre 1939. C'est Halder, chef d'état-major général, qui l'a mis au point. Toutefois, par rapport à 1914, les Allemands ne passent pas sur les ailes droite (Hollande) et gauche (Belgique), mais entre les deux, à savoir dans les Ardennes. Il a fallu casser les défenses françaises. Les Alliés ne s'attendaient pas à cette stratégie. L'audace a encore primé.

Le 10 mai 1940 commence à l'ouest la plus grande guerre éclair de l'histoire (*Blitzkrieg*). Le plan imaginé par Hitler – qui attendait le beau temps pour attaquer – et Manstein fait merveille. Le 13 mai, les armées du Reich franchissent la Meuse en plusieurs secteurs. Le 15, les armées hollandaises capitulent. Les Belges sont pris de vitesse. Sur la Manche, Boulogne est atteint le 22 mai. Les Français qui ont pu avancer en Belgique sont pris dans une nasse. Le «coup de faux» a réussi. Les armées du Nord sont alors enfermées et coincées dans les Flandres. La ligne de défense française est fracturée par une brèche de près de 90 kilomètres. Surpris sur le plan stratégique et sur le plan tactique, les Français commettent plusieurs erreurs fatales.

Parallèlement, la propagande allemande travaille à saper le moral des troupes. Jean Malaquais écrit dans son journal de guerre, le 23 mai :

> Le soir, au bureau du capitaine Deudon, agglutinés autour d'un poste de TSF, quelques privilégiés, dont moi, s'escriment à capter Radio Stuttgart, laquelle se dépense à vous persuader, en un français approximatif, que famine et émeutes règnent à Paris, que le peuple de France est «contagionné» [*sic*] par la juiverie internationale, que Reynaud a du sang de grenouille dans les veines, que *Donnerwetter noch einmal!* vienne le 14 juillet et le soldat allemand valsera dans les rues de Paris au bras des Françaises[3]…

Cette propagande vise aussi les civils. Depuis des mois, elle distribue des milliers de tracts par des avions. En janvier 1940 déjà, pendant la «drôle de guerre», *Le Journal de Cambronne* (titre d'un journal de propagande nazie pour démoraliser les civils et les soldats ennemis) titre : «Nous, les Allemands, ne sommes que de pauvres ouvriers qui travaillons pour réaliser un modeste socialisme bien compris.» Le 30 avril, dans les Vosges, un tract exhorte les Français : «Vous voulez vraiment que la guerre totale commence.» Vers le 8 mai 1940, des phrases du même *Journal de Cambronne*, sont adressées à la presse française : «Journaux parisiens cherchent quelques correspondants de guerre. On préfère des Juifs émigrés d'Allemagne, nouvellement naturalisés, possédant des titres de bellicisme intégral[4].» Le tract très antisémite reprend l'un des thèmes favoris de la propagande nazie sur le prétendu complot juif qui aurait brisé tous les espoirs de paix. Le 15 mai, un tract venant des airs tombe sur la Somme : « Camarades d'en face, mettons fin à cette folie que personne ne voulait. Soldats français, le temps presse. » En mai, le nombre de tracts se multiplie sensiblement. Il faut saper le moral de la population et des soldats afin de faire plier les gouvernants du pays attaqué. Cela a déjà été testé pendant la guerre d'Espagne, mais aussi à Rotterdam. L'attaque se poursuit.

Dans leur percée, les Allemands croisent des villages désertés par leurs habitants, mais voient aussi toutes les conséquences morbides de la guerre. Ernst Jünger écrit le 6 juin 1940 du côté de Toulis (Aisne) :

> La marche de nuit nous fit côtoyer de nombreux cadavres. Pour la première fois nous allions droit au feu, que l'on entendait à faible distance – avec le lourd éclatement des arrivées. À droite, batteries de projecteurs, et au milieu d'eux des fusées éclairantes jaunes, probablement anglaises, qui planaient longtemps dans le ciel. [...]
>
> Réflexions durant ma dernière chevauchée de nuit – sur la machinerie de la mort, les bombes des Stukas, les lance-flammes, les différentes sortes de gaz toxiques – bref, tout le formidable arsenal de destruction qui déploie sa menace sur l'homme[5].

Le lendemain, il évoque la pugnacité des soldats français :

> Passé encore cette nuit à Toulis, sans doute à cause des résistances que l'offensive a dû rencontrer dans notre secteur. Les Français se défendent sur les hauteurs du canal de l'Aisne à l'Oise et, dans l'après-midi d'hier, la 25e division a réussi à progresser dans les bois au sud de Sancy[6].

Jünger file alors vers Laon (Aisne) où il a déjà combattu pendant la Grande Guerre – comme lui, nombre de militaires allemands sont des anciens combattants de 1914-1918. L'écrivain croise des restes de l'exode des civils, mais aussi des cadavres d'animaux partout sur les routes et dans les fossés. Le 7 juin, le canal de l'Aisne est franchi en plusieurs points. Les troupes allemandes autour de Jünger s'équipent de toutes les bicyclettes disponibles. L'auteur fait chercher de la nourriture partout et fait abattre un bœuf.

Dans le même temps, du côté des Alliés, à Dunkerque, entre le 26 mai et le 5 juin, 215 587 soldats anglais et 123 095 Français sont évacués dans l'urgence absolue[7]. Cette évacuation en catastrophe tient du miracle, mais ne doit pas masquer la réalité militaire, car dès le 5 juin, les troupes allemandes foncent vers le sud dans le cadre du «plan rouge» (5-25 juin 1940)[8]. Les soldats français se réorganisent en catastrophe sous les ordres du général Weygand mais rien n'y fait, les points de défense français cèdent les uns après les autres. Paris, déclaré «ville ouverte», est occupée par les troupes allemandes le 14 juin. Le gouvernement français et les institutions ont fui vers la Touraine depuis le 10 juin, date à laquelle l'Italie déclare la guerre à la France, déjà vaincue. Le 14 juin, le gouvernement est à Bordeaux. Trois jours plus tard, les armées de Guderian ont atteint les environs de Pontarlier, à quelques encablures de la frontière suisse; 500 000 soldats français sont encerclés par les panzers.

Dans le même temps, les chefs allemands se penchent sur l'affrontement avec les Anglais. D'autres aspects sont évoqués lors de réunions, comme l'annexion de l'Alsace-Lorraine, la constitution de deux États breton et bourguignon, l'envoi des Juifs à Madagascar sous la houlette française, entre autres[9]. L'idée centrale est bien de briser le vaincu tout en empêchant la fuite du gouvernement à l'étranger ou dans l'empire colonial où il pourrait poursuivre la lutte. La France perd la guerre pour des raisons essentiellement stratégiques et faute de cohérence entre les responsables politiques. Les Allemands ont compris la guerre de mouvement. Pour la France, c'est la débâcle militaire. Les soldats français sont pour beaucoup démunis, sans ordres clairs de leurs chefs. Des milliers de militaires sont mêlés au flux des réfugiés civils dans un indescriptible chaos. Jean Malaquais écrit à ce sujet, le 19 juin, alors qu'il se trouve à Croix-Mare (Seine-Maritime):

> Les nuits se faisant plus courtes et toujours plus longues les cohortes de fuyards, la débandade, initialement nocturne, se poursuit de jour. Routes ni chemins n'en peuvent contenir le flot. Hommes, véhicules, animaux de trait avancent pêle-mêle, tombent en arrêt, repartent de même. Le plus déprimant, le plus avilissant je dirais, est de se voir menés de la sorte sans que capitaines ou autres galonnards se fendent d'un mot d'explication. D'ailleurs, savent-ils eux-mêmes ce qu'il en est au juste? Il me semble que si j'avais une idée de l'improbable estuaire où l'on nous pousse, j'en supporterais moins mal l'abomination[10].

Le Reich a abattu en très peu de temps la puissance considérée comme la plus forte d'Europe sur le plan militaire. La surprise est grande, même du côté allemand, ce dont témoigne Gerhard Heller, le futur *Sonderführer* de la Propaganda-Staffel à Paris:

> Même ceux qui dans la classe politique [allemande] ou parmi les généraux critiquaient Hitler n'osent plus le faire devant cette « divine surprise » et l'enthousiasme de l'armée et de la population. Je suis écrasé de tristesse et je me sens très seul dans mon refus de participer à la joie générale[11].

Pour autant, les forces françaises se sont bien battues, mais l'absence d'opérations combinées entre les trois armes et l'incohérence des ordres donnés par les officiers supérieurs et généraux ont conduit au désastre. Grâce à cette victoire, Hitler et le IIIᵉ Reich sortent renforcés aux yeux de l'opinion allemande dans leurs projets géopolitiques à long terme. La population allemande, qui redoutait la guerre contre la France, se trouve rassurée. Hitler se sent alors invincible en tant que Führer et commandant suprême de l'armée (*Oberbefehlshaber der Wehrmacht*) ; il rêve désormais de faire céder les Britanniques et de fondre sur l'URSS.

Le bilan humain des combats de mai-juin 1940 est à considérer avec la prudence d'usage face à des statistiques toujours difficiles à établir avec précision. La France déplore 55 500 soldats tués – les Britanniques 5 000 et les Belges 7 500 –, ainsi que 123 000 blessés entre le 10 mai et le 30 juin 1940 ; du côté allemand, il y a eu 49 000 tués et disparus[12] et 117 000 blessés[13]. Quelque 1,6 million de soldats français ont été faits prisonniers. En seulement six semaines, les pertes humaines sont colossales. Sur le plan matériel, les Allemands ont perdu 714 de leurs 2 439 chars ainsi que 1 559 avions quand les Français n'en ont perdu que 892[14]. Mais l'essentiel est acquis pour Hitler puisqu'il a prouvé à son état-major que passer par les Ardennes était une bonne intuition. Les stratèges allemands, plus rationnels, préfèrent attribuer le succès allemand à la guerre de mouvement et aux erreurs françaises. La revanche sur les Alliés de la Première Guerre mondiale est acquise.

Le naufrage politique français, une opportunité pour les Allemands

Les troupes allemandes progressent inexorablement dans leur invasion. C'est un grand choc pour Paul Reynaud, le président du Conseil, persuadé que la ligne Maginot suffirait à contenir les assauts des panzers – il n'envisageait même pas une attaque allemande par la Belgique. Cet homme intelligent et clairvoyant se laisse dominer par la peur et ne fait pas les meilleurs choix. Ainsi, le 18 mai, après les premiers échecs militaires, il nomme le vieux maréchal Pétain vice-président du Conseil. Le chef des armées Gamelin est limogé le lendemain, Weygand lui succède.

Les clivages sont importants au sein du gouvernement qui a fui Paris et se retrouve en Touraine du 10 au 14 juin, avant de partir pour Bordeaux. De leur côté, les alliés britanniques exhortent les Français à poursuivre la lutte. En vain. Les hommes du gouvernement glissent inexorablement vers l'armistice, comme si plus rien ne les retenait.

Le sort politique de la France s'est joué en comité réduit. À Bordeaux, Pétain a pris la tête des hommes favorables à l'armistice. Reynaud s'est enfermé dans les intrigues et a manqué de fermeté au moment le plus crucial de la crise gouvernementale commencée le 12 juin à Cangey (Indre-et-Loire). Alors que Weygand veut imposer une demande d'armistice, il perd son sang-froid les 15 et 16 juin[15]. Pétain a désormais les coudées franches pour tenter d'assumer le sort futur du pays en promettant bientôt une «révolution». Le 15 juin, Camille Chautemps propose une solution au Conseil des ministres : demander les conditions d'un armistice. Le 16 juin, Pétain prend les débats en main et évoque une démission. Reynaud ne résiste pas et décide de quitter ses fonctions en recommandant même Pétain pour lui succéder au président de la République Albert Lebrun. Le 17 juin, le maréchal Pétain annonce sur les ondes qu'il a pris contact avec les Allemands et qu'il faut cesser les combats. La guerre est finie selon lui, sans même attendre la réponse des vainqueurs. C'est aussi à cette occasion qu'il «fait don de sa personne à la France». Il partagera les souffrances des Français s'il le faut. Le Führer lui donne satisfaction en acceptant un armistice, préalable à des négociations de paix. Mais Pétain reste au pouvoir[16], il sera l'interlocuteur de Hitler. Entre-temps, le général de Gaulle, qui a rejoint Londres depuis Bordeaux, souhaite continuer le combat mené par Reynaud, celui d'une République qu'il n'accepte pas de voir mourir. En exil, le 18 juin, il lance son appel à continuer la lutte dans l'empire colonial et partout où ce sera possible. Il accuse les militaires restés en France d'avoir abandonné la lutte pour prendre le pouvoir politique. De Gaulle veut combattre jusqu'au jour de la victoire finale.

Pendant la crise politique, les Allemands ont progressé et croisé la route de millions de Français. Leur arrivée est diversement appréciée et perçue dans les villes et villages de France.

L'occupation de Tours commence le 21 juin 1940. Les occupants réquisitionnent des civils et déblaient avec eux la rue Nationale tout en tentant de remettre en état l'un des ponts. Le génie militaire français a détruit les ponts sur la Loire pour gêner l'avance allemande. Des pillages sont commis dans toute la Touraine par des soldats allemands mais aussi des soldats français en déroute ou des civils en exode. La Kommandantur s'installe à l'hôtel de l'Univers. Le drapeau nazi y flotte très vite sur le toit. Près de 10 000 Tourangeaux sont alors sans abri, sans compter les innombrables réfugiés coincés à Tours et qui ont tant espéré ne jamais être rattrapés par les envahisseurs. Les officiers et les soldats allemands prennent possession de nombreuses habitations, dont certaines ont été abandonnées par des habitants devenus réfugiés de l'exode. À leur retour, leur surprise sera grande et il faudra trouver un logement ailleurs. Quand les Tourangeaux apprennent qu'un armistice est conclu, ils semblent soulagés, comme des millions de Français. Les bombardements ne sont plus à craindre et les familles séparées peuvent se retrouver.

De nouvelles difficultés apparaissent : des affiches sont placardées sur les murs des localités tourangelles, avant même l'instauration de la ligne de démarcation le 24 juin 1940, et donnent aux occupés les premières consignes restrictives sur leurs déplacements non libres et soumis à l'autorisation allemande. En juin 1940, l'arrivée des Allemands au cœur de la France est brutale[17].

Dans les griffes allemandes

Si les articles de l'armistice passent sous silence le statut exact de la ligne de démarcation – notamment les conditions de sa fermeture et de son ouverture –, ils sont aussi totalement muets sur l'instauration d'autres lignes de démarcation officieuses et arbitraires. L'annexion de territoires n'est pas davantage mentionnée. Les nazis réservent en effet un sort particulier à certaines régions de France : l'Alsace, la Moselle, ainsi que les départements du Nord et du Pas-de-Calais. La germanisation de ces espaces est brutalement imposée aux Français, sans aucun accord ni aucun préavis.

L'Alsace-Moselle « mise sous cloche »

Le 19 juin 1940, les Allemands pénètrent dans Strasbourg, déserte. Immédiatement, l'Alsace est placée sous l'autorité de

Robert Wagner, dont le titre de chef de l'administration civile donne l'illusion d'une occupation militaire alors que les Allemands ont en tête une annexion prochaine. En effet, le 7 août, Wagner deviendra Gauleiter, titre donné au chef des circonscriptions nazies, avec pour mission de «germaniser la région». Des fonctionnaires badois occupent les postes clés de l'administration avec l'aide de fonctionnaires alsaciens.

Et l'annexion de l'Alsace et de la Moselle est encore plus sensible à partir du 15 juillet 1940[18]. Le 6 décembre 1938, les Allemands avaient reconnu les frontières orientales françaises, reconnaissance que l'armistice ignore. Les plans allemands sont dévoilés progressivement aux Français. Les trois départements (Bas-Rhin, Haut-Rhin et Moselle) sont annexés au Reich, ainsi que le Luxembourg et les cantons belges d'Eupen et de Malmédy. L'Alsace-Lorraine constitue désormais la partie occidentale de l'Allemagne nazie. En Lorraine, un soldat allemand, Helmuth H., écrit à son épouse le 18 juillet 1940 :

> La France a été complètement pillée ou tout a été vendu. [...] Au cours de notre marche nous sommes arrivés dans la première bourgade où les lieux sont désignés en français et en allemand – nous étions en effet sur l'ancienne frontière du Reich de 1914. Toutes les affiches étaient en allemand ; mais la population était franchement hostile[19].

La germanisation et la nazification des trois départements[20] commencent immédiatement. Il s'agit d'en transformer les habitants en «parfaits Allemands» dans la décennie à venir[21]. Cette situation d'annexion qui ne dit pas son nom ouvertement ressemble peu à celle de 1870, car elle est illégale. Les trois autres départements lorrains (Meurthe-et-Moselle, Meuse et Vosges) échappent à l'annexion et restent français, mais leur statut est singulier, puisqu'ils sont inclus pour plusieurs mois dans une «zone interdite» où les contrôles allemands sont drastiques. Comme les Ardennais, les habitants de ces trois départements voient arriver des colons agricoles. Deux Lorraine se côtoient, une Lorraine annexée et une Lorraine non annexée, mais interdite. Des soldats allemands alors stationnés en Alsace se réjouissent de cette situation, tel Kurt M., qui écrit à sa mère, le dimanche 21 juillet 1940 :

> Les champs ont été parfaitement cultivés et sont bien organisés ; on aura certainement une belle récolte. Oui, oh oui ! Adolf savait bien ce qu'il faisait, désormais nous avons assez de céréales et on pourrait même ne pas assurer la

prochaine moisson. L'Alsace sera bientôt intégrée au Reich, nous aurons alors tout ce qu'il nous faut[22].

Kurt est de ceux qui attendaient l'annexion de l'Alsace en raison de ce que la propagande lui assénait depuis si longtemps, à savoir que ce territoire n'était pas français et qu'il devait revenir *de facto* au IIIe Reich, comme entre 1870 et 1918. La fierté des soldats se ressent dans ce type de lettre, celle de celui qui a participé à la revanche allemande contre la France victorieuse de 1918, un pays supposé avoir fait souffrir le peuple allemand de façon démesurée et injuste. Les Alsaciens observent une fermeture totale de leur département. Tout ce qui rappelle la France doit disparaître aux yeux des vainqueurs. Le 10 août 1940, un auditeur (qui signe « un Français d'Alsace » et s'est réfugié en Suisse) adresse une lettre à Radio Londres pour signaler :

> Les Allemands considèrent les Alsaciens comme des Allemands. Les anciennes frontières sont rétablies, les inscriptions françaises disparaissent partout dans les bureaux d'administration, sur les affiches. [...] L'Alsace est mise sous cloche : ni poste ni journaux ne peuvent passer. La frontière vers la Suisse est hermétiquement fermée. [...] Hier, brusquement, les timbres allemands ont été imposés[23].

De son côté, le vaincu ne réagit pas vraiment avec fermeté contre les mesures très dures prises dans les trois départements. A-t-il renoncé à obtenir des avantages ou bien est-il résigné ? Le régime de Vichy se place ainsi dans une position de faiblesse pour les négociations à venir. Toute demande sur cette zone sera vivement rejetée par le vainqueur.

Germanisation accélérée

La germanisation des territoires annexés est implacable. Les deux départements alsaciens sont intégrés au *Gau* (terme désignant le district dans l'organisation du parti nazi) de Bade ; la Moselle dans celui du Palatinat. Le rattachement au Reich n'est pas formellement prononcé, même si les préfets et sous-préfets français sont mis aux arrêts par les Allemands[24] ; de même, l'administration est dirigée par les deux Gauleiter, Josef Bürckel en Moselle et Robert Wagner pour les deux départements alsaciens. Dès le mois de juillet 1940, la Wehrmacht se débarrasse de la gestion de ces régions annexées, se disant incompétente. Hitler donne les pleins pouvoirs aux deux Gauleiter par le décret du 2 août et l'ordonnance du 18 octobre 1940. Le 24 juillet, les nazis font déjà renaître la frontière du Reichsland telle qu'elle existait en 1871. Le droit français est remplacé par les lois allemandes dès que Sarrebruck et Strasbourg deviennent les capitales respectives des *Gauen* de Westmark (Moselle, Sarre et Palatinat) et Baden-Elsass (pays de Bade et Alsace). Les deux Gauleiter n'agissent pas de la même façon : quand Bürckel préfère en Moselle une politique d'exclusion et d'expulsion systématique, Wagner privilégie la rééducation forcée des Alsaciens.

Dans les deux *Gauen* cependant, une politique d'expulsion – dans le cadre du «retour à la germanité» (ou *Rückdeutschung*) – est souvent la règle dès le début de l'annexion, car il s'agit d'épurer la société locale de ses élites récalcitrantes mais aussi des Juifs, des communistes, des patriotes français, entre autres. Malgré les protestations du régime de Vichy, entre juillet et décembre 1940, 90 000 Mosellans et 45 000 Alsaciens sont expulsés vers la zone non occupée. Ils rejoignent ainsi leurs familles évacuées en septembre 1939 vers le sud-ouest de la France (Corrèze, Dordogne, Haute-Vienne). Dès le 16 août 1940, avant même l'arrivée de Bürckel, 20 000 à 30 000 Mosellans avaient dû partir, dont l'évêque de Metz, monseigneur Heintz ; les Juifs, les francs-maçons, les Français originaires d'autres départements et des membres du Souvenir français (une association d'anciens combattants de la Grande Guerre) sont également frappés par ces premières mesures. L'armée allemande exécute les ordres d'expulsion selon des listes de noms apposées dans les rues, les quartiers et les murs des moindres villages. Tous les habitants ainsi désignés doivent partir dans l'instant avec 30 kg de bagages et 2 000 francs au maximum. En novembre 1940, Bürckel, qui concentre tous les pouvoirs administratifs sauf les fonctions économiques dévolues à Hermann Goering, expulse 60 000 autres Mosellans dans des conditions similaires. L'objectif est simple : épurer au plus vite la population sur le plan linguistique et politique, afin de lancer une politique «d'assimilation progressive» au Grand Reich allemand.

Sur le plan militaire, la Wehrmacht reste en place, alors qu'elle a refusé de s'occuper de l'administration des trois départements. Les nazis sont envoyés en Lorraine pour montrer leur intérêt pour cette nouvelle «province», mais aussi pour l'encadrer. Hitler se rend même furtivement à Metz le 26 décembre 1940, puis à Sarrebourg.

Des parades militaires sont organisées, mais la population locale ne se jette pas dans les bras du nazisme. Loin s'en faut. L'opération de séduction nazie n'a pas les effets escomptés. Tous les services de police allemands sont présents en Moselle sous la direction de Dunckern, un important responsable de la Gestapo qui dirigera la Sipo-SD en Moselle en 1940 : la *Schutzpolizei* pour la police générale ; la *Sonderpolizei* qui s'occupe de surveiller les industries et les transports ; la sipo (*Sicherheitspolizei*), composée de la Gestapo et de la *Kripo* épaulée par le SD (*Sicherheitsdienst*), qui s'occupe du renseignement au sein du parti nazi[25]. L'Abwehr (le contre-espionnage de la Wehrmacht) a aussi déployé des hommes en Moselle. Enfin, 2 000 policiers et gendarmes allemands de la *Feldgendarmerie* rejoignent la Moselle pour surveiller la frontière occidentale de la Moselle avec le reste de la France occupée, et ce pendant toute la durée de la guerre.

Des milliers de civils allemands arrivent dans les anciens départements français, des colons agricoles et des fonctionnaires pour la grande majorité. Il s'agit de compenser les départs des Français et l'arrivée d'Allemands ne suffit pas, obligeant les nazis à recourir à de la main-d'œuvre forcée, d'origine slave essentiellement. La langue française est interdite pour «défranciser» cette partie du territoire. Les noms de lieux et de personnes doivent être impérativement germanisés ; par exemple, Thionville devient Diedenhofen, Forbach reste Forbach, mais Colmar devient Kolmar, Sarreguemines est germanisé en Saargemünd et Sélestat en Schlettstadt.

Les écoles privées sont dans l'obligation de fermer leurs portes le 6 décembre 1940. De même, les 1 200 instituteurs mosellans n'ont pas d'autre choix que de se former à la langue et à la pédagogie allemandes dans les écoles du IIIe Reich. Des centres de formation de ce type ouvrent bientôt en Moselle. La culture locale est sous contrôle ; l'Opéra-Théâtre de Metz change même de nom, devenant le «Théâtre allemand». Un Viennois, Rudolf Nilius, se voit confier la direction du conservatoire de musique messin. Les bibliothèques publiques font disparaître les ouvrages en langue française, qui sont remplacés par des livres patriotiques allemands. Chaque texte doit expliquer aux petits Lorrains que leurs racines sont bien allemandes. Cent cinquante bibliothèques communales sont créées dans ce but.

Des organisations nazies s'infiltrent dans le tissu social et obligent les habitants à adhérer à leurs valeurs : ainsi, la DVG (Communauté du peuple allemand ou *Deutsche Volksgemeinschaft*) est créée en Moselle en août 1940. En devenir membre revient à reconnaître l'annexion et à prêter allégeance au IIIe Reich – 95 % des Mosellans sont obligés d'y adhérer. Toutefois, rares sont ceux qui s'inscrivent spontanément. Ceux qui résistent à cette intégration de force sont internés ou envoyés dans des camps situés dans l'est de l'Allemagne. En 1941, la DVG oblige tous les jeunes Mosellans à ne s'exprimer qu'en langue allemande. De même est mis en place le *Hilfsdienst*, un service nazi d'entraide, qui incorpore de force tous les hommes âgés de 18 à 50 ans et les emploie à des corvées – nettoyage des rues, entretien des toitures des édifices publics, etc. En Alsace est créée l'*Opferring*, qui reçoit la même mission que la DVG. Il s'agit surtout d'exercer un contrôle serré de la population annexée. Le 23 avril 1941, les nazis vont encore plus loin en introduisant le RAD (Service du travail du Reich ou *Reichsarbeitsdienst*) : tous les hommes et les femmes âgés de 17 à 25 ans doivent un service obligatoire de six mois ; ils sont envoyés en Allemagne pour accélérer le processus de germanisation. Face au nombre croissant de jeunes Mosellans réfractaires, Bürckel ira jusqu'à sanctionner les parents des jeunes déserteurs. Il lance même un ultimatum aux Mosellans le 29 août 1942 en leur demandant de faire un choix : soit ils deviennent pleinement allemands, soit ils doivent quitter le territoire annexé. Ce jour-là, il offre la nationalité allemande à tous les membres de la DVG. Ce qui permet l'intégration d'office des jeunes Mosellans dans l'armée allemande. En effet, le 29 août 1942, le service militaire obligatoire au sein de la Wehrmacht est instauré. 100 000 Alsaciens et 30 000 Mosellans seront obligés de porter l'uniforme allemand ; près de 25 % d'entre eux seront tués ou portés disparus jusqu'en 1945[26].

La propagande nazie est intense, mais la population ne se laisse pas facilement abuser. On sait que les Alsaciens-Mosellans sont restés très patriotes, ne souhaitant que le retour de leur région à la France. Des manifestations patriotiques non autorisées sont organisées, ainsi le 14 juillet 1941 à Hochfelden. Dès 1940, des filières clandestines permettent à des milliers de jeunes habitants de s'enfuir en zone occupée ou en zone libre pour échapper au Service du travail obligatoire puis au service militaire dans la Wehrmacht. La répression policière est féroce, renforçant la volonté de riposte des habitants. Le régime de Vichy compatit de loin avec les Alsaciens et les Lorrains mais ne fait rien pour répondre aux inquiétudes des habitants des régions annexées. Les discours ne servent à rien.

L'annexion *de facto* est bien une violation manifeste de la convention d'armistice[27]. L'Alsace et la Lorraine restent françaises en droit mais elles sont incorporées au IIIe Reich. Les frontières françaises sont gommées. La frontière née du traité de Francfort (10 mai 1871)[28], avec l'inscription *Deutsches Reich-Zoll* (Douane du Reich allemand)[29], est rétablie.

Le franchissement de cette véritable «ligne frontière» entre la «zone réservée» et les trois départements annexés est réglementé par plusieurs ordonnances, dont celle du 26 mars 1941, signée par le MbF[30]. Les conditions de franchissement sont drastiques: seuls les Alsaciens et les Lorrains «de sang allemand» rentrant chez eux peuvent obtenir le précieux laissez-passer, les Allemands du Reich ne sont pas soumis à cette mesure. Les habitants vivant à proximité de la ligne – les «frontaliers» – qui veulent franchir la nouvelle frontière doivent effectuer l'aller-retour dans la même journée à des heures déterminées par avance, avoir au moins 15 ans et séjourner seulement au lieu indiqué sur le laissez-passer. Une taxe de 10 francs est également exigée[31]. Toute une partie de l'Est français est ainsi prise en otage, détachée du reste de la France par la simple volonté du vainqueur.

Le Nord et le Pas-de-Calais rattachés d'office[32]

Dans le Nord-Pas-de-Calais, Lille connaît une situation similaire à celle de Strasbourg. Pour les Allemands, la ville des Flandres est de culture germanique. De plus, tenir Lille permettra aux Allemands de faire chanter le régime de Vichy dans les négociations du traité de paix au sein de la commission d'armistice de Wiesbaden[33]. Comme en 1914, ils occupent la capitale du Nord. Le 9 juillet 1940, le Nord devient «zone interdite» sur les ordres de Hitler, ce qui empêche un million de réfugiés de rentrer.

Avant même la rencontre de Rethondes, le Nord et le Pas-de-Calais sont rattachés à l'administration militaire allemande de Belgique (*Militärbefehlshaber in Belgium* [MBB][34]), dont le siège se situe à Bruxelles. Les positions allemandes sont immédiatement claires pour ces deux départements, et la décision encore plus rapide que pour l'annexion de l'Alsace-Lorraine. Son siège se situe à Bruxelles. La poursuite des opérations à mener contre la Grande-Bretagne justifie cette action, même si ce rattachement se poursuit bien au-delà de l'automne 1940, lorsque le IIIe Reich abandonne ses plans de débarquement en Grande-Bretagne. Les motivations réelles de Hitler sont d'ordre militaire et technique, mais également économique et politique. Si les objectifs économiques – vider les deux départements de leurs richesses – ne sont jamais exposés ouvertement par les Allemands, les conséquences du rattachement de la région au MBB sont bien d'ordre économique. Contrairement au caractère improvisé du découpage des deux grandes zones occupée et non occupée, la Wehrmacht avait prévu d'organiser très vite l'administration des régions occupées dès l'invasion de la France. Le 16 mai 1940, Hitler a donné au général von Falkenhausen l'ordre de gouverner les Pays-Bas ; le 20, le même ordre lui est délivré pour la Belgique, alors que la France du Nord et le Luxembourg sont encore des zones d'opérations. Dans le cadre du futur traité de paix avec la France, les Allemands veulent créer un nouvel espace de semi-germanité réunissant la Belgique, le nord de la France et sans doute les Pays-Bas entre l'embouchure de la Somme et les deux départements rattachés.

Le général von Falkenhausen est nommé commandant militaire en Belgique et dans le nord de la France le 31 mai 1940 (*Militärbefehlshaber in Belgien und Nordfrankreich* ou MBB). Deux jours auparavant, les Pays-Bas lui ont été retirés, le pays étant désormais géré par une administration civile nazie. Le Luxembourg est annexé et passe sous la responsabilité du Gauleiter Simon[35] au début du mois d'août 1940. Hitler confirme les pouvoirs de Falkenhausen dans la seconde moitié du mois de juin 1940. Le Nord et le Pas-de-Calais dépendent non pas du MbF (qui gouverne la France occupée), mais du MBB. C'est une singularité de plus qui n'entre pas dans le cadre des articles de la convention d'armistice franco-allemande. Les nazis s'inspirent d'une idée développée dès l'époque napoléonienne par le philosophe allemand et disciple de Kant Johann Gottlieb Fichte (1762-1814) selon laquelle le nord de la France était une marche germanique[36]. Plusieurs motifs, idéologiques et économiques, se juxtaposent pour justifier le choix unilatéral allemand de détacher cette région du reste de la France. S'il n'y a pas eu de plan préparé très longtemps à l'avance pour occuper ces espaces, l'état-major de l'armée de terre (OKH) a anticipé les manœuvres des SS ; l'OKH n'a pas souhaité être écarté de la gestion des zones envahies par l'armée allemande comme cela avait été le cas en Pologne. L'OKH a donc mieux préparé l'occupation de l'ouest de l'Europe, après avoir été échaudé à l'est[37].

Le général d'armée von Falkenhausen est très autoritaire dans la direction des deux départements français. Dès le 3 juin 1940, l'OFK 670 (*Oberfeldkommandantur*) s'installe à Lille, l'une des cinq OFK sous la responsabilité du dignitaire allemand. Trois millions d'habitants sont encadrés par 600 fonctionnaires du MBB. L'OFK de Lille est subdivisée en deux états-majors : l'un a en charge le maintien de l'ordre (*Kommandostab*) et l'autre s'occupe de l'administration militaire (*Militärverwaltungstab*). Ce dernier état-major se préoccupe de l'exploitation économique de la région au service du IIIe Reich grâce à ses deux sections économique et administrative. L'OFK 670 gère de façon totalement autonome le Nord et le Pas-de-Calais. Les lois du régime de Vichy, pas plus d'ailleurs que celles émanant du MbF de Paris, ne sont respectées. Les Allemands à Bruxelles et à Lille ont un objectif commun dès l'été 1940 : séparer les deux départements du reste de la France. Cela est flagrant lorsque les occupants imposent le 8 juillet 1940 une nouvelle ligne de démarcation sinuant de la Somme à la frontière suisse (*Nordost-Linie*). Le 15 septembre 1940, la douane française est supprimée à la frontière belge. Les 600 000 réfugiés de l'exode originaires du Nord sont d'abord interdits de retour[38]. Mais les Allemands doivent relancer la machine économique et il leur faut de la main-d'œuvre. Les hauts fonctionnaires de Vichy eux-mêmes ne sont pas autorisés à franchir la nouvelle ligne de démarcation, et ce jusqu'en septembre 1941, lorsque Falkenhausen autorise la visite du ministre de l'Intérieur de Vichy, Pucheu. En fait, ce dernier peut se rendre à Bruxelles non pas pour évoquer le sort des habitants des deux départements rattachés au MBB, mais pour trouver des moyens de lutter efficacement contre la résistance communiste dans le cadre d'une collaboration d'État entre le régime de Vichy et le IIIe Reich.

Les Allemands ont mis la main sur une région riche en charbon, mais aussi en ressources agricoles (betteraves, blé et pommes de terre), ce qui constitue un atout considérable pour faire chanter le régime du maréchal Pétain. Sur le plan économique, ils sont bien décidés à créer un vaste ensemble industriel et minier associant les départements rattachés au MBB à la Moselle et aux sites de la Ruhr. Les richesses agricoles du Nord et du Pas-de-Calais semblent avoir permis de nourrir un temps les Belges. Cela a facilité la mise en place de l'occupation en Belgique.

Dès 1940, le régime de Vichy est pris dans un engrenage, un véritable paradoxe politique : il tient absolument à sa souveraineté sur l'ensemble du territoire tout en exigeant l'assouplissement ou la suppression de la ligne de démarcation principale. Assurément, il n'a aucun poids sur l'évolution territoriale du pays, contrairement à ses premières illusions. Pendant les dix-huit premiers mois de l'Occupation, le risque d'annexion du Nord et du Pas-de-Calais a été l'une des grandes craintes du régime ; il faut dire que les cartes allemandes de la France occupée ont gommé les deux départements, rattachés au Reich. Ce qui étonne l'historien d'aujourd'hui, c'est la réaction tardive de Vichy à la commission de Wiesbaden, seulement le 20 octobre 1940. En fait, le régime de Pétain reçoit très peu d'informations sur les deux départements rattachés. Certains chefs d'entreprise – qui ont pu obtenir un très rare laissez-passer – rapportent pourtant des éléments d'informations à Vichy, ainsi que les rapports des préfets transmis par la DGTO. Les Allemands de Bruxelles ignorent totalement les autorités françaises de la zone libre tout comme les interventions d'Otto Abetz, « l'ambassadeur » du Reich en France occupée. Toute tentative de négociation d'État à État au sein de la commission de Wiesbaden échoue.

Pour les Allemands, il s'agit donc bien de changer le destin historique de cette partie de la France. Et cela va très loin : dans un mémoire daté d'avril 1941, Falkenhausen écrit que « ces régions sont liées depuis toujours du point de vue ethnique (*völkisch*), économique et géographique à l'espace néerlandais[39] ». Cela justifiera un soutien aux séparatistes français, belges et flamands. Les extrémistes flamands ont pu se réjouir de l'arrivée des Allemands dans le Nord, tel l'abbé Gantois, l'un de leurs chefs. Mais la propagande allemande a été assez prudente dans les années suivantes pour ne pas trop mettre en avant les extrémistes flamands et afin de ne pas choquer davantage des Français déjà traumatisés par le rattachement à Bruxelles. Von Falkenhausen ne freine pourtant pas la publication et la diffusion de la *Brüsseler Zeitung*, dès le 1er juillet 1940. Il voit ce journal comme un moyen d'informations pour les soldats allemands, mais aussi comme un instrument permettant un rapprochement entre les occupés et les occupants[40]. L'état matériel du Nord et du Pas-de-Calais est catastrophique : manquent à l'appel des centaines de milliers d'habitants partis sur les routes de l'exode ; les employés des grandes institutions et des administrations ont fui sur ordre ou par panique (Banque de France, université, chambres de commerce, brigades de gendarmerie ; personnel des préfectures et sous-préfectures, des centraux téléphoniques inutilisables).

Des installations plus « conventionnelles »

À l'ouest

Plus à l'ouest, en Bretagne et en Normandie, des centaines de milliers de réfugiés n'ont cessé de déferler en mai-juin 1940. La VIIe division blindée du *Generalmajor* Rommel a conquis Elbeuf le 9, puis Saint-Valery-en-Caux le 12, Le Havre le 14, et Cherbourg le 19. De son côté, la Ve division du *Generalleutnant* Joachim Lemelsen fonce sur Cambrai et Lille, mais aussi sur Rouen, prise le 9 juin. Jusqu'à la mi-juin, l'activité portuaire bretonne est restée importante, notamment avec l'évacuation des troupes britanniques. Le 17 juin, les Allemands pénètrent en Bretagne et sont à Rennes le lendemain. Nantes et Brest sont atteintes le 19. Le XVe corps d'armée blindé du *Generalleutnant* Hoth a filé rapidement vers la Normandie et la Bretagne. Les Lorientais voient les occupants arriver le 21. Le 16 juin, Hoth reçoit l'ordre de prendre Brest. Son armée parcourt près de 600 kilomètres en quatre jours. Du 21 juin au 1er juillet, Brest et sa région sont sécurisés, dont la presqu'île de Crozon, la Kriegsmarine prend position dans le port. La *Feldkommandantur* 752 s'installe à Quimper et la *Kreiskommandantur* 623 à Brest dès la fin juin. Nombre de services d'occupation arrivent très vite dans le Finistère au tournant de juin et de juillet 1940 : l'armée de terre (Heer) ; l'armée de l'air (Luftwaffe) à Brest-Guipavas, Morlaix-Ploujean, Quimper-Pluguffan et Lanvéoc-Poulmic ; la marine (Kriegsmarine) à Brest, qui reçoit la flotte de surface avant de devenir l'un des fleurons de la guerre sous-marine allemande avec Saint-Nazaire (Loire-Atlantique) ; la douane (*Zollgrenzschutz*) à Brest puis à Châteauneuf-du-Faou, mais aussi à Morlaix, Landerneau, Pont-Aven et Quimper. Les affaires du Finistère sont gérées par une *Feldkommandantur* (on retrouve ce type d'organisation militaire et administrative dans tous les départements occupés) épaulée par quatre *Kreiskommandanturen* et des *Standortkommandanturen* (une Kommandantur militaire qui s'occupe de la logistique et des besoins des soldats) et *Ortskommandanturen* (Kommandantur annexe chargée du cantonnement des troupes) dans les communes d'importance ; le génie paramilitaire au service de la Wehrmacht (*Reichsarbeitsdienst* ou RAD) et l'organisation Todt (O.T.) chargée de construire les bases de sous-marins de Brest et Lorient[41].

Quant à Bordeaux, elle connaît une situation singulière. En juin 1940, la ville se remplit de réfugiés, de fonctionnaires, de parlementaires et de services ministériels. Les grands hôtels sont réquisitionnés par les services gouvernementaux. Dans la nuit du 19 au 20 juin, les Allemands bombardent la cité afin de faire pression sur le gouvernement français qui est en passe de participer aux pourparlers d'armistice dans la clairière de Rethondes. Les Allemands arrivent dans Bordeaux, en zone occupée, le 27 juin, après la signature de l'armistice. *La Petite Gironde* signale sans faire les gros titres : « Jeudi matin, un détachement allemand a traversé la ville pour se rendre vers les lieux d'occupation. Il n'y a eu aucun incident. »

Éviter des drames ou résister

Dans le Maine-et-Loire[42], à Angers, le 18 juin, les Allemands menacent le maire d'utiliser les Stukas pour faire plier la cité si elle résiste. Le lendemain, l'édile la déclare « ville ouverte ». En quelques heures, les Allemands avancent de 150 kilomètres. Tout le département situé au nord de la Loire est désormais occupé. La ville de Cholet est elle aussi déclarée « ville ouverte », le 20 juin. Déjà, la veille, un communiqué municipal a été affiché :

> Les armées allemandes sont entrées à Angers à 14 heures. Tout se passe dans le calme.
> Il faut qu'il en soit de même à Cholet au cas où la ville serait occupée à son tour.
> Il est indispensable que les habitants restent chez eux, ne circulent pas inutilement et ne se livrent à aucune manifestation.

Le lendemain, le sous-préfet et le maire ordonnent aux habitants de rester chez eux. Des avions passent au-dessus de la ville. Un lieutenant et une poignée d'hommes veulent défendre la ville, ce qui provoque la panique des autorités, qui parviennent à les en dissuader. Les Allemands entrent dans Cholet le 21 juin sans livrer bataille ni provoquer de dégâts humains et matériels.

En revanche, à Saumur, les Allemands sont confrontés à une résistance inédite, celle des cadets de l'École de cavalerie, entre le 19 et le 21 juin. La bataille est acharnée et représente l'un des événements majeurs de la bataille de France. Le feu ravage certains quartiers en raison des bombardements. Les Allemands parviennent à faire plier les soldats français.

Dans la Vienne, à Châtellerault[43], le maire Louis Ripault décide de déclarer sa ville « ouverte » afin d'éviter les combats et les pertes civiles. Le 20 juin, il convainc les militaires français de ne pas faire sauter le pont Henri-IV. Le 23, près de 3 000 Allemands pénètrent dans la ville ; ils occupent les bâtiments les plus importants. Le maire, isolé, s'entoure d'un interprète allemand et évite à ses administrés une affiche de menaces de la part de la *Kreiskommandantur* (sous les ordres de la *Feldkommandantur* 677 de Poitiers) après un échange de coups de feu. Bien que représentant du pouvoir civil, il signe l'ordre de démobilisation des soldats français.

Presque partout le chaos arrive avec les Allemands. Berthe Auroy, une institutrice ayant pris la route de l'exode, est rattrapée par les Allemands. Le mardi 18 juin, elle a rejoint Moulins-sur-Allier et entend des bombardements. Hébergée chez une habitante, elle se terre dans une cave.

> La canonnade, qui durait depuis quatre heures, cessa enfin vers 6 heures ; dans le silence revenu, nous perçûmes des pas lourds dans la rue et, par l'ouverture du soupirail, nous vîmes deux bottes et le bout d'un fusil.
> – Un Allemand !
> Nous parlons bas pour ne pas attirer l'attention de cette première patrouille, car le fusil aurait vite fait de pointer par l'ouverture du soupirail. [...] Puis voilà la trépidation d'une motocyclette. La petite rue est sillonnée. La bataille est finie ! Les Allemands sont entrés dans Moulins. [...] On se sent comme écrasés[44].

Le lendemain, les rumeurs vont bon train sur la destruction possible de la ville par les Allemands. Et Berthe de poursuivre son récit sur la nuit du 19 au 20 juin :

> Oh ! Cette armée motorisée, cette armée infernale ! Toute la nuit, nous avons entendu la trépidation des moteurs. [...] Un flot ininterrompu de tanks, de chars, de canons, de camions, de motocyclettes défilant avec un bruit d'enfer et à une vitesse prodigieuse. Un grand nombre de chars sont recouverts d'oriflammes rouges à croix gammée. Les soldats qui les montent se redressent fièrement, bras croisés en farouches vainqueurs. D'autres, magnanimes, jettent en souriant des paquets de chocolat (des chocolats pillés dans nos boutiques) aux gamins

stupéfaits. La foule chuchote, mais tout bas, car devant cette force déchaînée qui s'étale dans la rue, on éprouve déjà la crainte, la contrainte du vaincu[45].

Elle ajoute : « Chez certains habitants, ils ont laissé des souvenirs écœurants de leurs orgies[46]. » La Kommandantur est installée à la mairie :

> Nous passions justement sur la place quand on a hissé le drapeau national-socialiste, une oriflamme gigantesque attachée à un mât. La musique du régiment venait de temps à autre donner un concert, mais naturellement, nous n'avons pas eu l'impudeur d'aller l'applaudir[47].

Ses mots reflètent le sentiment d'admiration et de crainte de millions de Français qui voient des Allemands armés pour la première fois. Beaucoup sont ébahis par la force qu'ils dégagent. D'ailleurs, en lisant Ernst Jünger, on constate ce sentiment de puissance et de quiétude, celle du vainqueur ; elle habite le récit de l'écrivain allemand, lui-même officier pendant la campagne de France.

Un peu partout en France, les fanfares militaires parcourent les grandes artères des villes pour faire la démonstration de la force allemande. Certains musiciens s'arrêtent même dans des kiosques à musique et entonnent des marches. Des spectateurs se regroupent autour d'eux. Au début, ils ne sont pas nombreux, mais les jours de juin-juillet 1940 passant, ils viennent en groupes plus importants.

Paris allemand

Le chemin vers Paris s'ouvre aux armées de Hitler le 14 juin 1940. Le gouverneur militaire, le général Héring, veut défendre la capitale. Le 4 juin, il indique à Weygand qu'il pense bâtir une ligne de défense en arc de cercle grâce à plusieurs centaines d'abris en béton protégés par des fossés antichars. Avec 10 000 hommes à sa disposition, il lui faut des renforts. Ils n'arriveront jamais. Héring déclare donc Paris « ville ouverte » le 12 juin en apprenant que Rommel est en train de franchir la Seine en aval. Le 13, les Allemands sont à Bondy et Aubervilliers. S'il est alors prévu de bombarder Paris, le général von Küchler, commandant la Xe armée, est prêt à négocier avec le général Dentz, le remplaçant de Héring, installé aux Invalides. C'est officiellement à ce dernier de recevoir le premier les Allemands[48].

À 5 h 30, les premiers Allemands passent la porte de la Villette à bord de quelques camions et de motocyclettes. Cinq minutes plus tard, la préfecture de Paris apprend que d'autres se dirigent vers les gares du Nord et de l'Est. Partout sur les grands axes qui traversent Paris, des Allemands se déplacent à grande vitesse et s'arrêtent parfois pour prendre position. Les troupes du général Kurt von Briesen sont les premières dans Paris. Les Français qui voient les premiers Allemands sont incrédules.

L'avocat Maurice Garçon note dans son journal le 14 juin 1940 :

> Saint-Cloud. En quelques heures, il y en avait partout. Pas de détail sur l'occupation elle-même. Les radios allemandes annoncent que, de chaque côté de Paris en direction du sud, nos troupes se replient en désordre. Ce serait une affreuse débandade. Est-ce vrai ? Ce qui pourrait le faire croire, c'est la rapidité de l'avance[49].

Aucun soldat allemand ne connaît vraiment la capitale parmi ceux qui y entrent les premiers. Avec une carte d'état-major au 1/125 000, les hommes tentent de se repérer. Il semble que la tour Eiffel à l'horizon serve de point de repère. L'ambassade d'Allemagne à Paris fournit aussi d'utiles informations sur les meilleurs itinéraires.

À leur arrivée, certains habitants ferment bruyamment leurs volets; d'autres sortent sur le trottoir par curiosité. Les Allemands sont presque surpris de ne recevoir aucun coup de fusil[50]. Naturellement les Parisiens, à l'image du gouvernement français en fuite, ignorent tout de l'avancée allemande dans Paris.

Sur l'esplanade des Invalides, des officiers français attendent les Allemands. Ceux-ci exigent la restitution des drapeaux pris par la France à la fin de la Grande Guerre. L'occupation de la ville se fait dans un ordre impressionnant. Le concierge du palais de l'Élysée, ancien commandant décoré, Jean Hanotaux, voit venir à lui un colonel allemand avec une escorte, qui souhaite s'entretenir avec le président de la République. Hanotaux lui rétorque que le Président est parti depuis fort longtemps et qu'il n'a pas laissé d'adresse[51]. Le premier drapeau nazi est hissé à 8 h 30 sur le toit du ministère de la Marine, place de la Concorde. Une heure plus tard, le ministère des Affaires étrangères subit le même sort. Puis c'est au tour de la façade de l'Élysée et de l'Hôtel de Ville de recevoir le drapeau de l'envahisseur. Sous l'Arc de triomphe, les Allemands n'ont pas oublié de mettre en place un immense drapeau nazi. À 10 heures, Paris est totalement occupé.

Le général von Studnitz est nommé commandant militaire. Il s'installe immédiatement à l'hôtel Crillon ; il y reçoit à 11 heures les préfets Langeron (préfet de police) et Villey (préfet de la Seine) et leur signifie qu'il ne veut voir aucune manifestation d'hostilité des Parisiens. Une réunion quotidienne doit se tenir dans le prestigieux hôtel pour faire le point sur le maintien de l'ordre dans la ville.

Toutes les gares, les grandes places, les bâtiments institutionnels sont encerclés par des Allemands avec des batteries de mitrailleuses et des canons. Ils protègent également certains sites stratégiques comme les centrales électriques, les installations d'eau et les usines électriques. Les ingénieurs restés à Paris sont réquisitionnés et surveillés. Là où des centraux téléphoniques existent, ils prennent position et réparent les circuits électriques.

Dès le 15 juin, l'occupant contrôle toutes les communications téléphoniques et télégraphiques de Paris[52]. Il faut aussi remettre en marche le réseau ferré, ce qui sera plus long, les cheminots errant pour beaucoup sur les routes de l'exode. Des affiches sont apposées sur les murs, adressées au «Peuple parisien», après seulement quarante-huit heures de présence dans la capitale :

> Les Troupes allemandes ont occupé Paris.
> La Ville est placée sous le Gouvernement militaire.
> Le gouverneur militaire de la Région de Paris prendra les mesures nécessaires pour la sécurité des Troupes et pour le maintien de l'ordre.
> Les ordres des autorités militaires devront être exécutés sans condition.
> Évitez chaque action irréfléchie.
> Tout acte de sabotage, actif ou passif, sera sévèrement puni.
> Il dépend de la prudence et de l'intelligence de la Population que la Ville de Paris profite des avantages réservés à une ville ouverte.
> Les Troupes allemandes ont reçu l'ordre de respecter la population et ses biens, sous la condition que cette population reste calme.
> Chacun doit rester à son foyer ou à sa place de travail et reprendre ses occupations.
> **C'est le meilleur moyen et la meilleure façon pour chacun de servir, à la fois la Ville de Paris, sa population et soi-même.**
> **Le commandant en chef du groupe d'armées.**

Paris, la Ville lumière tant admirée par les Allemands, est désormais aux mains du Führer. Personne n'aurait pu le croire quelques semaines auparavant de l'autre côté du Rhin. Très vite, pour un soldat allemand, être affecté à Paris représentera une récompense, surtout après le début de la terrible et douloureuse offensive contre l'URSS en juin 1941. De son côté, Paul Reynaud lance un ultime appel au secours au président des États-Unis, en vain.

Exactions et massacres allemands

Pendant la campagne de France, les soldats de la Wehrmacht commettent des exactions, comme à Oignies le 28 mai 1940, où 80 civils sont fusillés et 400 maisons incendiées. Un témoin, Jacqueline Gamand, rapporte ce récit terrible sur cette journée :

> J'avais 9 ans. Mes souvenirs sont encore vivaces. Mes parents, M. et Mme Trompat-Marchand, exploitaient une imprimerie librairie papeterie articles d'art funéraire. [...] Depuis quelques jours, nous étions dans la cave de la brasserie Delobel (le Crédit Agricole actuel) à l'abri des combats qui se déroulaient entre Oignies et Courrières. Le 28 mai à 6 heures du matin, une odeur de fumée se répandit dans notre abri. Dans la fébrilité tous les occupants sont sortis par un soupirail accompagnés par les hurlements de ma petite sœur Jeanine, 6 ans. Dehors, petits et grands avancions les bras en l'air. Nous avons abouti rue Declercq. Les maisons brûlaient partout sur notre passage. Des cadavres de civils, de soldats et d'animaux jonchaient les trottoirs. Les Allemands nous ont dirigés vers la place puis vers le pont de la Batterie. Tout au long de la route, c'était un spectacle de désolation. À notre retour au village, tout était consommé et consumé : l'entreprise de mes parents était complètement ravagée. Notamment l'imprimerie dont les caractères en plomb avaient fondu sous l'intense chaleur dégagée par l'incendie des matières inflammables qui se trouvaient sur place. Nous avions tout perdu mais il nous restait l'essentiel : notre vie. D'autres n'ont pas eu notre chance[53].

Dans la même région, d'autres tueries de civils ont lieu à Berles-Monchel, Aubigny-en-Artois, Lestrem, Febvin-Palfart et Courrières. Les Allemands n'acceptent pas d'être mis en difficulté comme ce fut le cas lors de la bataille d'Arras où la Wehrmacht, semble-t-il épaulée par des *SS Totenkopf*, essuie de lourdes pertes. Les représailles sont terribles. Des SS abattent des civils à Simencourt et à Mercatel, le 21 mai, puis le 22 mai à Mingoval (10 morts) et à Berles-Monchel (45 morts) ; à Aubigny-en-Artois, 98 personnes sont tuées après un combat acharné avec des soldats britanniques. Le 23 mai, au pont du Gy (à Étrun), 23 civils sont exécutés et leurs corps brûlés ; 10 habitants sont tués par des soldats allemands le 24 à Hinges. À Beuvry-lès-Béthune, 48 habitants sont exécutés sans motif, les 23 et 24 mai. Dans le Nord-Pas-de-Calais, Yves Le Maner et Étienne Dejonghe estiment à 600 le nombre de civils et de prisonniers tués par les Allemands sans motifs réels, pour assouvir un désir de vengeance et de refus de résistance[54]. Ces faits se reproduisent en région parisienne, où le 13 juin, à la suite de la bataille de l'Ourcq, les Français décrochent, après une vive résistance, tandis que des militaires allemands sélectionnent 15 otages dans la population, prétextant que des civils auraient tué des soldats allemands. Ils sont fusillés et leurs corps jetés dans une fosse commune[55]. À Lille, les SS qui investissent la cité se livrent à des scènes horribles en tuant et en brûlant vifs des habitants terrés dans leurs caves pendant les combats. Jean-Pierre Azéma a inventorié d'autres massacres et exécutions sommaires : le 17 juin à Luray (Eure-et-Loir) où une femme âgée est fusillée, attachée à un arbre, parce qu'elle a protesté contre les occupants[56] ; son corps est exposé durant une journée et sa fille est obligée de creuser sa tombe. Certaines atrocités, relevant d'initiatives personnelles, ne sont pas cautionnées par l'armée. Ainsi, à la suite de l'attaque du poète symboliste Saint-Pol Roux par un soldat allemand, le 24 juin, dans son manoir de Camaret (Finistère), sa fille est violée et sa servante tuée ; le poète ne s'en remettra pas et mourra en octobre 1940. Le responsable est arrêté, condamné à mort et fusillé par les autorités allemandes.

La découverte d'une France déserte

Croiser le drame de l'exode

Les Allemands s'installent parfois pour quelques jours seulement, avant le repli imposé par l'armistice franco-allemand et la délimitation de la ligne de démarcation. Dans la majorité des cas, les vainqueurs trouvent des villes et des villages déserts. Les quelques habitants restés dans leur commune se terrent dans leurs maisons, terrifiés, en entendant et en voyant les panzers défiler dans les rues.

Le drame humain de l'exode se noue entre le 10 mai et le mois de septembre 1940, si l'on compte le retour des réfugiés chez eux après l'armistice du 24 juin. En deux vagues, en mai et juin, 8 à 10 millions de personnes fuient sur les routes de France, vers un horizon incertain. La plupart des réfugiés de juin sont rattrapés par les Allemands ; de leur côté, les troupes françaises montrent le spectacle navrant d'une armée en déroute, se mélangeant aux civils désemparés et épuisés[57]. Les départements frontaliers du Nord-Est et du Sud-Est ont déjà connu l'évacuation officielle et organisée de milliers de civils depuis le mois d'août 1939. Mais, le 10 mai, l'offensive allemande précipite 2 millions de Belges, Luxembourgeois et Hollandais – ces derniers sont peu nombreux – sur les routes françaises.

La population de l'Est se range à leurs côtés, prise par la panique et la contagion de l'exode. La crainte des bombardements ajoutée à celle de la «cinquième colonne», sans oublier la fuite des autorités, ont fini de jeter des millions de Français sur les routes. Une grande peur atteint les esprits. Les Français sont prêts à tout abandonner, leur maison, leurs souvenirs, leurs animaux…, et à prendre tous les risques. Nombreux sont ceux qui ont quitté leur foyer, nourris par les récits des anciens de 14-18 sur les atrocités allemandes, souvent exagérées par la propagande.

À cela s'ajoute la crainte des bombardements. Ce dernier motif est évoqué par l'historien Alain Corbin, âgé de 4 ans en 1940, originaire de Normandie (Lonlay-l'Abbaye, Orne) :

> Reste que, je le répète, c'est l'exode qui m'a fait prendre conscience de ce qu'était un événement. Je ne pourrais en dire la date exacte. Tout fut déclenché par les occupants d'une grosse voiture noire venant de Paris. Elle transportait l'oncle et la tante de ma mère ainsi que plusieurs de leurs amis. Ceux-ci, je ne sais trop comment, convainquirent mon père de l'irruption imminente des Allemands. […] Nous voici donc partis dans deux voitures que possédaient mes parents. Mon père, à l'avant, conduisait la «302» Peugeot. […] Dans la seconde voiture, une Simca 5, se tenaient mon frère et ma mère. Or, celle-ci ne savait pas conduire. Il avait donc fallu relier les deux autos par une attache rigide. Mon père avait demandé à ma mère, qui se tenait au volant de la Simca, d'accompagner autant qu'il lui serait possible les mouvements, les accélérations et les ralentissements de la Peugeot. Il avait promis, pour éviter que la Simca ne dévie vers le fossé, qu'il ne dépasserait pas les cinquante kilomètres à l'heure[58].

Après la première vague de mai, celle de juin est plus importante et dramatique. Du 23 mai au 5 juin, l'urgence domine. Les opérations militaires se déroulant essentiellement au nord de la Somme, le flot des réfugiés diminue. Le 5 juin, l'offensive allemande reprend de plus belle. Tout l'ouest et le nord-ouest du pays reçoivent des centaines de milliers de réfugiés, le plus souvent sans avoir pu anticiper une telle arrivée. Les réfugiés de mai ont pu trouver des structures d'accueil dans l'ouest et le sud du pays quand ceux de juin sont partis dans des conditions catastrophiques, croisant la route de milliers de soldats français en déroute.

Carte 1. L'Exode, juin 1940

Progression des armées allemandes et des réfugiés de l'exode de mai-juin 1940

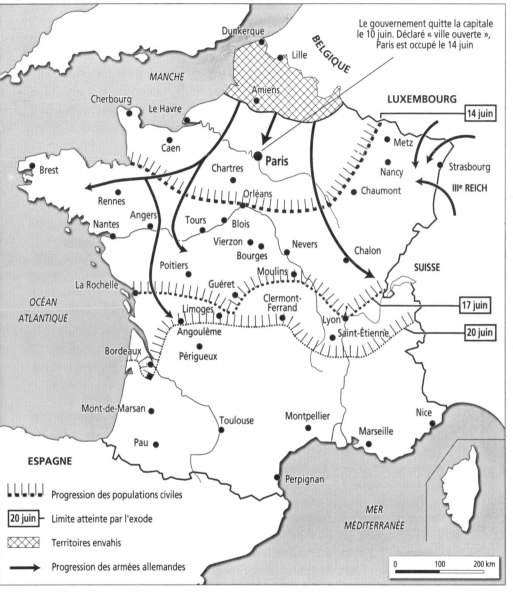

Deux millions de Parisiens se lancent sur les routes, notamment après la fuite du gouvernement le 10 juin. Déjà, depuis le 8 juin, des centaines de milliers de Parisiens se ruent vers les bouches de métro puis les gares, espérant trouver un train en partance pour le Sud, le sud de la Loire de préférence. La rumeur court que l'armée française préparera tôt ou tard une contre-offensive sur le fleuve. Le journaliste hongrois Zoltán Szabó a décrit cette panique :

> Un escalier conduit jusqu'au perron de la gare de Lyon ; en haut de l'escalier, il y a le vide, une pâle lumière électrique et le brouillard. Là-haut, pas un être humain, à part les policiers, toujours les policiers. De temps à autre, une voix rauque annonce : « Attention ! Attention ! La gare est fermée. » Les gares seront donc fermées ? Le métro déverse de nouvelles vagues humaines, des hommes et femmes meurtris qui gonflent encore la foule des gens couchés et exténués, et qui tentent de prendre d'assaut l'escalier principal puis retombent, abattus, sur ceux qui couchent par terre. [...] Continuellement et irrésistiblement, je retourne dans ma tête la scène du naufrage. Je ne ressens ni peur ni rage, seulement une anxiété réprimée et l'imminence d'un malaise[59].

La sortie de Paris devient presque impossible entre le 10 et le 13 juin. Andrzej Bobkowski, un intellectuel polonais bloqué en France quand la guerre éclate, est chargé de l'assistance sociale aux ouvriers polonais ; il prend des notes dans son journal et relève le chaos que connaît Paris :

> La sortie de Paris offrait un spectacle incroyable. Une colonne interminable de voitures qui roulaient sur deux files, parfois même sur trois, toutes chargées de matelas, de bric-à-brac, de valises, de caisses, de boîtes, de cages renfermant des volatiles de toute espèce. Elles avançaient au pas ; dès qu'un chiot s'échappait d'une voiture, celle-ci s'arrêtait pour rattraper l'animal et toute la circulation était interrompue. [...] Tout engin qui possède une roue est maintenant utile. [...] Possédés, empoisonnés par le démon de la fuite, ils allaient sans but, droit devant eux, comme les autres[60].

Jusqu'au 18 juin, la Loire est l'objectif à atteindre pour la plupart des réfugiés, avant de tenter de rejoindre le Massif central. Mais l'essence manque souvent, quand ce n'est pas le radiateur qui lâche. Entre le 14 et le 24 juin, des réfugiés s'élancent également depuis Lyon et sa région pour rejoindre le Massif central, d'où un engorgement sans nom quand les flux du Nord et de l'Est se croisent. D'autres encore remontent depuis le Sud-Est en suivant la vallée du Rhône quand les Italiens entrent en guerre le 10 juin. Les réfugiés sont épuisés, assoiffés et affamés. Parfois, des habitants leur font payer le verre d'eau, ajoutant un peu plus à leur détresse.

Des gendarmes, des bouchers, des boulangers, des fonctionnaires, des gardiens de prison, des prisonniers en fuite, des conservateurs de musée, des préfets et sous-préfets croisent la route de militaires en fuite. Les attitudes varient beaucoup d'une région à l'autre. À Chartres, Jean Moulin tente de garder un semblant d'ordre en attendant l'arrivée des Allemands. À Auxerre, l'hospice se vide de son personnel et les fous restent là, livrés à eux-mêmes[61].

Des milliers d'histoires singulières se jouent sur les routes de l'exode. Les Stukas plongent sur les réfugiés, faisant de nombreux blessés et morts. On estime que 90 000 enfants auraient été perdus pendant l'exode. Des bandes de pilleurs s'organisent pour voler les valises des voyageurs obligés d'abandonner leur train en raison d'un bombardement aérien. Des dizaines de procès auront lieu à la fin de la guerre et au-delà pour juger des voleurs de l'exode. Le 17 juin, lorsque le maréchal Pétain en appelle à la cessation des hostilités, beaucoup de réfugiés sont soulagés et rêvent d'un retour rapide à la maison. Ce dernier se fera pendant plusieurs semaines, sous le contrôle des Allemands, notamment au passage de la ligne de démarcation et dans l'ensemble de la zone occupée. L'exode a été un leurre, car les réfugiés ont finalement été rattrapés.

Un leurre

Les Allemands témoignent de l'exode des civils, tel le pasteur Arnold Binder dans son journal *Notre marche à travers le Luxembourg, la Belgique et la France*. Il est persuadé que l'Allemagne est la plus puissante des nations, ce qui ne l'empêche nullement d'admirer la France qu'il est en train d'envahir. Le lundi 17 juin 1940, dans le département de la Marne, il écrit :

> Nous rencontrons aujourd'hui un grand nombre de réfugiés qui rentrent, avec leur voiture attelée à un seul cheval. Ils comptent manifestement que [*sic*] une fin prochaine de la guerre, après qu'on a annoncé ce matin le retrait du pire va-t-en-guerre, Reynaud[62].

Il ne sert plus à rien de courir pour les réfugiés puisqu'ils sont rattrapés par les Allemands. Pétain a parlé, mais l'offensive se poursuit. L'exode n'a pas été un facteur d'échec pour l'armée française dans la phase d'attaque allemande ; tout au plus a-t-il pu gêner un peu les contre-attaques françaises. Tout était déjà joué avant la seconde phase de l'attaque allemande en juin 1940.

Le premier contact des réfugiés avec les Allemands est un choc. Il leur faut attendre les consignes de l'envahisseur, qui les somme de rester là où ils sont pour ne pas gêner leur progression ou leur installation[63]. Le 23 juin, le commandant français de la subdivision de Niort constate qu'à l'arrivée des Allemands «la population se pressait et faisait la haie en rangs serrés sur tout le parcours» et que «certains parmi cette foule ramassaient les cigarettes que leur jetaient les Allemands[64]». Dans cette foule, de nombreux réfugiés à bout de souffle attendent de pouvoir repasser au nord de la Loire, mais quand ?

L'impact de l'exode sur les esprits est énorme et incitera certains à rejoindre soit les rangs de la Résistance, soit ceux de la Collaboration, ce dont témoignent les procès de l'Épuration[65]. L'exode a eu des conséquences politiques indéniables et a symbolisé le manque de confiance de millions de Français dans leurs dirigeants. Pour Pétain, l'exode justifie la demande de cessation des hostilités pour des raisons humanitaires.

Le massacre des soldats noirs

Les troupes allemandes nourrissent un racisme anti-Noirs. À Chartres (Eure-et-Loir), des officiers exigent du préfet Jean Moulin qu'il signe un «protocole» déjà paraphé par le commandant allemand de la place accusant des tirailleurs sénégalais d'avoir massacré des enfants et violé des femmes à la périphérie de la ville. Moulin refuse et reçoit coups et insultes, dont celle d'être à la solde du «Juif Mandel» et de chercher à provoquer les Allemands. Il est emmené devant plusieurs corps mutilés, mais il refuse de croire à la version allemande des tirailleurs sénégalais assassins de femmes et d'enfants. Il est enfermé dans une loge de concierge à l'hôpital. Dans la nuit du 17 au 18 juin, s'obstinant à ne pas vouloir signer un faux, il tente de se suicider en se tranchant la gorge. Sauvé *in extremis* de la mort, il est laissé entre les mains des sœurs de la Charité.

À Chartres, 120 soldats du 26e régiment de tirailleurs sénégalais ont été fusillés par la Wehrmacht, vexée sans doute d'avoir dû lutter avec âpreté avant de venir à bout des défenses de la ville, mais aussi influencée par la propagande nazie qui faisait son œuvre depuis les années 1920. Les Allemands n'ont pas supporté de devoir se battre avec acharnement face à des Noirs, qui plus est dans un pays qui était en train de s'effondrer et de perdre la guerre. Une *Feldkommandantur* s'installe dans la préfecture comme c'est le cas dans toutes les préfectures occupées dès mai 1940. Jean Moulin est devenu un otage en quelque sorte.

Ces faits de guerre sont notamment relatés dans *Une saison noire*[66] de Raffael Scheck. L'historien américain montre que pendant la campagne de France les Allemands ont massacré entre 1 500 et 3 000 soldats noirs africains. Arnold Binder, âgé de 36 ans, pasteur dans le civil, participe à la victoire du IIIe Reich à l'ouest et tient un journal de guerre. Sur les routes qu'il emprunte avec ses camarades de combat, « l'air empeste », écrit-il le 16 juin 1940. « Il y a là trente cadavres de Nègres[67]. » Parmi tous les morts français qu'il voit, il remarque avant tout ces soldats noirs.

Les massacres n'ont pas été ordonnés par le haut commandement, mais sont la conséquence de préjugés racistes tenaces dans l'imaginaire collectif allemand. Depuis le début du XXe siècle, et plus encore à l'occasion de la Grande Guerre et de l'occupation de la Ruhr par la France et la Belgique dans les années 1920, la propagande a martelé sa crainte de ces soldats assimilés à des « bêtes sauvages » ou à des « barbares »; résumée dans « la honte noire » (*die schwarze Schande*). Il n'en faut guère plus pour alimenter les fantasmes. Nombre d'officiers de la Wehrmacht ont véhiculé ce discours raciste pendant les opérations militaires de mai-juin 1940. La propagande nazie, avec Hitler, dénonce dès les années 1920 le rôle de la France dans l'installation de « Nègres » en Europe. Dans *Mein Kampf*, Hitler a accusé la France de « se négrifier[68] ». Au début de 1940, la propagande nazie s'intensifie sur ce thème, affirmant que tous les grades de l'armée française sont désormais accessibles à ceux qui sont d'origine étrangère et que la France est responsable du métissage criminel des Européens. Goebbels déclare le 29 mai à ses conseillers :

> Les comptes rendus de presse portant sur les films d'actualités hebdomadaires doivent être orientés dans un sens polémique; il convient par conséquent d'attirer l'attention sur le fait que ce sont précisément des Noirs ayant une culture occidentale qui devaient décider de notre bonheur. Cette prétention doit être retournée de manière cinglante contre la France[69].

Goebbels présente les Français comme des êtres diaboliques et malfaisants utilisant les soldats noirs contre les enfants et les femmes allemands. Les services de la propagande de l'OKW relaient ces propos, d'autant qu'une bonne partie de ses membres sont détachés du ministère de Goebbels. La Wehrmacht diffuse également ces théories dans ses rangs.

Les Allemands craignent d'autant plus les soldats noirs de l'armée française qu'ils ont montré une bravoure exceptionnelle pendant la campagne de France. Si les massacres de tirailleurs sénégalais ont été nombreux, Raffael Scheck rappelle cependant que tous les soldats allemands n'ont pas cédé à leurs pulsions racistes enracinées par la propagande nazie depuis des années.

Depuis quelques années, l'historiographie remet en cause la « correction » de la Wehrmacht dans l'ouest de l'Europe. Dans les années 1960, les ouvrages d'histoire incriminaient les seuls SS quand il s'agissait d'étudier les répressions. On admet cependant aujourd'hui que la Wehrmacht a pu se montrer aussi répressive et cruelle que les troupes SS[70].

Une arrivée heureuse

Que la France est belle

Dès le 15 juin, la France vit à l'heure allemande. Les fonctionnaires municipaux sont sommés de mettre toutes les pendules à l'heure allemande à partir du 23. Un couvre-feu est fixé de 20 heures jusqu'à 5 heures du matin. Les horaires changeront au fil des années d'occupation selon l'humeur des occupants et les tensions. Les occupants ont ainsi l'impression d'être un peu chez eux.

Les soldats allemands arrivent marqués par la propagande nazie. Hansjörg P., un soldat de 23 ans engagé dans la campagne de France, vient de traverser le Luxembourg et la Belgique. Le 29 mai 1940, il consigne ses premières impressions dans son journal de guerre :

> Nous traversons des localités mitraillées, derrière eux les Français n'ont pas laissé des maisons d'habitation, mais des porcheries. Des bêtes mortes gisent éparpillées à travers les villages et répandent une puanteur pestilentielle, dans les maisons c'est un véritable bric-à-brac, les armoires cassées, leur contenu sur le sol, tout est crasseux. [...] Sans doute que ces lieux, en temps de paix, n'étaient

pas non plus des endroits d'une grande propreté, mais leur état actuel dépasse l'entendement[71].

L'obsession de la propreté des soldats allemands est frappante. Il faut dire qu'ici, le témoin découvre une région qui a été prise de panique par l'arrivée brutale de la soldatesque ennemie. Les Allemands arrivent en vainqueur, avec l'objectif d'apporter aux Français la propreté et la civilisation[72]. Et de poursuivre leur périple militaire.

Les Allemands ont des attitudes paradoxales dans les premiers jours : tantôt ils fusillent, tantôt ils aident les réfugiés. Souvent ils pillent les particuliers pour trouver de la nourriture, tel le soldat Gottfried S., un enseignant de Leipzig, qui écrit à son épouse le 9 juin :

> Dans une autre maison encore, nous avons eu de la peine à en croire nos yeux : à la lueur de notre lampe de poche, nous avons découvert sur des étagères des bocaux de fruits exquis, avec cela des conserves d'ananas et du champagne. [...] Eh bien, oui, ces Français s'étaient bien préparés à la guerre[73].

Pour les soldats vainqueurs, se servir dans des maisons abandonnées par leurs habitants n'est pas assimilé à du pillage. Partout où ils arrivent, ils sont obnubilés par la richesse alimentaire française. N'oublions pas que les Allemands sortent de plusieurs décennies de disette – l'omelette de douze œufs n'est pas un mythe.

Parallèlement, les nouveaux arrivants se comportent parfois comme des «touristes». Certains s'émerveillent devant les richesses gastronomiques et culturelles de la France. Sans doute oublient-ils un instant ce qui les y a amenés. L'officier Ernst Jünger est fier d'être le vainqueur des Français ; dans son journal, il se livre à des remarques philosophiques et poétiques, en admirateur de la culture française. Il donne l'impression que l'installation des vainqueurs est facile. Elle l'est à Bourges. Mais ses descriptions laissent penser que l'installation est finalement assez heureuse. Elle l'est seulement pour lui et ses troupes.

Pour nombre d'officiers et de soldats allemands, la découverte des régions françaises est source d'émerveillement. Le sous-officier Ernst Guicking écrit à sa fiancée Irene presque tous les jours ; il est jeune, 24 ans, et la campagne de France représente son premier voyage hors d'Allemagne, comme pour des dizaines de milliers de ses camarades de combat. Le 9 juillet, il raconte une partie de son « voyage » :

> D'ici nous pouvons très clairement voir les trois sommets du Mont-Blanc. Je ne puis te dire combien c'est magnifique. Nous sommes au bord des Alpes françaises. Je dois admettre moi-même que cette campagne militaire est très riche en attractions touristiques[74].

Ce « tourisme » militaire et guerrier ne peut cependant cacher longtemps l'envie des soldats allemands de rentrer chez eux. Helmut Nick, membre du parti nazi, protestant et père de famille, résume bien l'état d'esprit des militaires allemands en poste en France en juillet 1940 :

> Ma petite !
> [...] En ce qui me concerne, je n'ai pas grand-chose à raconter. Le service ressemble à celui du temps de paix, même pour les exercices et les appels. Cela va continuer ainsi plusieurs semaines, sinon des mois. Mais une chose est sûre, nous serons rentrés à la maison avant la fin de l'année (tu dois penser qu'il est grand temps). Après le service, le soir, on va nager, on joue au football, on fait des réparations, on joue au Skat [jeu de cartes] : des activités bien utiles[75].

L'arrivée à Paris est elle aussi source d'émotion, comme l'exprime le lieutenant von Wedel : « Napoléon a édifié cet impressionnant édifice comme un temple [l'église de la Madeleine] à la gloire de sa Grande Armée. [...] C'est un sentiment indescriptible d'être ici en tant que membre de l'armée allemande victorieuse[76]. » Une forme de jubilation du vainqueur transparaît de ce type de témoignage. Nombre de soldats attendaient ce moment avec impatience. Le soldat Heinz Rahe écrit à son épouse sa joie d'être arrivé enfin à Paris : « Nous sommes passés devant la place de la Concorde, puis nous avons visité l'église de la Madeleine [...] : elle est très imposante de l'extérieur. [...] La vue est très belle quand on sort de l'église[77]. » Il aurait aimé rester plus longtemps à Paris, mais il doit regagner le Nord où il est en poste. Tout au plus peut-il visiter les cathédrales d'Amiens et de Chartres. Un soldat allemand qui veut entrer dans Paris doit montrer un laissez-passer à la *Feldgendarmerie*. Cela rend le séjour dans la capitale encore plus rare et suscite bien des convoitises. Beaucoup espèrent aller s'amuser dans les cabarets enfin rouverts.

Une arrivée korrekt

L'entrée des vainqueurs dans les villes et villages est *korrekt*, comme aiment à le dire les propagandistes allemands. Ils arrivent en marchant derrière quelques engins motorisés, parfois de simples motocyclettes ou side-cars, le fusil à la bretelle.

Le soldat Hansjörg P. rapporte que le 29 mai 1940, il a rencontré les premiers civils français restés dans leur maison, majoritairement des personnes âgées :

> Pour certains sans doute, c'est la deuxième fois qu'ils voient des soldats allemands dans leur patrie. Que peuvent-ils bien penser ? Ils ne manifestent pas de haine, sont plutôt indifférents et semblent ravaler leur déception amère après la propagande mensongère de leurs gouvernements. Maintenant, ils voient que ça ne correspond pas à ce qu'on leur avait raconté pendant des années : les soldats allemands sont disciplinés et ne sont pas ces êtres amaigris par la misérable nourriture faite de pommes de terre et de chou, comme leur racontaient les journaux, ils n'assassinent pas non plus les enfants et ne mettent pas le feu au coq rouge sur les églises[78].

De manière générale, les habitants sont surpris de l'arrivée rapide des Allemands tout autant que de leur comportement plutôt «correct». D'autant que cela va à l'encontre de leur cruelle réputation. En Basse-Normandie, des témoins évoquent des soldats allemands qui paient ce qu'ils achètent lorsqu'ils passent dans une localité. Une jeune femme raconte ainsi une arrivée en deux temps au mois de juin 1940 :

> Le 17 juin ont défilé surtout des motos, des side-cars, des camions et quelques chars. Ce n'est que quelques jours plus tard qu'un convoi de camions amena un nombre important de soldats qui s'installèrent pour «occuper» Briouze. Les soldats du premier défilé nous paraissaient jeunes. Ceux qui occupèrent Briouze l'étaient moins. Ils avaient bien en général la trentaine.

Dans l'Yonne, les habitants s'étonnent également d'une arrivée dans le calme. Ils voient passer une armée sûre d'elle qui a gagné assez facilement la guerre et qui entend s'installer sans difficultés logistiques et sans heurts avec la population. À Sens, les services de santé de l'armée allemande prennent même en charge les femmes enceintes et les malades. Le sentiment qui domine est celui de troupes allemandes soucieuses de nourrir la population alors que plus aucune administration française n'est présente pour organiser le ravitaillement. D'ailleurs, le 7 juillet 1940, le député Pierre-Étienne Flandin rapporte à l'Assemblée nationale réunie à Vichy ses inquiétudes sur le comportement prétendument correct des Allemands :

> J'arrive de l'Yonne et viens de passer les dernières semaines au contact des autorités allemandes. Je considère que nous courons un danger mortel. Si le gouvernement n'agit pas sans retard, nous assisterons à une nazification complète de nos populations. Elles manquent de tout. Les autorités françaises ont pris la fuite. Il n'existe plus aucun représentant du gouvernement français. Par contre, les autorités militaires allemandes multiplient leurs efforts pour assurer le ravitaillement, pour organiser les secours. Cette propagande allemande porte. Les gens qui ont faim suivent ceux qui leur donnent à manger[79].

Les soldats allemands doivent respecter les consignes de leur commandement sur la bonne tenue et le respect des habitations ; il faut assurer le gîte des troupes pour quelques heures ou quelques jours. Les activités administratives et économiques doivent reprendre au plus vite ; c'est ce qui motive prioritairement les vainqueurs. Les occupants distribuent des vivres et les Français admirent ce qu'ils appellent de la « discipline » et de la mansuétude. Il n'en est rien.

La prise de Paris est un triomphe et fait la une des journaux à Berlin. Les services de la propagande de Goebbels s'emparent de cette prestigieuse prise de guerre pour montrer des Parisiens en grand nombre regardant les parades de l'armée allemande. L'objectif est de convaincre la population allemande que les Parisiens se sont soumis aux troupes allemandes. Or, ces images ont été filmées *a posteriori* : à l'arrivée des Allemands, les habitants ont été consignés chez eux pendant quarante-huit heures et les rues de Paris sont restées vides.

August von Kageneck, ancien de la Wehrmacht, rapporte le témoignage de Fedor von Bock[80], commandant le groupe d'armées :

> Paris est plutôt vide de toute population. Le peu de gens aux bords des rues est plutôt gentil et répond volontiers aux questions. Les fonctionnaires de la police saluent correctement[81].

Et Kageneck d'ajouter :

> L'armée a visiblement l'intention de garder un profil bas tout au long de la cérémonie de prise de la ville. On ne veut pas provoquer de sentiments hostiles

dans la population. « Pas de triomphalisme », a recommandé Halder, le chef d'état-major de l'armée de terre[82].

À Paris, les soldats allemands défilent dans un ordre impeccable. Les quelques Parisiens encore présents les voient marcher, image pareille à celles des *Actualités françaises* témoignant sur les défilés à Amsterdam et Bruxelles. Pendant près de vingt-quatre heures, les envahisseurs marchent sans arrêt. L'objectif est d'imposer sa puissance et d'humilier le vaincu. Des voitures allemandes équipées de haut-parleurs scandent des consignes aux Parisiens :

> Les troupes allemandes occupent Paris. Vous avez reçu des autorités françaises l'ordre de rester calmes. Vous obéirez à cet ordre. Le haut commandement allemand ne tolérera aucun acte d'hostilité envers les troupes d'occupation. Toute agression, tout sabotage seront punis de mort.

La première préoccupation des Allemands est de s'installer. À Paris comme dans le reste du pays, les logements sont réquisitionnés avec un double objectif : loger les Allemands et installer les lieux de pouvoir et d'administration. Le drapeau français est interdit et le drapeau nazi est installé sur la tour Eiffel, le Palais-Bourbon, les bâtiments publics, les grands hôtels réquisitionnés et même sur l'Arc de triomphe. Toutefois, sur ce dernier monument, les Allemands retirent vite le drapeau à croix gammée, car ils disent vouloir respecter la tombe du Soldat inconnu[83].

À Paris, des villas, de grands hôtels particuliers mais aussi des hôtels moins luxueux – près de 396 selon Jean-Pierre Azéma[84] – sont investis. Les casernes sont réquisitionnées. Des centres commerciaux, des hôpitaux, des espaces industriels, des cinémas, des maisons closes sont également occupés pour installer des bureaux ou encore pour servir de logements à la soldatesque. Les « foyers du soldat » se multiplient (*Soldatenheim*).

À Bordeaux, les logements et les grands hôtels sont investis ainsi que toutes les usines qui gardent des stocks de nourriture et d'armements, notamment dans la zone portuaire. Le 28, le général von Faber du Faur installe ses troupes dans les casernes. Tous les travaux d'aménagement exigés par l'occupant sont financés par la commune de Bordeaux. Le 1er juillet 1940, à 23 heures, les pendules et les montres doivent se mettre à l'heure allemande[85].

À Vienne, 1 500 chambres sont libérées sur ordre des Allemands dans les hôtels, les établissements scolaires et les immeubles.

Autour de Châtellerault, des fermes sont également rapidement occupées en attendant la libération de lieux habitables dans la ville. Les Allemands présents appartiennent essentiellement à l'armée de terre et à la Luftwaffe. Des ingénieurs les rejoindront bientôt à la manufacture de la ville. Si certains témoins parlent de «correction» allemande, l'abbé Longer évoque une «férocité calculée, raisonnée et systématique, une barbarie scientifique». Les ouvriers semblent avoir eu du mal à accepter les nouvelles règles comme l'obligation de changer de trottoir à l'arrivée d'Allemands ou la réquisition de toutes les armes de chasse[86].

Jünger a réquisitionné une maison pour y séjourner quelques jours :

> La maison où je loge est surtout agréable en ceci qu'elle n'a de façade que sur le jardin et qu'elle est difficile à trouver. Elle est au bord de l'Yèvre, rivière tranquille aux ramifications nombreuses[87].

Dans les villages, l'installation est souvent temporaire. Le gros des occupants les quitte après l'attaque allemande contre l'URSS en 1941. L'occupation des villes, elle, se poursuivra jusqu'à la Libération. Dans l'Yonne, des villes telles qu'Avallon, Auxerre, Joigny, Sens et Tonnerre endureront la présence allemande jusqu'à la fin de l'Occupation[88]. Les Allemands s'installent sans ménagement. Les plus belles maisons sont réquisitionnées par les officiers allemands pour se loger et installer leurs services. Des dizaines de maisons sont investies par les simples soldats. Les habitants doivent soit trouver refuge chez un parent, soit vivre dans une pièce de la maison que les occupants auront bien voulu leur laisser. Certains se plaignent des dégâts occasionnés.

La Bretagne occupe une place géostratégique essentielle pour les Allemands et le nombre d'occupants est très important. Les mesures de sécurité sont plus drastiques que dans d'autres régions envahies, car il faut se prémunir contre un éventuel débarquement anglais[89]. Les habitants du Finistère sont frappés par les réquisitions de terrains et de logements, sans oublier les hôtels, les manoirs et les châteaux.

Le pouvoir de l'occupant est essentiellement localisé à Paris, même si des services ont des antennes dans plusieurs grandes villes de province. Certains lieux symboliques de la République défunte et de la démocratie déchue tels le Palais-Bourbon (officiers de la Luftwaffe), le Sénat et les ministères sont occupés[90]. Les principales autorités administratives et policières allemandes sont installées à l'hôtel Meurice, à l'hôtel Lutétia, au palais d'Orsay, à l'hôtel Majestic, le MbF à l'hôtel Ambassador, à l'hôtel Édouard-VII, au ministère de l'Intérieur (Gestapo), à l'hôtel Matignon (police secrète de campagne ou GFP de la banlieue sud de Paris et des Ve, VIe, VIIe, XIIIe, XIVe, XVe et XVIe arrondissements de Paris), etc.

À partir du 20 juin, les autorités occupantes publient le *Vobif* (journal officiel allemand) pour le Gross-Paris, le premier numéro regroupant des ordonnances rédigées et publiées depuis le 14 mai. Au début de l'Occupation, il est publié chaque semaine par le MbF en français et en allemand et peut être acheté à la Kommandantur au prix de 0,20 mark[91]. Certaines ordonnances sont affichées sur les murs de Paris et dans toute la France occupée. Le 20 juin, un avis est placardé, qui reprend ceux déjà diffusés dans les pays occupés. Il y est rappelé que l'armée allemande « garantit aux habitants pleine sécurité personnelle et sauvegarde de leurs biens » et que des peines très lourdes seront prononcées contre tous ceux qui commettraient des actes de sabotage tels que « l'endommagement d'affiches de l'autorité occupante ». La remise des armes à feu est exigée : « Toutes les armes à feu, les munitions de toutes espèces, les grenades à main et tout autre matériel de guerre doivent être remis immédiatement à la Kommandantur, à l'Hôtel de ville[92]. » Enfin, des paragraphes concernent le ravitaillement et menacent de lourdes sanctions ceux qui commettraient le crime « d'accaparement » des denrées alimentaires. Cet avis vise à la fois à rassurer la population française sur les intentions allemandes et en même temps à instaurer la justice implacable de l'occupant. L'affiche du 20 juin est une charte de l'Occupation. Il reste à cette date aux Allemands à s'installer durablement dans Paris et à gérer l'occupation du pays bientôt fixée dans ses limites géographiques par la convention franco-allemande d'armistice.

Remettre le pays en ordre

La magnanimité allemande est assimilée à tort à la volonté de donner la meilleure impression possible à la population et faciliter ainsi l'installation de l'occupant. En réalité, il s'agit pour les Allemands de remettre de l'ordre dans le pays pour en tirer le plus de ressources possible.

Le pays ayant subi d'importantes destructions au nord de la France, il faut débarrasser les routes des carcasses de voitures laissées par l'exode et la débâcle militaire française. Les ponts sont réparés et les routes remises en état en un temps record. Le scénario le plus fréquent est le suivant : les Allemands recherchent des élus avec lesquels négocier la meilleure arrivée possible dans les régions occupées et remettre en route toutes les administrations utiles ou les services tels ceux de la voirie qui doivent les aider à réparer les infrastructures nécessaires à la reprise de l'économie au profit du Reich. La priorité de Hitler se porte depuis longtemps sur la production d'armes et non celle de biens de consommation pour les particuliers.

Après le 20 juin, à Bourges (Cher), où Ernst Jünger a passé quelques jours, il faut rétablir la circulation des trains et organiser le flux de voyageurs dont la plupart sont des réfugiés qui souhaitent rentrer à Paris. Jünger essaie de se montrer obligeant, *korrekt* :

> Ce matin encore [24 juin 1940], j'ai fait passer en priorité les femmes et les enfants. Je m'étais enquis de l'heure du départ du train, car cet événement nécessite l'intervention d'une autorité. Les choses allèrent mieux cette fois-ci, d'autant que j'avais apporté pour les enfants une énorme caisse de biscuits. J'ai fait ensuite le tour des sentinelles[93].

Un appareil d'occupation « polycratique »

Le MbF en pointe : diviser pour mieux régner

À aucun moment de la guerre Hitler n'a songé à donner à la France une place centrale dans ses plans politiques, pas plus que dans ses projets militaires. Il n'a pas une idée très précise du sort qu'il souhaite réserver à la France, si ce n'est l'occuper totalement tôt ou tard. La convention d'armistice n'a pas été écrite pour quatre années, ce qui oblige les Français à négocier et à renégocier sans cesse à Paris ou à Wiesbaden, en trouvant parfois des solutions à des problèmes politiques et administratifs, mais le plus souvent au détriment des occupés. La France, vaincue en un temps record, sert en quelque sorte de « laboratoire » d'essai pour un vainqueur qui doit faire évoluer sa façon de voir l'occupé. C'est dans ce contexte que l'appareil d'occupation se construit. Soixante pour cent du territoire français et 20 millions de Français sont contrôlés par quelques centaines de fonctionnaires allemands et quelques milliers de militaires[94] – le rapport entre le nombre d'occupés et le nombre d'occupants est le plus faible d'Europe, après le Danemark. La question est controversée : le nombre d'Allemands présents en France ne peut qu'être estimé. Au moment de l'armistice, 2 millions de soldats allemands se trouveraient sur le territoire français. Certains rentrent en Allemagne tandis que d'autres sont déployés dans l'ensemble de la zone occupée ou le long des côtes de la Manche pour prévenir un débarquement anglais. Au début de 1941, 80 000 soldats allemands font partie des troupes *d'occupation* ; ce chiffre s'effondre à 35 000 pendant l'été 1942 (les effectifs sont envoyés sur le front russe) avant de grimper à 95 000 au tournant de 1943-1944[95] ; les troupes *d'opération* sont à distinguer des précédentes et elles comptent 400 000 unités en 1942-1943, après l'occupation de la zone non occupée[96]. Il faut ajouter 1 500 fonctionnaires détachés de plusieurs institutions en 1941 ainsi que 5 000 colons installés en Alsace-Lorraine à la fin de 1942.

Au sein de cette armée d'occupants, différentes catégories ont été répertoriées par les historiens grâce à des témoignages et récits. Parmi eux, Ludger Tewes distingue des hommes cultivés qui se réjouissent d'être en France pour renforcer leur savoir, pas forcément membres du parti nazi ; il y a aussi les Allemands naïfs, bons vivants, sans intérêt pour la politique et nouant facilement des contacts avec les occupés. S'y ajoutent les catholiques pratiquants qui peuvent trouver des points d'entente avec les Français et qui sont plutôt restés à distance des projets du NSDAP. Il y a aussi les occupants doués de facultés artistiques qui les conduisent à discuter avec des Français aussi passionnés qu'eux par les arts[97] : on peut penser ici à Gerhard Heller, *Sonderführer* de la Propaganda-Staffel à Paris, un intellectuel fasciné par la culture et les arts français qui fermera les yeux sur certains actes de résistance intellectuelle et tentera de sauver un certain nombre d'œuvres écrites des autodafés nazis[98].

Naturellement, nombre d'occupants n'aiment pas la France d'emblée, hantés par la honte infligée par le diktat de Versailles et fanatisés par le nazisme.

Souffrant d'un manque criant de personnel, les Allemands veulent contrôler les administrations en place dans les pays occupés et non les remplacer. Cela est donc compliqué pour les occupants, qui doivent repérer les moyens qui peuvent être mis à leur disposition sur place, tout en jouant avec le sens de l'improvisation.

Carte 2. L'administration militaire allemande en France, 15 mars 1941

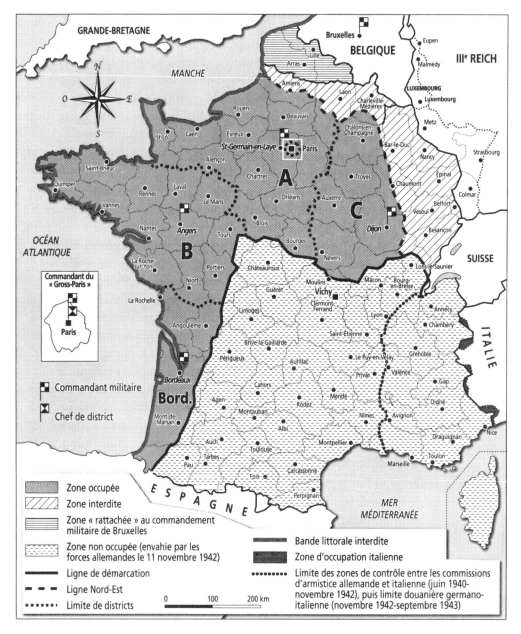

Aujourd'hui, les historiens connaissent bien le processus décisionnel allemand vu de haut, mais il reste encore beaucoup à faire en ce qui concerne la connaissance des schémas de pensée des cadres moyens de la machine d'occupation allemande. Comment les décisions sont-elles nées avant que d'être discutées puis imposées ? D'autres enquêtes historiques devront être menées à l'avenir comme le souligne très justement l'historien allemand Stefan Martens[99]. Simple soldat, historien de formation et écrivain publié après sa mort en 1945, Felix Hartlaub donne un élément de réponse. Affecté à Paris auprès d'une commission d'archives du Quai d'Orsay, il y croise des centaines de fonctionnaires, d'universitaires et de militaires au service de la bureaucratie de l'Occupation. Dans une lettre à ses parents, le 9 décembre 1940, il constate : « Nous ne sommes ni la Wehrmacht, ni l'industrie, ni la diplomatie, nous sommes assis entre toutes ces chaises-là. Les autres membres vont de l'incolore au désagréable[100]. » Il s'ennuie au cœur d'une société d'occupants qui semblent se plaire à Paris. Lui n'aime pas la situation qu'il vit à Paris, il en souffre même. D'ailleurs, il poursuit : « On ne voit que les volets fermés. La même chose vaut pour les commerces et les hôtels véritablement élégants. [...] La Concorde, les Champs-Élysées sans voitures ni autobus c'est, bien sûr, absolument insupportable[101]. » Pour autant, inexorablement, les Allemands s'installent à Paris et dans le reste du pays, appliquant strictement la convention d'armistice, dont l'article 3 fixe les exigences allemandes :

> Dans les parties de la France occupée par les Allemands, le Reich exerce tous les droits de la puissance occupante. Le gouvernement français s'engage à favoriser par tous les moyens les ordonnances prises pour l'exécution de ces droits et à les faire appliquer avec l'aide de l'administration française. En conséquence, le gouvernement français doit immédiatement aviser les autorités et services des territoires occupés qu'ils auront à se conformer aux décisions des commandants militaires allemands et à collaborer correctement avec ceux-ci.

Du 30 juin au 25 octobre 1940, le général d'infanterie Alfred Streccius est le chef de l'administration militaire ; le général von Brauchitsch devient chef du haut commandement des armées (OKH). Pour renforcer les pouvoirs des militaires afin d'assurer le maintien de l'ordre, Hitler remplace Streccius par le général Otto von Stülpnagel, nommé commandant militaire en France (*Militärbefehlshaber in Frankreich* ou MbF, nom que prennent tous les services qu'il dirige)[102]. À Paris, il s'installe à l'hôtel de

Talleyrand, rue Saint-Florentin, et exerce le pouvoir sans partage, à l'égal d'un quasi-gouverneur du Reich en France, pendant près de quatorze mois. Le MbF est installé à l'hôtel Majestic, avenue Kléber, dès le 30 juin. Il assure le lien entre les troupes d'opérations, la population et les autorités françaises.

Le MbF est subdivisé en deux grands sous-ensembles : l'état-major de commandement (*Kommandostab*), composé de militaires de carrière, et l'état-major administratif (*Verwaltungsstab*), servi pour l'essentiel par des fonctionnaires civils. Le *Kommandostab* prend en charge les affaires de sécurité et de police, de justice militaire, de remise en état des voies de communication, de la garde des prisonniers et de propagande jusqu'en mai 1942. Cet état-major est dirigé par Hans Speidel, secondé par l'écrivain Ernst Jünger. Le *Verwaltungsstab* partage ses compétences entre trois sections : la section centrale (le cabinet du chef de l'état-major administratif et le service qui s'occupe de la gestion des personnels) ; la section administrative pour surveiller la vie publique et administrative française sous la responsabilité de Werner Best ; la section économique pour exploiter au mieux le pays, dirigée par Elmar Michel. Un service d'armement de la Wehrmacht est rattaché au MbF (le Wi. Rü.-Stab). La Propaganda-Abteilung est placée au cœur du MbF, mais reçoit ses ordres directement de Goebbels.

À l'échelon régional, tout l'édifice du MbF repose sur des districts[103] – *Bezirke* – (la zone occupée en compte cinq : Saint-Germain-en-Laye, Angers, Dijon, puis Paris et Bordeaux[104]). À l'échelon départemental, des *Feldkommandanturen*[105] sont créées, épaulées par des services au niveau des arrondissements, les *Kreiskommandanturen*. Ces services évoluent durant l'Occupation dans leur composition et leur organisation, notamment après l'attaque contre la Russie en juin 1941 et l'occupation totale de la France le 11 novembre 1942. Leurs effectifs sont alors largement réduits. Chaque *Feldkommandantur* dispose tout au plus de 50 à 150 personnes. Le MbF ne peut donc compter que sur des effectifs très réduits pour surveiller la zone occupée.

Tout l'appareil d'occupation militaire contrôle l'économie française en zone occupée et doit maintenir l'ordre grâce aux troupes de sécurité et aux services policiers. Le MbF a pour mission de contraindre la France à livrer ses richesses en utilisant tous les rouages de l'administration déjà en place. Pour faciliter cette exploitation et limiter les incidents que pourrait provoquer une administration totalement allemande – absence de maîtrise de la langue française, méconnaisance des rouages, etc. – sans l'aide d'institutions déjà existantes. Le MbF peut s'appuyer sur des troupes de sécurité composées de soldats déjà âgés et de rang secondaire pour des missions de garde et de protection, mais leur rôle est médiocre. Il dispose également de la *Feldgendarmerie*, une prévôté de 6 000 hommes[106] qui a les compétences pour se charger d'affaires de police (civiles et militaires) dans la zone occupée. Cette force traite donc des affaires concernant les troupes d'occupation, surveille les autorités policières françaises tout comme elle s'assure que les règles de circulation sont bien respectées jusque sur la ligne de démarcation. Il faut également mentionner l'Abwehr[107], le service chargé du renseignement, du contre-espionnage et des actions subversives et la *Geheime Feldpolizei* (GFP, police secrète de campagne), chargée de la sûreté militaire. Ces deux services seront redoutables dans la lutte contre la Résistance et les Alliés.

Par ailleurs, ce que d'aucuns ont appelé la « Gestapo », pendant et après l'Occupation, désigne en fait deux organismes : la police de sécurité du Reich (*Sicherheitspolizei* ou Sipo) et le service de sécurité de la SS (*Sicherheitsdiesnt* ou SD) qui ont exercé la terreur en France occupée. Tout commence le 20 juin 1940, lorsque Reinhard Heydrich, le chef de l'Office central de sécurité du Reich (RSHA), ordonne au commandant SS Helmut Knochen de se rendre à Paris avec une vingtaine d'hommes. Ils doivent surveiller les réfugiés politiques allemands, les communistes et les Juifs, soit tous ceux qui représentent un danger idéologique et qui pourraient résister. Bien que dépendant du MbF, Knochen reçoit directement ses instructions de Himmler. En 1941, ses pouvoirs et ses effectifs sont régulièrement renforcés. Les SS sont présents à l'automne 1941 dans plusieurs villes françaises telles Bordeaux, Chalon-sur-Saône, Dijon, Rouen et Vierzon, et une antenne SS existe aussi à Lille, dépendante du bureau SS de Bruxelles[108]. Les tensions s'accroissent rapidement entre le MbF et Knochen sur les moyens à mettre en œuvre, notamment dans la lutte contre les résistants. Hitler tranchera au printemps 1942 lorsqu'il laissera le maintien de l'ordre en France aux mains d'un chef supérieur de la SS et de la Police (HSSPF), le général Carl Oberg, lequel entrera en fonction le 1er juin 1942. Knochen, sous ses ordres, deviendra le commandant de la Sipo et du SD (BdS). Knochen se retrouve à la tête d'une forte machine répressive, renforcée par des transferts de personnels entre plusieurs services policiers. Après le 11 novembre 1942, la Sipo-SD sera présente en zone sud. Nous reviendrons sur l'action de ces services contre la Résistance et tous les réprimés de l'Occupation. En 1942, environ 5 000 SS sont présents en France[109]. Cet effectif est insuffisant pour remplir toutes les missions sur un territoire de plus en plus vaste à partir de l'occupation totale de la France le 11 novembre 1942.

À ces services, il faut ajouter la commission franco-allemande d'armistice, et en particulier la commission économique créée en son sein et dirigée par le diplomate Richard Hemmen à Wiesbaden, qui se montre intraitable sur les questions liées aux ressources de la zone non occupée et de l'Empire français.

Abetz, «l'ambassadeur francophile»

Le MbF doit aussi composer avec l'ambassade d'Allemagne, proche du régime de Vichy. Otto Abetz[110], alors âgé de 38 ans, y est entouré par une équipe de jeunes diplomates dont certains ont contribué à bâtir la campagne de démoralisation des soldats français par une habile propagande radiodiffusée et par la rumeur. Le rôle initial d'Abetz est de conseiller le commandant militaire de Paris dans les domaines politique et de propagande. Au début d'août 1940, Hitler le nomme ambassadeur auprès du commandant militaire en France chargé des questions politiques mais aussi de la saisie des œuvres d'art volées aux Juifs. Les autorités militaires allemandes regardent cet «ambassadeur» d'un mauvais œil, car elles doivent obtenir son consentement pour toute décision d'ordre politique. Dès 1940, les luttes de compétences sont récurrentes. L'ambassade compte peu de fonctionnaires – quelque 560 personnes si on inclut l'Institut allemand, créé en septembre 1940 par Abetz, qui lui est rattaché –, mais dispose de plusieurs dizaines de millions de francs provenant des frais d'occupation versés par la France. Abetz est secondé par Rudolf Schleier; la section politique est l'affaire d'Ernst Achenbach et celle de l'information est dirigée par Karl Epting. Celui-ci a été responsable de l'Office universitaire allemand en France avant la guerre et est un récent adhérent du parti nazi, contrairement à ses collègues, nazis de longue date. Epting s'emploie à attirer les intellectuels français à la cause nazie tout en s'employant à diffuser la langue et la culture allemandes. Abetz peut également compter sur l'aide de Friedrich Sieburg, journaliste au *Frankfurter Zeitung*, et de Friedrich Grimm, professeur de droit international à l'université de Münster, conseiller juridique de l'ambassade et conférencier en zone occupée. Abetz est un protégé de Ribbentrop, le ministre des Affaires étrangères du IIIe Reich, avec qui il travaille dès 1934. En 1935, il entre dans la SS, puis au parti nazi en 1937. En juin 1939, il est expulsé de France par Daladier, ce qu'il vit mal. Son retour en vainqueur en juin 1940 sonne comme une revanche. Or, en 1940, ce qui plaît chez cet homme, à Berlin, c'est sa volonté d'affaiblir la France, un pays qu'il dit aimer pourtant[111].

Le 1er juillet 1940, Abetz est reçu à Berchtesgaden par le Führer qui lui confie la mission de diviser les Français et de tout faire pour empêcher le régime de Vichy et les Anglo-Saxons de s'entendre ; la France doit devenir un « État satellite[112] ». Il propose au leader nazi de jouer des rivalités entre les élites françaises pour les affaiblir durablement et de faire chanter la France s'il le faut pour l'amener à accepter une entente avec le IIIe Reich. Abetz reçoit aussi pour mission l'exclusion des Juifs. Bien que plutôt modérément antisémite, par calcul politique il devient un élément essentiel de la persécution des Juifs, ne cessant de demander à Vichy un durcissement de sa politique antijuive[113].

Bien que le but de Hitler n'ait pas été d'anéantir la France comme il a anéanti la Pologne, et malgré les divisions entre les services allemands présents en France, il faut souligner l'efficacité finale de l'Occupation dans l'exploitation économique et la répression.

Les Allemands au Palais-Bourbon

Parmi les lieux occupés par les Allemands, le Palais-Bourbon a été oublié par les historiens jusqu'à la fin des années 1990[114]. Symbole du régime parlementaire anéanti sous l'action conjuguée de l'occupant et du régime de Vichy, le Palais-Bourbon a été un haut lieu ponctuel de l'occupation allemande, pas si désert qu'on l'a cru pendant des décennies.

Le 14 juin 1940, alors que les Allemands entrent dans Paris, les locaux du Palais-Bourbon sont déjà vidés de la plupart de leurs fonctionnaires, pour beaucoup partis sur les routes de l'exode. Le 9 juillet 1940, les députés sont convoqués à une séance au théâtre et au casino de la ville thermale de Vichy. Le 10 juillet, le Sénat et la Chambre des députés réunis en Assemblée nationale votent les pleins pouvoirs au maréchal Pétain. Vichy est officiellement né. Une antenne de la Chambre des députés est alors installée à Châtel-Guyon. Les fonctionnaires – environ une cinquantaine – en poste dans le Puy-de-Dôme ne reviendront dans la capitale qu'en 1943.

À Paris, il ne reste que le secrétaire général, l'architecte et ses services, des gardiens, des employés d'entretien, un interprète et un fonctionnaire à la division des pensions. Le personnel administratif, les questeurs et le président de la Chambre sont restés en zone non occupée. Les témoins de l'époque évoquent deux souvenirs marquants. Le premier rappelle la bannière couvrant la façade de la Chambre des députés où les Parisiens peuvent lire : « *Deutschland siegt an allen Fronten* » (« L'Allemagne vainqueur sur tous les fronts »), formule surmontée d'un V pour *Victoria* (victoire). Le second est la présence des dignitaires allemands dans l'hémicycle, le 19 juillet 1940, à l'occasion de la retransmission du discours de Hitler. Un buste en bronze du Führer a été posé sur le bureau de la tribune du président[115] et des fanions à croix gammée tombent autour de l'hémicycle depuis la tribune de la presse. D'autres diffusions radiophoniques y seront organisées au cours de l'Occupation. Gerhard Heller, dans *Un Allemand à Paris*, évoque aussi une réunion à la Chambre des députés le 9 novembre 1940, pour commémorer le putsch de Hitler en 1923. Les 19 et 28 novembre 1940, Alfred Rosenberg y prononce une conférence sur les œuvres d'art et leur mise à l'abri[116]. L'ensemble des bâtiments, constitué du ministère des Affaires étrangères et du Palais-Bourbon, est facile à protéger pour les Allemands, ce qui facilite leur installation, notamment celle d'officiers supérieurs de la Luftwaffe à l'hôtel de Lassay. L'annuaire des services allemands en France mentionne également la présence du conseiller juridique du commandant de la Luftwaffe au « Quai d'Orsay-palais Herriot[117] ».

Les Allemands s'installent donc durablement au Palais-Bourbon, à partir du mois de juillet 1940[118]. C'est l'administration du Gross-Paris[119] qui y prend ses quartiers entre juillet 1940 et août 1944[120]. Ses services sont chargés de l'entretien des axes de communication et des moyens logistiques[121]. En septembre 1940, le général Turner, chef de l'administration du Gross-Paris, s'y installe. Cette administration est composée de deux directions : la « première direction » ou « direction administrative » et la direction économique ou « deuxième direction[122]. » La majeure partie de leurs services est installée au Palais-Bourbon[123].

Par ailleurs, un «service des questions juives» a été créé au Palais-Bourbon, dirigé par le «docteur» Fuchs[124]. Enfin, en mars 1942, dans la galerie des Fêtes du Palais-Bourbon, s'est tenu l'un des trois procès à grand spectacle de l'Occupation, sur lequel nous reviendrons.

Même s'il leur faut quelques semaines pour bien connaître Paris et les locaux utiles, les Allemands sont vite opérationnels. Leurs services sont subdivisés et comprennent à chaque fois une antenne dite «administrative» et une antenne économique.

À cette présence dans les grands édifices de Paris s'ajoutent les défilés militaires dans les rues, les jardins publics, mais aussi les journaux en allemand, les groupes de soldats se promenant comme des touristes ou prenant un café en terrasse – les officiers fréquentent les grands restaurants. Les occupants possèdent des Reichsmarks qui valent désormais 20 francs au lieu de 12 avant la guerre. Plus de drapeaux français, interdits, mais des oriflammes nazies partout et une abondante signalétique en allemand.

3

Le diktat

À la fin de juin 1940, l'Europe est en grande partie allemande. La loi du vainqueur s'impose à une France vaincue : des millions de Français sont sur les routes, des soldats essaient de rallier le Sud pour ne pas être capturés, les hommes politiques sont plus divisés que jamais. Les vainqueurs de 1918 sont invités à revenir à Rethondes, cette fois pour se voir signifier des servitudes encore impensables quelques semaines plus tôt. Hitler a pour seul but d'occuper tout le pays ; la souveraineté de la France ne l'intéresse pas. Cependant, en attendant l'évolution des combats contre la Grande-Bretagne, il tient les Français en joue avec les 24 articles de l'armistice.

L'armistice prévoit une ligne de démarcation longue de 1 200 kilomètres. Son tracé prend en compte plusieurs paramètres : la lutte contre l'espionnage allié ; l'économie ; la poursuite du combat contre l'Angleterre ; l'existence en zone non occupée d'un gouvernement français qui pourrait être utile dans cette lutte contre les Anglais, et qui dispose encore de sa flotte et des territoires d'Afrique du Nord ; enfin, l'impossibilité pour les services allemands de gérer la totalité du territoire français en 1940. La France n'intéresse le Reich que dans le cadre de sa politique internationale. Elle n'est pourtant ni incorporée au Grand Reich ni transformée en protectorat. La ligne de démarcation peut ainsi apparaître comme un privilège accordé au vaincu, ce qui est un excellent thème pour la propagande nazie.

En coupant la France en deux, les Allemands imposent leur *diktat*. Mais c'est aussi une décision qui s'appuie sur une réalité : cela leur permet de ne pas solliciter trop de logistique et d'effectifs.

L'administration directe d'un pays aussi vaste est difficile, sauf à utiliser les institutions et les moyens déjà en place. Cependant, l'absence de coordination entre les services allemands, déjà perceptible en Allemagne depuis l'arrivée au pouvoir de Hitler en janvier 1933[1], va s'avérer un problème majeur, surtout quand il s'agit de surveiller le gouvernement français[2].

« *Un véritable tonneau des Danaïdes*[3] »

Le 10 juin, en accord avec Hitler, les Italiens entrent en guerre. Toutefois, leurs troupes ne conquièrent que quelques vallées frontalières et la moitié de la ville de Menton, piètres résultats. Pour le Führer, les Italiens sont plus encombrants qu'utiles. Le 18 juin 1940 se tient une conférence à Munich entre Mussolini et Hitler. Ce dernier cherche à freiner le Duce dans ses revendications territoriales au moment de l'élaboration des conventions d'armistice. L'Italien réclame toute la France située à l'est du Rhône, la Corse, la Tunisie, ainsi que la côte française des Somalis, les villes d'Alger, d'Oran et de Casablanca. Il demande également à ce qu'on lui livre la flotte et l'aviation françaises. De telles exigences risquent de heurter fortement les Français et de compliquer la conclusion d'une convention d'armistice franco-italienne. Or, Hitler a besoin de Mussolini afin d'achever la campagne militaire contre les Anglais. Au final, celui-ci doit se satisfaire de ce qu'on voudra bien lui accorder. Hitler le convainc enfin que la France doit conserver un gouvernement avec lequel négocier un futur traité de paix. Dès lors, les Italiens renoncent à la flotte et à leurs revendications territoriales démesurées.

Lors de cette conférence, Hitler dévoile aux Italiens son plan d'occupation du territoire français : les côtes de la Manche et de l'Atlantique, en conservant tous les ports et les voies ferroviaires qui convergent jusqu'à l'Espagne de Franco, en passant par Irun. La Suisse ne doit pas avoir d'accès direct avec la France non occupée ; il faut donc l'isoler grâce à plusieurs régions occupées. Les Allemands ont préparé des plans d'attaque contre la Suisse (opération *Tannenbaum*)[4], confiés aux services du haut commandement de l'armée par le général Halder[5]. Une attaque surprise, venant de plusieurs points, a même été conçue pour se saisir notamment des centres économiques d'importance. Le 24 juin 1940, une partie de la division blindée *Kirchner* est positionnée dans la zone située entre Morteau et la frontière suisse, les corps blindés de Guderian et Schmidt sont en position d'attente, prêts à combattre, dans le secteur Dole-Besançon. La Wehrmacht abandonne finalement ses plans d'attaque contre la Suisse lorsque traverser la Suisse pour conquérir la France devient inutile après la victoire éclair de la campagne de France. La Suisse a conservé une frontière commune avec la France non occupée, la ligne de chemin de fer Genève-Annemasse-La Roche-Annecy étant hors de portée des troupes allemandes au moment de la signature de l'armistice[6].

La conférence de Munich entre Hitler et Mussolini s'achève par une discussion essentielle, puisqu'elle porte sur les territoires occupés par les Italiens en France, soit une zone à partir de Toulon et Marseille jusqu'au Rhône[7]. L'Italie restera pendant toute la guerre «un véritable tonneau des Danaïdes[8]».

Le 19 juin, le IIIe Reich informe les Français qu'ils doivent dépêcher des plénipotentiaires à Rethondes, pour prendre connaissance des conditions de l'armistice. Les Français sont également contraints de prendre langue avec les Italiens[9]. En attendant la réponse allemande à la demande d'armistice, le Quai d'Orsay a préparé de nombreuses notes et instructions. Parmi les listes élaborées par les diplomates français, l'une d'elles retient l'attention, celle des concessions qui ne pourraient être faites sans porter atteinte à l'honneur[10], dont l'«occupation du territoire sans laisser au gouvernement un espace libre[11]». L'occupation totale est donc redoutée par les Français. De leur côté, les Allemands disent vouloir répondre favorablement à cette demande, sans préciser l'étendue des espaces occupés.

Le 20 juin au soir, Hitler fixe lui-même le texte définitif de la convention d'armistice. Une traduction française très hâtive est préparée par l'interprète Schmidt, achevée au petit matin du 20 juin, dans une église, près du QG de Hitler en Belgique. Keitel témoigne de l'apport personnel du Führer :

> Lorsque nous eûmes arrêté le lieu et la date des négociations d'armistice, le Führer se fit communiquer mon travail et le garda par-devers lui plus de vingt-quatre heures pour l'étudier et… le retoucher. Quand il me le rendit j'y retrouvai bien le fond essentiel mais absolument plus rien de la forme primitive[12].

De façon imprévue, l'armistice impose à l'Allemagne une somme de gages impressionnants dont l'instauration de la ligne de démarcation. L'imprévu est dû à l'émergence progressive de la collaboration franco-allemande sur laquelle nous reviendrons plus longuement.

De retour à Rethondes

Neutraliser les vaincus

Le 17 juin, dans son premier discours radiodiffusé aux Français, Pétain déclare, « le cœur serré », qu'il « faut cesser le combat ». Nombre de Français croient alors à un cessez-le-feu immédiat, mais des milliers de soldats sont encore prisonniers entre le 17 et le 24 juin, ce qui fragilise la position française au moment de négocier un armistice avec les Allemands. De Gaulle a rejoint Londres, le 17 juin. Vingt-sept parlementaires opposés à l'armistice ont embarqué sur le *Massilia*, à Bordeaux, le 21 juin, afin de rejoindre le Maroc. En vain. Quand le *Massilia* arrive à Casablanca le 24 juin, l'armistice est signé. C'est dans ce contexte de divisions françaises que, le 21 juin, les Allemands présentent aux Français leurs conditions.

L'armistice franco-allemand a fait l'objet de nombreuses interprétations dès 1940. A-t-il été « salvateur », comme l'a écrit Jean-Pierre Azéma dans *De Munich à la Libération*[13] ? Ce qu'il faut retenir, c'est qu'il satisfait une bonne partie des Français et de leurs dirigeants, une minorité n'y voyant qu'une trahison, tel le général de Gaulle.

L'armistice devient le texte fondateur de la situation politique et sociale qui perdurera près de quatre années. Il sanctionne et humilie les Français. Le catalogue de ses 24 articles est sévère pour la France vaincue. Hitler a expliqué à Mussolini, dès le 18 juin, qu'il fallait maintenir un gouvernement en France et neutraliser la flotte française pour qu'elle ne se range pas aux côtés des Anglais encore en lutte. L'avantage de préserver un gouvernement français est double. Cela permet de s'appuyer sur l'administration du vaincu pour épauler la Wehrmacht dans son plan d'occupation et de faire patienter Mussolini. Le Führer préfère attendre l'anéantissement de l'Angleterre avant de se prononcer définitivement sur le partage des territoires français.

Afin de faire pression sur les plénipotentiaires français présents à Rethondes, les Allemands ont poursuivi leur offensive et avancé leurs panzers vers le sud du pays entre le 17 et le 25 juin. Dans le Sud-Ouest, ils sont à Angoulême, à Cognac et à Saintes le 25 juin; dans le Sud-Est, les troupes allemandes s'arrêtent à Saint-Étienne, Annonay, Aix-les-Bains. Les trois cinquièmes du territoire français sont occupés, ainsi que toute la côte atlantique jusqu'à la frontière espagnole, dans le cadre de la lutte contre les Anglais. Les Italiens occupent une infime partie du territoire français: quelques sommets des Alpes et la ville de Menton. Ernst Jünger évoque encore des combats entre le 20 et le 22 juin, alors qu'il se trouve à Bourges (Cher), puis, le 23 juin, il annonce la fin des opérations[14].

Le 21 juin, Hitler quitte son quartier général pour rejoindre Compiègne. À 15h15, il arrive dans la clairière de Rethondes avec le maréchal Goering, le ministre Ribbentrop, les généraux von Brauchitsch, Keitel, l'amiral Raeder et Rudolf Hess. Toute une nuée de journalistes et de correspondants de guerre est également présente. Goebbels est resté à Berlin pour organiser la propagande victorieuse du IIIe Reich. Vers 15h30, il monte dans le wagon-restaurant de l'ancien train de Foch.

Humilier les Français

Maurice Garçon écrit le 22 juin dans son journal, après un entretien avec Friedrich Grimm, conseiller juridique d'Otto Abetz:

> Hitler est le fils du traité de Versailles et n'aurait pas existé sans le traité de Versailles. Je crois cette parole vraie. Hitler a rendu la rencontre avec les plénipotentiaires français très spectaculaire. Il l'a voulue dans le wagon qui servit à l'armistice de 1918 et qu'on conservait au musée de Compiègne, et la réunion s'est faite au même carrefour où, voilà vingt-deux ans, nous avions si complètement triomphé[15].

Le lieu du rendez-vous pour les négociations avec les Allemands est donc le wagon de la clairière de Rethondes, un lieu hautement symbolique puisque vingt-deux ans auparavant, Foch y avait présenté aux Allemands vaincus les conditions de l'armistice. Les plénipotentiaires français, sous la direction du général Charles Huntziger, sont Léon Noël (ancien ambassadeur en Pologne entre 1935 et 1939), le général Bergeret et le vice-amiral Le Luc. Ils ont fait un long trajet – dix-sept heures – depuis Bordeaux en passant par Tours – pas encore occupée par les Allemands – et Paris – déjà aux couleurs nazies.

Hitler entre le premier dans le wagon et s'assoit à l'endroit même où Foch était assis en 1918. Huntziger se place face à lui. Keitel lit en préambule un texte dont Hitler est probablement l'auteur. Ce discours rappelle aux Français qu'ils sont les responsables de la guerre, avec l'Angleterre, et que l'Allemagne n'a pas été à l'origine du conflit en 1914. Il évoque les souffrances endurées par le peuple allemand à la suite des exigences exorbitantes des Alliés en 1919 lors du traité de Versailles. La clairière de Compiègne a été choisie pour laver l'affront de la précédente guerre, « la plus grande honte » que les Allemands aient connue. Un second texte de Hitler énonce les objectifs de l'armistice, notamment celui d'empêcher la reprise des hostilités. Le Reich cherche la sécurité afin de continuer la guerre contre l'Angleterre et de réparer les injustices subies par l'Allemagne. Tout laisse présager de dures conditions d'armistice. Hitler n'attend pas que les Français aient pris connaissance des articles de l'armistice et descend du wagon avec sa suite. Seuls Keitel, Jodl, quelques officiers et l'interprète Schmidt restent dans le wagon face à Huntziger et ses compagnons. Le texte de la convention est remis aux Français avec une carte de la ligne de démarcation. Nous n'avons jamais retrouvé le texte original de la convention pas plus que la carte qui y était adjointe[16].

Les Allemands, bien informés, savent que les Français ont hâte de conclure l'armistice, ils sont donc en position de force. Les articles ne peuvent être qu'acceptés ou rejetés. Keitel, qui dirige les négociations du côté allemand – avec Jodl –, lance un ultimatum aux plénipotentiaires français : la convention doit être signée dans les plus brefs délais. Vers 18 h 50, Huntziger est autorisé par Pétain à signer la convention d'armistice qui entrera en vigueur une fois l'armistice franco-italien conclu. Huntziger s'entretient ensuite par téléphone – il obtient l'autorisation de Keitel, non sans mal – avec Weygand, qui est à Bordeaux, pour expliquer qu'il n'y a rien de déshonorant dans la convention qui empêcherait de la signer. Les Allemands sont étonnés de voir que la délégation française n'a pas les pleins pouvoirs. Une convention d'armistice franco-italienne doit être négociée à Turin par le même Huntziger et son équipe.

L'armistice est valable jusqu'au traité de paix en vertu des termes du droit international public et notamment des conventions de La Haye de 1899 et 1907. Dans la convention franco-allemande d'armistice, 10 articles sont consacrés à l'immobilisation de l'appareil militaire français – seules des forces de maintien de l'ordre minimales peuvent subsister. Les militaires doivent être désarmés ; l'armée est démobilisée et seuls 100 000 hommes sont autorisés à former ce que d'aucuns appelleront l'armée d'armistice. L'article 8 prévoit que la flotte de haute mer sera « démobilisée et désarmée » tout en étant placée sous le contrôle de l'Allemagne et de l'Italie. Tous les bateaux de guerre français sont priés de rallier leurs ports d'attache habituels du temps de paix. Sur le plan économique, la France doit accepter le transfert des marchandises italiennes et allemandes à travers son territoire. Mais surtout, selon l'article 18 : « les frais d'entretien des troupes d'occupation allemandes sur le territoire français seront à la charge du gouvernement français ». La France devra à ce titre dépenser des sommes colossales pour entretenir les troupes d'occupation. L'armistice ne prévoit pas de clauses sur le partage de l'empire colonial. En revanche, le territoire français sera divisé en deux zones : une zone occupée et une zone non occupée. La *Demarkationslinie* est tracée de façon arbitraire, sans que les plénipotentiaires français puissent protester. Enfin, l'occupation du pays doit être temporaire, en attendant l'évolution des opérations contre les Britanniques. Le texte constitue la genèse d'une singularité géopolitique dans l'Europe allemande : un pays vaincu par les Allemands est partagé en plusieurs zones quand tous les autres pays sont totalement occupés. C'est aussi une fiction que va utiliser le régime de Vichy et qui lui permettra de faire croire que la souveraineté française s'applique toujours sur l'ensemble du territoire national (article 3)[17].

« *Collaborer d'une manière correcte* »

En zone occupée, l'État français devra mettre ses services à la disposition des occupants sans aucune réserve et il lui faudra se « conformer aux réglementations des autorités militaires allemandes et collaborer avec ces dernières d'une manière correcte ». Enfin, un million et demi de soldats français sont gardés comme prisonniers – des « otages » politiques –, et ce, jusqu'à la « conclusion de la paix ». Aucune demande française n'a eu grâce aux yeux des Allemands. Le texte est sans concession. C'est la loi du vainqueur. Pétain peut se satisfaire d'une forme de magnanimité – calculée – de Hitler, car le pays n'est pas totalement occupé, la flotte n'a pas été livrée et l'empire n'est pas occupé. Huntziger savait que Pétain n'accepterait aucune de ces trois situations.

Le 6 juillet, Hitler effectue une entrée triomphale à Berlin, il jubile. Il a anéanti l'alliance franco-anglaise et peut désormais se consacrer à l'est de l'Europe. La France a une place à part dans l'Europe allemande, ni annexée (l'Autriche et le Luxembourg), ni État satellite (la Finlande et la Roumanie), ni pays d'administration directe (les Pays-Bas et la Norvège). Hitler n'a cependant jamais voulu d'un traité de paix avec la France. C'est juste un sursis.

Le 25 juin, Pétain informe les Français des conditions de l'armistice en expliquant qu'il faut à la France « un ordre nouveau », « un redressement intellectuel et moral[18] ». Les Français doivent entrer dans une phase de contrition. Pierre Laval devient alors l'homme qui permet au Maréchal de consolider son pouvoir. Il va contribuer à détruire la IIIe République, lui qui a été un homme important de cette République, lui qui a évolué politiquement de la gauche vers la droite dans les années 1930. Pétain saura utiliser ses talents politiques durant l'été 1940 ; nous y reviendrons. Pour les défenseurs de l'armistice, il faut croire en la parole allemande. Selon eux, la guerre sera bientôt terminée par l'anéantissement de l'Angleterre.

Le 26 juin, de Gaulle n'a pas de mots assez forts pour dénoncer le diktat de Rethondes : « La France livrée, la France pillée, la France asservie. » Pour lui, c'est une faute morale. La France devient la complice de l'Allemagne nazie. Le président Lebrun, lui, juge les articles de l'armistice trop contraignants. De son côté, le maréchal Pétain juge que la France a évité le pire et que l'honneur est sauf. Après tout, selon lui, la France n'est pas une division administrative nazie soumise à un Gauleiter ; les Français ne subissent pas la vassalisation de leur pays, ce qui n'est pas le cas des autres nations occupées par le IIIe Reich.

Hitler n'a pourtant accordé aucune faveur aux Français. En fin tacticien, il espère s'appuyer sur la France pour alimenter sa machine de guerre et se servir de ses gouvernants pour obtenir des concessions importantes. Dès le mois d'août, il montre déjà qu'il fait peu de cas de la convention d'armistice en créant une zone annexée composée de l'Alsace et de la Lorraine (Bas-Rhin, Haut-Rhin et Moselle). Du côté français, ceux qui étaient favorables à l'armistice – notamment les maréchalistes – ont assurément cru que le plus urgent était la fin des combats et des souffrances des civils, mais à quel prix ? Ils ont manqué de hauteur de vue et ont ignoré le piège que Hitler leur avait tendu.

Les soldats allemands triomphent en France, mais aussi chez eux. Le 19 juillet 1940, des centaines de milliers de Berlinois se pressent pour acclamer ceux qui ont vaincu les Français en si peu de temps. Des spectateurs sont perchés sur des statues ou montés sur des réverbères pour mieux voir le défilé. Les soldats marchent sous la porte de Brandebourg, puis vers la *Pariser Platz*. Goebbels, Gauleiter de Berlin, accueille la 218e division d'infanterie[19]. Le soir, Hitler prononce un long discours au Reichstag réuni à l'opéra Kroll. Il y évoque les différentes étapes de la campagne militaire à l'ouest. Douze généraux sont faits maréchaux et Goering devient « maréchal du Reich », titre créé par Hitler. Ce dernier espère encore que la Grande-Bretagne va renoncer à poursuivre la guerre. Or, le 14 juillet précédent, Churchill a dit au monde que son pays poursuivrait la lutte contre les nazis jusqu'au bout.

« *Nuées de sauterelles vertes*[20] »

Que pensent les Français de cet armistice ? Ceux qui sont sur les routes de l'exode sont soulagés, ils vont pouvoir rentrer chez eux. Reste à savoir quand et comment. L'euphorie gagne certains, réfugiés ou non. En Dordogne, qu'Andrzej Bobkowski a atteinte pendant son exode sur les routes françaises, la nouvelle de l'armistice se répand comme une traînée de poudre le 24 juin :

> Nous arrivons dans une bourgade entre chien et loup. Les rues sont bourrées de soldats ; des attroupements devant les maisons. Un homme fait des signes aux soldats en criant d'une voix joyeuse : « C'est signé, c'est signé ! » Je m'approche. Très excité, comme s'il me faisait part d'un heureux événement, il me dit que l'armistice a été signé avec l'Allemagne et l'Italie. Les hostilités vont être suspendues à 1 h 35 cette nuit. [...] Le bourg est pris d'une excitation joyeuse. Les habitants se tiennent aux fenêtres. [...] On dirait que l'armistice leur a redonné du poil de la bête, qu'il les a disculpés. [...] Au village, c'est la fête. Tous les cafés sont éclairés, les portes grandes ouvertes ; on se soûle et on chante[21].

Personne ne cherche encore à comprendre le sens de l'armistice. Dans un pareil chaos, peu sont capables de prendre de la hauteur face à de tels événements survenus en si peu de temps.

Wilhelm Brunner, juriste et maire en Allemagne en temps de paix, participe à la campagne de France dans la Wehrmacht. Le

26 juin 1940, au nord de Châtellerault (Vienne), il écrit à Suse, son épouse ; il est frappé par l'attitude des Français qui viennent d'apprendre qu'un armistice a été signé :

> Il faut reconnaître une chose aux Français : ils portent dignement et vaillamment leur digne destin. Ils ne gémissent pas et ne se plaignent pas. Entre eux, ils maintiennent l'ordre et restent corrects dans leur attitude et leurs opinions. Beaucoup portent en signe de deuil un ruban noir à la manche ou à la boutonnière[22].

Nombre de soldats allemands narrent à leurs proches ce qu'ils observent de la vie des Français. Certains sont plus sévères que Wilhelm Brunner et fustigent le peuple vaincu ; d'autres racontent ce qu'ils espèrent envoyer dans les colis de nourriture. L'armistice est rarement évoqué directement.

Mais tous les Français ne sont pas figés dans le désespoir d'un pays abattu. Une minorité refuse cet état de fait, tel Edmond Michelet. Alors qu'il s'occupe d'un centre de réfugiés en Corrèze, il fait circuler le 17 juin un texte affirmant qu'il est préférable de ne pas se rendre[23]. Le 20 juin, un ou une anonyme prend la plume depuis Argelès-Gazost (Hautes-Pyrénées) pour dénoncer le renoncement de la France après avoir pris connaissance du message radiophonique de Pétain ; cette lettre est envoyée en Angleterre :

> Certes nous savons tous que nos armées ont subi les pires échecs, nous savons que nos soldats sont à bout de forces, que le matériel fait défaut. Cependant, nous avons conclu avec la Grande-Bretagne un traité que nous sommes déterminés à respecter [traité franco-britannique de mars 1940 interdisant de demander un armistice séparé]. En conséquence, quelle que soit l'attitude observée par le gouvernement français, il importe avant tout que la jeunesse et l'armée française ne tombent pas aux mains des Boches[24].

D'autres Français sont sceptiques à la lecture de la convention d'armistice. Le 26 juin, réfugié à Ligugé (Vienne), l'avocat Maurice Garçon s'insurge contre le retard de la presse à publier le texte : « Je n'ai toujours pas le texte des conditions de l'armistice. On tarde un peu trop à le faire paraître. Nous avons cependant le droit d'être fixés exactement[25]. »

L'avocat se rend chez son ami Texier où ils captent une radio allemande ; ils entendent en français la lecture de la convention d'armistice :

Les conditions sont très sévères. Nous abandonnons tout. Pour les limites d'occupation, il faut tracer sur la carte une ligne de Genève à Dole, Paray-le-Monial, Bourges et Tours. Puis de Tours, tirer une ligne qui conduit à la frontière espagnole. [...] Il ne reste rien de la France. Le gouvernement va s'installer, paraît-il, à Clermont-Ferrand[26].

Maurice Garçon ajoute le 28 juin :

À la réflexion, on peut se demander si la résolution de demander l'armistice n'est pas, de la part de Pétain, le geste d'un vieillard pusillanime. LA France serait occupée un peu plus et le gouvernement serait en Alger, mais nous éviterions des divisions entre Français, nous conserverions notre flotte, nos armées coloniales demeureraient intactes et l'honneur y gagnerait. Au lieu de cela, nous supportons la même servitude et nous sommes définitivement désarmés[27].

L'avocat ne mâche pas ses mots en accusant Weygand et Pétain d'être les responsables de la défaite militaire puisqu'ils n'ont rien compris des évolutions nouvelles de la tactique et de la stratégie militaires : « Lorsqu'on dressera le bilan, je crains que Pétain et Weygand aient eux aussi de fameux comptes à rendre[28]. » De son côté, le professeur de khâgne Jean Guéhenno, replié à Clermont-Ferrand, n'accepte pas la demande d'armistice de Pétain ; le 17 juin, il écrit : « Voilà, c'est fini. Un vieil homme qui n'a plus même la voix d'un homme, mais parle comme une vieille femme, nous a signifié à midi trente que cette nuit il avait demandé la paix[29]. » Le 25 juin, il ajoute : « Je me réfugierai dans mon vrai pays. Mon pays, ma France, est une France qu'on n'envahit pas. » Après l'entrée en vigueur de la convention d'armistice, Guéhenno est encore plus acerbe le 28 juin :

Les Allemands ont quitté Clermont cette nuit. Le Maréchal peut faire son entrée. Son lit laissé libre par l'*Oberkommandant* est prêt à la préfecture. Inutile de changer les draps[30].

L'ironie mêlée d'amertume est partagée par d'autres Français assommés par l'Occupation. À Paris, on sait que l'arrivée des Allemands a provoqué une quinzaine de suicides, dont celui du professeur de chirurgie Thierry de Martel qui a laissé ces derniers mots : « Je ne peux pas[31]. »

Les Allemands sont les maîtres du pays et ils se fondent progressivement dans la population. Celle-ci fait mine de ne pas les voir, sauf ceux qui espèrent des postes et des avantages comme l'accès à une nourriture plus abondante. Celle-ci fait déjà défaut pour la plupart des citadins.

Anticiper l'occupation totale

L'instauration de la ligne de démarcation permet d'observer dès 1940 la somme considérable des problèmes nés de l'occupation partielle de la France[32]. Les Allemands n'ont pas préparé de plan. La ligne de démarcation est délimitée dans l'urgence par Keitel et Jodl. Ces derniers instaurent une frontière sans avoir vraiment les moyens matériels et humains de la surveiller totalement. On ignore si Hitler a mis sa main à l'élaboration du tracé. L'occupation totale n'a pas été pensée dans ses détails dans les états-majors allemands lors de la préparation de l'offensive de mai 1940. Le général Franz Halder[33] et le maréchal Keitel[34] ont d'ailleurs souligné les divergences sur le type d'attaque à mener en Europe de l'Ouest entre Hitler et ses militaires. Halder rappelle à ce sujet l'une des directives pour la conduite des opérations, celle du 9 octobre 1939 :

> a) On préparera une action offensive contre l'aile nord du front occidental, à travers le Luxembourg, la Belgique et la Hollande. Cette attaque sera exécutée rapidement et vigoureusement.
> b) Son objectif sera de battre une fraction aussi importante que possible des forces armées françaises et de celles de son alliée, tout en conquérant simultanément en Hollande, en Belgique et dans le nord de la France, une étendue de territoires aussi grande qu'il se pourra, afin de nous mettre en mesure d'engager favorablement par la suite des opérations aériennes et navales contre l'Angleterre et de mettre amplement à couvert notre région vitale de la Ruhr[35].

C'est précisément ce qui s'est produit. Les troupes allemandes ont foncé au plus vite vers le sud de la France. La Wehrmacht a atteint une limite Genève-Tours, prolongée par le cours de la Loire, jusqu'au littoral de l'Atlantique, selon le « plan rouge[36] » *(Fall Rote)*.

Le 18 mai, Hitler ordonne *(Führerbefehl)* à ses soldats de « poursuivre, partout avec vigueur, l'ennemi vaincu[37] ». Il faut occuper le plus rapidement possible les anciennes terres impériales « jusqu'à la ligne Verdun, Toul, Belfort, des ports de Cherbourg et de Brest, ainsi que les usines d'armement du Creusot[38] ». Les Allemands travaillent dès lors sur un plan d'occupation totale de la France, dès la première quinzaine de juin. À l'OKH, Brauchitsch et Halder élaborent les conditions de l'armistice avant même qu'elles ne soient demandées. Il est alors prévu d'occuper tout le littoral de la France afin de se protéger contre un éventuel débarquement anglais[39]. Il s'agit en outre de consigner les troupes françaises entre le Rhône et la Gascogne, de les désarmer, ainsi que d'exiger la livraison des stocks d'armes et de munitions.

À l'OKW, autour du 15 juin, le général Böhme est chargé par Keitel de concevoir un plan d'occupation dans le cadre d'un armistice éventuel. Le général Jodl, chef du bureau des opérations de l'OKW, contribue à l'élaboration du projet. Selon l'historien allemand Hans Umbrcit, Jodl a esquissé le tracé définitif de la ligne de démarcation, mais nous n'avons pas retrouvé de source qui permette d'en attester fermement[40]. Keitel semble être le donneur d'ordres principal en ce qui concerne la nature de l'occupation partielle de la France. De son côté, Jodl est sans nul doute intervenu dans les détails en tant que chef du Bureau des opérations de l'OKW. Treize départements sont *in fine* divisés.

On peut suivre la suite de la mise en œuvre de l'occupation partielle de la France dans le texte de l'armistice grâce aux souvenirs du maréchal Keitel :

> En prévision de l'effondrement de ce pays, les conditions à lui imposer avaient été étudiées par l'État-Major supérieur de la Wehrmacht placé sous mon autorité, et je leur avais moi-même donné la forme littérale que je jugeais la plus opportune. Elles étaient donc déjà prêtes lorsque les Français demandèrent qu'il leur en fût donné connaissance. Mais nous ne mîmes aucune hâte à les leur divulguer. Le Führer tenait au préalable à ce qu'un certain nombre d'objectifs opérationnels, notamment la frontière suisse, fussent atteints[41].

À l'OKW, le général Böhme a prévu une occupation de toute la France métropolitaine et une récupération de toutes les armes, mais ce plan n'est pas suivi en juin 1940[42]. L'OKW préfère une occupation totale tandis que l'OKH souhaite dans l'immédiat une occupation partielle. Hitler tranche pour la seconde solution, car il souhaite empêcher une fuite du gouvernement français vers l'empire colonial tout en neutralisant au plus vite la marine française. Néanmoins, Hitler et le commandement de l'OKH sont en profond désaccord sur le sort de la vallée du Rhône. Le 17 juin, Hitler intervient dans les plans de rédaction de la convention d'armistice. Il pense que l'occupation de la vallée du Rhône peut sûrement être considérée comme relevant des futurs intérêts italiens[43].

Un morcellement en partie rêvé

Des historiens allemands inspirateurs des nazis

Le partage de 1940 permet aux Allemands, de façon assez inattendue, de renouer avec un passé sacré et mythologique. Des historiens allemands des années 1940 (tel Franz Steinbach) ont publié leur analyse sur le sens de l'armistice, allant jusqu'à mettre en avant l'origine médiévale du conflit franco-allemand[44]. D'aucuns ont justifié les nouvelles limites occidentales du Reich en faisant resurgir des traités diplomatiques datant de l'ancien Empire allemand, au IXe siècle[45]. Ces historiens ont donc soutenu la propagande nazie, laquelle puisait largement dans un passé pangermaniste.

En ce qui concerne la ligne de démarcation, elle traverse bien la Bourgogne, mais elle n'est pas perçue comme une limite ethnique ou historique ; elle est surtout militaire et économique, en fonction des besoins allemands, du moins dans les premiers temps de l'Occupation. Toutefois, si des historiens allemands épaulent la propagande de Goebbels, on connaît assez mal leur influence ou même leur participation aux projets de l'OKW sur le tracé de la ligne de démarcation, même si dans les années 2000 Wolfgang Geiger a ouvert des pistes, notamment sur le rôle de quelques historiens dans l'engagement au service de la propagande de guerre[46]. Il est avéré que l'historien allemand Ernst Anrich s'est ainsi mis au service de l'OKW et a mis en place « un état-major de spécialistes de l'Ouest[47] ». Selon l'historienne Karen Schönwälder, le tracé des futures lignes de démarcation a largement eu recours aux travaux de ce groupe. Celui-ci était convaincu du caractère germanique des régions à occuper[48]. Les ouvrages d'Anrich et de Franz Steinbach[49], des historiens professionnels connus, ou encore d'Emil Maurer ont contribué à imaginer les nouvelles frontières franco-allemandes. Même si elles n'ont pas été directement prises en compte au moment de la décision finale de Hitler ou de l'OKW pour le découpage du territoire français, elles ont sans conteste eu une influence sur les constructions frontalières des nazis en 1940.

D'ailleurs, la révision des frontières était l'une des craintes formulées par la DFCAA (Délégation française de la commission allemande d'armistice créée pour préparer le traité de paix entre la France et le IIIe Reich) à Wiesbaden, dès le mois de juillet 1940[50].

En janvier 1941, les délégués français évoquèrent un bouleverse-
ment frontalier qui intégrerait les marches occidentales de l'ancien
Saint Empire romain germanique des environs de 1500[51].

Un programme pangermaniste

Dans *L'Illustration* datée du 8 juin 1940, un article sur les frontières allemandes à conquérir par le Reich cite plusieurs auteurs
allemands. C'est une synthèse rapide de la pensée pangermaniste. Une carte du monde y est annexée – elle aurait été réalisée
en Argentine en 1915. La carte de la France reproduite par
L'Illustration montre un espace occupé par les Allemands, déli-
mité par une ligne s'étirant de Nantes à Belfort, la Loire en étant
l'axe central. L'ouvrage de Rauschning[52] aurait également servi de
support pour réaliser une partie de la carte. Voici le commentaire
étonnant de 1915, reproduit dans *L'Illustration* en juin 1940, avant
même l'armistice :

> Nous annexerons le Danemark, la Hollande, la Belgique, la Suisse, la Livonie,
> Trieste, Venise et le nord de la France, depuis la Somme à la Loire. Ce programme,
> que nous nous permettons de proposer, n'est pas l'œuvre d'un fou et l'empire
> que nous voulons fonder n'est pas une utopie[53].

L'auteur de ce texte aurait été le général von Schellendorf.
On retiendra donc que du côté français, quatre jours seulement
après la chute de la poche de Dunkerque, le 4 juin, dans un
journal très lu par la bourgeoisie, des journalistes expriment leur
crainte face à ce que pourrait être une France à demi allemande
en cas d'occupation. Prémonitoire. Le défaitisme est éclatant.
Si le propos n'est pas visionnaire, il est classique outre-Rhin.
Et on le retrouve parfois dans des écrits de la presse française
pendant la guerre.
Plus tard, en décembre 1943, à Alger, un Français, Jacques
Lorraine, achève un ouvrage intitulé *Les Allemands en France*,
publié au début de 1945, illustré de plusieurs cartes, dont l'une
aurait été distribuée aux officiers allemands en Bohême et en
Moravie avant la guerre en France[54]. Jacques Lorraine est un
pseudonyme. Il s'agit en fait d'Edmond Huntzbuchler, chef des
publications de la France libre, sous le pseudonyme de Desforges.
Dans son livre, il essaie de décrypter l'idéologie nazie qui a conduit

à échafauder des plans de démembrement de la France. Il remonte jusqu'à Herder et Fichte. La carte donnée aux officiers allemands permet de visualiser ce qu'aurait pu être une future ligne de démarcation. De façon étonnante, le document montre bien une France partagée en deux grands espaces, notamment avec la côte atlantique incluse dans la zone occupée, comme après l'armistice du 22 juin 1940. Étrange coïncidence ? Le critère choisi par les Allemands, selon « Lorraine », serait racial – des zones de germanité plus ou moins fortes sont délimitées du nord au sud –, ce que ne montrent pas nos recherches sur la ligne de démarcation entre la zone occupée et la zone non occupée. La coïncidence tiendrait alors sans doute du hasard. L'étude des origines idéologiques du choix des tracés des lignes doit être prudente, car on ne peut y lire systématiquement un quelconque déterminisme. Pour ce qui est du Nord-Pas-de-Calais rattaché au MBB de Bruxelles et de la zone nord-est, il ne fait aucun doute que la référence à la mythologie de la « germanité » est patente. Yves Le Maner et Étienne Dejonghe, dans leur magistrale étude sur le Nord-Pas-de-Calais sous l'Occupation, ont rappelé qu'en 1915, le chancelier d'Empire Bethmann-Hollweg avait eu l'intention affichée de transformer la Belgique en État vassal[55]. La Flandre française devait y être rattachée. Les nazis reprennent ces arguments et les adaptent à leur conception de l'Europe et du monde allemands. Selon eux, la France est un ensemble de peuples rassemblés artificiellement, se dissimulant derrière le mythe de la République « une et indivisible ». Hitler a bien eu l'intention de démembrer la France, et notamment dans le Nord-Est, mais il a dû freiner ses ardeurs idéologiques pour ne pas se priver de la collaboration du régime de Vichy.

« Un mors dans la bouche d'un cheval[56] »

Si Hitler a mis la main à la rédaction des conventions d'armistice franco-allemande et franco-italienne, il faut revenir sur les motivations du partage de la France en plusieurs entités, sur lequel les autorités françaises s'interrogent.

Le texte de l'armistice[57], composé de 24 articles et d'un préambule, est finalement très succinct et les précisions sur le tracé de la ligne de démarcation encore plus énigmatiques pour les autorités de la France[58]. Globalement, il s'agit d'une synthèse assez floue[59].

L'article 2 annonce l'existence de deux zones et la création d'une limite militaire qui doit trouver ses contours après les retraits ou les avancées des troupes allemandes, selon un tracé dessiné à grands traits. À la première lecture du texte de la convention d'armistice, les délégués français remarquent que Hitler accorde une large zone libre où un gouvernement français a la possibilité de siéger «dans le territoire non occupé[60]». Elle a pour but d'«assurer les intérêts du Reich allemand». Les Allemands occupent 60 % du pays, lesquels renferment l'essentiel des ressources minières et industrielles. De son côté, à Rethondes, le général Huntziger est choqué à la lecture de la carte, car elle porte atteinte à la souveraineté territoriale. La ligne de démarcation lui apparaît comme un garrot:

> Cette ligne est un mors que nous avons mis dans la bouche d'un cheval. Si la France se cabre, nous serrons la gourmette. Nous la détendrons dans la mesure où la France sera gentille[61].

Dès lors, la *Demarkationslinie* apparaît comme un levier de chantage pour le IIIe Reich. Dans l'article 3, les Allemands ont même ajouté la possibilité pour le gouvernement français de «transférer» son siège à Paris. La ligne de démarcation est un gage, au même titre que les prisonniers de guerre français. Cet article précise aussi qu'après la cessation des hostilités, l'occupation du rivage atlantique sera «réduite au strict minimum».

La convention d'armistice, la charte de l'occupation allemande, fixe donc un découpage du pays approximatif dans ses détails, mais clair dans ses objectifs: humilier la France et la faire chanter. Plusieurs projets de redécoupage sont encore élaborés dans les semaines qui suivent la signature de l'armistice, dont beaucoup veulent reconstituer les frontières antérieures au traité de Westphalie de 1648. Le secrétaire d'État au ministère de l'Intérieur du IIIe Reich, Stuckart[62], a le projet de faire passer la frontière franco-allemande par la baie de Somme en longeant la limite septentrionale du Bassin parisien et de la Champagne, rejoignant l'Argonne avant un infléchissement vers le sud-est, gagnant ainsi la Bourgogne; la frontière sillonnerait le long de cette dernière puis passerait par l'ouest de la Franche-Comté avant de se terminer au bord du lac Léman. Ce projet a été pensé comme un moyen de négocier au mieux un traité de paix avec la France, lequel ne verra jamais le jour.

Carte 3. La France compartimentée (1940-1943)

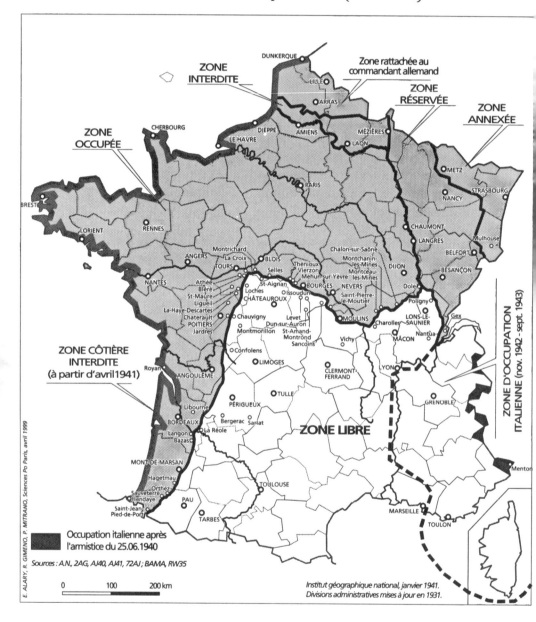

ZONE
INTERDITE

Zone rattachée au
commandant allemand

ZONE
RÉSERVÉE

ZONE
ANNEXÉE

ZONE
OCCUPÉE

DUNKERQUE

LILLE

ARRAS

CHERBOURG   DIEPPE   AMIENS   MÉZIÈRES

LE HAVRE   LAON   METZ

STRASBOURG

PARIS   NANCY

BREST

LORIENT   RENNES   CHAUMONT

LANGRES   Mulhouse

Montrichard   Chalon-sur-Saône   BELFORT

ANGERS   La Croix   Montchanin-   DIJON

TOURS   BLOIS   les-Mines   BÉSANÇON

Selles   Thénioux   Montceau-

Vierzon   les-Mines

NANTES   Athée   St-Aignan   Mehun-sur-Yèvre   Dole

Bléré   BOURGES   NEVERS

St-Maure   Loches   Oissudun

Liguéil   CHÂTEAUROUX   Saint-Pierre-

La-Haye-Descartes   le-Moutier   Poligny

Chaterault   Chauvigny   Levet   LONS-LE-

POITIERS   Dun-sur-Auron   MOULINS   Charolles   SAUNIER   Gex

Jardres   Montmorillon   St-Amand-   Nantua

Montrond   Vichy   MÂCON

Sancoins

ZONE CÔTIÈRE
INTERDITE
(à partir d'avril 1941)

Confolens

LIMOGES   CLERMONT-   LYON

Royan   FERRAND

ANGOULÊME

Libourne   PÉRIGUEUX   TULLE   GRENOBLE

BORDEAUX   Bergerac   Sarlat

Langon   La Réole   **ZONE LIBRE**

Bazas

MONT-DE-MARSAN   Menton

Hagetmau   TOULOUSE

Orthez-

Sauveterre   PAU   MARSEILLE

Hendaye

Saint-Jean-   TARBES   TOULON

Pied-de-Port

ZONE D'OCCUPATION
ITALIENNE (nov. 1942 - sept. 1943)

Occupation italienne après
l'armistice du 25.06.1940

Sources : A.N, 2AG, AJ40, AJ41, 72AJ ; BAMA, RW35

0   100   200 km

Institut géographique national, janvier 1941.
Divisions administratives mises à jour en 1931.

E. ALARY, R. GIMENO, P. MITRANO, Sciences Po Paris, avril 1999

De rapides désillusions

Le flou volontaire du tracé

Le 21 juin, à Rethondes, lors de la première journée des discussions, les Français ont posé de nombreuses questions, entre autres, sur la durée et l'importance très précise de l'Occupation, sur la capitale française et sur les prisonniers de guerre. En vain, puisque Jodl les a éludées ou esquivées[63]. À 18 heures, lors d'une discussion entre Jodl et Huntziger, en réaction au texte lu au nom de Hitler, le Français affirme que si certaines clauses peuvent être acceptées, d'autres sont «implacables[64]». Il poursuit de façon catégorique au sujet des territoires occupés ou à occuper. L'Italie, comme prévu par Hitler, est au centre des préoccupations françaises, selon le général Weygand. Le général Huntziger corrobore cette réalité:

> C'est considérable et c'est d'autant plus grave que, si nous avons été battus par l'armée allemande (que nous avons d'ailleurs toujours estimée à sa valeur), on ne peut pas en dire autant de l'Italie, qui va, peut-être, vouloir occuper tout le reste de notre territoire, ce qui n'est pas admissible. Nous n'accepterons pas cela. S'il le faut, nous continuerons la lutte[65]...

Le général est inquiet, car l'armistice franco-allemand ampute déjà considérablement le territoire national, alors que les négociations avec l'Italie n'ont pas encore commencé. Les Français ignorent la teneur des discussions entre Mussolini et Hitler de Munich. Jodl dit comprendre l'émotion des Français, mais il rappelle que l'Occupation est en l'état provisoire «si cela amène à battre les Anglais plus vite[66]». Il évite de répondre avec précision aux questions posées.

Huntziger enchaîne en posant la question du sens de l'article 3: que faut-il entendre par «au strict minimum» lorsque est mentionnée l'occupation de la côte Atlantique? Jodl esquive. Parmi d'autres questions, le Français demande si «la ligne verte qui limite l'Occupation» «est intangible en tous ses points». Le général allemand répond par l'affirmative[67]. Huntziger emploie l'expression «ligne verte» et non «ligne de démarcation», car cette dernière n'existe pas encore dans la terminologie allemande des pourparlers et du texte d'armistice remis quelques minutes plus tôt. Pour l'heure, les Allemands parlent de «ligne tracée sur la carte».

L'interprète allemand Paul Schmidt note que la ligne est dessinée en vert sur l'annexe au texte d'armistice franco-allemand[68]. C'est une réponse du berger à la bergère car dans l'armistice de 1918 les territoires allemands devant être occupés par les Alliés étaient représentés en vert sur les cartes d'état-major. La ressemblance est surprenante entre l'article 2 du 22 juin 1940 et l'article V de l'armistice du 11 novembre 1918 :

> [...] Une zone neutre sera réservée, sur la rive droite du Rhin, entre le fleuve et une ligne tracée parallèlement aux têtes de pont et au fleuve, et à dix kilomètres de distance, depuis la frontière de la Hollande jusqu'à la frontière de la Suisse[69].

Le tracé n'est pas le même, mais la rédaction montre une certaine similarité sans doute volontaire dans le choix des termes.

Dans la journée du 21 juin, Huntziger reçoit une réponse plus large de Keitel[70]. Le compte rendu français des discussions relève les points suivants :

> La ligne verte : il ne peut être envisagé en principe aucune modification de son tracé général, mais la commission d'armistice pourra tenir compte, sur des points de détail, des vœux dont elle sera saisie ; c'est d'ailleurs une ligne qu'on ne peut modifier à cause des exigences de la guerre contre l'Angleterre. [...] Si le gouvernement français désirait par exemple s'installer provisoirement à Orléans on pourrait apporter des améliorations au tracé de la ligne verte[71].

La dernière allégation de Keitel est surprenante, alors que dans le texte de l'armistice, il est question de Paris et qu'aucune modification de tracé n'est envisagée. La définition de la « ligne » est donc loin d'être claire pour le gouvernement français, qui va devoir négocier avec le Reich. Plus tard dans la discussion, Paris est à nouveau évoqué comme siège possible du gouvernement français.

Les Allemands imposent donc le tracé d'une ligne dans l'article 2, tout en évitant trop de précision, ce qui leur permettra de disposer d'une marge de manœuvre plus importante pour imposer leurs vues.

Des miettes au vaincu

À Rethondes, les négociations se poursuivent dans un climat très tendu et durent plus longtemps que ne l'avait prévu Keitel.

Dans la nuit du 21 au 22 juin, Pétain rédige un message à Hitler lui demandant l'arrêt de l'avancée allemande avant Bordeaux et la possibilité pour le gouvernement de délibérer sur les conditions de la convention. Keitel répond qu'il n'a aucune réponse à apporter sur ce point, mais qu'une fois l'armistice signé, Bordeaux ne sera pas occupée.

Le 22 juin au matin, un Conseil des ministres se tient à Bordeaux et un mémorandum y est rédigé afin de demander aux Allemands des modifications au texte de la convention d'armistice[72]. Il tient en sept points, dont deux traitent de l'occupation du territoire. Le premier point – la «question préalable» – concerne Bordeaux, reprenant la demande de Pétain la nuit précédente. Le deuxième point réclame une réduction substantielle des zones occupées par l'armée allemande. Les ministres français demandent que Paris et les départements alentour[73], y compris le Cher, le Loir-et-Cher et le Loiret, demeurent hors de la zone d'occupation. L'évacuation de Paris est demandée, afin de permettre au gouvernement d'y retourner. Un corridor est même suggéré pour permettre une circulation des dirigeants de la zone non occupée jusqu'à la capitale. Enfin, le cinquième point concerne l'article 17 qui impose au gouvernement français l'obtention d'une autorisation allemande en cas de transferts économiques entre les deux zones. Les conditions de l'armistice sont draconiennes. Le 22 juin, à 17 h 50, Huntziger et Keitel paraphent l'armistice, après maints pourparlers sans résultat sur les demandes françaises d'assouplissement.

Le 24 juin, Huntziger et le maréchal Badoglio[74], commandant en chef des troupes italiennes en opérations, signent à Rome la convention d'armistice franco-italienne et la campagne de France prend alors fin le 25, à 0 h 25. Les Italiens n'occuperont pas la rive gauche du Rhône, pas plus que la Tunisie, Djibouti et la Corse – on se rappelle qu'à Munich, le 18 juin précédent, Hitler avait demandé à Mussolini de la modération[75]. Ils occupent finalement une quinzaine de communes le long de la frontière[76]. Ils doivent également contrôler le désarmement de l'armée française en Afrique du Nord, en Syrie et en Somalie.

La population française n'a jamais connu les détails de l'armistice durant toute la guerre. Les informations sur le compartimentage de la France se révéleront alors maigres lorsque les gardiens allemands de la ligne de démarcation s'installeront sur les premiers postes de surveillance dans les treize départements divisés.

Hitler incognito

L'armistice franco-allemand entre en vigueur le 24 juin 1940 et Hitler manifeste alors le souhait de visiter la belle prise de guerre qu'est Paris. Après Vienne, le 12 mars 1938 ; Prague, le 16 mars 1939 ; Varsovie, le 5 octobre 1939 et Bruxelles en juin 1940, Paris s'offre à lui alors que s'achève la campagne militaire à l'ouest.

Le 23 ou le 28 juin – la date est encore discutée de nos jours, Speer évoquant le 28 juin et Breker le 23[77] – à l'aube, l'avion de Hitler atterrit au Bourget vers 5 heures du matin ; plusieurs Mercedes découvertes l'attendent afin de le conduire jusqu'à Paris. Il est accompagné par Arno Breker – son sculpteur préféré, bon connaisseur de Paris pour y avoir vécu plusieurs années –, Albert Speer – l'architecte qui lui a promis une capitale berlinoise nouvelle, remodelée de façon spectaculaire – et plusieurs autres dignitaires nazis. Ont également été conviés le médecin personnel de Hitler, Karl Brandt, l'architecte de Munich Giesler, Martin Bormann (adjoint de Rudolf Hess), le général Keitel, commandant en chef de la Wehrmacht. Deux autres personnages importants pour la propagande sont du voyage : Otto Dietrich, le chef des services de presse du IIIe Reich, et le photographe du Führer Heinrich Hoffmann. C'est ce dernier qui immortalise cette visite parisienne, notamment avec la photographie de Hitler regardant la tour Eiffel et Paris depuis la terrasse de Chaillot.

C'est la première visite de Hitler à Paris, alors que ceux qui l'accompagnent connaissent plutôt bien la capitale française. Il ne veut pas se promener dans Paris en chef de guerre, mais se montrer en vainqueur détendu qui s'intéresse aux monuments et à l'architecture de la ville.

Vêtu d'un long manteau de cuir, avec bottes et gants, le Führer donne l'ordre de filer d'abord vers l'Opéra. Il semble avoir réfléchi au parcours de la visite, avec une idée très précise du Paris qu'il souhaite visiter. Sans avoir jamais visité l'Opéra, il en a une connaissance grâce à ses lectures. Après un premier long arrêt, il stoppe sa voiture à la Madeleine dont il apprécie peu le style. Il franchit la place de la Concorde et se rend aux Champs-Élysées. Il admire cette dernière avenue avec l'Arc de triomphe. À bonne vitesse, le cortège de voitures gagne le Trocadéro et l'esplanade du palais de Chaillot. La tour Eiffel lui semble remarquable sur le plan technique. Ensuite, il décide de s'arrêter quelques minutes devant le tombeau de Napoléon Ier à la chapelle des Invalides. La visite se poursuit au Panthéon, à la Sainte-Chapelle, à Notre-Dame, place des Vosges, puis au Sacré-Cœur – qu'il ne trouve pas beau[78]. Après trois heures de visite, Hitler reprend son avion, survolant Paris une dernière fois avant de rejoindre son quartier général. On peut s'étonner de ne pas le voir parader dans Paris, avec un défilé militaire sur les Champs-Élysées par exemple. Il faut dire que la France vient juste d'être occupée et que le chef de la Luftwaffe Hermann Goering redoute un coup des Anglais pendant la visite de son Führer. Celui-ci pense aussi qu'il faut éviter un triomphalisme trop rapide alors que la résistance anglaise l'inquiète. Hitler a vu Paris et il espère que la nouvelle Berlin sera beaucoup plus belle. En revenant à son QG, il aurait dit à Speer :

> N'est-ce pas que Paris était beau ? Mais Berlin doit devenir beaucoup plus beau !... Lorsque nous aurons terminé Berlin, Paris ne sera plus que son ombre[79].

Une gourmandise territoriale prémonitoire ?

À partir de la convention d'armistice, les Allemands multiplient les actes de mauvaise foi, appliquant la loi du vainqueur. Pendant les pourparlers de Rethondes et jusqu'à la signature de l'armistice franco-italien du 25 juin 1940, les troupes allemandes ont poursuivi leur progression bien que des ordres aient déjà été diffusés pour ne pas progresser au-delà de certaines limites. Déjà, le 19 juin, l'OKW avait transmis un ordre qui recommandait à l'armée allemande de ne pas franchir une ligne de front située au nord de la rivière Cher[80]. Pourtant, les Allemands poursuivent leur avancée en prenant Cherbourg, Nantes, Lyon, Strasbourg, Belfort et Toul. Un groupe d'armées doit même engager la conquête de Bordeaux. Le ministre des Affaires étrangères français, Paul Baudouin, demande par l'intermédiaire de l'Espagne que les troupes allemandes arrêtent leur marche. Les dirigeants français, réfugiés à Bordeaux, craignent d'assister à une occupation totale du pays. Le ministre souhaite que la France préserve une zone « libre » pour permettre à Pétain et à un gouvernement de s'installer. Les exigences de Pétain se limitent alors au département des Basses-Pyrénées au moins[81]. Bordeaux n'est donc pas occupée dans l'immédiat et le gouvernement français peut y demeurer jusqu'au 29 juin 1940. Ailleurs, les Allemands ne se privent pas de nouvelles manœuvres pour faire pression sur les Français. Le général Halder a décrit la poursuite du mouvement des troupes allemandes ; à la date du 21 juin, il écrit dans son *Journal de marche* :

> Les mouvements de nos troupes se sont faits méthodiquement. Là où nous avons atteint la ligne de démarcation, les troupes se sont dispersées et les armées ont été réorganisées. Kleist avec les siennes a fait mouvement vers les groupes désignés de la Loire-Inférieure. Le groupe List s'est déployé autour de Lyon. Hoth a fait glisser ses unités rapides, inutiles sur les côtes, vers le nord de la Loire[82].

Halder emploie le terme *Demarkationslinie* («ligne de démarcation») pour désigner ce qui est encore la ligne de front. Il a sûrement déjà eu vent des articles de l'armistice et des préparatifs de nouveaux mouvements des troupes pour occuper le tracé futur d'une «frontière artificielle» en plein cœur de la France.

Dans le Sud-Est, les troupes allemandes ont effectué une percée profonde pour former une poche qui englobe Lyon et court jusqu'à quelques kilomètres à l'ouest de Grenoble et au nord de Valence. La ligne de front maximale forme un coude aux environs de Valence pour rejoindre au nord-est la frontière suisse, par les départements de l'Ain et de la Savoie – il s'agissait en théorie pour les Allemands de rejoindre les troupes italiennes. Au centre, Aix-les-Bains, Argenton-sur-Creuse, Bellegarde, Clermont-Ferrand, Moulins-sur-Allier, Nevers, Saint-Amand-Montrond, Saint-Étienne, Tournon, Tours, Vichy et Voiron sont atteints. En allant vers le sud-ouest, les soldats de Kleist occupent Angoulême, Poitiers, Royan et Saintes ; Limoges est épargnée. Au moment de la signature des conventions d'armistice franco-allemande (le 22 juin) et franco-italienne (25 juin), la Wehrmacht a atteint une ligne qui relie Royan à Angoulême, puis, à l'est de la capitale charentaise, la ligne de front remonte au nord, en incluant Chinon, Confolens, La Châtre, Montmorillon, Poitiers et Tours. Entre le 22 et le 25 juin, la progression des Allemands a été plus importante dans les vallées de l'Allier, de la Loire et du Rhône et sur le versant oriental de cette dernière.

Indécisions allemandes et attentats à la frontière franco-suisse

La Suisse récalcitrante

L'économie suisse subit les effets du tracé oriental de la ligne de démarcation. Hitler a bien pris soin d'inclure le pays de Gex dans la zone occupée pour contraindre la Suisse sur le plan économique. Rappelons qu'au moment de l'attaque allemande à l'ouest, les Suisses avaient refusé tout arrangement avec l'Allemagne, et notamment le passage des troupes allemandes sur le sol helvétique. En incluant le pays de Gex en zone occupée, les nazis peuvent contrôler une partie des échanges commerciaux de la Suisse avec la France et avec le reste du monde, mais aussi exercer un droit de regard sur le passage des réfugiés entre la France et la Suisse.

Toutefois, Hitler a commis une erreur géopolitique qui va envenimer les relations germano-suisses jusqu'en 1944. En effet, il n'a pu empêcher le maintien d'une voie ferroviaire entre la Suisse et la zone non occupée. À partir de cette dernière, deux itinéraires ferroviaires sont disponibles, notamment pour le transport à grande échelle des marchandises vers la Suisse : soit depuis la frontière espagnole, soit depuis Marseille[83]. En revanche, depuis la zone occupée, l'accès à la Suisse est plus compliqué. Cette dernière ne peut plus compter sur le concours de sa flottille stationnée dans les ports méditerranéens français et faire remonter des marchandises par le couloir rhodanien. Depuis Dole, le tracé de la ligne de démarcation rejoint, parallèlement à la frontière, par un étroit couloir, la commune de Bellegarde. Ensuite, la ligne se poursuit jusqu'au Rhône, en remontant son cours jusqu'à Chancy, un poste frontière avec la Suisse.

Par conséquent, la Suisse – pays enclavé au relief escarpé[84] – n'est reliée à l'extérieur que par la seule voie ferrée qui vient d'Annemasse et court jusqu'à Saint-Gingolph, commune de la rive droite du lac Léman. Le pays de Gex, avec les cantons de Genève et du Valais, est un véritable poumon économique pour la Confédération. Cela ne rassure pas pour autant les autorités suisses. Dès la signature de l'armistice, le président de la Confédération helvétique, Marcel Pilet-Golaz, s'inquiète de la dépendance quasi totale de la Suisse vis-à-vis du Reich, pour les produits alimentaires et l'approvisionnement industriel[85].

Les attentats allemands

Pour compenser l'erreur du tracé de la ligne de démarcation et faire pression sur les Suisses, les Allemands décident de dynamiter à plusieurs reprises la ligne ferroviaire. Ces faits sont peu connus et ont été peu étudiés. Le 2 juillet 1940, une tentative d'attentat échoue au tunnel d'Aires. Le trafic reprend le 9 juillet suivant. Le 4 septembre 1940, une explosion très importante sur la voie ferrée Aix-les-Bains-Annemasse interrompt le trafic avec la Suisse[86]. Pour trois mois. Or, c'est l'unique voie de la zone non occupée sur laquelle la Suisse pouvait s'appuyer pour un approvisionnement libre du contrôle allemand[87]. Le trafic reprend finalement à la fin de novembre 1940. L'attentat fait l'objet d'une enquête demandée par l'inspection générale de la police. Le commissaire division-naire B. découvre que les auteurs seraient des Belges[88] entretenant d'excellentes relations avec les Allemands – ils ont d'ailleurs été accueillis par la *Kreiskommandantur* de Gex. Le chef de la Gestapo de Paris, Boemelburg, convoque B. et lui intime l'ordre de cesser l'enquête en zone occupée[89]. Par ailleurs, une intense activité de contrebande se développe entre les gares de La Plaine et de Bellegarde, où les Allemands n'ont installé, étrangement, aucun contrôle, du moins en 1940. S'apercevant de cette fragilité de la surveillance, ils y remédient en créant deux nouveaux points de contrôle en juillet 1941, à Pougny et à La Plaine, un poste douanier français situé en territoire suisse, violant ainsi l'intégrité territoriale suisse.

Pourtant, le 9 août 1940 et le 18 juillet 1941[90], des accords commerciaux ont bien été signés entre le Reich et la Suisse[911]. Les historiens suisses ont longtemps minimisé cet aspect[92], de même que l'historiographie française[93]. Par l'accord de 1941, des produits suisses (essentiellement des machines et des moteurs[94]) peuvent pénétrer dans le Reich par la France, grâce à la voie ferrée entre Genève et Bellegarde (*die Strecke Genf-Bellegarde*)[95]. Dans une note datée du 10 octobre 1941, le gouvernement français proteste auprès de la commission de Wiesbaden contre les « arrangements germa-no-suisses du 18 juillet 1941[96] ». De leur côté, les Allemands ont interdit aux Suisses l'envoi de petits paquets (moins de deux kilos) vers la zone occupée, car ils seraient trop difficiles à contrôler. Ils organisent également des contrôles volants, facilités par les Suisses qui craignent l'interruption du trafic. Les occupants sont en outre obnubilés par la possibilité pour les Suisses d'envoyer du matériel stratégique aux Anglais, soumis au blocus. La Suisse ne doit pas se transformer en un espace de contre-blocus.

Dans un entre-deux

D'autres problèmes frontaliers enveniment les relations franco-allemandes en 1940. Le pays de Gex, dans l'Ain, est une ancienne dépendance de la Bourgogne, rattachée à la France en 1601. Située au pied oriental du Jura, la région est escarpée et peu peuplée. Par ailleurs, elle est relativement isolée du reste de la France – elle a été transformée en «zone franche» avant la guerre. L'économie régionale est donc totalement liée à celle de la Suisse. Celle-ci est accessible, depuis la zone libre, à partir de plusieurs communes : Saint-Julien-en-Genevois, Thonon-les-Bains – pour ces deux communes, il faut rejoindre Genève par bateau sur le lac Léman –, Chevrier, Valleiry, Vulbens et Éloise. Celles-ci sont l'objet de nombreuses dissensions entre Français et Allemands ; d'abord incluses dans la zone occupée, elles passent ensuite en zone libre, mais sont l'objet d'incursions allemandes permanentes. En juillet 1940, Gex[97] est ravitaillée en pain par la Suisse, grâce à l'intervention du consul général de France à Genève[98]. Depuis le 2 juillet, les Allemands occupent la petite ville et rien ne filtre au sujet du tracé et des communes françaises riveraines les plus proches, créant la confusion du côté des autorités françaises. Saint-Julien – une «zone franche» comme le pays de Gex – et Annemasse sont épargnés, à la demande des Français[99]. À la mi-juillet 1940, 16 000 soldats allemands occupent le pays de Gex, dont 3 000 à Gex même – un chiffre considérable. Le sous-préfet de Gex doit demander l'aide de la Croix-Rouge à Genève pour le ravitaillement, car les accès par la Haute-Savoie et par Bellegarde restent fermés[100]. Ainsi, la population gessienne, qui a alors essentiellement besoin de farine, de pâtes alimentaires, de riz, d'huile, de sucre et de sel, n'est plus ravitaillée pendant deux semaines.

De même, en zone non occupée, Bellegarde est un verrou essentiel pour l'accès à la zone libre depuis la Suisse. À l'automne 1940, les maires de Coupy et de Bellegarde sont stupéfaits quand ils prennent connaissance du tracé de la ligne, qui passe entre les deux communes mitoyennes. Coupy est considéré comme un faubourg de Bellegarde, qui rassemble le tribunal, les écoles, la gare, les commerces et les usines. Or, les ouvriers habitent très majoritairement à Coupy. En juillet-août 1940, les Allemands se montrent tolérants et autorisent le franchissement quotidien de la ligne de démarcation aux ouvriers, puis ils ferment subitement le passage. En octobre 1940, Coupy est isolé, car la ligne est quasiment fermée à tous les passages[101]. Un certain nombre de familles déménagent alors à Bellegarde, mais il en reste encore beaucoup du côté occupé. À Wiesbaden, au sein de la DFCAA, la situation est jugée grave. La vie sociale et économique est décrite comme « asphyxiée[102] ».

Le 5 avril 1941, à Bellegarde, située à cheval sur les deux zones, les Allemands ordonnent au chef de gare de « sectionner la voie ferrée Bellegarde-Genève[103] », à l'est du viaduc de Coupy qui enjambe la Valserine. Plus aucune circulation ferroviaire n'est possible. Précédemment, non loin du viaduc, entre Pougny (zone occupée) et Genève, une première coupure avait été effectuée[104].

La fracture ferroviaire entre la zone non occupée et l'État helvétique intervient à une époque où la presse allemande se montre très sévère envers la Suisse, soupçonnée d'apporter son soutien aux Anglais. Depuis l'attentat du commando belge en septembre 1940, les Allemands ont cherché des solutions pour isoler la Suisse. Ils y sont en partie parvenus. À la fin de 1941, la zone franco-suisse de la ligne de démarcation fait encore l'objet d'âpres discussions, confirmant l'autoritarisme allemand, y compris sur la zone non occupée. En octobre 1941, la CAA « a confirmé la latitude laissée aux autorités locales de définir, suivant les nécessités de leurs missions, le tracé exact de la ligne de démarcation [...] entre Digoin et la frontière suisse[105] ». Le régime de Vichy n'a alors aucun droit de regard et aucune influence sur l'avenir de l'espace frontalier. Les Allemands décident de tout.

L'occupation du territoire français

Selon les cartes allemandes, la ligne de démarcation suit une diagonale de direction sud-nord, entre la frontière espagnole et la région de Tours, puis, en filant vers l'est, elle rejoint la frontière franco-suisse non loin de Genève. L'article 2 de l'armistice décrit vaguement la suite des opérations incombant aux troupes allemandes : « Les territoires qui ne sont pas encore aux mains des troupes allemandes seront immédiatement occupés après la conclusion de la présente convention. » Le 26 juin 1940, le général Halder écrit dans son *Journal de marche* que « les annonces du front sont naturellement sans grand intérêt». Il ajoute que les mouvements pour occuper toute la côte atlantique «doivent être à présent accélérés et exécutés, pendant le repli des zones acquises, et la frontière verte [ligne de démarcation][106] doit être atteinte au plus vite[107]». Les Allemands se retirent donc de certaines régions conquises pendant la campagne de France.

Plusieurs départements occupés totalement ou partiellement par les troupes allemandes après la signature de l'armistice sont évacués : l'Ardèche, la Drôme, la Haute-Savoie, l'Indre, l'Isère, la Loire, le Puy-de-Dôme, le Rhône et la Savoie. Sept départements, totalement occupés pendant les combats, sont évacués, à l'exception d'une partie de l'Indre : l'Ain, l'Allier (département où va s'installer le nouveau régime), le Cher, l'Indre-et-Loire, le Jura, le Loir-et-Cher et la Saône-et-Loire. Le département de la Vienne, divisé par la ligne de démarcation, n'a pas été totalement occupé pendant l'avancée des groupes blindés allemands. À partir de la Charente et de la Charente-Inférieure, l'armistice indique l'occupation d'une bande côtière jusqu'à la frontière espagnole, dont la largeur n'est pas indiquée. Des départements qui n'ont pas vu un seul char allemand pendant la débâcle de l'armée française se retrouvent, totalement ou en partie, dans la zone occupée : la Charente-Inférieure est occupée totalement ; les Basses-Pyrénées, la Charente, la Dordogne, la Gironde et les Landes le sont partiellement. Les premières contraintes de la ligne de démarcation se font sentir dès le mois de juillet 1940, occasionnant localement des difficultés économiques importantes et de nombreux désagréments pour l'organisation administrative des départements.

À la fin de juin 1940, treize départements sont donc divisés ou amputés d'espaces plus ou moins importants par la ligne de démarcation : l'Ain, le Jura, la Saône-et-Loire, l'Allier, le Cher, le Loir-et-Cher, l'Indre-et-Loire, la Vienne, la Charente, la Dordogne, la Gironde, les Landes et les Basses-Pyrénées. Cependant, au début du mois de juillet, les autorités françaises ignorent encore si ce sont treize ou bien quatorze départements qui sont coupés en deux par la *Demarkationslinie*. Il faudra plusieurs mois pour obtenir une réponse claire et tranchée de la part des Allemands : ce sera treize départements. En Haute-Savoie, des patrouilles allemandes sont vues en train de circuler à plusieurs reprises dans des communes libres, afin de mieux contrôler la ligne de démarcation, notamment à Clarafond[108].

Toutefois, un autre point complexe apparaît, un point de tension entre le régime de Vichy et les occupants : en juillet et août 1941, quatre communes de Haute-Savoie et de l'Ain sont considérées non occupées par les Français, mais occupées par les Allemands : Éloise dans l'Ain ; Chevrier, Clarafond et Vulbens en Haute-Savoie. Au début du mois d'août 1941, les Allemands libéreront ces communes afin de repousser le tracé de la ligne de démarcation plus au nord[109]. Les cas de modification au profit de la zone non occupée seront fort rares sous l'Occupation.

Chacun des départements divisés comprend une partie occupée et une autre non occupée, à l'exception du Jura qui compte une autre ligne délimitant la zone interdite. Si nous comparons avec les occupations passées, en 1871 vingt-cinq départements ont été occupés par les Allemands et seulement sept en 1914. En 1940, cinquante-trois départements sont en zone occupée, dont quarante et un dans leur totalité. Trente-quatre autres sont situés en zone non occupée.

À la fin de juin et au début de juillet 1940, l'armée d'armistice (100 000 hommes) réinvestit les territoires « libérés » par le IIIᵉ Reich. De nouvelles régions militaires sont formées en prenant en compte la ligne de démarcation[110]. Le 29 juin, le ministre de la Guerre écrit aux généraux de corps d'armée commandant les XIIᵉ et XIIIᵉ régions pour leur ordonner de réoccuper les espaces abandonnés par les Allemands. Il s'agit de maintenir l'ordre et « de placer sur chaque itinéraire, à la limite de la zone non occupée, un poste chargé de faire respecter les clauses de l'armistice[111] ». Des officiers de liaison sont contraints de prendre contact avec les militaires allemands quand cela est nécessaire, afin d'éviter tout incident.

Début juillet 1940, dans ces régions réoccupées par les Français, des soldats allemands isolés circulent encore. Des règles ponctuelles de circulation sont fixées entre les commandants locaux allemands et français. La même méthode est employée pour faire revenir en zone occupée les premiers fonctionnaires et les réfugiés. En cas de litiges, la Direction des services d'armistice[112] (DSA) intervient pour tenter de les régler. La ligne de démarcation ne peut plus alors être franchie par un militaire allemand sans un ordre de mission. Des laissez-passer spéciaux sont délivrés.

Des soldats allemands sont postés le long de la ligne définie par l'armistice. Plusieurs villages situés à la lisière de la ligne de démarcation, tantôt en zone occupée, tantôt en zone non occupée, sont au cœur de fortes tensions entre les Allemands et les habitants, et plus particulièrement les élus locaux. À Wiesbaden, où le traité de paix se négocie, les Français espèrent régler certains litiges, non sans mal. À ces premiers maux se greffent les violations régulières de l'armistice avec des franchissements de la ligne de démarcation de la part des Allemands, sans aucune autorisation.

La ville de Vierzon, nœud ferroviaire d'importance nationale, se trouve sur la ligne de démarcation. C'est l'une des rares communes urbaines de la ligne avec Chalon-sur-Saône, La Rochefoucauld, Moulins-sur-Allier et Orthez. Avant l'installation définitive des soldats allemands sur la ligne, les troupes d'occupation opèrent plusieurs manœuvres dans la région jusqu'à la mi-juillet 1940. La rivière le Cher matérialise alors la démarcation, de Vierzon jusqu'à l'est de Bléré (Indre-et-Loire)[113]. Toutes les communes de la rive droite sont dans la zone occupée et celles de rive gauche en zone libre. Or, la localité berruyère, divisée traditionnellement en quatre quartiers – Vierzon-Ville, Vierzon-Village et Vierzon-Forges, en zone occupée, et Vierzon-Bourgneuf, en zone non occupée –, s'étend sur les deux rives du Cher. Jusqu'au 11 juillet 1940, les occupants se positionnent sur la rive gauche, théoriquement libre. Puis ils évacuent Vierzon-Bourgneuf, mais gardent une tête de pont sur la rive sud, «libre» jusqu'au 13 juillet 1940[114]. Cependant, dès que Vierzon-Bourgneuf est placée en zone non occupée –, un problème majeur se pose : le quartier est résidentiel et ne possède ni médecin, ni pharmacien, ni commerce d'importance. De plus, les rares épiceries sont vidées de leurs stocks en raison du nombre grandissant de réfugiés qui attendent l'autorisation allemande de revenir en zone occupée[115]. L'empiétement en zone non occupée a duré au total vingt et un jours.

Le littoral enclavé

Plus tardivement, une «zone côtière interdite» prend naissance en plusieurs étapes. Le 14 août 1940, l'OKW promulgue une ordonnance expulsant les Anglais, les Juifs et les Tsiganes d'une zone côtière large de 10 à 20 kilomètres qui s'étend de la frontière belge jusqu'à Hendaye. À partir d'avril 1941, la zone est soumise à une réglementation plus stricte par les Allemands. Entre avril et octobre 1941, cette ligne complique le travail de l'administration française qui ignore tout des règles en vigueur. Le 20 octobre 1941, les Allemands renforcent le statut de la zone côtière interdite, alors que les Français attendaient plutôt un assouplissement[116]. Les occupants cherchent à se prémunir contre un éventuel débarquement anglo-saxon. D'ailleurs, en 1943-1944, 650 000 habitants seront évacués de cet espace devenu «zone de combat».

Dès 1940, le haut commandement de la Wehrmacht (OKW) décide de créer une nouvelle zone de protection pour les troupes allemandes[117]. Le littoral est ainsi isolé du reste de la zone occupée. Les conditions d'accès sont très difficiles, sauf pour les Allemands et les non-Allemands qui appartiennent aux services militaires de l'organisation Todt. Pour les habitants qui souhaitent se déplacer à l'intérieur de la bande côtière ou qui reviennent de la zone occupée, le franchissement est soumis à la détention d'un «sauf-conduit[118]». En revanche, pour ceux qui vivent en dehors de la zone littorale, les laissez-passer sont délivrés au compte-gouttes : en cas de décès, de maladie grave, de mariage ou de naissance. Les contrevenants à ces règles risquent les mêmes sanctions que sur la ligne de démarcation, conformément à l'ordonnance du 28 avril 1941, c'est-à-dire des peines d'emprisonnement, les travaux forcés, voire la peine de mort dans les cas jugés les plus graves, comme le passage de renseignements. En 1942, selon certains préfets, cette nouvelle zone est même devenue «une frontière plus difficile à traverser que la ligne de démarcation[119]».

À partir de 1941, le IIIe Reich planifie la construction du mur de l'Atlantique (*Atlantikwall*). Dès 1942, alors que les bases sous-marines sont déjà cachées sous des millions de tonnes de béton armé, les Allemands établissent des secteurs défensifs équipés de puissantes batteries de canons le long des côtes du Nord, du Pas-de-Calais, puis de Normandie. Progressivement, en 1943-1944, des centaines de bunkers seront disposés le long de toutes les côtes françaises, ainsi que dans les îles Anglo-Normandes, en Belgique et aux Pays-Bas. Ainsi, en France, l'organisation Todt coulera près de 5 millions de mètres cubes de béton et exploitera des milliers de travailleurs forcés, tandis que plusieurs entreprises françaises du bâtiment seront réquisitionnées. Ces efforts colossaux n'empêcheront finalement pas le débarquement du 6 juin 1944 sur les plages normandes.

4

«Le sauveur de la France»... dans la main allemande

Le maréchal Pétain installe un régime autoritaire à Vichy, sa prétendue capitale. La «Révolution nationale» rejette la République et tous ceux qui s'opposent au nouveau régime instauré le 10 juillet 1940. Les Allemands observent ce drôle de régime, une sorte de petit «royaume méridional» sans moyens et sans marge de manœuvre. Une collaboration d'État se construit entre Vichy et le IIIᵉ Reich, le jeu de dupes se faisant aux dépens évidents du vaincu. La fiction de la souveraineté est parfaitement entretenue par la propagande, ce qui constitue pour les occupants un excellent moyen de chantage. Le maréchal Pétain multiplie les contradictions et les compromissions, pris dans un engrenage infernal de concessions faites aux Allemands. Certains Français, les collaborationnistes, vont plus loin encore en espérant la naissance d'une France allemande.

Vichy, tout sauf une capitale

Vichy est le siège de l'État français pendant toute l'Occupation. Lyon aurait sans doute été un meilleur choix, car proche de la ligne de démarcation et offrant des infrastructures en grand nombre pour recevoir les ministères et leurs administrations. Mais le maire de Lyon, Édouard Herriot, figure emblématique de la IIIᵉ République, est haï par les hommes proches de Pétain. D'aucuns pensent alors que Clermont-Ferrand ferait l'affaire pour installer une capitale provisoire en France non occupée, en attendant le traité de paix avec l'Allemagne et un retour à Paris. Mais la ville est mal équipée en hôtels et l'éparpillement des centraux téléphoniques ne joue pas en faveur d'une installation des autorités de l'État. Quant à Bordeaux, capitale quelques jours à partir du 14 juin, elle doit être occupée par les Allemands à partir du 1er juillet.

Le maréchal Pétain et ses équipes se replient donc dans les hôtels de la ville thermale de Vichy dans l'après-midi du 1er juillet, après un bref passage par Clermont. Les différents ministères se répartissent dans un espace géographique restreint, ce qui n'est pas rien alors que les communications sont encore difficiles au début de l'été 1940. Vichy dispose d'un autre avantage, sa proximité avec la ligne de démarcation – à peine 50 kilomètres, ce qui peut faciliter les démarches lors de négociations franco-allemandes. Tous pensent que l'installation sera provisoire, on peut donc supporter quelque temps l'exiguïté des locaux. Les grands hôtels sont souvent trop petits pour recevoir l'ensemble des services de l'État, et au début de 1941 des dizaines de milliers de fonctionnaires et d'agents de l'État sont logés dans la région. Les logements de fortune sont surpeuplés. Vichy est une ville qui grouille sans cesse de monde, parcourue de rumeurs folles liées aux nombreuses intrigues d'un régime politique autoritaire et personnalisé[1]. Vichy devient le synonyme du régime mis en place par Pétain. Quand ce dernier reçoit les pleins pouvoirs le 10 juillet 1940, les Allemands ne sont pas présents et ne jouent aucun rôle dans le vote et sur l'installation du gouvernement dans l'Allier. Les occupants sont peu intéressés par la nouvelle structure politique française. Il n'y a pas un seul représentant allemand auprès des Français en ces premiers jours de juillet[2].

De son côté, le régime de Vichy souhaite revenir à Paris, ce qui apparaît dans certains documents gouvernementaux dès la fin de juillet 1940. Pétain évoque ce problème d'installation du gouvernement loin de Paris, loin des Français occupés, lors d'une allocution le 7 août 1940 :

> Paris, cœur et cerveau de la nation, creuset où s'élaborèrent de tous temps les destinées de la patrie, demeure pour tous les Français le siège naturel de l'autorité gouvernementale.
>
> [...] Je sais que toute la population de la zone occupée estime, non sans raison, que le gouvernement, résidant à Paris, serait mieux placé pour s'occuper plus efficacement d'elle. Je partage ces sentiments.
>
> Dès l'entrée en vigueur de l'armistice, mon gouvernement s'est efforcé d'obtenir du gouvernement allemand la possibilité de rentrer à Paris et à Versailles.

Or, le 7 août, le gouvernement allemand m'a fait connaître que tout en maintenant son acceptation de principe déjà inscrite dans la convention d'armistice, il ne pouvait, pour des raisons d'ordre technique et tant que certaines conditions matérielles ne seraient pas réalisées, autoriser ce transfert[3].

Pétain invite ensuite ses compatriotes à la patience. Les raisons techniques des Allemands sont un leurre pour prolonger les négociations autour du retour du gouvernement français en zone occupée. Il n'y a pas de calendrier précis.

Des négociations s'engagent à Wiesbaden. Les Français n'oublient pas l'article 3 de l'armistice :

Le gouvernement français est libre de choisir son siège dans le territoire non occupé, ou bien s'il le désire, de le transférer même à Paris. Dans ce dernier cas, le gouvernement allemand s'engage à accorder toutes les facilités nécessaires au gouvernement français et à ses services administratifs centraux, afin qu'il soit en mesure d'administrer de Paris les territoires occupés et non occupés.

Il est difficile de savoir ce qui a poussé les Allemands à cette concession magnanime. C'est d'autant plus surprenant que dès les premières semaines de juillet ils s'irritent de cette demande. Le général Halder pense qu'il faut laisser traîner les choses[4]. Les occupants savent qu'il faudra donner en partie satisfaction à Pétain en lui cédant une enclave en territoire occupé, mais ils craignent que le gouvernement français n'en profite pour observer les agissements allemands au bénéfice des Anglais. Cependant, les Allemands savent qu'ils peuvent interpréter le texte comme bon leur semble. Après tout, n'ont-ils pas annexé l'Alsace et la Moselle sans aucun fondement juridique ni aucune inscription dans l'armistice ? Ils sont les vainqueurs et ils font ce qu'ils veulent. Le général Halder propose tout de même à Pétain de transférer le gouvernement à Versailles, mais les pourparlers n'ont toujours pas abouti en octobre 1940 et le transfert n'a pas lieu. En novembre, à Vichy, d'aucuns pensent que le retour à Paris est imminent et qu'il faut songer à préparer les déplacements du Maréchal afin de reprendre contact avec la population. Pétain est persuadé que le transfert à Versailles se fera avant Noël. Des pancartes sont d'ailleurs posées où l'on peut lire : «Zone réservée au gouvernement français. Entrée interdite à tout membre de la Wehrmacht.» L'espoir est grand de revoir un jour la «vraie» capitale française.

Mais la crise du 13 décembre et le renvoi de Pierre Laval par Pétain interrompent le projet de retour. Les Allemands auraient-ils réellement accepté la présence du gouvernement français à Versailles? C'est peu probable. Peu de documents existent sur le sujet dans les archives de Wiesbaden. La crise du 13 décembre les arrange en quelque sorte.

Vichy restera l'étrange capitale de la France pendant quatre années, représentée par la DGTO en territoire occupé. Les décisions seront prises dans les couloirs et les chambres des hôtels vichyssois.

Un régime autoritaire d'un autre âge

L'utopie d'un nouveau régime

Pétain a obtenu la cessation des combats et de Gaulle s'en est allé à Londres. Le IIIe Reich a livré ses conditions d'armistice, draconiennes. La IIIe République s'est effondrée et ceux qui ont désormais le pouvoir en main veulent s'en servir. Les tenants du nouveau pouvoir qui se met en place fin juin-début juillet 1940 appartiennent à plusieurs catégories: il y a les déçus du parlementarisme comme Pierre Laval, les nostalgiques de l'Ancien Régime tel Raphaël Alibert, ceux qui n'aiment pas la République comme le maréchal Pétain. Ces hommes ont contraint le président de la République, Albert Lebrun, à convoquer la Chambre des députés et le Sénat en Assemblée nationale. Les parlementaires réunis le 10 juillet 1940 ont donné les pleins pouvoirs à Pétain[5]:

> L'Assemblée nationale donne tous pouvoirs au gouvernement de la République sous l'autorité et la signature du maréchal Pétain, à l'effet de promulguer par un ou plusieurs actes une nouvelle Constitution de l'État français. Cette Constitution devra garantir les droits du travail, de la famille et de la patrie. Elle sera ratifiée par la nation et appliquée par les Assemblées qu'elle aura créées.

Sont présents 666 parlementaires: 569 votent en faveur du texte et 80 contre; 20 s'abstiennent, dont les présidents des deux assemblées, Jules Jeanneney et Édouard Herriot, opposés au texte. Les hommes de Vichy viennent de tuer légalement la IIIe République, mais tous n'en prennent pas forcément conscience; certains vont vite regretter leur vote dès les jours suivants.

L'unanimisme semble se dégager du vote du 10 juillet, mais il ne doit pas faire oublier les attentes différentes des parlementaires : les uns attendent de Pétain qu'il négocie la paix, comme l'avait fait Adolphe Thiers en 1870-1873, en préservant l'unité entre les Français ; les autres souhaitent que le vainqueur de Verdun puisse enfin réformer le pays pour bâtir un nouvel ordre social, promulguer une autre Constitution ou encore redonner à l'Église une place centrale tout en persécutant les Juifs et les francs-maçons. Nombre de parlementaires ont été comme pris à la gorge lors du vote, traumatisés par la situation de la France : une armée en débâcle, des millions de Français sur les routes de l'exode et la catastrophe gouvernementale en juin. Ils veulent en finir avec la guerre et ils pensent que Pétain est l'homme de la situation pour guérir le pays de tous ses maux, un homme providentiel. Pour autant, certains ont aussi voté pour le projet politique proposé par le Maréchal et Pierre Laval, nommé vice-président du Conseil le 22 juin 1940, et construit sur la famille, le travail et la patrie. Pétain est adulé par bon nombre d'élus et il sait fédérer les oppositions autour d'un projet patriotique. Olivier Wieviorka a bien montré que les parlementaires du Nord ont voté plus massivement pour les pleins pouvoirs à Pétain que ceux du Sud. Et pour cause, le Nord a subi les pires effets de l'invasion allemande. La droite a moins résisté lors du vote que la gauche, mais celle-ci a voté « oui » à 77 %[6].

Voici la France embarquée dans une histoire singulière, celle d'un régime autoritaire où le pétainisme va s'imposer pendant près d'une quinzaine de mois. Un « hymne » à la gloire de Pétain est même écrit par A. Montagnard et Ch. Courtioux, un hymne « niais[7] » : « Maréchal, nous voilà, Devant toi, le sauveur de la France... » Ce chant est repris par les écoliers de France. Un « ordre nouveau » doit être instauré par la nouvelle équipe dirigeante, dans le cadre d'une dictature personnelle : Pétain s'autoproclame « chef de l'État français ». Il a les pouvoirs législatif et exécutif ; il négocie les traités, nomme à tous les emplois, commande ce qui reste des forces armées et, tel un monarque, il peut même exercer la justice politique. Les deux chambres existent encore sur le papier jusqu'à leur suppression en juillet 1942. Pierre-Étienne Flandin – qui succède à Laval en décembre 1940 – crée un Conseil national par la loi du 24 janvier 1941[8], une assemblée consultative dont les membres, prélats, dirigeants de coopérative agricole, notables, etc., sont nommés. Ce Conseil ne se réunira jamais en séance plénière.

Jusqu'au 13 décembre 1940, dans un premier temps, puis du 18 avril 1942 au 19 août 1944, Pierre Laval est le dauphin du Maréchal. La très grande majorité des Français fait confiance à ce duo, du moins au début. Pétain, surtout, jouit d'un charisme incontestable. Un culte se met en place et son portrait trône dans des millions de foyers, dans les lieux publics, mais aussi dans les stades et les salles de classe. Des médailles, des bustes, des timbres le représentent. Une sorte de fétichisme se met en place. De plus, 32 pays reconnaissent ce nouveau régime – qui n'a aucune légitimité juridique, car il n'a pas été désigné par suffrage universel. Le Vatican, les États-Unis et l'URSS nouent des relations diplomatiques avec l'État français.

Le régime de Vichy est donc avant tout le «régime de Pétain», un homme âgé de 84 ans en 1940. Ses ministres et ses conseillers ne sont que de vulgaires commis et il s'entoure de technocrates davantage que d'hommes politiques[9]. Dénonçant la République comme responsable de la dégénérescence des Français, il a pour but de restaurer l'ordre. Seule la rupture, rien que la rupture avec le passé, intéresse le programme de «Révolution nationale» de Pétain – un programme ambivalent, sans cohérence, mêlant approximations et aphorismes.

Mais la France dont il s'agit est un pays vaincu et occupé par les Allemands. Pétain n'est pas libre de réformer le pays en profondeur : l'utopie politique domine ses propos et ses ambitions. Il réunit des hommes des gauches et des droites des années 1930, même si le centre de gravité du régime se situe principalement à droite, offrant une vision passéiste et paternaliste du pays. Si la droite extrême domine les milieux dirigeants de Vichy, il faut compter avec la présence, plus modeste, de membres de la gauche anticommuniste et pacifiste, sans oublier des «spiritualistes» – séduits par le charisme de Pétain et sa volonté de rétablir l'ordre –, qui croiront en lui au début avant d'entrer en résistance plus tard[10].

En 1941-1942, les militaires, en particulier des amiraux, tel Darlan, et les technocrates détiennent le pouvoir, puis, en 1942-1943, ce sont les libéraux avec l'ambition d'assouplir le régime, en vain. Le régime, autoritaire dès 1940, se renforce dans cette voie à partir de 1943, laissant la place aux plus extrémistes défenseurs de la Collaboration, à ceux qui vont construire un État milicien autour de Joseph Darnand.

« *Pétain, c'est la France...* »

En 1940, le cardinal Gerlier, archevêque de Lyon, affirme : « Pétain, c'est la France, et la France, c'est Pétain. » Pour imposer un nouvel ordre moral, le vieil homme a besoin d'appuis et doit créer des instruments pour encadrer la société française. Les catholiques soutiennent majoritairement le régime, même si des voix dissonantes – très rares – au sein de la hiérarchie viendront contredire ce soutien. Mgr Saliège à Toulouse et Mgr Théas à Montauban dénoncent ainsi en août 1942 la politique de rafles des Juifs et insistent sur la dignité de la personne humaine. Dès 1941, Mgr Théas avait déjà manifesté ses critiques contre le régime de Vichy. La riposte contre les mesures répressives est souvent l'œuvre des prêtres de campagne, notamment dans la constitution et l'animation de filières de passage et d'évasion de la ligne de démarcation et des frontières. Cependant, en juin 1941, l'assemblée des cardinaux et des archevêques fait officiellement allégeance au régime de Vichy. Pour beaucoup, le programme de la Révolution nationale fait écho aux valeurs traditionnelles de l'Église. D'aucuns pensent même que le temps est venu de prendre une revanche contre la loi de séparation des Églises et de l'État de 1905. Le nonce apostolique est même présent dans la station thermale de l'Allier.

Les persécutions antijuives, qui s'amplifient à partir de 1942, et l'instauration du Service du travail obligatoire (STO) en février 1943 amènent l'Église à prendre ses distances avec Vichy. Les déceptions s'accumulent pour les catholiques ; certains pensent que Vichy aurait dû rendre à l'Église son monopole dans l'organisation de l'éducation scolaire ; pour d'autres, les mesures répressives sont incompatibles avec les valeurs de l'Église[11]. Même si la promulgation des deux « statuts des Juifs » n'a pas suscité de commentaires de la part de l'Église en octobre 1940 et juin 1941, les catholiques s'éloignent progressivement du régime en 1941-1942, et plus particulièrement lorsque les Allemands imposent le port de l'étoile jaune en zone occupée, à partir du 29 mai 1942. Si la hiérarchie catholique reste muette, des fidèles décident de porter l'étoile jaune en signe de solidarité.

L'utopie éducative et l'immixtion allemande

Le régime de Vichy cherche à contrôler l'éducation de la jeunesse française en s'attachant à épurer le corps des instituteurs, évinçant les Juifs, les francs-maçons et ceux qui sont les plus récalcitrants à l'ordre nouveau voulu par Pétain. Les écoles normales sont supprimées. Les futurs instituteurs doivent être bacheliers et suivre les cours d'instituts de formation professionnelle. Les nouveaux enseignants doivent adhérer aux valeurs du régime de Vichy et les faire partager à leurs élèves. Le régime réforme aussi le lycée auquel il confie la formation des nouvelles élites : le grec et le latin redeviennent obligatoires et les frais de scolarité sont rétablis[12]. Si Vichy souhaite encadrer la jeunesse, il ne veut pas en revanche créer une organisation unique, comme cela s'est produit dans les régimes fascistes. Les auberges de jeunesse ou les organisations de scoutisme sont maintenues mais doivent diffuser les messages de la Révolution nationale. Vichy encourage les créations d'organismes visant à encadrer les jeunes, comme les Compagnons de France nés dès juillet 1940. Cette organisation s'adresse aux jeunes gens de 15 à 20 ans et a pour but d'empêcher le désœuvrement et l'oisiveté ; les garçons y sont organisés en compagnies urbaines, rurales ou encore théâtrales. Le souci de l'ordre social est une obsession pour un régime autoritaire qui n'a plus d'armée. Les jeunes hommes de plus de 20 ans sont intégrés aux Chantiers de jeunesse, créés en juillet 1940 par le général de La Porte du Theil. Sorte de service national civique[13], c'est une utopie éducative. Les premiers jeunes qui y arrivent sont ceux de la classe 1940, démobilisés après la débâcle. En 1941, ce « service » est étendu à d'autres classes d'âge. Il est comme un « succédané » de service militaire, mais sert aussi à l'endoctrinement par une formation idéologique et physique de base. Le siège des Chantiers est situé à Châtel-Guyon (Puy-de-Dôme) ; il existe six provinces, dont l'une en Afrique du Nord[14]. Deux branches secondaires sont fondées en 1940 : les Chantiers de la marine et Jeunesse et Montagne. Durant leur formation, les jeunes hommes doivent travailler la terre, mettre en valeur la nature, lutter contre l'intellectualisme, être disciplinés, développer leur corps de façon virile, suivre une morale chrétienne. Près de 500 000 jeunes passent par les Chantiers de jeunesse entre 1940 et 1944.

Toutefois, la nature même de cet organisme qui fonctionne en zone non occupée est progressivement détournée au fil du renforcement de la collaboration étatique entre le IIIe Reich et le régime de Vichy, surtout après l'occupation totale de la France en novembre 1942. Les Chantiers échappent progressivement à leur initiateur, La Porte du Theil. À partir de 1943 notamment, les Chantiers deviennent des instruments de la collaboration économique franco-allemande et constituent des réservoirs de main-d'œuvre au service de la machine de guerre nazie. Plus de 16 300 jeunes des Chantiers rejoignent l'Allemagne dans le cadre du STO mis en œuvre par Vichy en février 1943 et touchant les jeunes gens nés entre 1920 et 1922[15]. Les Allemands exercent une pression accrue sur les Chantiers entre le printemps et l'automne 1943. Les premiers départs obligatoires pour l'Allemagne commencent entre le 26 mai et le 2 juin 1943. Les collaborationnistes parisiens sont aux anges, eux qui souhaitent une coopération totale de la France avec les nazis. De son côté, La Porte du Theil tente de résister au mieux à ces départs.

À partir de la mi-septembre 1943, de fortes tensions apparaissent entre les cadres des Chantiers et les occupants, et notamment avec Krug von Nidda, le consul d'Allemagne à Vichy. Les Allemands changent cependant d'orientation économique et acceptent les arguments du général français : les jeunes des Chantiers seront finalement plus efficaces utilisés en France au service des occupants qu'en Allemagne même. Un accord intervient entre les occupants et Vichy en octobre 1943, résumé dans le texte du secrétariat général du gouvernement au président de la délégation française de la commission d'armistice à Wiesbaden :

> Le Chef du Gouvernement a fait valoir par voie diplomatique au Gouvernement allemand les inconvénients graves que présenterait l'envoi en Allemagne de 30 000 jeunes gens appartenant aux Chantiers de la jeunesse. [...] Le Gauleiter Sauckel[16] a renoncé à cette demande à la condition que les jeunes gens des Chantiers soient affectés en France à un certain nombre de travaux d'intérêt vital pour l'économie franco-allemande[17].

Cela n'empêche nullement la désorganisation et le discrédit des Chantiers. Ayant basculé dans une collaboration presque exclusive au service des occupants, ils sont devenus très impopulaires et nombre de jeunes gens les fuient pour rejoindre les maquis. Le régime de Vichy voit donc lui échapper l'un de ses instruments de propagande et d'endoctrinement les plus importants. La Porte du Theil est évincé au début de 1944 par une décision d'Otto Abetz. Il est aussitôt arrêté par les Allemands, interrogé par la Gestapo, puis transféré en Bavière – il sera libéré en mai 1945.

À côté des écoles, des Chantiers de jeunesse, les jeunes Français les plus instruits peuvent être accueillis dans des écoles de cadres, notamment celle d'Uriage fondée par le général Dunoyer de Segonzac, où il entend former les «chefs» des organisations de jeunesse. Si elle est bien une institution au service du redressement moral du pays désiré par Vichy à ses débuts, elle dérivera ensuite vers la Résistance.

Encadrer les travailleurs

Par ailleurs, Vichy encadre aussi les travailleurs avec la Charte du travail élaborée à l'automne 1940, mais entrée en vigueur seulement le 4 octobre 1941. Le régime y consacre beaucoup d'énergie et espère établir de nouveaux rapports entre les patrons et les ouvriers et artisans. Selon Pétain, il faut casser les vieux cadres de «la lutte des classes[18]». La Charte propose une organisation complexe du travail, d'abord à l'aide de comités sociaux professionnels tripartites composés de plusieurs échelons (local, régional et national) ; des syndicats uniques sont placés à la base des comités et ont de grands pouvoirs de décision. En parallèle, les métiers peuvent être organisés en corporations ou associations professionnelles, mais sans aucune participation des syndicats. À ces deux systèmes s'ajoutent les comités sociaux d'entreprise. La Charte du travail rencontre un succès relatif. Le syndicalisme tel que le voulait Vichy a échoué. Les corporations et les associations professionnelles mixtes auront aussi un bilan très mitigé[19]. Dans le domaine agricole, la Corporation paysanne est sans doute la plus en pointe : la petite exploitation familiale est encouragée, mais très vite les défenseurs de la grande exploitation productiviste prennent le dessus à un moment où Vichy a besoin de trouver des solutions pour répondre aux problèmes du ravitaillement[20]. De leur côté, les comités sociaux, chargés d'établir des liens sociaux étroits entre les patrons et les employés dans l'entreprise, connaissent un certain succès. Ils développent des jardins ouvriers, des cantines d'usine et des coopératives, ce qui est loin d'être négligeable dans un contexte de pénuries et de rationnement alimentaire. Les Allemands s'intéressent eux aussi à l'organisation du travail en France, notamment à partir de 1943 lorsqu'ils imposent le blocage des salaires afin de favoriser l'envoi de travailleurs français en Allemagne.

L'encadrement de la société passe aussi, selon Pétain, par une réforme régionale, présentée dès le 11 juillet 1940. Dans son discours fondateur, le Maréchal expose un projet contradictoire hésitant entre un État très centralisé et une organisation en de multiples pouvoirs provinciaux, comme sous l'Ancien Régime. Toutefois, cette réforme qui doit permettre de contrôler la moindre parcelle du pays est conçue dans un contexte d'occupation et est sans cesse reportée, malgré l'intense propagande dont elle est l'objet à l'échelon des préfectures[21]. Des préfets régionaux sont installés progressivement entre la fin de 1940 et l'année 1941.

Toutes les associations d'anciens combattants sont regroupées au sein de la Légion des combattants, organisme qui sert de relais aux idées de la Révolution nationale dans les départements. La Légion est l'un des piliers du pétainisme, ses membres défilent souvent. Cependant, les chefs sont très différents d'une région à l'autre, certains agissant avec un autoritarisme sans bornes et d'autres se montrant inactifs. Les plus extrémistes se séparent de la Légion des combattants pour rejoindre leur chef Joseph Darnand, qui forme en décembre 1941 le Service d'ordre légionnaire (SOL) qui est la base de la future Milice. Le SOL est un groupe de choc qui prône un fascisme à la française, antidémocratique et surveillant tous ses adversaires. La Légion des combattants est donc très vite mise en échec.

Les Allemands observent de près ce qui se passe en zone non occupée. Et même si les mesures décidées par Vichy semblent ne pas prendre en compte sa présence, l'occupant est bien là, tant dans la surveillance et le contrôle du fonctionnement des institutions françaises que dans le quotidien des Français. Tous les aspects extérieurs de la souveraineté semblent saufs jusque fin 1942. Parallèlement, le régime de Pétain règle des comptes tout en cherchant à réformer le pays, mais les contradictions sont nombreuses et les résultats bien maigres.

Exclure avec les Allemands

Au-devant des demandes allemandes contre les Juifs

Pétain lance donc sa « Révolution nationale », avec cette trilogie érigée en quasi-programme : « Travail, Famille, Patrie[22]. » Pour le Maréchal, cette formule constitue un idéal, même s'il ne la prononce quasiment jamais. Au fond, il ne sait pas comment utiliser ce slogan[23]. Mais les trois termes apparaissent régulièrement dans ses allocutions et discours. Il essaie d'être en conformité avec les traditions des Français. Cependant, le programme de la Révolution nationale, c'est aussi l'exclusion des «indésirables» et la mise au pas de la société française.

La France ne doit plus être une terre d'asile pour les étrangers à la recherche d'un refuge pour des raisons économiques ou politiques. Pétain s'engouffre ainsi dans le sens des extrémistes de la droite maurrassienne des années 1930. Ce nationalisme d'exclusion pousse le régime à enfermer les étrangers dans des camps d'internement installés en France[24], mais aussi à remettre aux Allemands les immigrés antinazis. Par une loi du 22 juillet 1940, l'une des premières du régime de Vichy, les naturalisations prononcées depuis 1927 sont révisées, conduisant à dénaturaliser près de 15 000 Français qui deviennent des apatrides *ex abrupto*[25]. Près d'un million de Français sont visés par cette loi, et au premier chef les Juifs.

Des camps d'internement existaient déjà en France, instaurés par une loi de la IIIe République datant du 12 novembre 1938. Cette mesure était destinée à l'enfermement des «étrangers indésirables». Le premier camp ouvre à Rieucros (Lozère) en février 1939. Dans une demi-douzaine de lieux situés essentiellement dans le Sud-Ouest, des milliers de réfugiés espagnols sont parqués, après avoir fui l'Espagne et les franquistes. Après la mobilisation générale de septembre 1939, des milliers d'Allemands et d'Autrichiens réfugiés en France y sont internés. Il y a alors 80 camps sur l'ensemble du territoire. Le décret du 18 novembre 1939 prévoit d'interner tous ceux qui sont considérés comme des dangers pour la défense nationale, parmi lesquels les communistes. Avec l'occupation allemande et l'instauration de l'État français, les camps d'internement permettent d'enfermer les francs-maçons et les Juifs. Vivre dans ces camps est très difficile ; les conditions d'hygiène et d'alimentation y sont déplorables. Le régime de Vichy se voit obligé de demander l'aide d'œuvres d'assistance françaises et étrangères – quakers, Croix-Rouge française, Cimade, Secours suisse, entre autres. Entre 1940 et 1942, ces associations contribuent à faire libérer des milliers d'enfants, pour la plupart des étrangers.

De nouveaux camps sont ouverts par le régime de Vichy à la demande des Allemands pour répondre aux besoins de la «Solution finale» en France et afin de remplir les convois de Juifs à destination des camps de concentration et d'extermination en Allemagne et en Pologne. En avril 1941, il est décidé de créer des camps d'internement à Beaune-la-Rolande et Pithiviers (Loiret) et à Drancy (département de la Seine, au nord de Paris). À partir de 1942, les camps d'internement occupent une place centrale dans le processus d'élimination des Juifs de France[26].

D'emblée, une politique antisémite d'ampleur est élaborée sans même que les Allemands soient toujours demandeurs. Pour le régime de Vichy, il faut mettre hors d'état de nuire les « mauvais » Français ; la xénophobie et l'antisémitisme dominent. Pétain est largement acteur de la politique antisémite, il est à la pointe du combat quand il s'agit de mettre des Juifs, français ou non, au ban de la nation, au ban de la citoyenneté. Très vite, les Juifs sont exclus de la société française. En quelques mois, les mesures antisémites de Vichy convergent vers celles décidées par les occupants. Vichy va répondre favorablement aux principales exigences des Allemands dans ce domaine.

En octobre 1940, Vichy devance une première fois les exigences allemandes par la promulgation d'un « statut » des Juifs, en préparation dès le mois de septembre. L'écriture du texte a été sujette à des amendements multiples, comme l'a fort bien montré Bénédicte Vergez-Chaignon grâce à la lecture d'archives inédites[27]. Pétain intervient personnellement dans la rédaction du « statut » de 1940, promulguant rapidement le texte. En effet, dès le 10 septembre, le gouvernement apprend que les Allemands préparent une ordonnance générale sur les Juifs en zone occupée, laquelle est promulguée le 27 septembre. Une source découverte en 2010, à savoir un brouillon du « statut », montre les corrections manuscrites effectuées par Pétain lui-même, qui aggrave la situation des Juifs en rendant plus sévère le texte initial et le texte allemand : il inclut notamment dans les restrictions « les descendants de Juifs nés français ou naturalisés avant 1860 ».

La précipitation de la rédaction du statut s'explique par un impératif : montrer que le régime de Vichy reste souverain sur la totalité du territoire français, y compris en zone occupée. Le 3 octobre 1940, le premier « statut des Juifs » est donc promulgué. Il distingue juridiquement les Juifs des autres Français ; en pratique, ils sont rejetés de la communauté nationale. Des critères raciaux définissent les Juifs : toute personne issue de trois grands-parents de race juive ou de deux grands-parents de la même race si son conjoint est lui-même juif. De plus, ils ne peuvent plus occuper aucun poste de direction dans les services publics et les médias ; ils n'ont plus le droit d'enseigner ni même d'appartenir à la fonction publique (sauf pour des services éminents ou en raison de mérites militaires).

Le 2 juin 1941, une nouvelle loi remplace le premier « statut » et redéfinit le Juif en mêlant critères raciaux et religieux : « Celui ou celle qui appartient à la religion juive, ou y appartenait le 25 juin 1940, et qui est issu de deux grands-parents de race juive. » Le second « statut » est beaucoup plus radical puisqu'il exclut les Juifs de toutes les professions dans les médias, les banques, le commerce, et que les mérites exceptionnels ne comptent plus dans la fonction publique. Un *numerus clausus* est mis en place dans certains domaines professionnels (droit, médecine, pharmacie, etc.) et dans les milieux étudiants. Les contrevenants risquent des amendes ou de la prison qui peut se transformer en internement administratif. Le « statut » entend recenser tous les Juifs de métropole et des colonies, ce qui facilitera ultérieurement les arrestations de masse et la déportation, tout comme la mention « Juif » sur la carte d'identité. La politique antisémite de Vichy est donc bien une initiative du régime sous la houlette de Pétain lui-même. Celui-ci explique que cela répond à une tradition française visant à limiter l'influence des Juifs dans la société. En fait, les statuts discriminatoires de Vichy servent la mise en œuvre des projets allemands de déportation et d'extermination des Juifs de France.

L'« aryanisation » des entreprises juives est un autre volet de la répression : les biens des Juifs sont spoliés et gérés par des « administrateurs provisoires » – des Français en profitent pour faire de gros profits. Mais Vichy va encore plus loin avec la création d'un « commissariat aux Questions juives » en mars 1941[28], dirigé dans un premier temps par Xavier Vallat, antisémite issu de l'extrême droite. Ce commissariat facilite la mise en œuvre de toutes les mesures discriminatoires. Mais les Allemands le considèrent peu efficace et pas assez dur avec les Juifs ; ils obligent Vichy à remplacer Vallat par Darquier de Pellepoix[29] en mars 1942. Celui-ci, beaucoup plus radical, va pousser le régime de Pétain à aller encore plus loin dans les mesures répressives contre les Juifs.

D'autres « indésirables »

Le régime de Vichy s'en prend non seulement aux Juifs et aux étrangers, mais aussi aux francs-maçons. Ils font partie de

« l'anti-France » dénoncée par Charles Maurras. Pour Pétain, la franc-maçonnerie ne fait pas partie des traditions françaises. Sans aucune pression de la part des Allemands, la franc-maçonnerie est dissoute dès le 13 août 1940. Les mandats politiques, les postes de la fonction publique et nombre d'autres corps de métiers sont interdits à tous les francs-maçons. Les fonctionnaires doivent déclarer sur l'honneur qu'ils ne sont pas francs-maçons. Le 19 août 1940, le *Journal officiel* publie le décret de dissolution du Grand Orient de France et de la Grande Loge de France. Les autres obédiences sont supprimées le 27 février 1941. Les journaux collaborationnistes se livrent à une véritable dénonciation des francs-maçons, jugés responsables des maux des Français. Deux hommes sont les fers de lance d'une campagne antimaçonnique d'une très grande violence à l'aide d'une forte propagande[30] : Bernard Faÿ, l'administrateur de la Bibliothèque nationale (nommé par Pétain le 17 septembre 1941), et Henry Coston, qui anime le Comité d'action antimaçonnique[31]. Le premier s'emploie avec acharnement à recenser tous les francs-maçons et à publier leurs noms au *Journal officiel*. En application de la loi du 11 août 1941, le Service des sociétés secrètes (SSS) est créé sous la direction de Bernard Faÿ ; il devient plus tard une officine de renseignements et de lutte contre la Résistance. À partir de 1941, aidé par les Allemands en zone occupée pour traquer les francs-maçons, il aurait constitué un fichier de plus de 150 000 noms. De leur côté, les Allemands défendent une théorie délirante sur un « complot judéo-maçonnique » inspirée de la lecture que Hitler aurait faite de l'ouvrage *Les Protocoles des sages de Sion*, un faux édité en France au XIXᵉ siècle par la police tsariste qui cherchait alors à justifier les pogroms commis en Russie. Les collaborationnistes français s'en inspirent. En avril 1942, Pierre Laval, de retour au pouvoir, atténue la politique antimaçonnique, estimant qu'elle est désormais inutile ; l'épuration de la fonction publique est suffisante et le risque est grand de la voir totalement déstabilisée, ce qui peut constituer un handicap pour la direction de l'État[32].

D'autres « suspects » politiques, accusés de trahir le nouvel ordre, sont désignés, tels les instituteurs laïcs jugés responsables de la débâcle de la nation et de l'affaiblissement des esprits, dont un certain nombre sont révoqués. Des préfets et sous-préfets, jugés trop favorables à la République, subissent le même sort. Ils sont aussitôt remplacés par des hommes favorables au régime de Vichy. Des maires et des conseillers municipaux sont révoqués et des délégations spéciales mises en place avec des «hommes sûrs» aux yeux de Vichy. Le régime autoritaire s'en prend aussi aux hommes de la IIIe République tels Léon Blum, Édouard Daladier, Édouard Herriot, Georges Mandel, Pierre Mendès France, Paul Reynaud ou encore Jean Zay.

L'engrenage piégé de la Collaboration

À la recherche de l'occupant

Le poids des occupants est certes militaire, mais il est aussi politique et économique. Les hommes de Vichy tendent tous vers une «collaboration» avec l'Allemagne, ce que l'historien Stanley Hoffmann a appelé la «collaboration d'État», terme repris par son collègue américain Robert Paxton. C'est le maréchal Pétain lui-même qui en a décidé. Il s'agit de coopérer avec les Allemands, afin d'assouplir les conditions très dures de la convention d'armistice et de limiter les conséquences de l'Occupation sur la population française. Il s'agit aussi de trouver la meilleure place possible pour la France dans l'Europe allemande. Cette politique est très variable, en fonction du bon vouloir allemand et des demandes françaises.

Dès son message du 11 octobre 1940, Pétain va dans le sens d'une collaboration franco-allemande en l'appelant de ses vœux :

> Cette collaboration, la France est prête à la rechercher dans tous les domaines, avec tous ses voisins. Elle sait d'ailleurs que, quelle que soit la carte politique de l'Europe et du monde, le problème des rapports franco-allemands, si criminellement traité dans le passé, continuera de déterminer son avenir.
>
> Sans doute l'Allemagne peut-elle, au lendemain de sa victoire sur nos armes, choisir entre une paix traditionnelle d'oppression et une paix toute nouvelle de collaboration. [...]
>
> Le choix appartient d'abord au vainqueur ; il dépend aussi du vaincu[33].

La politique de collaboration doit faciliter l'action de la Révolution nationale. La collaboration d'État commence dès l'armistice et au moment de la crise de Mers el-Kébir, le 3 juillet 1940 : les Anglais, face au refus de la flotte française qui mouille dans le port algérien de rejoindre un territoire anglais afin d'éviter de tomber entre les mains allemandes, tirent sur les navires, faisant 1 300 morts et 2 000 blessés. Vichy, en ne cédant pas aux Anglais, montre ainsi aux

Allemands sa volonté de ne pas entraver l'application de l'armistice en vue d'un traité de paix plus favorable pour la France. Pourtant, à l'origine, les Allemands ne sont pas demandeurs d'une collaboration politique avec la France. En octobre 1940, Pétain annonce cependant aux Français le projet de coopération franco-allemande.

Une nouvelle étape est franchie le 24 octobre à Montoire (Loir-et-Cher). La petite ville de la région de Vendôme est le théâtre d'un événement essentiel de l'histoire de la collaboration franco-allemande. Montoire est en état de siège depuis le 22 octobre : tous les accès routiers et ferroviaires sont interdits à la circulation, les 2 700 habitants sont consignés chez eux. Jusque-là inconnue des Français, la cité est située à mi-distance entre Berchtesgaden – lieu de villégiature de Hitler dans les Alpes bavaroises – et Hendaye – où le Führer a rencontré le général Franco le 23 octobre. Il se déplace alors en train. Or, Montoire possède une voie ferrée et une petite gare. Non loin de là, le tunnel de Saint-Rimay permet de cacher son train – l'« Erika » – en cas d'attaque de la RAF. La réunion de Montoire – sans doute organisée au dernier moment par Otto Abetz, qui s'est entendu avec Laval – n'a pas été vraiment préparée. Du côté français, on espère des assouplissements des articles de l'armistice, comme l'allègement des mesures prises sur la ligne de démarcation ou encore la réduction des frais d'occupation. Hitler, lui, cherche une meilleure stratégie périphérique face aux Anglais et a déjà en tête l'attaque de l'URSS. En outre, il est furieux de son entrevue en Espagne avec Franco, qui a refusé d'entrer en guerre contre les Anglais. Rencontrer Pétain sur le chemin du retour peut permettre de sauver une offensive diplomatique. L'avocat Maurice Garçon rencontre Friedrich Grimm à Paris le 23 octobre 1940 et ce dernier « paraît assez réjoui » :

> Je suis bien heureux, il se manifeste entre nos deux gouvernements une très grande détente... Je ne puis vous donner aucun détail mais, avant le début de la semaine prochaine, vous aurez appris une bonne nouvelle... Les rapports de nos deux pays en sortiront grandement améliorés[34].

Le 24 octobre, par un temps gris et humide, tout est prêt. Hitler arrive entre 15 heures et 16 heures. Le maréchal Pétain ne rejoint Montoire qu'à la nuit tombante, venant de Tours ; il est rejoint par Laval. À sa descente de voiture, il est accueilli par Ribbentrop et le général Keitel. *La Marseillaise* est jouée ainsi que l'hymne du IIIe Reich. Hitler, debout à l'entrée de la gare, tend la main au

Maréchal, qui la serre longuement. Il accompagne le vieil homme jusqu'au wagon-salon et l'aide même à monter les marches. La réunion dure deux heures, puis Hitler, Ribbentrop et Keitel raccompagnent Pétain jusqu'à sa voiture au son des deux hymnes nationaux. Devant les caméras et les appareils photographiques de sa propagande, le Führer dévoile une courtoisie plutôt rare.

À l'issue de l'entrevue, un communiqué final est publié par les Allemands, validé par le maréchal Pétain, lequel affirme que le principe d'une «collaboration» a été décidé entre les deux chefs d'État. Cela va beaucoup plus loin que les termes de l'armistice sur la nécessaire collaboration avec l'occupant en zone occupée. Désormais, il s'agit d'une collaboration politique engagée entre l'État français et le IIIᵉ Reich. Mais Pétain n'a pas donné une réponse précise à Hitler quand celui-ci lui a demandé s'il participerait ou non à une coalition contre les Anglais aux côtés des Allemands – le Maréchal semble bien moins enthousiaste que Laval sur ce point. Pour Hitler, dans l'immédiat, le plus important semble être que le régime de Vichy garde sous son contrôle l'Afrique du Nord et l'Afrique-Occidentale française (AOF) ; il souhaite être protégé sur ses arrières et ne pas être exposé sur un front méditerranéen. La Collaboration commence en grande partie sur un malentendu. Pour autant, les résultats de l'entrevue de Montoire sont quasi nuls. Le 30 octobre, Pétain confirme qu'il s'engage sans retenue dans une «collaboration sincère». Il explique aux Français pourquoi il a rencontré Hitler. Il ajoute : «C'est librement que je me suis rendu à l'invitation du Führer. Je n'ai subi, de sa part, aucun diktat, aucune pression[35].» Il annonce que la collaboration permettra d'améliorer le sort de chacun – le régime de Vichy croit encore en une Allemagne magnanime, une grave erreur. Pourtant, il s'engage à fond en livrant aux occupants l'or déposé à la Banque de France par le gouvernement belge, ou en établissant des plans avec des généraux de la Wehrmacht pour reconquérir le Tchad. Mais les Allemands font très peu de concessions. En secret, le 10 décembre 1940, Hitler signe même la directive *Attila*, un plan d'invasion de la France non occupée si Vichy ne lui obéit pas.

Crise à Vichy et ingérences allemandes

La crise du 13 décembre 1940 ralentit la politique de collaboration franco-allemande. Ce jour-là, Pétain renvoie brutalement Pierre

Laval, considéré comme l'artisan d'une politique de réconciliation franco-allemande trop avancée. Il est arrêté et placé en résidence surveillée. Les Allemands sont furieux. Abetz, avec l'autorisation de Ribbentrop, se rend à Vichy, faisant fi de la ligne de démarcation et violant la convention d'armistice. Le 16 décembre, il est à Vichy avec un détachement de SS. La rencontre avec Pétain est très tendue. Il exige le retour de Laval au pouvoir et manœuvre auprès de la presse parisienne pour faire publier de violentes critiques contre la décision du 13 décembre. Une directive de l'OKW à la commission d'armistice de Wiesbaden, datée du 8 février 1941, est éloquente sur la position allemande et définit la nouvelle orientation politique :

> L'affaire Laval a détruit la confiance qui commençait à s'établir entre l'Allemagne et la France. Il incombe au gouvernement français de la gagner à nouveau. Jusqu'à ce que cela soit fait, la convention d'armistice demeure la seule base des rapports réciproques[36].

Hitler pense alors que la politique engagée à Montoire est morte, contrairement à certains dirigeants allemands, dont le ministre des Affaires étrangères Ribbentrop.

Pétain nomme Pierre-Étienne Flandin à la place de Laval, refusant les injonctions allemandes pour ne pas perdre la face aux yeux de ses compatriotes. Toutefois, l'opinion publique française, choquée par la poignée de main de Montoire, a l'impression qu'elle a été entendue par Pétain qui a renvoyé l'homme qui poussait trop le pays vers la collaboration avec l'occupant. Abetz en tire la conclusion suivante :

> Pour terminer, on peut dire de la crise gouvernementale provoquée le 13 décembre qu'elle nous permet une ingérence directe dans la politique intérieure française.
>
> À cet effet, tous les moyens de pression mis entre les mains de la puissance d'occupation allemande à Paris et de la commission d'armistice à Wiesbaden devront être utilisés sans aucun égard dans les prochaines semaines, afin de signifier aux apprentis sorciers du 13 décembre quelle bêtise ils ont commise[37].

Flandin reste peu de temps chef du gouvernement et est remplacé par l'amiral Darlan le 9 février 1941 ; la veille, il a donné sa démission de ministre des Affaires étrangères. Darlan devient vice-président du Conseil et secrétaire d'État aux Affaires étrangères, puis ministre de l'Intérieur quelque temps plus tard. Otto

Abetz est furieux. Les soldats allemands semblent aussi avoir un avis sur la situation, d'après la propagande diffusée. Ainsi Albert B., qui écrit le 3 février 1941 :

> Le bruit court que la France a maintenant deux gouvernements, un à Paris et l'autre à Vichy. Paris contre Vichy ! Une clique de jeunes écervelés et de vieux incorrigibles rendent la vie dure à Pétain[38].

De son côté, Abetz orchestre une campagne contre Vichy, aidé par Marcel Déat, le leader des collaborationnistes parisiens.

Le retour de l'Aiglon, un coup pour rien

Du côté français, d'aucuns se réjouissent de la décision de Pétain, tel l'avocat parisien Maurice Garçon, le 15 décembre :

> Laval est remercié depuis hier soir. Ce salopard qui était hier dauphin de France est remplacé par Flandin, le grand Flandin qui, en septembre 1938, après Munich, envoya une petite dépêche de félicitations à Hitler. Décidément, ça ne va pas mieux.

Et Maurice Garçon d'aller aux informations auprès de ses amis journalistes pour en savoir plus. Le 16 décembre, « les nouvelles tombent », écrit-il. Il craint d'être manipulé par de fausses informations. Il poursuit :

> À minuit et demi, Abetz prononçait devant le cercueil du roi de Rome un discours pour dire que l'Allemagne considérait Laval comme le seul garant de la collaboration. [...] Abetz a quitté Paris d'urgence pour se rendre à Vichy. On est en train, à l'heure où j'écris, d'y palabrer[39].

Maurice Garçon fait allusion à un événement singulier : le retour des cendres de l'Aiglon en France, dont il sera rendu compte dans la presse pendant le mois de décembre. Le 14 décembre 1940, en pleine crise de palais, les cendres du duc de Reichstadt, fils de Napoléon Ier, l'Aiglon, bref roi de Rome, sont rapportées à Paris dans un sarcophage de bronze en provenance de Vienne. Un convoi, composé exclusivement d'Allemands, le conduit de la gare de l'Est aux Invalides. Il fait très froid ; les rues de Paris sont désertes en raison du couvre-feu commencé à 23 heures. Quelques dizaines de militaires français ainsi que des fonctionnaires, des personnalités (Fernand de Brinon, Marcel Déat, Abel Bonnard, Jacques Doriot,

Lucien Rebatet, Bernard Faÿ : toutes des figures de la Collaboration)
et des invités – dont Sacha Guitry – attendent. Deux cents gardes
républicains portant chacun une torche forment une double haie
d'honneur.

Pétain a été invité à la cérémonie mais il ne vient pas, se méfiant
de quelque plan qui aurait prévu de le garder prisonnier à Paris.
Les rumeurs vont bon train dans les couloirs à Vichy. En fait, l'invitation de Hitler, qui n'en est pas vraiment une, se trouve dans
une lettre qu'il a adressée à Laval et que celui-ci remet à Pétain
le 13 décembre pour le convaincre d'assister à la cérémonie. Il
espère que le vieux maréchal acceptera l'invitation pour consacrer
la Collaboration, qui n'est restée qu'un principe depuis la rencontre
de Montoire. Les membres du gouvernement, qui souhaitent l'évic-
tion de Laval, sont persuadés que Pétain partira pour Paris dès le
lendemain. Or le Maréchal les rassure : il ne se rendra pas dans la
capitale occupée et Laval restera assigné à résidence dans les heures
suivantes. C'est la crise du 13 décembre qui a commencé. Pétain,
qui, sans se rendre à Paris pour autant, souhaite cependant remercier Hitler de son geste, rédige un communiqué :

> Entre le mélancolique destin du duc de Reichstadt, prisonnier dans sa propre
> famille, et le destin cruel de la France exilée chez elle par le sort des armes, l'His-
> toire marquera une émouvante analogie[40].

Le texte est interdit de publication par les Allemands – Pétain
s'en doutait. Peut-être a-t-il voulu affirmer ainsi une forme de fierté
et d'autorité.

La cérémonie aux Invalides se déroule donc dans un contexte
confus dans la nuit du 14 au 15 décembre. Elle est devenue une
mascarade et certainement pas la consécration de la Collaboration
espérée par Laval. Abetz reçoit les journalistes à l'ambassade et
déplore l'absence de ce dernier ; il rend hommage à Napoléon qui
aurait selon lui préfiguré le national-socialisme et l'idée européenne.
Le retour des cendres n'est finalement qu'un fait anecdotique ; la
population française ignorait l'existence de ce personnage historique et la crise du 13 décembre a réduit la portée de l'événement
puisque les Allemands ont censuré tous les commentaires. Le plus
intéressant est de souligner les motivations allemandes. Abetz
semble avoir été à l'origine de la cérémonie, en grande partie impro-
visée. Hitler aurait envisagé ce geste dès le mois de juin 1940, lors
de sa visite à Paris. Contrairement à ce qui a parfois été écrit, le

retour des cendres de l'Aiglon ne correspond pas à un éventuel retour de Pétain et du gouvernement à Paris – ou à Versailles. Dès le 25 novembre, les Allemands ont opposé une fin de non-recevoir à ce retour, refus connu le 17 décembre[41].

Servitudes

Insatiables Allemands

La Collaboration, à l'arrêt, n'est relancée – du moins est-ce une tentative – qu'au moment des protocoles de Paris (les 27 et 28 mai 1941) : la France accepte de faire d'importantes concessions en s'engageant dans la répression antijuive et anticommuniste, mais aussi en intensifiant sa collaboration économique avec le IIIe Reich. De toute façon, ce dernier se sert déjà sur le pays depuis l'été 1940. Le régime de Vichy est pris dans un engrenage de concessions désavantageux et irréversible. Darlan met l'empire colonial à la disposition des Allemands. Pour Vichy, les gains sont minimes. Dans le même temps, les Allemands se désintéressent de la volonté française de collaborer, car leurs projets sont tournés vers la préparation d'une grande offensive militaire contre l'URSS. Clairement, Hitler se méfie depuis le début de Français incapables de s'entendre ; la crise du 13 décembre le renforce dans cette défiance. Mais Abetz, lui, manœuvre pour obtenir de nouvelles concessions françaises.

De son côté, l'État français a pris conscience qu'il dépendait des occupants pour mener sa politique. Le contrôle des nominations des hauts fonctionnaires exigé par les Allemands depuis août 1940 en est un signe parmi d'autres. La crise du 13 décembre et les « protocoles de Paris » prouvent qu'il est pris dans un engrenage infernal. Les dirigeants français devancent souvent les attentes des Allemands pour ne pas avoir l'air de subir leurs ordres – tout en protestant de temps à autre contre ce qu'ils considèrent comme une atteinte à la souveraineté. Terrible cercle vicieux. Le tribut exigé est de plus en plus important et bientôt ce seront des Juifs et non des marchandises qui seront réclamés par les occupants.

Les Allemands ne sont pas toujours enclins à respecter les articles de la convention d'armistice, sauf quand cela les arrange. Ils prennent des décisions arbitraires telles que le changement du taux de change de la monnaie ou les prélèvements économiques permanents. Face à ces immixtions dans la prise de certaines décisions, le régime de Vichy est assurément instable. Sa supposée souveraineté ne tient pas et permet à l'occupant de s'ingérer dans les affaires de la zone non occupée avant même le 11 novembre 1942. Pour les Allemands, le régime de Vichy n'est pas crédible, seul Pétain est épargné par les critiques. Et même s'il entretient l'illusion qu'il conserve une autorité en zone occupée, c'est de la pure théorie. La ligne de démarcation constitue une vraie frontière[42]. Sur le plan juridique, quel que soit le domaine concerné, rien ne peut se faire sans les Allemands sur le versant occupé de la ligne. La Délégation générale du gouvernement français dans les territoires occupés (DGTO), qui représente le régime de Vichy en zone occupée, n'a pas le poids escompté dans les négociations avec les occupants, pas plus que la délégation française d'armistice à Wiesbaden. Montoire n'a pas apporté les résultats espérés dans le cadre d'une collaboration qui devrait, selon les Français, permettre de négocier un traité de paix magnanime. Celui-ci ne verra jamais le jour, mais « l'ère Darlan » voit le nombre de concessions s'emballer, pour des gains hypothétiques ou très maigres. Faire chanter le régime de Vichy pour économiser des moyens d'occupation et piller le pays semble être au cœur des préoccupations allemandes. Ce qui est clair, c'est que le régime de Vichy ne peut pas survivre sans les occupants et une collaboration active, voire très active. Mais le sort des Allemands est aussi lié à celui du régime de Vichy, ce qui est patent dès 1941. Darlan est toutefois plus demandeur que les occupants.

En avril 1941, Otto Abetz prépare une entrevue entre Ribbentrop et Darlan en vue d'une collaboration militaire poussée, les Allemands manifestant un fort intérêt pour le matériel de guerre français, dont une partie a été rassemblée en Syrie et en Afrique du Nord. En effet, ils ont besoin de ces armes pour soutenir la rébellion antianglaise qui se lève en Irak sous la férule de Rachid Ali[43]. De son côté, Hitler, libéré par sa victoire dans les Balkans, semble plus enclin à entendre les propositions de l'ambassadeur Abetz en ce qui concerne les demandes des Français – le Führer aime particulièrement être en position de force pour négocier[44]. Darlan insiste pour négocier une réduction des frais d'occupation. Il lie la question d'un éventuel soutien militaire aux Allemands à leur réduction de 20 millions à 10 millions de Reichsmarks par jour[45]. Le desserrement de la ligne de démarcation reste aussi un objectif des Français, mais plus secondaire qu'en 1940 semble-t-il.

Au début de mai 1941, Richard Hemmen, président de la commission allemande d'armistice, lui répond que la somme de 15 millions pourrait être discutée, mais sous certaines conditions, notamment l'installation de trois commissaires allemands pour contrôler le commerce extérieur, les changes et la Banque de France, ainsi que l'instauration de contrôles douaniers mobiles. Ces demandes sont acceptées derechef. Le 6 mai, l'ambassadeur Abetz publie un communiqué de presse annonçant la réduction des frais d'occupation de 20 à 15 millions de Reichsmarks et un léger assouplissement de la ligne de démarcation qui pourrait se révéler avantageux pour la propagande de Vichy en la présentant à l'opinion comme un succès de sa politique de collaboration. Pour les occupants, la ligne de démarcation est nécessaire à la sécurité des troupes d'occupation, mais elle coûte cher en hommes et en logistique. De même, des règles trop drastiques ralentissent le rythme des échanges économiques interzones, dont l'Allemagne a de plus en plus besoin. Cependant, le communiqué d'Abetz ne mentionne pas le lien entre la question des frais et le soutien militaire au Proche-Orient voulu par Darlan. Les conditions de Hemmen sont jugées trop lourdes. De fait, la ligne de démarcation reste fermée et la négociation est au point mort.

Le 13 mai 1941, Darlan rencontre Hitler au Berghof pour évoquer toutes les possibilités d'intensifier la Collaboration. Le Führer est clair et affirme que «toute concession allemande [...] affaiblit l'effort de guerre allemand du point de vue militaire et économique[46]». Il prétend aussi que la réduction des frais d'occupation peut entraîner des conséquences importantes pour ses soldats. En réalité, Hitler montre encore une fois assez peu d'intérêt pour les négociations avec la France quand bien même il accepte d'écouter Darlan[47]. Son ministre des Affaires étrangères Ribbentrop est plus clair lorsqu'il laisse entendre à l'amiral que la France pourrait obtenir une place importante dans la nouvelle Europe allemande. Toutefois, tout serait suspendu à une condition : entrer en guerre contre les Anglais.

Le 14 mai, de retour à Vichy, Darlan plaide en faveur d'une collaboration plus approfondie lors d'un Conseil des ministres. Ce qui fait écrire à l'avocat Maurice Garçon, le 16 mai :

> Et dans ce moment crucial, Darlan ajoute la trahison définitive et fait le jeu de l'Allemagne. Il vient d'aller à Berchtesgaden. Il manœuvre une paix séparée. Il retire à l'ennemi une épine qui le gêne. [...] Moyennant

la signature d'une paix immédiate, Hitler ne nous prendrait que l'Alsace-Lorraine, ses anciennes colonies. Mais en échange, il a déjà nos bases aériennes en Syrie, la promesse peut-être de notre flotte. On nous accorderait l'évacuation sur le papier, et seulement des garnisons dans les villes, contenant des commissions de surveillance, c'est-à-dire partout. Ils lâcheraient Ligugé [M. Garçon y possède une résidence secondaire située en zone occupée], mais ils prendraient Marseille. Enfin, nous serions à peu près foutus et déshonorés[48].

Qui peut croire au départ des Allemands ? L'opinion n'en sait pas autant que l'avocat sur les avancées des négociations franco-allemandes. Une chose est sûre : l'immense majorité des Français souhaite ardemment ce départ, ce dont témoignent des rapports préfectoraux des deux zones. Abetz se fie donc aux propos de Hitler et relance les négociations par d'autres voies. L'ambassadeur du Reich informe les Français que son communiqué de presse du 6 mai avait simplement pour ambition d'être un texte de propagande et que les concessions sur les frais et la ligne de démarcation n'étaient pas forcément liées aux négociations sur l'aide militaire aux Irakiens par l'intermédiaire de la Syrie. En fait, l'assouplissement de la ligne n'est consenti qu'à partir du moment où Vichy accepte le contrôle allemand aux frontières. Abetz propose un autre allègement des conditions de franchissement, mais seulement pour les marchandises. Il ajoute un accès enfin possible aux départements du Nord et à la zone interdite, la mise en congé des prisonniers de guerre et une nouvelle réduction des frais d'occupation à 12 millions de Reichsmarks.

Dépendance économique accrue

Les « protocoles de Paris » sont constitués par un ensemble de quatre projets d'accord négociés en mai 1941 et signés par Darlan. Le 20 mai[49], le trafic des marchandises est enfin déclaré libre entre les deux zones ; tous les paiements sont permis de la zone occupée vers la zone non occupée, sauf pour l'or, les devises et les valeurs étrangères[50]. En contrepartie, les Français ont cédé sur l'installation de commissaires allemands aux changes, à la Banque de France et au commerce extérieur[51]. Les Allemands sont autorisés à convoyer des armes à travers la Syrie en direction de l'Irak – il s'agit bien d'une assistance militaire de la France au Reich[52] ; les avions allemands sont également autorisés à atterrir sur les aéroports syriens. La France doit aussi accepter le ravitaillement de l'*Afrikakorps* de

Rommel par le port de Bizerte ou par la mise à disposition de la base sous-marine de Dakar. Le quatrième projet entraîne la France dans une collaboration plus forte encore puisqu'elle s'engage à entrer en guerre contre l'Angleterre et les États-Unis en échange de concessions économiques et politiques sensibles. Naturellement, celles-ci seront bien plus réduites que les occupés ne l'espéraient. Comme pour se persuader que le régime de Vichy est encore maître de son destin territorial et politique, le 23 mai Darlan assure que la souveraineté nationale ne sera nullement contrariée par ces accords. Les «protocoles de Paris» sont officiellement paraphés les 27 et 28 mai 1941[53].

Darlan a donc bien décidé de renforcer la politique de collaboration économique et politique avec l'Allemagne, conscient des difficultés croissantes de la zone non occupée[54]. L'assouplissement des échanges consenti sur la ligne de démarcation est pourtant toujours susceptible d'être remis en cause par les occupants. En fait, il les favorise davantage que les Français. Les Allemands fixent les volumes qui peuvent franchir la ligne, notamment dans le sens qui leur est le plus favorable. Et ils possèdent encore l'atout d'une ligne contraignante pour les hommes, y compris pour les ministres du régime de Vichy.

De son côté, le général Weygand, délégué général du gouvernement en Afrique du Nord, se montre farouchement opposé aux «protocoles»; dans une lettre à Pétain, il annonce que les militaires français défendront l'Afrique du Nord et souhaite qu'aucune base ne soit mise à la disposition des Allemands ou des Italiens. Il accuse l'amiral Darlan de brader les possessions françaises et de donner aux gaullistes des arguments qui pourraient alimenter la propagande des résistants. Le 3 juin 1941, cette question est l'enjeu principal d'un Conseil des ministres fort orageux. Le même jour, Jacques Benoist-Méchin, secrétaire général adjoint à la vice-présidence du Conseil, est sommé par Darlan de rédiger une note adressée aux Allemands où leurs demandes inadmissibles sont énumérées. L'amiral exige le rétablissement total et immédiat de la souveraineté française, c'est-à-dire la suppression de la ligne de démarcation. C'est un retournement spectaculaire, synonyme de rejet des «protocoles». Hitler est furieux de voir la France tenter d'imposer un dialogue d'égal à égal avec l'Allemagne. Il reprend brutalement l'initiative en obtenant le rappel de Weygand en métropole. Que pouvait espérer Darlan d'une telle initiative?

Une initiative folle, car la France n'est plus en mesure d'exiger quoi que ce soit depuis la convention d'armistice. Les négociations ont donc échoué.

La collaboration économique profite au Reich et les Allemands ne voient que cela; le reste leur importe peu. En juin 1941, le deuxième rapport d'activité de la Délégation allemande d'armistice pour l'économie conclut que «l'unité économique des régions économiques françaises […] sert les intérêts allemands dans la réalisation des vastes plans économiques communs qui ont été élaborés dans les derniers mois avec le gouvernement français[55]». Les indécisions allemandes de mai-juin 1941 laissent augurer des lendemains incertains sur le sort réservé à la France non occupée. La ligne de démarcation est véritablement remodelée en «frontière» avec l'arrivée de douaniers en février 1941, des professionnels de la surveillance. Au total, les «protocoles» n'apportent pas la détente politique tant souhaitée par Vichy alors que les Allemands lancent le plan *Barbarossa* à partir du 22 juin. Le contexte a changé et ils n'ont plus le temps ni l'envie de perdre du temps avec Vichy.

Malgré certains propos optimistes de jeunes technocrates de Vichy qui entourent Darlan, les dividendes sont maigres pour le régime[56]. Les laissez-passer et les sévères contrôles douaniers resteront en vigueur entre juin 1941 et le 1er mars 1943, date de la suppression officielle de la *Demarkationslinie*. À partir de juin 1941, la ligne de démarcation revêt un intérêt moindre pour les futures négociations franco-allemandes; son assouplissement a considérablement obéré la marge de manœuvre économique du régime de Vichy.

Le mirage de la collaboration politique

Pétainisme dur contre «vent mauvais»

Le 12 août 1941, le maréchal Pétain prononce un discours à Saint-Étienne:

> Français, j'ai des choses graves à vous dire. De plusieurs régions de France, je sens se lever, depuis quelques semaines, un vent mauvais. L'inquiétude gagne les esprits, le doute s'empare des âmes. […] La collaboration, offerte au mois d'octobre 1940 par le chancelier du Reich, dans des conditions dont

j'ai apprécié la grande courtoisie, est une œuvre de longue haleine et n'a pu encore porter ses fruits[57].

Nombre de Français ne peuvent pas accepter ce type de discours, considérant que Pétain est totalement manipulé par les occupants. Pour autant, Français et Allemands feignent de poursuivre des pourparlers sur la base des «protocoles» pour ne pas alerter l'opinion[58]. Il est vrai que celle-ci manifeste bien de la méfiance face à un avenir de plus en plus sombre. Berlin a aussi d'autres horizons, notamment l'attaque contre l'URSS. Le 18 août 1941, en pleine campagne de Russie, Abetz informe Darlan que les négociations sur tous les sujets litigieux sont reportées à une date ultérieure[59]. La ligne de démarcation est certes assouplie, à des conditions exigeantes, mais sa suppression ne saurait être envisagée. La collaboration franco-allemande est au point mort pour un temps. Et Pétain a beau culpabiliser les Français en leur reprochant leur attachement à la République et leur confiance dans le Front populaire qui les aurait trahis, la Révolution nationale est au point mort. Les choix du vieux maréchal vont à l'encontre de l'anglophilie et de l'attentisme des Français. Ceux-ci souffrent de plus en plus des pénuries et manifestent leur mécontentement – manifestations de ménagères et grève des mineurs des Houillères du Nord et du Pas-de-Calais en mai 1941.

Mais Darlan ne renonce pas à la politique de collaboration malgré l'échec des «protocoles». Le 29 juillet 1941, il signe des accords avec les Japonais – dits «accords Darlan-Kato», négociés par Jacques Benoist-Méchin – qui permettent d'organiser les relations entre le Japon et le régime de Vichy en Indochine française, occupée par l'Empire nippon depuis la fin septembre 1940. L'accord reconnaît la souveraineté française, mais Vichy doit accepter le stationnement des troupes japonaises sur le sol indochinois. Darlan manœuvre pour se maintenir au gouvernement et pour garder l'Afrique.

Du côté allemand, les relations se tendent davantage entre Abetz et Ribbentrop. Le premier pense que les concessions demandées par la France ne coûteraient pas beaucoup au Reich et permettraient d'aider Darlan à s'engager davantage dans la voie de la Collaboration. Pour le second, il ne peut y avoir de contournement des principes établis dans l'armistice ; trop de concessions pourraient amoindrir la portée de la mainmise allemande sur la France[60].

La vaine rencontre Goering-Pétain

Le 1ᵉʳ décembre 1941, une rencontre secrète est organisée par les Allemands entre le *Reichsmarschall* Hermann Goering, le numéro 2 du régime nazi, et le maréchal Pétain, accompagné de Darlan, dans la gare de Saint-Florentin-Vergigny (Yonne), afin de relancer la Collaboration[61]. Depuis des mois, Pétain espère rencontrer un haut dignitaire nazi. Malgré Montoire, les occupants ont fait ce qu'ils ont voulu de la convention d'armistice, la violant constamment. Mais le régime de Vichy reste persuadé que la Collaboration est la voie à suivre pour négocier le traité de paix qui doit un jour succéder à l'armistice. Saint-Florentin est en zone occupée et l'organisation du voyage revient aux Allemands : parcours imposé au train du maréchal, soldats allemands postés en arme le long de la voie ferrée, circulation ferroviaire stoppée pendant plusieurs heures et des dizaines de maisons fouillées. Goering arrive dans un train blindé muni de canons antiaériens et escorté par une escadrille de la Luftwaffe.

Les salutations protocolaires entre les deux hommes sont filmées pour les actualités cinématographiques, avant que les discussions ne débutent dans le luxueux wagon-salon de Goering. Face à ce dernier, Pétain s'appuie sur un mémorandum énumérant les revendications françaises, jamais satisfaites depuis Montoire ; il estime que des concessions pourraient enfin convaincre l'opinion que la Collaboration est la meilleure voie à suivre. Ces demandes sont l'assouplissement de la ligne de démarcation une fois encore, le retour des prisonniers de guerre, la baisse de l'indemnité d'occupation, ainsi que le contrôle de la presse parisienne. À Montoire, Hitler a monologué. À Saint-Florentin, c'est Pétain qui parle. Goering le prend assez mal et lui demande qui sont les vainqueurs. Il prétend qu'il ne pourra pas présenter le mémorandum à Hitler, car les Français demandent beaucoup sans contrepartie – et puis Goering ne lit jamais de document dépassant quatre pages[62]. Pétain s'irrite et rappelle que le IIIᵉ Reich pourrait perdre gros en rejetant les propositions de collaboration françaises, soulignant que si les Allemands peuvent « gagner seuls la guerre », ils ne peuvent pas « faire seuls la paix[63] ». Mais les Allemands ne cèdent rien. Pendant le dîner, Goering s'amuse en proposant à Darlan de lui louer la flotte française, ce que ce dernier refuse catégoriquement. Pétain s'aventure en déclarant que la flotte pourrait être livrée contre la libération d'une province, paroles irresponsables qui risquent d'engager la France dans une guerre contre les Anglais et de rompre ses relations avec les États-Unis.

Les Français apprennent cette rencontre dans la presse du 2 décembre. La propagande leur cache sa teneur réelle et l'inféodation de Vichy au IIIe Reich.

La détente espérée entre Allemands et Français n'a pas été au rendez-vous. La Collaboration est au point mort. À la mi-décembre, l'Axe exige de la France qu'elle lui livre des marchandises achetées en Afrique du Nord et en Tunisie. Les Allemands demandent une augmentation du tonnage à livrer, soit 33 000 tonnes de plus qu'en mai ; le total s'élève alors à 125 000 tonnes[64]. Les besoins matériels du Reich sont désormais plus grands, quelques jours après l'entrée en guerre des États-Unis le 7 décembre 1941, après l'attaque japonaise contre Pearl Harbor. À Wiesbaden, Hemmen prend en compte l'extension spatiale de la guerre à l'est, mais aussi son enlisement pour redoubler d'exigences. Pour lui, la ligne de démarcation est devenue un obstacle à l'unité économique française et donc à une exploitation totale des ressources françaises par la machine de guerre allemande. Seul l'avenir du Reich le préoccupe[65].

La rencontre de Saint-Florentin n'a rien apporté de nouveau. Le chantage continue. Pétain comprend alors que la collaboration politique est devenue quasi impossible.

Plus la guerre se prolonge et moins les négociateurs français peuvent espérer de nouvelles faveurs allemandes, par exemple une réciprocité totale des échanges interzones, et non pas des échanges au seul profit des Allemands vers la zone occupée. Le problème pour Darlan c'est que Hemmen, Abetz, Ribbentrop et Goering prennent des initiatives contradictoires. Chaque organisation allemande, comme le MbF par exemple, qui n'est pas contre une suppression de la ligne de démarcation, tend à soutenir les projets de son administration d'origine. De son côté, de 1940 à 1942, Abetz essaie de tirer des ficelles plus personnelles. L'amiral Darlan tente, lui, de mener à bien le redressement du pays. Après un remaniement gouvernemental qui intervient à l'été 1941, il est épaulé par des ministres dont la Collaboration est la priorité : un ancien du PPF (Parti populaire français de Jacques Doriot), Pierre Pucheu, est nommé ministre de l'Intérieur en juillet 1941, après avoir été secrétaire d'État à la Production industrielle ; Jacques Benoist-Méchin, qui a mené les négociations lors des « protocoles », devient secrétaire d'État à la vice-présidence du Conseil ; ou encore

Paul Marion, nommé secrétaire à l'Information et à la Propagande, qui est un ancien communiste rallié au PPF. Cette équipe pense que l'Europe allemande représente un espoir de redressement pour la France. Les collaborationnistes parisiens profitent de ce contexte pour pousser à la création de la Légion des volontaires français contre le bolchevisme (LVF), en juillet 1941, Pétain soutenant cette démarche. Ses membres iront combattre sur le front russe aux côtés de la Wehrmacht. L'engagement dans la Collaboration est donc assumé, même si certains, comme le Maréchal, restent prudents, en particulier sur une entrée en guerre de la France contre l'Angleterre. Celui-ci, qui les rend responsables de la débâcle française de 1940, a décidé de juger Édouard Daladier et Léon Blum. Or, les accusés parviennent à retourner l'accusation en démontrant avec brio que le procès est de nature politique et que Pétain a eu sa part de responsabilité dans l'impréparation militaire de la France, rappelant que le vainqueur de Verdun avait été ministre de la Guerre en 1934. Devant cette tragi-comédie, Hitler ordonne la suspension du procès le 14 avril 1942 – il ne reprendra jamais. Darlan n'est plus l'homme de la situation pour les occupants. Son incapacité à relancer la collaboration franco-allemande a fini de le discréditer à leurs yeux. Pétain n'est pas loin de penser la même chose. La mort dans l'âme, il doit se résoudre à rappeler Pierre Laval.

La collaboration voulue par la France n'a pas eu les effets escomptés. L'État français a été manipulé et trompé sans cesse. Le IIIᵉ Reich a beaucoup gagné depuis la rencontre de Montoire : il profite de toutes les ressources d'un État occupé, en prétextant respecter le droit international. L'occupant dispose de tout l'appareil administratif français pour mener sa politique de pillage et de répression. Dans les faits, les Allemands ne souhaitent pas la Collaboration, même si Abetz y croit encore si Pierre Laval est rappelé au sommet de l'État français. Du côté français, plus personne ne semble maîtriser la situation au début de 1942, mais certains pensent qu'il faut s'engager plus avant aux côtés des Allemands.

À partir de 1942, une nouvelle phase de la Collaboration commence donc avec le retour de Pierre Laval au pouvoir, mais aussi avec l'arrivée du chef SS Carl Oberg, qui annonce une collaboration policière plus active pour lutter contre les résistants et déporter les Juifs.

Laval, l'homme des Allemands ?

Pour les Allemands, Darlan a échoué malgré tous ses efforts en faveur de la Collaboration. Pierre Laval est rappelé par le maréchal Pétain le 18 avril 1942 avec le titre de « chef du gouvernement » – il était vice-président du Conseil entre juillet et décembre 1940. Il est impatient de retrouver le pouvoir après plus d'un an de mise à l'écart, se jugeant le seul capable de mener à bien la collaboration avec les Allemands. Avant son retour aux affaires, peu l'ont soutenu, à l'exception d'Abetz, de Doriot (qui espère un poste ministériel) et de quelques vichyssois « européens » – c'est-à-dire favorables à une Europe allemande. Du côté allemand, Hitler se méfie de lui, contrairement à ce qui a souvent été écrit[66].

Laval forme un gouvernement avec des partisans de la Collaboration tels que Fernand de Brinon, secrétaire d'État et toujours délégué général du gouvernement dans les territoires occupés, le général Bridoux ou encore Jacques Benoist-Méchin. Les pétainistes de la première heure – à l'exception de Joseph Barthélemy à la Justice – ne sont plus de l'aventure gouvernementale, notamment Jérôme Carcopino et Yves Bouthillier. Laval cumule l'Intérieur, l'Information et les Affaires étrangères. Il s'entoure de fidèles, ainsi Pierre Cathala aux Finances. René Bousquet, âgé de 33 ans, devient secrétaire général à la Police.

C'est Abetz qui a manœuvré pour préparer ce retour, en accord avec Pierre Laval, pendant le mois de mars 1942. Mais « l'ambassadeur » n'a plus beaucoup de crédit auprès de ses chefs et notamment auprès de Ribbentrop. Goering, qui a rencontré Laval au Quai d'Orsay à la fin de mars 1942, tente de le dissuader de revenir au pouvoir dans l'immédiat et lui demande de patienter, les Allemands lui réservant un rôle de premier plan dans la construction d'une véritable collaboration[67]. Mais Laval est déterminé à revenir au pouvoir et sait convaincre Pétain. En revanche, il est plus difficile d'obtenir l'accord de Hitler. Si certaines maladresses de Darlan, qui ne souhaite pas vraiment quitter le pouvoir, le poussent à penser que le retour de Laval n'est peut-être pas une si mauvaise affaire, rien ne prouve que le Führer soit intervenu directement dans sa nomination.

Laval enterre la Révolution nationale, préférant tenter de restaurer un semblant de démocratie locale. Mais son refus de recourir à des élections condamne bien vite le projet réformateur initial. En outre, son discours du 22 juin 1942 éloigne de lui l'opinion :

> Nous avons eu tort, en 1939, de faire la guerre. Nous avons eu tort, en 1918, au lendemain de la victoire, de ne pas organiser une paix d'entente avec l'Allemagne. Aujourd'hui, nous devons essayer de le faire. [...]
>
> Ma présence au gouvernement a une signification qui n'échappe à personne, ni en France, ni à l'étranger. J'ai la volonté de rétablir avec l'Allemagne et avec l'Italie des relations normales et confiantes.
>
> De cette guerre surgira inévitablement une nouvelle Europe. On parle souvent d'Europe, c'est un mot auquel, en France, on n'est pas encore très habitué. On aime son pays parce qu'on aime son village. Pour moi, Français, je voudrais que demain nous puissions aimer une Europe dans laquelle la France aura une place qui sera digne d'elle. Pour construire cette Europe, l'Allemagne est en train de livrer des combats gigantesques. Elle doit, avec d'autres, consentir d'immenses sacrifices. Et elle ne ménage pas le sang de sa jeunesse. Pour la jeter dans la bataille, elle va la chercher dans les usines et aux champs. Je souhaite la victoire de l'Allemagne, parce que, sans elle, le bolchevisme, demain, s'installerait partout[68]. [...]

Laval fait l'unanimité contre lui. La plupart des Français sont scandalisés par de tels propos. Ils se détachent inexorablement de la politique de Vichy en matière de collaboration tout comme ils rejettent les Allemands[69]. Pierre Laval est plus impopulaire que jamais, ce qui transparaît clairement dans les rapports des préfets en 1942. La synthèse des rapports préfectoraux de la zone libre datée du 15 juillet 1942 en témoigne :

> La netteté avec laquelle le Président a déclaré souhaiter la victoire allemande a donc nécessairement heurté l'opinion. C'est dans ce sens que le préfet de Saône-et-Loire écrit notamment « depuis son retour au pouvoir le Chef du Gouvernement, tant par ses paroles que par ses décisions, avait fini par se trouver en synchronisme de pensée avec l'opinion publique. Ce synchronisme semble n'avoir plus existé depuis le 22 juin »[70].

Les synthèses préfectorales des mois suivants, tant en zone libre qu'en zone occupée, sont peu favorables à Laval. On lui reproche de ne pas être clair dans ses intentions, mais surtout de se lancer dans une politique de collaboration par l'envoi de main-d'œuvre française en Allemagne au moyen de la Relève.

On oublie souvent que le discours sur le souhait de la victoire allemande porte aussi et surtout sur la Relève – peu d'auditeurs ont retenu cela[71]. La Relève est une organisation mise en place par Fritz Sauckel, que Hitler a chargé en mars 1942 de trouver de la main-d'œuvre dans tous les territoires occupés par le IIIe Reich pour remplacer les ouvriers allemands des usines d'armement partis sur le front russe. Sauckel demande donc 350 000 travailleurs français au régime de Vichy. Pierre Laval négocie pour abaisser ce chiffre à 150 000 hommes, sur la base du volontariat; en contrepartie, les occupants s'engagent à rapatrier 50 000 prisonniers de guerre qui croupissent dans les stalags. Laval espère relancer une nouvelle fois la Collaboration avec cet accord. Or, le succès n'est pas au rendez-vous malgré tous les efforts de la propagande. Seuls 40 000 ouvriers ont répondu à l'appel de la Relève à la fin de juillet 1942; parmi eux, des condamnés de droit commun se portent volontaires et voient leur peine annulée. Le 4 septembre 1942, une loi permet au gouvernement français de «mobiliser» de la main-d'œuvre masculine et féminine pour répondre «à l'intérêt supérieur de la nation[72]». Cela concerne les Français âgés de 18 à 50 ans et les Françaises célibataires de 21 à 35 ans, aussi bien en zone libre qu'en zone occupée et dans le Nord-Pas-de-Calais; les étrangers vivant en France sont également touchés. Cette loi annonce la création prochaine du Service du travail obligatoire (STO) en février 1943. Sauckel obtient en outre que 100 000 ouvriers – sur les 350 000 exigés – soient envoyés sur les chantiers de l'organisation Todt. Si Laval essaie dans ses propos et discours de rassurer les Français sur ses intentions, prétendant que la politique du travail volontaire est nécessaire face au danger soviétique, cette politique est naturellement très impopulaire dans l'opinion.

On le verra, les entreprises de Laval et du régime de Vichy en faveur d'une collaboration plus assumée vont également franchir un cap idéologique, avec la livraison aux Allemands d'une partie des Juifs résidant sur le territoire national. Les plus collaborationnistes des Français s'en réjouissent, mais ils sont ultraminoritaires.

La folie collaborationniste

Les raisons d'un engagement proallemand

L'un des phénomènes singuliers de l'histoire de l'occupation allemande en France réside dans la création, à partir de 1941 essentiellement, de partis collaborationnistes, notamment à Paris. Ils sont implantés dans presque tout le pays et seul le centre de la France – à l'exception de l'Indre – semble moins concerné[73]. Ces partis doivent obtenir l'*imprimatur* d'Abetz et des autorités occupantes. « L'ambassadeur » espère bien en faire des instruments de pression pour faire plier Vichy. Les collaborationnistes se regroupent également dans des organisations culturelles comme l'Institut allemand ou se réunissent lors de conférences. Créé par Alphonse de Châteaubriant dès la fin de 1940, le groupe *Collaboration* réunit les collaborationnistes mondains. L'avocat Maurice Garçon dresse son portrait rapide au détour de son *Journal* :

> [Châteaubriant] est partisan des doctrines allemandes depuis fort longtemps. On ne peut pas lui reprocher d'avoir changé d'avis et d'être opportuniste. Sa flatterie du régime nazi [*sic*] est plus ancienne. Elle date de l'époque où les Allemands lui ont fait des ponts d'or pour les traductions de ses romans. […] Dès l'occupation de Paris, il a créé un journal sous le contrôle allemand pour servir leur cause. C'est moins bien[74].

Cet auteur, prix Goncourt 1911, bien que romancier de second plan, a rencontré Hitler en 1936. Pour lui, sous l'Occupation, le nazisme apparaît comme le seul moyen spirituel de détruire le communisme. Châteaubriant a créé *La Gerbe* dès le mois de juillet 1940, journal collaborationniste publié en zone occupée. Des noms très connus sont attirés par les belles rétributions offertes par le journal, tels Colette, Jean Giono ou encore Henry de Montherlant.

Des groupes antisémites voient aussi le jour, par exemple l'Institut d'études des questions juives. Leur presse abonde, financée par les services de propagande allemands ; elle ne souffre quasiment pas de la pénurie de papier, car des stocks lui sont spécialement attribués. Quant à la Légion des volontaires français contre le bolchevisme, elle permet à une minorité d'individus de servir militairement l'Allemagne en URSS.

Les collaborationnistes parisiens rencontrent souvent les Allemands autour de bons plats et de verres de champagne, à la Tour d'Argent par exemple. Ils sont invités aux galas organisés à l'ambassade d'Allemagne. Ils peuvent à loisir exprimer leur haine des Juifs, des communistes, des francs-maçons et des Anglais. Nombre d'entre eux ont l'impression de prendre leur revanche sur la société ; certains en profitent pour ne plus respecter les codes moraux traditionnels. L'opportunisme, l'aventure parfois et surtout le fanatisme d'individus en mal de reconnaissance ont nourri les idéaux collaborationnistes. Ainsi Bernard Faÿ, professeur au Collège de France, directeur de la Bibliothèque nationale (nommé pour remplacer Julien Cain, renvoyé car juif), un fanatique dont l'obsession est la traque des francs-maçons. Ou encore Maurice Sachs[75], personnage peu connu du monde des lettres avant la guerre, ami de Cocteau et de Gide, qui fait du marché noir, passe quelques mois dans un bordel homosexuel, avant de partir travailler volontairement comme opérateur de grue à Hambourg, pour finir informateur de la Gestapo.

Se servir des collaborationnistes

Les occupants savent se servir de ces Français zélés pour leurs basses besognes et autres trafics[76]. Des officines d'agents français voient le jour, notamment au service de la Gestapo et des bureaux d'achats allemands. On y trouve des tortionnaires, des espions, des délateurs, des trafiquants en tout genre, des pilleurs, des profiteurs du marché noir[77]. Curieusement, les Allemands ont pu utiliser les services de deux immigrés juifs, Joseph Joinovici et Mandel Szkolnikov, commerçants à la veille de l'Occupation. Szkolnikov devient très riche en vendant des biens immobiliers et en ravitaillant la Kriegsmarine, les SS et le Bureau Otto. Ce dernier, créé par l'Abwehr, est le plus important des bureaux d'achats allemands, chargés d'acquérir des biens à très bas prix en France afin de les revendre en Allemagne. Quant à Joinovici, s'il s'est moins enrichi, il a noué des liens étroits avec le gang Bonny – Pierre Bonny – et Lafont, de sinistre mémoire. Lafont travaille pour l'Abwehr dès 1940. Il se spécialise dans la recherche de locaux évacués par des Juifs réfugiés dans le sud de la France. Il pille les appartements et les entrepôts abandonnés ; tout ce qui est récupéré est envoyé au Bureau Otto. Il s'entoure d'anciens détenus pour mener des actions punitives et répressives, notamment en pratiquant la torture à l'encontre des résistants capturés. Il devient capitaine de la SS en 1941. À partir de 1942, il travaille de concert avec l'ancien inspecteur de police Pierre Bonny, renvoyé pour corruption. Le duo infernal est d'une efficacité redoutable dans le pillage et le marché noir. Lafont achète un hôtel particulier rue Lauriston et organise des soirées avec les Allemands. Le Tout-Paris collaborationniste s'y presse. Des actrices françaises espèrent y trouver un Allemand qui les protégera.

La Milice et les « services d'ordre » des partis collaborationnistes ne sont pas en reste pour servir avec zèle les desseins des nazis dans le cadre d'une répression qui s'accroît au fil des ans. Rappelons aussi que les Allemands savent faire pression sur le régime de Vichy en menaçant de donner le pouvoir aux collaborationnistes en cas de manquement grave dans le cadre de la collaboration d'État. Ainsi, Jacques Doriot a rêvé de prendre le pouvoir avec l'aide des SS et des services secrets de l'armée allemande. Les partis collaborationnistes se voient comme des concurrents directs du régime de Vichy, jugé trop mou dans la voie collaboratrice, même s'ils disent pourtant se réclamer de Pétain. Le nombre de leurs adhérents ne cesse de décroître pendant l'Occupation, notamment à partir de novembre 1942. Si certains prennent peur, l'heure des règlements de comptes risque d'arriver tôt ou tard – d'autres vont se radicaliser.

La propagande allemande déploie des moyens considérables pour aider les initiatives collaborationnistes et la concurrence est féroce entre les services d'Abetz et ceux du MbF. Les grandes expositions organisées à Paris – et financées par les nazis – sont l'occasion pour les collaborationnistes de se retrouver autour de thèmes qui leur sont chers. En octobre 1940, au Petit Palais, l'exposition consacrée à la franc-maçonnerie – les francs-maçons y sont accusés de collusion avec les Juifs et les Britanniques – attire 900 000 personnes en quelques semaines. Au Grand Palais, « La France européenne » reçoit plus de 100 000 visiteurs entre juin et octobre 1941. « Le Juif et la France », une exposition montée au palais Berlitz, connaît aussi le succès, tout comme celle intitulée « Le bolchevisme contre l'Europe » à la salle Wagram en mars 1942[78]. Si les Français qui visitent les expositions ne sont pas tous des collaborationnistes, leurs concepteurs le sont sans aucun doute. Abetz, de son côté, fait de l'Institut allemand un centre de la collaboration culturelle à partir de 1942. Il y organise ses propres expositions ainsi que des cours de langue allemande[79]. Des centres culturels allemands voient le jour en province.

La propagande collaborationniste emploie une presse dédiée (*Au Pilori, L'Œuvre*, des quotidiens ; *Je suis partout* et *La Gerbe*, des hebdomadaires), mais aussi des publications traditionnelles demeurées en zone occupée comme avant la guerre (*L'Illustration, Le Petit Parisien, Le Matin*), laissant l'illusion aux Français que la vie d'avant existe encore malgré la présence allemande[80]. D'autres journaux se sont en revanche repliés en zone non occupée au moment de l'exode de mai-juin 1940. De son côté, à partir de novembre 1940, Abetz fait tout pour faire publier *Le Nouveau Temps*, lequel doit remplacer le grand journal français d'avant guerre, *Le Temps*. *Le Nouveau Temps* est dirigé par Jean Luchaire, un ami de « l'ambassadeur ». Briandiste dans les années 1930, l'homme est un opportuniste qui profite de l'argent allemand pendant l'Occupation. Si la presse collaborationniste est très achetée à Paris, cela ne préjuge en rien de l'adhésion des lecteurs à ses thèses.

La pression de la délation

Enfin, les collaborationnistes sont encouragés à la délation par les occupants. Chaque Français peut également contribuer à débusquer les ennemis juifs, communistes, francs-maçons, réfractaires du STO à partir de 1943 et résistants. Entre 1940 et 1944, 20 000 lettres dénoncent des Juifs au commissariat général aux Questions juives (CGQJ). Les conséquences d'une délation sont parfois désastreuses. L'iconographie populaire a largement relayé le cliché d'une délation massive. Les occupants ne se privent pas de grossir l'ampleur du phénomène dénonciateur ; ce qui leur permet de renforcer l'idée selon laquelle l'âme des vaincus est moralement abaissée. Ainsi, à une femme venue au siège de la Kommandantur du Gross-Paris pour connaître le sort de son époux qui a été arrêté, un officier montre la lettre de délation et plus précisément la signature, celle d'un Français, à l'origine de l'arrestation. L'Allemand se réjouit de cette réalité très ouvertement[81]. Il n'en reste pas moins que dès 1940 les occupants ont besoin de la coopération des Français pour déjouer d'éventuels actes de résistance et limiter les réactions hostiles de la population.

Des dénonciateurs « professionnels » ont bien existé, des collaborationnistes anonymes qui ont pointé régulièrement auprès des services de répression français (police, gendarmerie et commissariat général aux Questions juives) et allemands. Il y a eu entre 150 000 et 500 000 lettres de dénonciation, et non pas des millions comme il a pu être fréquemment dit[82]. La plupart sont signées et non pas anonymes. Les dénonciateurs ont des motivations assez variées : certains pensent qu'ils se montrent ainsi bons patriotes, en fidèles du maréchal Pétain et de sa Révolution nationale ; d'autres agissent par antisémitisme, par anticommunisme, pour prendre une revanche sociale en dénonçant d'anciens patrons soupçonnés de franc-maçonnerie ; un certain nombre dénoncent parce qu'ils souhaitent une franche collaboration avec l'Allemagne ; d'autres encore veulent se venger d'un voisin, d'un époux ou d'une épouse, se débarrasser des mauvaises fréquentations de leurs enfants. La police française et le CGQJ, tout comme la Gestapo et les SS, aiment utiliser des réseaux d'indicateurs très efficaces tels des agents des Postes, qui reçoivent une petite somme d'argent en compensation. Dans l'ensemble, il semble que les délations les plus nombreuses soient le fait de règlements de comptes familiaux. Cela dit, si les collaborationnistes ne sont pas majoritaires dans les délations, ils diffusent des messages à la population les incitant à dénoncer des suspects.

De leur côté, les Allemands promettent de fortes sommes d'argent pour prix d'une délation sérieuse et informée. La récompense la plus importante jamais promise sous l'Occupation est annoncée par des affiches placardées en zone occupée pour retrouver les assassins du *Feldkommandant* Hotz à Nantes le 20 octobre 1941, soit 15 millions de francs (4,7 millions d'euros aujourd'hui)[83] !

Dans l'État autoritaire et collaborateur de Vichy, la délation est élevée au rang d'acte civique. C'est un moyen de maintenir la pression sur une société française déjà en grande difficulté. Tant Vichy que les Allemands ont eu intérêt à ne pas se priver de l'arme de la délation.

5

Pillages allemands et quotidien en coupe réglée

Si la collaboration politique est en échec, la collaboration économique est très active, sous la forme d'un pillage organisé, conduisant à la quasi-sujétion du régime de Vichy par une exploitation systématique des ressources françaises de part et d'autre de la ligne de démarcation. Cela passe aussi par le pillage d'œuvres d'art et de livres précieux. Parallèlement, au quotidien, les Français souffrent de la pénurie et du rationnement. Le marché noir, qui profite essentiellement aux Allemands, finit de vider le pays de ses ressources en nourriture et en matières premières. Les nazis ont une vision globale des atouts du pays conquis qui leur permet de l'agréger à la machine de guerre allemande le plus efficacement possible. Dès le 1er mars 1940, le ministre allemand de l'Agriculture et de l'Alimentation, membre éminent des SS, Richard Walther Darré, a affirmé dans un discours que le «devoir» des Allemands était «d'organiser économiquement les territoires conquis qui progressivement seront inclus dans le territoire allemand[1]». La tâche n'est pas aisée, en particulier à cause des divisions entre les services allemands. Mais au bout du compte, l'objectif d'obtenir des Français la plus grande participation économique à l'effort de guerre allemand est rempli. Les occupés, qui souffrent énormément de ce pillage quotidien des ressources françaises, cherchent cependant toutes les parades et ripostes possibles pour survivre.

Partout des Allemands!

Le Polonais Andrzej Bobkowski traverse la France vers le Sud au moment de l'exode de mai-juin 1940, puis rentre à Paris après l'entrée en vigueur de l'armistice franco-allemand. À pied et à vélo, il découvre un pays occupé par les Allemands après son passage de la ligne de démarcation à Chalon-sur-Saône le 26 septembre 1940. Il est frappé par la brutalité des changements dans le paysage et dans l'attitude des Français. Dans son journal, il est très critique et moqueur face à la Wehrmacht, qui selon lui se pense toute-puissante :

> [27 septembre 1940] Des unités allemandes cantonnent dans tous les villages. Leurs camions et leurs motocyclettes rugissent sur les routes. Quelle que soit sa force, cette armée me semble une armée de pacotille, des jouets de Nuremberg. C'est un sentiment tout à fait absurde et inexplicable, mais cette armée a vraiment un air de camelote. [...] Maintenant... Les produits alimentaires sont rationnés partout et je dois livrer de longues batailles, en particulier pour le pain et le fromage. Bien sûr, j'arrive toujours à mes fins sans tickets. L'attitude des gens envers les Allemands se manifeste par le silence et l'hostilité. [...] Dans un village stationne la cavalerie ; dans un autre des tanks... Ils sont partout. Ils se sont déjà trouvé des filles et se promènent avec elles sur la route. [...] Là, à cent mètres de nous, Goering en personne se promène avec toute sa suite. [...] Dans la soirée, nous traversons Avallon. Les bistrots sont pleins de soldats qui chantent des lieds. Il y a aussi des Allemandes, sans doute des femmes d'officiers. Elles sont déjà là[2].

Nombre de témoins se souviennent encore aujourd'hui, avec un certain effroi, de l'arrivée, puis de l'installation de l'occupant allemand ou italien dans leur univers quotidien, seulement ouvert aux proches et aux voisins de la commune ou du quartier. L'effroi vient autant de la peur de l'inconnu que des rumeurs sur des massacres dont sont coutumiers les Prussiens depuis la guerre de 1870 et celle de 1914-1918. Entre le début de l'entrée des Allemands en France et leur installation, il se passe quelques semaines. Rien n'a préparé les Français à cette prise de contact soudaine et brutale, malgré la légendaire « correction » allemande des débuts, largement surestimée par la propagande de Goebbels. Très vite, les Allemands se comportent en vainqueurs et vivent largement sur le pays. Une minorité, qui aime la France, se montre parfois plus conciliante, voire aimable, avec les occupés. Dans les cafés, les échanges entre Allemands et Français sont fréquents. La curiosité l'emporte : qui sont ces occupants ? Que veulent-ils au juste ? Certains les trouvent admirables alors que d'autres tentent de se convaincre qu'ils ne rêvent pas et qu'ils sont bien obligés de partager leur vie avec des étrangers indésirables. Cela ressort de nombreuses monographies régionales et universitaires publiées en France depuis les années 1990. Les attitudes varient beaucoup d'une région à l'autre, selon l'importance de la présence des Allemands. Des villages dits «occupés» ne les ont vus qu'occasionnellement, ce qui a accru d'autant leur méfiance. D'autres ont subi l'occupation des maisons et des lieux publics.

Une fois installés, les ordres de réquisition fusent en allemand; les logements des bourgeois et des ruraux en sont les principales cibles. Les Français qui en sont victimes n'ont pas d'autre choix que d'acquiescer sans mot dire, il faudra vivre avec un ou plusieurs inconnus, dont on ne connaît rien des mœurs et encore moins du caractère. Certains «locataires» sont ignobles, d'autres grossiers, certains se montrent assez discrets. Durant les six premiers mois de 1941, Ernst Jünger sillonne la zone occupée avec son régiment et rapporte qu'il est assez bien accueilli et qu'il mange somme toute très bien grâce à des paysans qui font tout pour éviter les tensions et qui trouvent en lui un Allemand fort bien élevé[3]. Des témoins évoquent l'existence d'une certaine forme de «civilité». Parfois, des échanges avec un soldat allemand révèlent un père de famille qui s'ennuie beaucoup et qui ne pense qu'à rentrer chez lui. Dans plusieurs petits villages d'Indre-et-Loire et du Cher, des témoignages montrent des Allemands distants et qui ne cherchent pas le contact avec la population.

Les Allemands sont arrivés là où certains ne les attendaient pas. Jean Guéhenno s'en fait l'écho en septembre 1941 alors qu'il se rend en Bretagne pendant les vacances pour tenter de trouver des produits frais:

> Je suis allé à Camaret, à Brest, à Saint-Brieuc, à Fougères, à Saint-Germain-en-Coglès, dans le village même où j'ai été élevé. J'ai trouvé partout la même absurdité. Je me rappelais nos chansons de conscrits:
> «Jamais les Prussiens n'viendront
> Manger la soupe en Bretagne.»
> La chanson mentait[4]...

Effectivement, la chanson est contredite par les faits: les Allemands sont omniprésents en Bretagne; on croise l'uniforme gris dans les boulangeries, les cafés, sur les chemins des douaniers, dans les ports, dans les bordels, dans la lande, à Crozon comme sur les îles, etc. Bref, que ce soit en Bretagne, en Normandie, en Île-de-France ou dans l'Est, il est impossible pour les Français d'échapper à la présence physique et administrative des occupants allemands.

Une vie nouvelle commence pour des millions de Français qui partagent désormais leur quotidien avec les Allemands et les Italiens. Vercors a immortalisé dans *Le Silence de la mer* la vie d'un officier allemand au sein d'une famille française. La jeune fille se montre très digne, refusant de discuter avec un homme pourtant très instruit ; il est allemand, il est l'ennemi, et quelles que soient ses qualités, la collaboration est impossible. L'ouvrage est l'un des symboles de la résistance littéraire à l'occupant. Pour autant, il ne rend que partiellement compte de la réalité quotidienne des relations entre Français et Allemands. Son mérite est d'apporter un regard sans concession sur l'Allemand.

Dans les régions occupées, les maires doivent se débrouiller pour faire traduire en français les avis allemands – ou italiens – et les nouvelles lois de l'occupant qu'il faut greffer à des habitudes ancestrales. Parfois, un ancien de 1914-1918 s'occupe de le faire ; d'autres fois, une sténo qui connaît quelques rudiments se charge de la besogne. Ensuite, ils doivent opérer les réquisitions avec l'aide des gendarmes et/ou des policiers. Les Allemands savent parfaitement déléguer ces tâches aux autorités françaises en place, ce qui leur permet de contrôler ainsi plus facilement l'espace et la population d'une commune.

Les témoins se souviennent surtout des premières mesures allemandes, celle instaurant le couvre-feu par exemple. Dès la fin juin 1940, des avis paraissent dans la presse ; le texte est sensiblement le même à chaque fois, que ce soit dans le centre de la France ou en Basse-Normandie. À Lisieux, le 29 juin, la *Kreiskommandantur* communique :

> [...] Les divers habitants de la ville ne doivent plus circuler dans les rues à partir de 22 heures (heure allemande).
> Les divers cafés, restaurants et autres doivent fermer ponctuellement à 22 heures (heure allemande).
> La sécurité de la ville sera assurée par des patrouilles de troupes allemandes. La population devra obéir à leurs ordres.
> À la fin du jour, aucune lumière ne devra être visible de l'extérieur[5].

À Loches (Indre-et-Loire) – d'abord située en zone occupée, puis en zone non occupée en raison des fluctuations locales du tracé et du bon vouloir des chefs allemands de la région –, le couvre-feu est fixé à 22 h 30. Les Lochois voient le paysage communal se modifier sensiblement comme dans nombre d'autres localités françaises avec un lot identique de contraintes : des logements réquisitionnés par et pour les Allemands, des canons et des mitrailleuses placés sur des édifices publics et sur les coteaux environnants, des drapeaux nazis, des guérites, des herses, etc. Dans la région de Barfleur (Manche), les occupants arrivent le 19 juin 1940. Ils s'installent immédiatement sur le pont de Tancarville pour bénéficier d'un point d'observation unique avec un angle à 180°. Un an plus tard, ils commencent à édifier des blockhaus, des postes d'observation, de l'artillerie et un très gros émetteur radio[6].

En zone occupée, les Français doivent respecter des mesures très strictes qui limitent leurs déplacements et encadrent certains comportements très banals en temps de paix, comme l'éclairage les pièces de la maison. Les chevaux et les automobiles sont également «prisés» par les réquisitions[7]. Les préfectures ont la lourde tâche de distribuer des bons d'essence, une tâche d'abord effectuée par les Allemands, de juin à août 1940. Un nombre maximal de véhicules pouvant circuler dans les départements occupés est fixé : par exemple, 2 500 dans la Manche[8]. À Paris, seuls 4 500 permis de circulation sont accordés pour les fonctionnaires, les médecins et certains privilégiés. Le bruit des moteurs se fait beaucoup plus rare dans les rues.

Dans les villes et villages de la France occupée, la rencontre avec les nouveaux «habitants-occupants» est donc rude. Le Français qui vient de la zone non occupée est sans doute encore plus choqué par ce qu'il voit en zone occupée. Au début d'août 1940, un voyageur, représentant d'une maison de lainage de la zone non occupée de la Saône-et-Loire, note ses observations lors d'un séjour de travail à Troyes dans l'Aube[9]. Son récit est connu des services de police, lesquels en réfèrent ensuite au préfet – c'est un moyen de s'informer sur la France occupée. Le représentant raconte son voyage au cours duquel il a traversé de nombreuses localités anéanties ; à Troyes, il ne peut pas dormir dans un hôtel de bon niveau, car les Allemands les ont réquisitionnés. Il évoque ensuite sa vie quotidienne de représentant :

> Aucun restaurant n'est ouvert car on manque de tout ; mais on peut manger au buffet de la gare, ravitaillé par les Allemands où, sur des tables sans nappe et sans serviettes, on vous sert le plat unique : viande et légumes pour 12 francs. Ni vin, ni sucre, ni sel, ni bière, ni café. On boit de l'eau ou du cidre tiré au tonneau.

On peut pour 3 francs avoir du fromage ; les vins à la carte valent 40 frs pour le chablis, 60 frs pour le mâcon, 100 et 120 frs pour le bourgogne, 150 frs pour le champagne...

Les stocks de bonneterie de l'Aube ont dû être déclarés aux Allemands. C'est un capitaine de la Wehrmacht qui dirige désormais la chambre de commerce, décide de l'organisation du travail, de l'embauche et des horaires de travail. Les fabriques dirigées par des Juifs sont mises sous séquestre. Le représentant en lainage ne peut quasiment plus travailler, car pour faire passer de la matière première en zone non occupée, il doit demander une autorisation aux Allemands, quasiment impossible à obtenir. À l'évidence, les attitudes varient d'un individu à l'autre. Après une période d'observation réciproque, les rapports occupés-occupants vont se durcir pour certains, tandis que pour d'autres les relations prennent place dans le lot des habitudes quotidiennes.

Les vols d'œuvres d'art et de livres

Une « pègre » nazie pour piller les œuvres d'art

L'histoire des loisirs et de la culture sous l'occupation allemande ne peut pas manquer d'évoquer les vols et pillages de livres et d'œuvre d'art par milliers. Le MbF reçoit la mission de mettre au pas la culture du pays occupé. L'hégémonie nazie prime dans tous les domaines, comme Hitler aime à le rappeler.

Le pillage se fait dans l'ombre et avant même la reprise de certaines activités culturelles. Les dirigeants des différents services d'occupation pensent que les archives et les œuvres d'art font partie du butin du vainqueur ; somme toute, il s'agit là d'une tradition historique dans l'histoire des guerres. Les Allemands se moquent éperdument des limites imposées par les conventions internationales de La Haye. Le très francophile Otto Abetz est le principal agent de la recherche et du pillage d'œuvres d'art de juin à septembre 1940, bientôt concurrencé et dépassé par de redoutables dignitaires nazis, des voleurs à grande échelle.

Dès le 30 juin 1940, le général Keitel adresse une note au général Bockelberg, commandant militaire de Paris, afin de lui enjoindre, sur les ordres du Führer en personne, de « mettre en sûreté – outre les objets d'art appartenant à l'État français – les objets d'art et documents historiques appartenant à des particuliers, notamment à des Juifs[10]». Ils doivent servir de gage dans les négociations d'un éventuel traité de paix avec les Français, pris à la gorge par la convention d'armistice franco-allemande du 24 juin. Dès la mi-juillet 1940, tout objet d'une valeur supérieure à 100 000 francs doit être déclaré aux militaires allemands. Toutes ces mesures laissent penser au début de l'Occupation que les Allemands entendent respecter une partie des conventions internationales et que tout est transparent. Tel n'est évidemment pas le cas. Hitler a un homme de confiance auprès de lui, Alfred Rosenberg, qui crée un «état-major spécial», l'ERR (*Einsatzstab Reichsleiter Rosenberg*). L'ERR est un service du bureau de la politique érangée du parti nazi, que Rosenberg dirige dès 1933. Il récupère les œuvres d'art des pays occupés et les envoie en Allemagne. L'ERR s'installe en France dès juillet 1940. L'ERR a pillé des milliers d'œuvres d'art chez les Juifs de toute l'Europe.

À Paris, les responsables allemands s'intéressent de près à cette nomination, car ils ont bien compris que le pillage des œuvres et des livres peut se révéler très rentable. Abetz se sent floué, car il n'a plus la main sur les objets de valeur qu'il a déjà entreposés rue de Lille (site de l'ancienne ambassade d'Allemagne). Du reste, il remarque dès son arrivée que, le 15 juin, la «colonne» – *die Kolonne* – dirigée par le baron von Künsberg, secrétaire de légation à l'*Auswärtiges Amt*, a emporté ses archives les plus récentes concernant les affaires étrangères[11]. Ces équipes quittent la rue de Lille à l'arrivée de «l'ambassadeur» pour aller s'occuper des archives du Quai d'Orsay, du Sénat, de la présidence du Conseil, du Conseil d'État et de la Chambre des députés.

Plus tard, Abetz va prendre en charge la recherche des archives officielles françaises avec l'aide de Karl Epting. Ce dernier découvre ainsi les archives du Service des œuvres françaises à l'étranger cachées dans les châteaux de la Loire, où nombre de cartons d'archives des ministères ont été dissimulés pendant la campagne de France. Il met la main sur l'original du traité de Versailles et du traité de Saint-Germain-en-Laye.

Epting retourne bientôt à Tours et dans sa région pour analyser des milliers de pages d'archives des différents ministères français. En août, des dizaines d'archivistes venus de Berlin trient les papiers ainsi découverts et les saisissent. Nombre d'archives seront envoyées à Berlin, puis emportées par les Soviétiques en 1945 avant d'être rétrocédées à la France en partie seulement dans les années 1990.

Ces documents ont été très utiles à la propagande nazie, les occupants cherchant toujours à justifier leur conquête de l'Europe assimilée à une véritable croisade.

À côté de Rosenberg et d'Abetz – toujours en lutte pour prendre la main sur les archives et les œuvres d'art –, l'autre grand pilleur d'œuvres d'art, le principal même, est Hermann Goering en personne. Pourtant, dès le 11 mai 1940, le comte Franz von Wolff-Metternich a été nommé par l'OKH à Paris au sein de l'administration militaire comme le très officiel – en fait une vitrine pour masquer bien des trafics et des pillages – responsable du Service de protection artistique en zone occupée en charge de la protection des œuvres d'art. De son côté, Rosenberg a envoyé dans toute l'Europe occupée des cohortes de spécialistes et d'archivistes pour inventorier tout ce qui pouvait avoir de la valeur ; à partir du 17 septembre 1940, il peut s'emparer des biens appartenant aux Juifs et aux francs-maçons et « transporter en Allemagne les objets qui lui semblent précieux et les mettre en sécurité. Le Führer s'est réservé pour lui-même la décision de leur futur emploi[12] ». Autant dire que l'ERR a tous les droits et tous les pouvoirs ou presque. À Paris, elle est installée avenue d'Iéna et est dirigée par Georg Ebert entre le 17 juillet 1940 et la fin de 1941. Cette succursale française de l'ERR se charge aussi des saisies aux Pays-Bas et en Belgique. Plusieurs équipes spéciales œuvrent en son sein à Paris : le département O dirigé par Kurt von Behr et le département P par Ingram. Des équipes très bien organisées permettent un pillage organisé, notamment dès que l'ERR reçoit le monopole des saisies des biens culturels en zone occupée.

En parallèle des saisies et autres pillages de l'ERR, Abetz et Ribbentrop organisent un système de vols d'œuvres d'art au début de l'Occupation, notamment celles de Maurice de Rothschild. Parallèlement, le ministre de la Propagande, Goebbels, entre dans la partie grâce à Hitler, qui, le 13 août 1940, lui ordonne de rapatrier toutes les œuvres d'art et tous les objets importants sur le plan historique. Le but est aussi d'écarter Abetz de la traque aux œuvres d'art.

Rosenberg-Goering, un attelage infernal

Très vite, le duo Rosenberg-Goering se montre plus efficace qu'Abetz et les militaires allemands en France. Même s'il lui

faut éviter les affrontements avec les SS et agir le plus discrètement possible, il est beaucoup plus puissant. À partir du mois de
novembre 1940, l'administration militaire à Paris est écartée du
trafic et du pillage à grande échelle des œuvres d'art. Goering entre-
prend alors de se constituer une collection immense en la faisant
convoyer de France vers le Reich sous la protection de la Luftwaffe
qu'il commande. De son côté, Rosenberg, qui recherche les œuvres
pour Goering, les recense, les photographie et rend également
compte de ses trouvailles à Hitler. Le 13 novembre 1940, il fait
son premier rapport au Führer :

> Mon état-major spécial a entrepris, au cours des derniers mois, des recherches
> à Paris, Bruxelles puis Amsterdam pour procurer aux universités et, par-delà, à
> toute l'Allemagne, les grandes œuvres d'art qui sont la propriété des Juifs ou
> des francs-maçons[13].

Cette quête et ces saisies sont possibles grâce à la constitution
d'un réseau structuré. Les nazis ont mis en place une nébuleuse
de courtiers, d'informateurs, d'experts, de marchands d'art et
d'artistes capables d'évaluer la valeur des œuvres. Dès le début
de l'Occupation, de vastes inventaires sont réalisés, non sans mal
tant le personnel français de certains musées et bibliothèques
manifeste sa mauvaise volonté. Des dépôts immenses sont créés
dans des tunnels, des mines de sel, des couvents, des écoles en
Allemagne, en Autriche mais aussi en Pologne, en Roumanie ou
en Tchécoslovaquie pour recueillir les toiles de maîtres pillées en
France et ailleurs par le duo Rosenberg-Goering : Fragonard, Goya,
Murillo, Rembrandt, Rubens, Velázquez, Watteau, par exemple.
Naturellement, les œuvres déclarées « dégénérées » par l'idéologie
nazie – cubistes, impressionnistes, fauves, abstraites ou encore
expressionnistes – n'ont pas droit de cité. Tous les services allemands sont donc en concurrence du début à la fin de l'Occupation
dans le domaine des saisies artistiques.

L'ERR de Rosenberg a entrepris ces saisies aux dépens de centaines
de familles juives françaises et de musées pour des buts financiers,
mais aussi pour enrichir la collection personnelle de Goering, qui
ne cesse de se vanter de posséder la plus belle collection d'objets
d'art en Europe. Seul Hitler le devance dans cette compétition
de pillages artistiques entre grands dignitaires du régime nazi.

Les œuvres possédées par Goering ne sont pas toutes classiques,
puisqu'il détient plusieurs Degas, un Cézanne, un Braque et même

des tableaux de Pissarro, un artiste juif. Il parvient à dominer le pillage allemand des œuvres d'art en Europe occupée en évinçant progressivement Rosenberg et en jouant des rivalités entre Goebbels et Ribbentrop. L'ambition de Goering est de dominer le marché artistique en France et en Europe. Hitler, de son côté, a pour unique préoccupation la confiscation des œuvres appartenant aux Juifs de France.

Les agissements de la clique Rosenberg-Goering ont fait des mécontents au sein de l'administration militaire allemande en France. Le comte Metternich a beau mettre en avant les deux conventions internationales de La Haye (1899 et 1907), rien n'y fait. Menacé par Goering lors d'une visite du maréchal à Paris en février 1941, le comte de Metternich est limogé en juin 1942 et remplacé par son second, le «docteur» Tieschowitz[14].

Si les musées français ont été épargnés au début de l'Occupation, il n'en est pas de même dans les années suivantes, tant l'appétit des nazis grandit. Hitler exige aussi le retour en Allemagne d'œuvres qui se trouvent en France depuis les guerres napoléoniennes et la guerre 1914-1918. En 1941, en Alsace et dans certaines institutions françaises (musées de l'Armée, de la Marine, par exemple), des milliers d'œuvres sont saisies et envoyées en Allemagne. Le régime de Vichy essaye bien de freiner certains pillages, dont celui des œuvres appartenant aux familles juives, mais il ne peut quasiment rien faire face à la détermination des nazis. Un décret de novembre 1940, signé par Utikal, chef de l'*Einsatzstab Rosenberg*, explique d'ailleurs aux Français que le Reich mérite bien un dû face aux efforts consentis par ses armées pour débarrasser l'Europe de ses Juifs. Tout un argumentaire juridique est progressivement construit pour ne jamais laisser une initiative à Vichy dans le domaine du pillage des œuvres d'art.

Bibliothèques pillées : nier la culture française

Au pillage des œuvres d'art s'ajoute celui des livres, le plus souvent dans des bibliothèques privées[15]. Les Allemands ont volé des millions de livres à des Français possédant de riches bibliothèques, telle la féministe Louise Weiss qui a perdu plus de 6 000 ouvrages. La France ne récupérera que 20 % des ouvrages saisis par les Allemands entre 1940 et 1944. Comme pour les œuvres d'art, ce pillage est simplement motivé par l'appât du gain ou effectué au nom de considérations racistes et antisémites. Les francs-maçons et les Juifs de France en sont une fois encore les principales victimes. Dès l'été 1940, les occupants saisissent les livres des familles juives les plus riches, mais aussi ceux des responsables de la franc-maçonnerie, des émigrés politiques allemands et des Français que le régime de Pétain a «déchus» de leur nationalité. Ces mesures ressortent de la répression idéologique, mais des ouvrages de grande valeur ont pu aussi être monnayés sur le marché clandestin. À la mi-1942, les Juifs sont devenus les principales victimes des saisies ; les livres sont soit brûlés soit envoyés outre-Rhin, non sans avoir subi une sélection très stricte.

Dès la fin des années 1930, historiens, experts en art et archivistes allemands ont recensé des milliers de livres et d'archives qu'ils estiment être des biens allemands. Le service de Rosenberg se charge d'inventorier les bibliothèques à spolier, aidé par des listes établies avant la guerre par des spécialistes des musées et des ouvrages précieux. À la fin des années 1930, le docteur Otto Kümmel, directeur des musées de Berlin, a établi un énorme dossier sur les œuvres à restituer à l'Allemagne dans un souci de revanche. Il s'agit d'une liste de 300 pages intitulée *Mémorandum et listes d'objets d'art pillés par les Français en Rhénanie* et qui recense œuvres d'art et collections précieuses des bibliothèques françaises qui doivent être rapatriées en Allemagne. Une nouvelle liste est dressée avant l'attaque de la France : les nazis n'ignorent rien des collections d'ouvrages précieux présents dans les bibliothèques juives, maçonnes, etc.

Pendant l'Occupation, les archivistes allemands installés au cœur des institutions culturelles françaises poursuivront et compléteront leur minutieux inventaire. Au MbF est constitué un service *Schule und Kultur* pour «sauvegarder les institutions culturelles des territoires occupés» ; au sein de ce service est créé le «service de protection des bibliothèques françaises» (*Bibliothekschutz*), opérationnel à partir du mois de septembre 1940. Dès l'invasion de la France, des commandos spéciaux du ministère des Affaires étrangères ont mis la main sur les archives du Quai d'Orsay et les bibliothèques de plusieurs ministères, mais aussi sur celles des dirigeants socialistes de la IIIe République, de la famille Rothschild et sur les archives du Grand Orient.

Face à l'emprise allemande sur les biens intellectuels et artistiques français, les artistes et les conservateurs adoptent plusieurs stratégies : la tentative de protection des œuvres ; le suivi clandestin de leur destin après leur envoi en Allemagne (Rose Valland au Jeu de paume) ; l'indifférence ou encore la collaboration. Le comportement des milieux de l'art ressemble globalement à celui des Français en d'autres domaines.

Pillages immédiats

« Des boîtes de singe[16] *»*

À la fin de son exode en juin 1940, Léon Werth livre une observation intéressante sur le comportement des Allemands, qu'il exècre ; il a fui avec sa famille, mais les envahisseurs ont fini par rattraper les cohortes de réfugiés et l'essence vient à manquer. Werth se retrouve alors au contact des premiers envahisseurs :

> Nous sommes « entretenus ». Les soldats distribuent des boîtes de singe, de sardines, de « salmon », du chocolat, des bonbons. Mais tout est de marque française. Tout vient de Rouen ou d'Orléans, tout a été pillé. Lorsque nous étions assis sur l'herbe, à quelques kilomètres des Douciers, avec les Aufresne, un soldat allemand nous avait tendu une boîte de singe. C'était la première fois. Et nous avions faim et n'avions rien d'autre à manger. Si j'avais été seul, peut-être alors aurais-je refusé ce présent du vainqueur[17].

Ernst Jünger évoque une orgie alimentaire dans son *Journal*, tout comme d'autres soldats et officiers allemands[18]. Toutes les régions traversées et occupées par les Allemands entre 1940 et 1942 sont inspectées avec soin par les soldats, qui recensent tous les biens alimentaires et les lieux de vente. Ils se servent d'abord dans les stocks abandonnés dans le Nord, le Pas-de-Calais, l'Est, des régions vidées de leurs habitants pendant plusieurs mois en 1940, voire jusqu'en 1941 pour les régions de la zone interdite. Ils mettent la main sur d'énormes réserves constituées par l'armée française : de l'essence, des chevaux, de la nourriture et des vêtements. La règle voulant que ces biens soient payés par les occupants n'est pas respectée. Partout, les saisies allemandes se multiplient, notamment celles de métaux comme le cuivre. Même Lyon est pillée, avant que ne soit connu le tracé de la ligne de démarcation fin juin 1940, laissant la ville en zone non occupée[19]. Les témoignages recueillis dans les régions envahies montrent clairement que les Allemands sont décidés à piller le pays dès le début.

Le pillage s'accélère entre 1940 et 1942. L'occupation totale du pays ne fera qu'accentuer le processus à partir de la fin de 1942. Or, la vie quotidienne des Français dépend des Allemands, qui se servent les premiers. En zone occupée, dès septembre 1940, ils mettent en place le plan de rationnement.

Au début de l'Occupation, les Français ont encore quelques illusions sur la présence allemande, telle cette commerçante qui vit quelque part au nord de la ligne de démarcation, sans doute en Saône-et-Loire ; l'intellectuel polonais Andrzej Bobkowski rapporte ses propos :

> Encore qu'une commerçante m'ait dit que pour ce qui était de l'armée, elle préférait l'armée allemande : « Nos soldats, en se repliant, pillaient les magasins et les cafés, et ils frappaient les gens qui s'opposaient au brigandage. Les Allemands, eux, pouvaient tout prendre, mais même quand il se trouvait des gens prêts à tout leur laisser gratuitement, ils refusaient et payaient toujours. Ils sont gentils, on ne peut rien dire[20]. »

Ce témoignage date de la fin septembre 1940 et donne une vision très partielle du début de la présence allemande en France. La commerçante qui s'exprime ne songe qu'à son commerce. Peu importent les considérations politiques et morales, les affaires restent les affaires. Il est vrai que le repli d'une partie des troupes françaises, croisant la route des réfugiés de l'exode éreintés, a parfois choqué ceux qui les voyaient passer[21]. Avec ironie, Louis-Ferdinand Céline s'en amuse dans *Guignol's Band*.

Le 21 juin 1940, dans leur *Journal à quatre mains*, Benoîte et Flora Groult sont amères à l'arrivée des Allemands. L'une des sœurs écrit :

> J'ai été en ville ; je les ai vus, sur des voitures grises, camouflées à l'aide de branches, raides, rouges, immobiles, tout à fait des hommes normaux. Beaux pour la plupart, avec des nuques droites et des équipements tous pareils, ce qui surprend. Ils n'avaient pas l'œil arrogant du vainqueur, ils étaient impassibles, à accomplir leur mission[22].

D'aucuns pensaient ne jamais voir un Allemand dans Paris. Dans *33 jours*, Léon Werth ne veut pas croire à l'avance rapide des Allemands ; pour lui, la capitale ne peut pas être occupée. Le 12 juin, il écrit : « Paris, c'est Paris, et il n'est pas possible que les Allemands y entrent[23]. » Pourtant, les premiers Allemands rentrent dans la ville deux jours plus tard. À Paris et dans sa région, la vie quotidienne reprend progressivement[24]. Plusieurs écoles sont réouvertes dès le 17 juin. Cependant, les instituteurs ne sont pas encore tous à leur poste. Dès le 10 juillet, 38 000 enfants sont à nouveau assis dans les salles de classe des écoles primaires[25].

Le 21 juin, 1 243 boulangeries, 471 boucheries, 400 charcuteries et 2 966 épiceries ont repris une activité quasi normale. Pour l'heure, l'état sanitaire des Parisiens reste bon. À la même date, toutes les grandes usines réembauchent. Sept théâtres ou music-halls ont réouvert dans la seconde moitié de juin. À la fin du mois, les lignes d'autobus qui transportent les travailleurs des banlieues jusqu'à Paris ne sont toujours pas rétablies. Les rares lignes de chemin de fer qui fonctionnent et les bicyclettes sont les seuls moyens de se déplacer. Certains viennent à pied jusqu'aux entrées de Paris avant de gagner le Métropolitain bondé – près de 2,5 millions de billets sont vendus chaque jour.

Des retours de réfugiés par milliers sont enregistrés, mais des changements sont visibles dans le paysage urbain. Paris n'a plus tout à fait la même configuration qu'avant l'exode. En effet, la signalétique propre à l'exode a laissé la place à celle des nazis : les drapeaux à croix gammée en très grand nombre, les panneaux en langue allemande, les guérites qui barrent l'entrée de certaines rues, etc. Par ailleurs, des militaires allemands sont en faction devant les bâtiments qui hébergent les services de l'occupation allemande en France (le MbF). Berthe Auroy, institutrice avant la guerre, de retour à Paris, écrit le 15 juillet 1940 :

> Paris est encore désert et si triste ! On est tout impressionné d'entendre sonner son pas sur le trottoir. Les uniformes réséda ne manquent pas. Ils sortent des magasins, les bras chargés de paquets. Montmartre est un but d'excursion. Chaque jour, vers 5 heures, de nombreux camions remplis de soldats stationnent devant le Moulin de la Galette[26].

Le 16 août 1940, Jean Galtier-Boissière observe : « Les drapeaux hitlériens sur les monuments ; les cars des soldats, les caravanes de touristes feldgrau sous la conduite d'un cicérone, ex-marchand de cartes postales transparentes[27]. » Les horloges affichent l'heure allemande. Les rues de Paris sont plus silencieuses. Les chevaux ont pris la place des automobiles ; le bruit des sabots sur le pavé ou le macadam rappelle davantage la fin du XIXe siècle que le milieu du XXe siècle.

L'approvisionnement alimentaire de la capitale est totalement désorganisé. Les Allemands se servent les premiers sur les arrivages de produits frais. Les Parisiens les regardent, perplexes. Où est la « correction » allemande dont parle la propagande ? Selon la préfecture de police de Paris, « dans la deuxième quinzaine de juin, les magasins reprennent leurs activités y compris les grands magasins comme Félix Potin, Julien Damoy, Luce et Fauchon[28] ». Les Parisiens découvrent les queues devant les magasins pour obtenir quelques maigres victuailles. Le 28 juin, dans son *Journal littéraire*, Paul Léautaud note : « Aux commissions. Rien. Ni viande, ni beurre, ni pommes de terre. Mon fruitier de la rue Saint-André-des-Arts, qui va au ravitaillement avec sa camionnette jusqu'en Seine-et-Oise, me racontait qu'il revenait hier matin avec vingt mottes de beurre et une bonne quantité de pommes de terre. Des Allemands rencontrés en route lui ont tout réquisitionné, y compris la camionnette. Nous pouvons nous préparer aux menus simples[29]. » Simone de Beauvoir fait le même constat[30]. L'armée d'occupation se sert sur les réserves des Français.

Pendant l'Occupation, l'hebdomadaire de Goebbels, *Das Reich*, publie régulièrement des reportages sur la France et sur la vie quotidienne à Paris. Dès le mois de juillet 1940, des journalistes allemands signalent une rapide adaptation des Français à la présence de l'occupant[31] – ils n'ont pas vraiment le choix. L'auteur d'un article s'étonne de pouvoir se promener librement dans Paris. Il remarque que dans les restaurants, les patrons s'adaptent assez rapidement au changement de clients, essentiellement des Allemands – des menus en allemand apparaissent. Il prétend aussi que tous les réfugiés sont rentrés ; or, ce n'est pas la réalité lorsqu'il écrit son article, avant le 7 juillet 1940. En effet, selon les rapports de situation de la préfecture de police de Paris, seuls quelques rares convois ferroviaires ont rejoint la capitale[32].

Les usines – Renault à Billancourt, par exemple – ne peuvent pas travailler, car elles doivent attendre le retour d'une partie de leur personnel, parti sur les routes de l'exode. Celui des grands magasins n'est pas encore rentré : Le Printemps peut compter à la fin de juin sur 1 247 employés au lieu de 5 786 en août 1939 ; Les Galeries Lafayette 1 100 employés au lieu de 6 100 ; La Samaritaine passe de 5 100 employés à 1 100 entre 1939 et juin 1940 ; Le Bon Marché n'a vu le retour que de 580 personnes au lieu des 4 200 nécessaires[33] ! Le rapport de situation de la préfecture de police du 22 juillet 1940 note une légère amélioration du ravitaillement et de l'embauche, mais sans plus.

L'article publié dans *Das Reich* se conclut sur l'exode et prétend que « la vie quotidienne regagne à nouveau sa place, et elle est plus calme qu'auparavant. Elle est sans chaos et sans crainte, sous le signe du vainqueur ». Le calme revenu est forcé en raison du couvre-feu et des hommes qui sont prisonniers ou qui errent à la recherche de leur centre de démobilisation. Paris est forcément calme puisque les rues et les avenues sont libres de toute activité au début de juillet. Le journaliste nazi fait son travail pour la propagande ; rien de plus classique, mais cela est révélateur de l'assurance du vainqueur qui maîtrise tout, y compris le quotidien des Parisiens et ce qui appartient à la sphère de la vie privée.

Le pillage allemand financé par Vichy

La victoire allemande est donc synonyme de pillage quasi systématique, mais aussi de manipulation monétaire avec la dévaluation du franc et la mise en circulation d'une monnaie dite d'occupation[34]. En dévaluant le franc, les occupants accroissent automatiquement le pouvoir d'achat des détenteurs de Reichsmarks. Déjà le 17 mai 1940, un mark vaut 20 francs (au lieu de 10 avant le conflit) dans les territoires occupés du nord-est de la France. Lors des négociations de l'armistice à Rethondes, les Allemands refusent de revenir sur cette décision étendue à l'ensemble de la zone occupée. Les Allemands réunissent ainsi une sorte de butin pour bien marquer la défaite des Français. Cependant, pour éviter la fuite des Reichsmarks hors d'Allemagne vers les pays occupés qui risquerait de créer une inflation galopante dans le Reich, ils ont dû créer un mark spécifique et seulement utilisable dans les territoires occupés. Des *Reichskreditkassen* sont mises en place dans les principales villes occupées, réservées aux troupes d'occupation et aux fonctionnaires allemands en poste en France. La monnaie, les *RKK-Scheine*, ressemblent à de grands tickets d'une valeur allant de 0,50 à 50 Reichsmarks. Ils ne peuvent pas être utilisés en Allemagne. Ce système monétaire est financé par la Banque de France. Un circuit est créé qui permet même de remettre sans cesse en circulation les *RKK-Scheine* financés par la France. Au début de l'Occupation, cette « invention » allemande permet de paraître « correct » lorsque les occupants achètent des denrées aux paysans et aux commerçants. Mais cela épuise l'économie française ; dans chaque région occupée, ce sont des millions de marks qui sont ainsi dépensés pour acheter des produits qui feront défaut aux Français. Naturellement, les succursales de la Banque de France s'en plaignent dans leurs rapports hebdomadaires. Ce système est maintenu en France jusqu'en avril 1941, ce qui est inédit. Dans les autres pays, il ne fonctionne que le temps de l'installation des troupes. À partir du printemps 1941, la «monnaie d'occupation» disparaît.

Parallèlement, les soldats allemands possèdent des tickets de rationnement qui leur sont spécifiquement réservés, les *Lebensmittelkarten*. Avec leur pouvoir d'achat élevé, ils peuvent facilement se procurer de la nourriture auprès des fermiers ou chez certains commerçants dans les villes petites et moyennes. Hans Peter, opérateur radio qui vient d'arriver à Campbon, près de Saint-Nazaire (Loire-Atlantique), témoigne de son quotidien dans une lettre à sa mère, le 9 mars 1941 :

> Pendant que j'écris, on fait griller des tas de choses sur le poêle. Avec ce climat maritime, nous avons une faim de loup, et, bien que nos rations, à part le pain, soient généreuses, chacun grignote encore à côté ce qu'il peut trouver. La vie n'est vraiment pas chère ici, mais on ne peut pas acheter ce qu'on veut à cause des cartes de rationnement [*Lebensmittelkarten*]. [...] Il y a ici un bistrot où on peut avoir cinq œufs sur le plat avec des pommes rissolées à 14 francs [1 franc vaut 5 pfennigs]. On en profite évidemment beaucoup ; certains partent tout de suite après le dîner et engloutissent dix œufs. Les poules ici ont beaucoup de travail pour couvrir nos attentes. Cet après-midi nous avons vingt-six œufs dans notre piaule, plus quelques livres de pommes de terre... Inutile de dire qu'on peut trouver par ici du vin bon marché[35].

Un autre soldat allemand éprouve des difficultés à acheter des denrées avec ses tickets de rationnement de l'armée d'occupation. Gottfried S., instituteur allemand qui déteste la guerre, a fait la campagne de France et y revient en 1941 ; le 21 avril 1941, il écrit à son épouse :

> [À Conflans] la situation économique s'est malheureusement détériorée [...] Je viens d'avoir une sérieuse dispute dans une boutique pour 200 grammes de pain et du fromage. On ne voulait rien nous donner avec nos tickets de rationnement de l'armée d'occupation, sans doute parce qu'on était les premiers à les présenter. Les boucheries n'ouvrent plus que le soir. Même avec des tickets, les gens n'obtiennent souvent pas de matières grasses, quelle brillante organisation[36] !

Il se montre très critique à l'encontre de sa propre armée, jugée responsable de la mauvaise organisation du rationnement. Il constate également que les occupés ne sont pas mieux lotis que les occupants en ce qui concerne le ravitaillement.

Yeux ébahis devant l'abondance

Dans plusieurs régions, les Allemands constatent que la vie en France peut être très agréable. À Bordeaux, le maire, Adrien Marquet, est contraint d'organiser très vite le ravitaillement de sa ville, car pendant l'automne 1940 il lui faut nourrir les réfugiés de l'exode, les Bordelais et les occupants. Le maire peut compter sur un arrière-pays agricole riche. Les prix augmentent cependant vite dès 1941 et le sous-emploi frappe durant toute la guerre. L'inactivité du port handicape beaucoup les Bordelais. En 1943, la Gironde compte près de 145 000 jardins familiaux qui fournissent des produits frais introuvables ou trop chers sur les étals des marchés locaux[37]. Dans le Finistère, les troupes occupantes sont nombreuses et les nourrir n'est pas simple pour les autorités locales. Brest occupe une place stratégique dans la guerre que les Allemands comptent mener dans l'Atlantique. Le port est rapidement remis en état. Toutes les communes du Finistère doivent participer au ravitaillement des Allemands, ce qui provoque le mécontentement. La commune de Kernouës doit ainsi livrer, en juin 1942, 3 000 œufs, 70 quintaux de paille et 80 quintaux de foin ; à Pont-Croix, c'est 6 000 œufs, 50 poulets et 600 quintaux de pommes de terre[38]. Si les livraisons exigées ne sont pas respectées, les Allemands infligent des amendes. Lorsqu'ils s'installent dans le Finistère, les Allemands opèrent des achats en masse et adressent ensuite la facture à la préfecture, qui est contrainte de la régler. En octobre 1940, ces frais s'élèvent à 200 745 francs ; en janvier 1941 à 14 437 francs. La plupart de ces achats concernent du matériel pour installer des bureaux, de la lessive, des moulins à café, des postes de radio, des casseroles, du ciment, des pièges à souris, des fers à repasser, de l'huile et d'autres produits alimentaires ; les salaires des femmes de ménage et des cuisinières sont compris dans la facture.

Les Allemands sont frappés par l'abondance de la nourriture en France ; il faut dire qu'ils ont connu la pénurie en Allemagne depuis la défaite de 1918. Aussi s'en donnent-ils à cœur joie quand ils décident de faire des achats. En octobre 1940, le préfet du Calvados est stupéfait par les habitudes prises par les Allemands entre juin et septembre :

Les stocks de quelque intérêt ont été épuisés par les troupes d'occupation. Les magasins littéralement vidés d'objets qui n'ont aucun rapport avec les besoins des troupes stationnées ou de passage : la confection civile et vêtements, la lingerie féminine, le chocolat, la confiserie, les œufs ont été achetés avec si peu de modération que les besoins de la population civile s'en trouvent largement affectés. Il y aurait toujours là, je pense, matière à intervention utile[39].

Cette razzia sur les biens non alimentaires s'explique par le fort pouvoir d'achat des occupants, très fiers de pouvoir envoyer des colis de lingerie à leurs épouses en Allemagne. Gottfried S. écrit à sa femme le 9 mars 1941 :

C'est à nouveau dimanche. Comme nous, vous, les femmes, avez sûrement fait une promenade au soleil avec les enfants. Quand serons-nous libérés de cette malheureuse guerre ? [...] Dans ce même courrier, tu trouveras aussi un paquet avec de la lingerie fine, taille 42. Le contenu est : chemise, pantalon, combinaison. Toute la chose est appelée « une parure ». [...] Est-ce que la crème grasse pour le visage te convient[40] ?

En Normandie, dès 1940, les Allemands accaparent l'essentiel des biens alimentaires et matériels, sans ménagement. Dans l'ensemble de la zone occupée, les maires et les autorités préfectorales cherchent des solutions pour relancer l'activité agricole locale, mais aussi de l'essence pour le transport de marchandises, un véritable casse-tête. Les préfets prennent des mesures drastiques pour limiter la hausse des prix qui commence dès lors que la pénurie s'installe. Ils sont parfois aidés par les *Feldkommandanten*, qui n'ont pas intérêt à voir les prix grimper pour éviter le mécontentement brutal des habitants.

Misère nordiste et pression allemande

Dans le Nord et le Pas-de-Calais, les Allemands ont miné le littoral et ont construit de nombreux bunkers. Les bas champs ont été inondés et les bombardements alliés sont continus en 1941-1942. Les habitants vivent dans des conditions effroyables au quotidien. En fait, ils survivent. Les paysans se plaignent des abus allemands : des attelages sont réquisitionnés au moment des moissons ; la chasse est interdite et les meilleurs chevaux sont aux mains des occupants. Près de 15 000 chevaux sont saisis en 1940, et plus du double les deux années suivantes. À partir du mois de juillet 1940, les autorités allemandes interdisent toute sortie de denrées alimentaires vers d'autres régions, notamment de céréales, de chicorée et de sucre. Or, le Nord-Pas-de-Calais est habituellement excédentaire en ce domaine. Les Français interrompent alors l'exportation de bovins vers les deux départements jusqu'au 3 décembre 1941, lorsqu'un compromis est trouvé qui autorise la reprise des échanges entre la France et les deux départements sous joug allemand. Pendant plus d'un an, l'agriculture souffre beaucoup ; près de 10 000 vaches sont abattues pour nourrir les occupants – la viande bovine a notamment servi à produire de la chair à saucisse. Les porcs se vendent à des prix exorbitants, car de plus en plus rares. La disette frappe les habitants de la fin de 1940 jusqu'au printemps 1941[41].

La perte de pouvoir d'achat et le manque de nourriture provoqués par la présence allemande poussent les mineurs du Nord et du Pas-de-Calais à la révolte. Conduits par des leaders communistes, ils se mettent en grève du 27 mai au 10 juin 1941. Les revendications portent sur l'amélioration des conditions de travail et les conditions de vie en raison d'un ravitaillement insuffisant. Autour d'Auguste Lecœur, la grève générale est décrétée le 28 et s'étend de puits de mine en puits de mine. Le même jour, les Allemands, aidés par des policiers et des gendarmes français, lancent une série d'arrestations. Les intimidations de l'occupant n'y font rien. Le 2 juin, de nombreux puits arrêtent le travail à leur tour, 100 000 mineurs sont en grève, soit 80 % de la profession. Les Allemands encerclent les zones en grève comme autant de zones de combat. Les femmes de mineurs manifestent contre leur vie quotidienne infernale. Elles sont repoussées avec des lances à incendie ou regroupées dans des champs pendant des heures, sans eau et sans nourriture ; il y a même quelques tirs contre ces femmes à bout de nerfs. Les Allemands arrêtent alors des centaines de mineurs au hasard afin de terroriser la population. Le 7 juin, des mineurs sont condamnés à plusieurs années de travaux forcés. Le 10, le travail reprend. Sur 450 personnes arrêtées, 244 sont déportées. Les communistes, pourtant dans la clandestinité, ont montré aux Allemands leur capacité de mobilisation. De leur côté, les autorités préfectorales, les forces policières françaises et les compagnies houillères ont aidé les Allemands dans leur entreprise de répression. Cette grève est unique dans la France occupée[42].

La grève des mineurs a été un avertissement pour les Allemands. À partir de 1942, des bovins sont importés du Cher, de la Nièvre et de la Normandie. Mais seules les bêtes les moins belles parviennent jusque dans le Pas-de-Calais, les autres étant détournées par des trafiquants qui travaillent pour des officines clandestines du marché noir. Les habitants ont alors recours au système D comme dans le reste de la France, mais il est de plus en plus difficile de s'approvisionner de 1942 à 1944. Les petites combines abondent pour améliorer les quantités journalières de nourriture. Le troc bat son plein entre les occupés. Les omnibus de la SNCF sont bondés chaque matin pour rejoindre les régions agricoles des Flandres, de l'Artois et de l'Avesnois. D'autres élèvent des lapins ; certains fument des harengs qu'il est encore possible de trouver dans cette région de pêcheurs. Selon les enquêtes médicales du Nord[43], l'amaigrissement des habitants est généralisé. La puberté masculine est plus tardive de deux ou trois années ; la croissance des adolescents est fortement ralentie. Faute de calcium, le rachitisme apparaît. La tuberculose fait des ravages en 1942, notamment dans les milieux ouvriers lillois. La mortalité infantile progresse et nombre de grossesses se finissent mal. Durant toute l'Occupation, les autorités préfectorales du Nord et du Pas-de-Calais font régulièrement le reproche aux commerçants et aux paysans de ne pas livrer tous leurs stocks et de vendre des produits de façon sélective à des prix très élevés.

Pallier le pillage allemand

Les occupants se servent

Jusqu'en 1942, les occupants privilégient non seulement le pillage de la zone occupée, mais cherchent aussi à faire entrer des capitaux allemands dans les entreprises françaises par deux procédés[44] : l'aryanisation d'entreprises juives ou bien la négociation avec des patrons français. Vichy se révèle très complaisant dans les deux cas pour montrer son engagement sincère dans la voie de la Collaboration. En novembre 1940, le premier gouvernement de Pierre Laval cède aux Allemands sans contrepartie les mines de Bor, mais aussi les stocks d'or belge entreposés à la Banque de France. Au surplus, la France est écrasée par les contraintes de l'armistice.

La France doit payer des frais d'occupation (article 18 de l'armistice), soit 20 millions de Reichsmarks par jour en août 1940. C'est Richard Hemmen, chef de la délégation économique allemande à la commission d'armistice de Wiesbaden, qui décide unilatéralement de la somme à verser. Cette somme exorbitante dépasse largement les besoins de l'armée allemande pour son entretien. À cela s'ajoutent les réquisitions de meubles, de linge, de literie, etc., dont les factures sont adressées ensuite aux autorités françaises. Le IIIᵉ Reich parvient à faire financer ses importations par la France grâce à un accord de *clearing* arbitrairement imposé par l'occupant. La France est désormais hors des circuits commerciaux mondiaux et n'a plus le droit de commercer librement sans l'accord des Allemands et des Italiens. Les combats de 1940 ont anéanti les principaux ports de la Manche et de la mer du Nord, ceux de l'Atlantique ont été moins touchés par les combats, mais les Allemands contrôlent toutes les sorties des bateaux, rendant le commerce impossible. Les pêcheurs obtiennent de rares autorisations de sortie en mer sur l'ensemble du littoral français. À Marseille, des passages sont autorisés vers l'Afrique du Nord, mais de façon limitée, au bon vouloir des Italiens. À l'automne 1940, les Allemands desserrent un peu l'étau et autorisent le commerce entre la France et son empire colonial. Toutefois, ils se réservent le droit de s'emparer de près de 50 % des cargaisons de matières premières.

Le découpage de la France en plusieurs zones désavantage nettement la zone non occupée pour les produits agricoles. La zone occupée produit majoritairement les denrées essentielles : le blé, le lait, le sucre et la viande – et les trois quarts du charbon. La carte permet aisément d'observer ce déséquilibre économique criant entre les deux zones. Cela dit, le cloisonnement du pays gêne autant les Allemands que les Français. Elmar Michel, chargé des affaires économiques au MbF, le dit sans cesse pendant l'Occupation ; en juin 1944, il rédigera un dernier rapport regrettant que l'Allemagne n'ait pas occupé totalement la France dès 1940[45]. Les Allemands ont-ils eu intérêt à affamer les Français ? La réponse n'est pas aisée. Raymond Aron, le 15 mars 1944, écrit dans *La France libre* que les Allemands ont utilisé trois armes : « La faim, les déportations et la guerre civile. » Les résistants français et les rapports du BCRA (Bureau central de renseignements et d'action) à Londres ne cessent de dénoncer le pillage allemand qui provoque une situation de pénurie permanente en France. De leur côté, les occupants incriminent le blocus anglais.

Carte 4. Les déséquilibres économiques et industriels

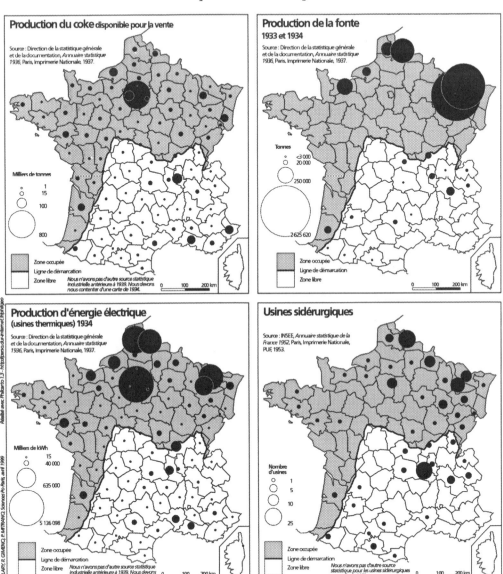

Vichy rationne

L'éclatement de la France en plusieurs zones, la perte de riches régions minières (Alsace-Moselle, Nord, Pas-de-Calais), la crise agricole due au manque de bras – 1,8 million de prisonniers de guerre français –, la fin des importations et l'insuffisance des stocks alimentaires, et donc la désorganisation totale de l'économie française, contraignent le régime de Vichy à instaurer l'administration du Ravitaillement général au second semestre 1940. Il s'agit de travailler dans l'urgence. Pour les Français, les mesures de rationnement ne sont pas le fait du régime de Vichy, mais bien des occupants, ce qui accentue d'autant chez certains la germanophobie. Mais rappelons que dès avant l'attaque allemande, sous la IIIᵉ République, le gouvernement de Paul Reynaud avait déjà prévu des plans de rationnement progressifs ainsi que le contrôle des prix en mars 1940. Les cartes de rationnement avaient été fabriquées pour être distribuées dès le printemps 1940. Les combats ont retardé les plans prévus pour ravitailler de façon organisée les Français. Vichy a donc mené une politique de rationnement dans la continuité des plans de survie imaginés par les hommes de la défunte République. Cependant, les Allemands exercent un contrôle strict des mesures prises par le régime de Vichy. Toute réglementation en ce domaine est soumise à leur autorisation. Vichy doit tenter de faire acheminer des denrées depuis les régions excédentaires vers les régions déficitaires[46]. Au pillage allemand, au rationnement organisé par Vichy et aux déséquilibres de la répartition des richesses économiques de part et d'autre de la ligne de démarcation s'ajoutent les contraintes mises en place par le régime de Vichy. Mais ce dernier n'a pas d'autre choix que de pratiquer une politique dirigiste.

Toute l'économie du pays est bouleversée dans ses moindres secteurs ; les circuits habituels ont disparu et les solidarités entre régions déficitaires et régions excédentaires doivent être repensées. Les problèmes sont nombreux, en particulier le transport et les fraudes. Avec la loi du 16 août 1940, le régime de Vichy crée des comités d'organisation pour chaque branche d'activité. Les comités doivent dresser la liste de l'ensemble de l'appareil de production français tout en s'assurant de la meilleure répartition possible des matières premières nécessaires à chaque branche. Pendant l'été 1940, le ministère de la Production industrielle met en place l'Office central de répartition des produits industriels. La politique économique de Vichy ne manque pas de contradictions entre un discours plutôt archaïque véhiculé par la Révolution nationale et les velléités réformatrices et technocratiques des hauts fonctionnaires et des patrons des plus grandes entreprises françaises. Vichy défend les « petits » contre les « gros », mais, en pratique, les « petits » sont les perdants tant dans l'artisanat que dans le commerce.

À Vichy, nombre de hauts fonctionnaires et d'hommes politiques sont proches des cercles rénovateurs et planistes qui ont beaucoup œuvré dans les années 1930. Jacques Barnaud, délégué aux Relations économiques franco-allemandes à partir de février 1941, a animé les *Nouveaux Cahiers* dans les années 1930. Il est l'un des tenants de la recherche d'une troisième voie économique entre socialisme et capitalisme. De leur côté, François Lehideux, délégué général à l'Équipement, et Jean Bichelonne, secrétaire général à la Production industrielle, ont été chargés d'établir un plan pour la reconstruction du pays. Leur tâche est immense et quasi impossible à mener à bien, faute de moyens matériels et financiers et en raison du cloisonnement du pays.

Très impopulaire, la nouvelle administration du Ravitaillement épargne sans doute aux Français des périodes de disette, voire de famine. Cela dit, elle doit rationner toujours plus une population prise dans l'étau d'une collaboration économique qui s'accroît au fil des années d'occupation. En quelques semaines, les Français reviennent en un temps où les crises de subsistances ponctuaient leur vie quotidienne, sous l'Ancien Régime et jusqu'au milieu du XIXᵉ siècle (1846-1847). Les prix s'envolent et des produits alimentaires très convoités sont devenus introuvables, comme la viande, le lait, le beurre, le sucre, les œufs, entre autres. Le mieux-être si difficilement acquis sous la IIIᵉ République est remis en question. Globalement, les campagnes mangent correctement, alors que les villes sont de plus en plus affamées. Aussi le régime de Vichy doit-il rapidement trouver des solutions. Outre du travail, il faut donner aux Français de quoi manger, se chauffer et s'habiller. À la fin de septembre 1940, ils doivent se procurer des cartes et des tickets de rationnement, et ce, dans les deux zones. Leur utilisation est très complexe et variable. Elle obéit à la conjoncture économique et est dépendante du bon vouloir de l'occupant. Les Français sont désormais des catégories symbolisées par des lettres, selon leur activité et leur âge ; la quantité de nourriture distribuée dépend de la catégorie à laquelle ils appartiennent : J pour les enfants de 3 à 12 ans, A pour les adultes de 12 à 70 ans, T pour les travailleurs de force de 12 à 70 ans, etc.

**Tableau 1. Une carte d'alimentation pour chaque catégorie
de Français au 1er avril 1941[47]**

	Zone occupée	Zone non occupée	Totaux
Enfants jusqu'à 3 ans (E)	1 160 017	601 352	1 761 369
De 3 à 5 ans (J1)	1 296 822	675 067	1 971 889
De 6 à 11 ans (J2)	2 571 048	1 279 291	3 850 339
De 12 à 70 ans (A)	9 276 142	4 683 133	13 959 275
Plus de 70 ans (V)	1 116 383	663 556	1 779 939
Travailleurs de force (T)	5 356 986	2 661 067	8 018 053
Cultivateurs (C)	4 293 857	3 667 790	7 961 647
Totaux En %	25 071 255 64 %	14 231 256 36 %	39 302 511 100 %

Ce système de rationnement ne permet pas de nourrir correctement une famille entière. Mais les Allemands ont refusé les premières grilles de rationnement imaginées par Vichy, jugeant que les rations françaises ne devaient pas être supérieures à ce qu'elles étaient en Allemagne. Chaque semaine, les préfets doivent adresser aux *Feldkommandanten* des listes de prix pour leur département. Les prix de produits vendus dans toute la France devaient être validés par le MbF à Paris[48].

En 1941, les mécanismes du rationnement se mettent en place avec efficacité : le ministère de l'Agriculture collecte les denrées et le secrétariat au Ravitaillement les répartit de façon stricte et très rationnelle. Des bureaux de répartition du ravitaillement sont créés, chargés de rassembler des denrées spécifiques comme les pommes de terre, les légumes, les fruits, etc. Pour le blé, la viande et le lait, des organismes professionnels – l'Office national interprofessionnel des céréales, ou ONIC, par exemple – gèrent la production, les prélèvements, le stockage et décident des régions à livrer en priorité[49].

La collecte de biens alimentaires est difficile. Les producteurs trouvent souvent excessifs les quotas prélevés et ils peuvent faire appel auprès de commissions d'arbitrage ; les paysans, que Pétain tentait de séduire, sont fortement mécontents. De même, le commerce libre est devenu impossible ; il faut passer obligatoirement par des commissions d'achats composées de commerçants, mais aussi d'industriels de la transformation. Ceux-ci sont accusés des pires maux par les producteurs et les acheteurs, notamment de monopole excessif. Les bureaux de répartition sont accusés de favoriser certains circuits et des intérêts professionnels aux dépens du ravitaillement régulier des populations. En octobre 1941, le régime de Vichy doit réorganiser l'administration du Ravitaillement en remplaçant les «bureaux de répartition» par des «comités centraux». Dans chaque département et région, des délégués rattachés aux préfectures et sous-préfectures gèrent les comités. Des plans de ramassage sont pensés en suivant un calendrier strict. Il faut aussi assurer le stockage et l'expédition équilibrée des denrées entre départements déficitaires et départements «nourriciers». Les paysans sont alors très contrôlés par un système complexe d'impositions.

Cependant, le régime de Vichy n'obtient pas les résultats escomptés. Les Allemands désorganisent le marché officiel en participant à d'immenses réseaux de marché noir. Des wagons entiers de nourriture disparaissent. Par ailleurs mécontents, les paysans livrent un peu comme bon leur semble, d'où l'idée du régime de Vichy de les récompenser par des primes. De plus, ils espèrent faire de meilleurs bénéfices en vendant des denrées sous le manteau, ce que beaucoup font les samedis et les dimanches quand les citadins arrivent dans les cours de ferme à la recherche de quelques kilos de légumes frais. Les gendarmes sillonnent les campagnes pour limiter les excès et punir les fraudes. Des paysans livrent parfois près de la moitié de leur production aux services du Ravitaillement, oubliant au passage d'autres stocks exigés par la réglementation. La production agricole française s'effondre pendant l'Occupation :

Tableau 2. La production agricole française

	Blé (millions de quintaux)	Pommes de terre (millions de quintaux)	Sucre (kilotonnes)	Vin (millions d'hl)	Viande (kilotonnes)
1939	73	144	603	69	1 551
1940	51	103	1 047	49	1 076
1941	56	69	436	48	958
1942	54	69	662	35	926
1943	64	65	616	41	823
1944	64	76	583	44	723

Les Allemands rationnent les denrées alimentaires les unes après les autres, mois après mois. Les restaurants et les cafés doivent vite se mettre au diapason de la nouvelle législation, dès juillet 1940, en limitant par exemple la distribution de sucre au moment de servir une boisson. La politique des prix officiels n'est pas vraiment respectée. Malgré tous les efforts du régime de Vichy, les consommateurs font la queue des heures durant devant les magasins. La ration calorique moyenne baisse de près de moitié entre 1939 et 1945. Les consommateurs les plus maréchalistes doutent, le ventre vide. La taille et le poids des Français baissent de plusieurs centimètres et kilos entre 1940 et la fin des années 1940[50]. Les Allemands regardent de loin les soucis alimentaires des Français. À vrai dire, seul leur approvisionnement les intéresse. Ils n'ont aucune pitié pour le vaincu.

Dans une Europe économique allemande

Le régime de Vichy pratique le dirigisme économique, ce qui facilite finalement le contrôle de l'économie par les Allemands. Plutôt que de se voir imposer la collaboration au fil de nouvelles réglementations, il a préféré aller au-devant des demandes allemandes en choisissant sciemment la collaboration d'État.

De même durant l'été 1940, au sein du MbF, les Allemands ont installé en France occupée un vaste ensemble de services afin de contrôler toute l'économie française. Les usines doivent se mettre au service du IIIe Reich. Elles sont classées en différentes catégories selon leur importance stratégique. Des usines situées en zone non occupée devancent les demandes allemandes afin de profiter des débouchés offerts. Dès juillet 1940, le régime de Vichy est pris dans un engrenage de concessions économiques toujours plus importantes : il est obligé d'accepter le principe de commandes allemandes aux entreprises françaises, ce qui le fragilise encore plus, réserves alimentaires et biens de consommation ne bénéficiant qu'à l'occupant. À partir de novembre 1940, en zone occupée, 246 entreprises sont concernées par des commandes allemandes – plus de 80 % se trouvent en région parisienne. En 1941, les occupants distinguent deux types d'usines : les « usines d'armement » (*Rü-Betriebe* ou « Rü ») qui doivent produire pour la Wehrmacht et les « usines prioritaires » (*V-Betriebe* ou « V ») réservées au service de l'occupant, contrôlées par les services économiques des *Feldkommandanturen*. En juillet 1942, les « usines d'armement » soumises au pillage allemand sont près de 1 100 et les «usines prioritaires» autour de 3 500[51]. La même année, la propagande allemande se félicite de la collaboration industrielle franco-allemande dans un article publié dans le *Wegleiter* («Compagnon de route») réservé aux soldats allemands :

> Après l'allemande, l'industrie française est la plus importante sur le continent européen. Cependant son volume ne correspond qu'au quart de la capacité germanique. L'organisation interne est en grande partie adaptée à l'allemande car dès notre arrivée, les bases pour une entente professionnelle furent posées. [...] Dès septembre 1940, le *Reichsmarschall* du Reich de la Grande Allemagne a donné l'ordre que des contrats passés en Allemagne soient réalisés en France. Ce n'était pas dans le but de relever l'industrie française mais avant tout pour contribuer à une future Europe commune.

En octobre 1943, une nouvelle catégorie d'usines dites «protégées» voit le jour, les *S-Betriebe*. Dans ces dernières, les personnels ne peuvent pas être envoyés en Allemagne dans le cadre de la politique de ponction de la main-d'œuvre dans les pays occupés mise en œuvre par Sauckel. D'autres catégories d'usines «protégées» sont recensées par les occupants en 1944, permettant une exploitation maximale des entreprises françaises et de leurs ouvriers ; à la fin de la guerre, 14 000 entreprises industrielles, situées essentiellement en zone nord, et plus particulièrement dans le Nord et le Pas-de-Calais annexés, travaillent au service exclusif du Reich. En quatre années d'occupation, le IIIe Reich a passé près de 10 milliards de Reichsmarks de commandes aux entreprises industrielles françaises. Le chiffre est impressionnant.

Ponctionner les Français[52]

Manger à tout prix

Les Allemands sont prioritaires pour s'approvisionner. Ils réquisitionnent les maisons et mettent le désordre dans certaines cuisines, imposant de nouvelles habitudes alimentaires aux propriétaires obligés de les loger. Certains n'hésitent pas à manger devant eux, alors que ces derniers ont si peu pour se nourrir. Les occupants aiment aussi aller au restaurant. Ils sont souvent étonnés par la variété des plats et la succession de viandes et de poissons. Cela dit, ce n'est pas vrai partout. Et au fil de la guerre les denrées alimentaires sont de plus en plus rares, même pour les Allemands. Avec leur solde de 70 marks (l'équivalent de 1 400 francs par mois, c'est-à-dire le salaire d'un ouvrier qualifié de Paris en 1940), ceux-ci ont un fort pouvoir d'achat, ce qui favorise les commerçants de bouche qui font de beaux chiffres d'affaires, notamment en 1940 et 1941. Les Allemands se rattrapent d'une situation alimentaire nationale déplorable pendant l'entre-deux-guerres : manger est souvent devenu un grand luxe dans les familles allemandes.

De leur côté, les Français qui souffrent de la faim essaient de trouver des solutions pour manger un peu, et pas que des rutabagas, devenus presque quotidiens, agrémentés à toutes les sauces, dégoûtant à jamais certains Français de mettre le tubercule au menu. Ils utilisent le système D en recourant par exemple aux « colis familiaux » autorisés sous certaines conditions de poids et de contenu. Ceux-ci viennent des fermes et sont envoyés vers les villes. Certains se font livrer des marchandises clandestinement, ainsi Colette, qui reçoit régulièrement des denrées introuvables à Paris grâce à deux fermières, Thérèse Sourisse et Yvonne Brochard. Dans ces colis, l'écrivain trouve des œufs – elle en raffole –, du beurre, de la viande et des légumes. Mais parfois les œufs arrivent cassés à Paris ; leur mode de protection est l'objet d'échanges épistolaires entre les trois femmes. Le 14 février 1941, Colette écrit à Yvonne :

> Petite Yvonne, il est encore arrivé des merveilles ! Ces deux poulets… Soyez tranquilles [*sic*], ma belle-sœur en mangera. Ils ont eu aussi des œufs. Mais vous savez, je suis terrible, je ne « prodigue » pas. Vous avez fait de moi non pas un gros poussin, mais une de ces vieilles poules qui ont la rage de s'asseoir sur tous les œufs qu'elles rencontrent. Pauline et moi nous thésaurisons les biscottes carrées, pour… on ne sait pas. Les légumes sont une fête. Vos betteraves sont beaucoup plus douces que celles qui viennent d'ailleurs. Et on se réjouit d'essayer les trucs à faire des entremets. Enfin, c'est la bombe insensée. Je me sauve, l'éditeur Fayard m'emmène déjeuner « pour affaires »[53].

Les citadins élèvent aussi des poules et des lapins, de très bon rendement. Dans les villes, des balcons, des caves et des salles à manger sont transformés en clapiers géants. Des milliers de pères de famille enfourchent une bicyclette les samedis et dimanches pour parcourir parfois des centaines de kilomètres afin de rapporter à leur famille un ou deux kilos de carottes et de pommes de terre. Dans les jardins publics, au bord des voies ferrées, des ouvriers cultivent des légumes. Les marchés parisiens sont de plus en plus vides au fil des mois de l'Occupation. Les Allemands achètent ce qui reste à des prix inabordables pour les consommateurs urbains[54].

Pour les biens matériels comme pour la nourriture, des ersatz sont imaginés : le café[55] est remplacé par des graines grillées ou des pépins de raisin chauffés à haute température ; un ersatz de sucre est inventé par des chimistes ; le marron d'Inde permet de fabriquer des colles d'amidon et de l'alcool ; des chaussures à semelles de bois – des coups de scie en zigzag permettant d'obtenir plus de souplesse – sont mises en ventes faute de cuir réservé aux Allemands (ce sont les chaussures Isoflex, Artiflex et Smelflex) ; les bas féminins sont remplacés par des teintures appliquées sur les jambes ; des tissus artificiels comme la fibranne voient le jour ; le papier peut être fabriqué avec des déchets de récupération, etc. Des salons et des expositions (à Rennes en 1941 ou encore à Toulouse en octobre 1942)[56] sont organisés pour présenter les meilleures inventions de produits de substitution tels les gazogènes, ces véhicules fonctionnant avec de grosses bouteilles de gaz sur le toit faute d'essence, réservée aux occupants.

Les Allemands, « rois » du marché noir

Quand tous les recours légaux sont épuisés pour se fournir en matériel ou en nourriture, certains, plus fortunés que les autres, utilisent les réseaux du marché noir. Toutefois, si des Français empruntent les voies de l'économie souterraine, les Allemands en sont les principaux bénéficiaires et organisateurs, mais avec l'aide de nombreux fournisseurs français.

Un certain nombre de Français ont recours au marché noir simplement pour compléter leurs rations alimentaires ; beaucoup cherchent les denrées les plus nutritives. Les rations officielles permettent un apport de 1 000 à 1 500 calories quotidiennes, ce qui est bien inférieur aux 2 200 calories nécessaires pour rester en bonne santé quand on travaille modérément. Or, bien des épiceries ne peuvent même pas distribuer les quantités indiquées sur les tickets et les cartes de rationnement, et ce dès 1941. Avant de recourir au marché clandestin, d'aucuns bénéficient des restaurants communautaires – les «rescos» – ou des apports d'un parent qui vit à la campagne[57].

Le marché noir transgresse les règles économiques imposées par le régime de Vichy, notamment sur les prix, le stockage, le transport des marchandises et les répartitions de denrées entre les départements français. À côté du marché noir à petite échelle, il existe des filières organisées et professionnelles. Elles cherchent à profiter de l'Occupation pour s'enrichir et approvisionner les Allemands à bon prix. Des occupants ont recours à des intermédiaires français afin d'obtenir des produits de luxe, mais aussi des denrées alimentaires de base, de plus en plus introuvables dans les villes françaises. Le régime de Vichy est ainsi décrédibilisé, jugé incapable d'aider les Français à se nourrir. Le régime multiplie les réglementations répressives en 1941 et 1942 contre le marché noir, lançant des campagnes d'affichage contre l'économie parallèle. Des amendes sont infligées dans toute la France.

Les trafiquants du marché noir vont s'approvisionner dans les départements excédentaires en viande, lait, fromages et céréales[58]. Le système s'organise tant au niveau des producteurs que des transformateurs de matières premières. Dans les villes, des filières de grossistes et de fournisseurs se déploient pour distribuer les produits finis et les légumes et fruits frais. La ligne de démarcation n'échappe pas au marché noir interzone. Les Allemands envoient même des matières premières en zone non occupée contre des volumes importants de victuailles[59]. De même, des trafics sont organisés de part et d'autre des frontières extérieures de la France. Les prix du marché noir sont exorbitants, comme en témoigne le tableau ci-dessous pour Paris ; les prix augmentent plus vite que ceux du marché officiel[60] :

Tableau 3. Marché officiel et marché noir

	Prix au marché officiel (francs)	Prix au marché noir (francs)
1 litre de lait entier	4,60	12 à 30
1 kg de bœuf à rôtir	72	150 à + de 250
Douzaine d'œufs	36	100 à 120
1 kg de pommes de terre	3 à 6	22 à 30

Après la guerre, plusieurs rapports constatent la très grande efficacité des Allemands en matière de marché noir – ce qui permet de masquer certains faits de collaboration[61]. L'argument d'un pays occupé et totalement exploité a alors la faveur de ceux qui tentent de désigner les responsables du pillage de la France. Or, les Allemands ont parfois dû improviser, notamment dans le domaine de l'exploitation massive de l'industrie française, en particulier à partir de l'entrée en guerre contre l'URSS en juin 1941.

À Gravelines, dans une région de pêche harenguière, les saisies par les gendarmes français de poissons dissimulés sont très nombreuses en 1942. Le marché noir représente 29 % de la production officielle du comptoir du poisson de la ville. Les pêcheurs, français et belges, multiplient les subterfuges pour dissimuler une partie de leurs prises. Au moment des pesées, de l'eau ou de la glace est ajoutée pour fausser la tare ; les quantités notées sur les carnets de vente ne sont jamais vraiment les bonnes. Le trafic est très bien organisé. Le véhicule qui convoie le poisson est pesé en tare avec deux pneus supplémentaires, ce qui permet un gain de 100 kg de hareng à chaque transport. Les pêcheurs encore en mer cachent du poisson dans les fonds de cale afin de l'écouler au marché noir. Des centaines d'habitants autour de Dunkerque passent par le marché noir s'ils veulent manger des harengs. Les quantités de poisson ramenées au port semblent très abondantes, ce qui n'empêche nullement le marché noir. Les Allemands s'en inquiètent et demandent des contrôles plus nombreux aux autorités belges et françaises. Si les occupants prélèvent beaucoup de marchandises issues de la pêche, ici ils n'organisent pas le marché noir. Un rapport du comptoir du poisson de Gravelines pour la période 1941-1944 indique que les prélèvements allemands ne dépassent jamais les 10 % imposés ; plusieurs tonnes de poissons sont envoyées vers une usine qui travaille au service de l'intendance allemande. Cela dit, les chiffres donnés par le registre ne tiennent pas compte des prélèvements forcés opérés dès l'arrivée des bateaux sur les quais. À la fin de l'Occupation, de plus en plus de poisson est envoyé directement en Allemagne[62].

En zone occupée, profitant de leur fort pouvoir d'achat, les occupants protègent plusieurs trafiquants qui approvisionnent les grands restaurants parisiens. Les plats de luxe sont recherchés ; les journaux de la zone occupée se font l'écho de la réouverture des restaurants de luxe ou dits de «catégorie exceptionnelle», notamment en novembre 1942. Voici ce qu'écrit César Fauxbras – pseudonyme du journaliste syndicaliste libertaire et pacifiste Kléber Sterckeman[63] – dans *Le Théâtre de l'Occupation* :

> *L'Œuvre* annonce le rétablissement des restaurants catégorie exceptionnelle supprimée il y a quelques mois. Les clients auront droit à des plats de luxe (oie, huîtres, crustacés, etc.) moyennant une taxe de 20 % qui sera (?) destinée à combler le déficit des « restaurants communautaires » où l'on servira des plats à moins de 15 francs aux petites bourses. […] Donc le marché noir récupère ses restaurants[64].

Les prix du marché noir sont connus par nombre de Français, même par ceux qui ne peuvent y faire leurs achats. César Fauxbras écrit le 5 décembre 1942 : « Kilo de beurre au marché noir : 350 francs. Le kilo de sucre vient de passer au marché officiel de 8 à 11 francs. Au marché noir : 140 francs[65]. » On reconnaît là l'obsession des Français qui ne mangent plus à leur faim et qui subissent les inégalités dues au développement accru du marché noir.

Les occupants profitent de leur position dominante pour créer des bureaux d'achat clandestins. Le Bureau Otto regroupe et structure toutes ces activités souterraines. Des Français se chargent d'informer sans cesse les Allemands de la présence ici ou là de produits frais et recherchés. Vendus à prix d'or aux occupants, ils sont ensuite dirigés vers l'Allemagne ; le Bureau Otto aurait ainsi écoulé pour près de 50 milliards de francs d'achats[66]. Des centaines de bureaux d'achats ont été ouverts par plusieurs organismes allemands dont la Marine ou encore la Wehrmacht. L'Abwehr est restée la plus efficace dans l'organisation de bureaux d'achats dits bureaux « Otto ».

Dès les premiers temps des bureaux « Otto », il est entendu que les ramifications du système doivent s'étendre de part et d'autre de la ligne de démarcation, et peu importe la souveraineté du régime de Vichy sur la zone non occupée[67]. Cela permet de déjouer les doutes éventuels des Français sur des pratiques allemandes qui violent les articles de la convention d'armistice. Dans les premiers temps, « Otto » a acheté des monnaies étrangères, des matières premières, des actions pour les revendre sur les marchés internationaux afin de financer la machine de guerre nazie. Ne pouvant se livrer plus longtemps à ces pratiques financières, « Otto » se tourne alors vers l'achat de marchandises sur le marché noir. En décembre 1940, 300 000 litres d'huile d'olive, 200 tonnes de café et 500 tonnes de savon sont achetés en zone libre. Des centaines d'employés allemands ont travaillé dans ces services « Otto », achetant tout ou presque : des poids lourds par centaines ou encore des peaux – le cuir est rare – venant des abattages clandestins. Les services ont déménagé plusieurs fois faute de place tant étaient nombreux les fournisseurs[68]. L'un des plus gros fournisseurs d'Otto est le Juif moldave Joseph Joinovici, dit le « chiffonnier milliardaire », arrivé en France en 1925 – il était en réalité ferrailleur. Il fait la connaissance d'Otto sans doute au début de 1942 et travaille pour lui, livrant des métaux par camions entiers pendant plus d'une année. Placé sur la liste noire des SS car juif – il a pourtant obtenu un « certificat d'aryanité » –, il doit cesser son activité. Les bureaux « Otto » sont dissous dans le second semestre de 1943. Un marché de masse, cette fois-ci organisé par un Français, a également sévi. « Monsieur Michel » (Mandel Szkolnikov), Juif apatride, a ainsi détourné des milliers de tonnes de marchandises au profit des Allemands qui le protégeaient.

Un peu partout en France, quand le marché noir ne profite pas aux Allemands, ceux-ci répriment strictement les trafiquants. Ils traquent les abattages clandestins d'animaux, notamment dans les départements ruraux excédentaires tels que le Cher ou l'Ille-et-Vilaine.

Les Allemands disposaient dans tous les cas de fortes liquidités pour acheter tout ce qu'ils souhaitaient consommer sur place ou exporter vers la mère patrie, sans qu'il y ait forcément un lien direct avec les besoins de l'économie de guerre. Nombreux sont ceux qui rêvaient des produits de luxe français qu'ils n'avaient pas pu acheter pendant les années de forte austérité de l'entre-deux-guerres. Les acteurs du marché noir ont donc contribué à une forte spéculation sur les marchandises rares. Les Allemands auraient dépensé 126,7 milliards de francs sur le marché noir en France. Au total, l'armée allemande a ainsi dépensé 31,9 milliards de francs entre 1942 et 1944[69]. Les experts allemands du marché noir dans les pays occupés savaient très bien que des hommes d'affaires leur cachaient des stocks de marchandises. Aussi, en utilisant le marché parallèle, les acheteurs allemands en récupérèrent une partie. Dans le même temps, les Français ne trouvaient plus grand-chose sur les marchés et dans les magasins.

La peur de la faim

À partir du printemps 1941, il est fréquent de lire dans les rapports de gendarmerie, de police et des préfets la peur obsessionnelle des Français de mourir de faim.

Si les Allemands sont bien les organisateurs de cette pénurie généralisée, certains d'entre eux mettent en garde les hautes autorités du IIIe Reich contre les risques de famine en France. Otto Abetz craint les « révoltes de la faim[70] » lorsque ses chefs à Berlin réclament plus de denrées alimentaires à Pierre Laval au printemps et à l'été 1942. Abetz rétorque que Vichy ne disposerait pas des forces policières suffisantes pour contenir des émeutes de la faim. Le 2 avril 1942, un télégramme d'Abetz résume les attentes nazies en ce qui concerne le pillage de la France :

> Notre politique économique en France est placée devant les faits suivants :
> – Étant donné la situation tendue de l'approvisionnement de l'Allemagne, la plus grande quantité possible de vivres, matières premières et produits industriels doit être prélevée en France ;
> – Même en France occupée, nous ne disposons pas de forces suffisantes pour faire rentrer par la contrainte les marchandises à transporter. En France non occupée et en Afrique du Nord, nous ne pouvons pas, de toute façon, procéder à des réquisitions ;
> – Nous avons besoin par conséquent de la coopération du gouvernement français pour avoir des vivres, matières premières et produits industriels nécessaires à l'Allemagne ; [...]
> – Si la France ne fournissait que les prestations économiques imposées par les paragraphes de la convention d'armistice, nous nous trouverions bientôt placés devant des problèmes pratiquement insolubles[71].

Le Service civil des contrôles techniques qui espionne le courrier des Français relève sans cesse leur lassitude et leur angoisse croissante face à un ravitaillement défaillant[72]. De plus, la présence d'Allemands qui mangent peu varié – pommes de terre et viande bouillie en Basse-Normandie par exemple[73] –, mais en abondance, a tendance à irriter les affamés. En 1943 et 1944, les soldats allemands commencent eux aussi à connaître la pénurie. En Touraine, à partir de 1942, ils errent de ferme en ferme pour trouver des volailles et des œufs. Les paysans sont contrôlés et doivent sans cesse répondre aux demandes de livraison obligatoire imposées par les préfets[74].

Et quand la lassitude et la fatigue dues aux privations s'accumulent, quand plus rien n'est possible pour les ménagères urbaines, pas même les recettes de restriction, des manifestations de la faim sont organisées dans tout le pays. Les rapports des préfets, des sous-préfets, des gendarmes, des policiers de la préfecture de police de Paris et des Renseignements généraux rapportent de nombreuses manifestations de ménagères sous l'Occupation : 239 dans les villes et 14 dans le monde rural, soit un total de 253[75], mais d'autres, non signalées, ont sans doute eu lieu. Les premières sont répertoriées en novembre 1940 à Béziers, Carcassonne et Marseille pour dénoncer le manque de pommes de terre. De novembre 1940 à avril 1942, les manifestations sont liées au ravitaillement, suivant le rythme des récoltes. Elles ont lieu dans les deux zones ; en zone occupée, où les Allemands interdisent tout regroupement, on dénombre 46 manifestations de ménagères, spontanées ou organisées, le plus souvent par des femmes de l'UFF (Union des femmes françaises), dans d'anciennes régions communistes (département de la Seine et région minière du Nord). Elles se déroulent surtout pendant l'hiver 1940-1941 où les denrées viennent à manquer à un moment où le froid a pénétré dans les maisons faute de chauffage. Le plus souvent, les femmes viennent avec leurs enfants devant les mairies, les préfectures et sous-préfectures. À la fin de 1941, les manifestations commencent en zone non occupée à cause de la politique de rationnement sévère organisé par le régime de Vichy, mais aussi de l'arrivée de nombreux réfugiés venant de la zone occupée. La Résistance n'encourage pas cette forme de contestation féminine. Il s'agit donc d'une manifestation des difficultés sociales des Français face à un occupant sans pitié. Ces mouvements de mécontentement discréditent un peu plus le régime de Vichy. En juillet 1942, il décide de censurer toute publicité qui pourrait être faite pour annoncer ces faits ou en rendre compte. Les maires sont invités à ne pas faire de distributions exceptionnelles de vivres pour calmer les femmes, bien au contraire. Une fois encore, Vichy choisit la voie répressive. À partir du second semestre 1942, alors que la Résistance se fait plus pressante contre l'occupant, les manifestations patriotiques sont plus nombreuses que celles des ménagères en colère.

La facture allemande

On ne connaîtra jamais le montant du pillage allemand en France sous l'Occupation. Les Allemands ont utilisé des sociétés écrans pour dissimuler des contrats avec des entreprises françaises. Certains contrats privés ne précisent même pas que ce sont les Allemands qui commandent. À partir de 1940, les Allemands négocient des contrats avec les entreprises françaises dans le domaine du charbon, de l'aluminium, de l'alumine, de la bauxite[76]. Ils poussent Pechiney à s'associer à l'IG Farben, tout comme Rhône-Poulenc, Kuhlmann et Ugine. Une multitude de contrats ont été signés entre 1940 et 1944 dans tous les domaines économiques. Cela ne concerne pas uniquement l'économie de guerre, mais aussi les parfums, le BTP – chantiers de l'IG Farben, commandes de l'organisation Todt et de la Luftwaffe pour la construction d'aérodromes, etc. –, les textiles, les véhicules (Berliet, Renault, Citroën), les vins, les jouets de luxe, etc. La politique des contrats tous azimuts a aussi permis de piller toutes les industries alimentaires dans les deux zones.

Dès 1940 également, des vins de l'Aude, de l'Hérault, du Gard et des Pyrénées-Orientales sont commandés par des civils allemands. En 1943, il faudra y ajouter le Var. Des centaines de milliers de litres de vin rouge sont envoyés à des acheteurs allemands en zone occupés et sans doute en Allemagne. Les commandes de champagne (à Mumm, à Moët et Chandon, à Piper-Heidsieck) se multiplient dès 1940. Le MbF commande des centaines de trains électriques à la société de Jouets de Paris, entre 1941 et 1942. Ces commandes seront renouvelées comme celles des parfums, de l'huile de berga-mote (à Guerlain), de la lanoline, de la paraffine, du savon de Marseille (aux parfumeries Houbigant, une société aryanisée), du cuir et d'autres tissus (à Hermès)[77]. Des contrats pour 40 millions de francs entre le Comité d'organisation du vêtement français et les occupants sont signés en décembre 1940 portant sur les pelleteries. Dès 1941, les occupants couvrent l'ensemble du territoire national – la ligne de démarcation – par des séries de contrats complexes très bien conçus.

Entre 1941 et 1944, les Allemands sont les maîtres de l'éco-nomie française de Lille à Marseille, de Bordeaux à Lyon et de Paris jusqu'à Toulouse. La difficulté est grande de dresser la facture des pillages allemands. En avril 1942, Otto Abetz a produit un tableau de la situation qui permet de mesurer l'ampleur des commandes allemandes; il évoque 150 000 wagons, 3 000 locomotives, 16 843 machines-outils, 108 900 automobiles et 8 000 moteurs[78]. Entre 1941 et 1943, les prélèvements des Allemands sur les ressources de la France se seraient élevés à 19, 26 et 35 %, selon Alfred Sauvy[79]. L'historien anglais Alan Milward estime que la France a contribué à l'effort de guerre allemand à hauteur de 10,9 % du PNB français en 1940, 20,9 % en 1942, 36,6 % en 1943 et 27,6 % en 1944[80]. D'après Jean-Paul Cointet, la part de la production automobile française dirigée vers l'Allemagne s'élèverait à 68 % du total en 1942 et à 77 % en 1944[81]. Tous les progrès économiques que la France a opérés avant la guerre n'existent donc plus, anéantis par le pillage allemand[82]. La France retrouve des chiffres de production équivalents à ceux du XIXe siècle pour le blé, les pommes de terre ou le vin. Pour le charbon, le niveau de production est redescendu à celui de 1913 et pour l'acier à celui de 1910.

6

Loisirs et vie culturelle : les Français en otage ?

Toute l'activité artistique en zone occupée puis sur l'ensemble du territoire est contrôlée par l'occupant. Malgré une censure interdisant les manifestations antiallemandes ainsi que toute présence juive, l'Occupation a connu un développement sensible de la vie culturelle et des loisirs. Tant pour les occupés que pour les occupants, ils contribuent à faire oublier des temps sombres à tous.

Dès que l'armistice franco-allemand entre en vigueur en juin 1940, la vie culturelle reprend dans la capitale française et dans les villes de province – occupées ou non. Il faut occuper les soldats allemands, souvent impatients de rentrer chez eux. Deux objectifs sont clairement poursuivis : divertir les soldats et exercer un contrôle sur les Français.

La mise au pas du sport français

Les Allemands entre eux

Les officiers allemands réquisitionnent rapidement les terrains de sport français. Les occupants ne souhaitent pas de rencontres sportives contre la France, ce que rappelle l'ordonnance du 4 octobre 1940 ; le texte estime qu'elles sont pour le moins «prématurées». De même, ils interdisent aux Français la pratique d'activités paramilitaires afin de ne pas compromettre la sécurité des troupes d'occupation. Les fédérations de tir et de préparation militaire sont interdites en zone occupée. Pour autant, Jean Borotra, commissaire général à l'Éducation et aux Sports de 1940 à 1942, obtient quelques assouplissements auprès des *Feldkommandanten* permettant quelques rencontres de football entre occupés et occupants. Ces derniers n'assouplissent cependant pas leur position sous l'Occupation. Le 20 août 1941, le régime de Vichy interdit à son tour les rencontres internationales; une fois encore, il s'agit de laisser penser à l'opinion publique qu'il maîtrise sa souveraineté dans le domaine sportif en zone occupée. Dans le nord de la France, les Allemands autorisent des rencontres de cyclisme sur piste et de natation entre la France et la Belgique. Mais entre 1940 et 1944, à notre connaissance, aucune équipe de sport française ne s'est rendue en Allemagne.

Les Allemands ont toujours un œil sur les menées politiques de Vichy en matière sportive[1], aidés en cela par les mesures autoritaires du régime de Vichy. Mais ils laissent aussi faire, car ils savent qu'il faut maintenir quelques activités d'évasion pour une population qui ne peut plus aller danser au bal ni même aller chasser, ou encore encourager les coureurs du Tour de France. Aussi la pratique du sport progresse-t-elle pendant l'Occupation. Le régime de Vichy fait tout pour cela, ce qui ne manque pas d'alerter les Allemands.

Comme l'ont bien montré les historiens, l'activité physique et le sport font partie des agents de la propagande des régimes autoritaires en Italie et en Allemagne avant la guerre. Les Jeux olympiques de Berlin en 1936 ont été une vitrine pour le régime nazi. Le régime de Vichy n'échappe pas à ce modèle et se montre très intéressé par l'encadrement de la jeunesse. On remarquera que malgré certaines restrictions, les Allemands laissent une assez grande liberté d'action à Vichy.

En France, la Révolution nationale est émerveillée par les modèles allemand et italien. L'activité sportive apparaît comme un moyen de régénérer la France. Deux hommes vont œuvrer comme commissaires généraux à l'Éducation générale et sportive (CGEGS) pendant l'Occupation: une ancienne star du tennis, Jean Borotra, et un ancien joueur de rugby, le colonel Pascot (à partir du 20 avril 1942). En juillet 1940, Pétain donne pour mission à Borotra de redonner à la France son rang de grande nation sportive. La devise du CGEGS est « être fort pour mieux servir ». Il s'agit de former une jeunesse au service de l'idéologie pétainiste contre les projets du Front populaire jugés décadents – Jean Zay et Léo Lagrange sont particulièrement visés par les attaques de Vichy. La liberté d'association promulguée en 1901 par la loi sur les associations est gommée par la loi du 20 décembre 1940 – appelée « charte des sports » – décrétant la dissolution de toutes les fédérations et l'interdiction du sport professionnel en France. Elle impose en outre un « code du sportif » et un serment qu'il doit prêter au maréchal Pétain : « Je promets sur l'honneur de pratiquer le sport avec désintéressement, discipline et loyauté et de devenir meilleur pour mieux servir ma patrie. »

Toute une structure pyramidale se met en place pour encadrer les sportifs français, et notamment des instituts régionaux d'éducation physique et sportive (IREPS) et des centres régionaux d'éducation générale et sportive (CREGS) qui doivent permettre la formation des maîtres. Toutefois, les Allemands veillent et ne souhaitent pas que Vichy crée les conditions d'un renouveau sportif français qui pourrait être un agent d'une volonté de revanche. Ils retardent ainsi la publication de la « charte des sports » au *Journal officiel* au 8 avril 1941. Les occupants suspectent même Borotra d'être « anglophile » après sa tournée en Afrique du Nord en avril et mai 1941. Abetz le convoque rue de Lille et lui reproche d'être trop démonstratif ; de plus, des membres de sa famille sont d'origine anglaise, dont son épouse[2].

À l'école, la pratique du sport est encouragée alors que les enfants n'ont pas de chaussures adéquates pour le pratiquer pas plus qu'ils n'ont de ballon. Il y a pire : ils ne mangent pas à leur faim alors que les horaires aménagés pour la pratique physique sont de plus en plus importants. L'éducation physique pour les jeunes filles est vivement favorisée. De grands sportifs français sont érigés en icônes par la propagande, tels le boxeur Marcel Cerdan ou encore le nageur juif algérien Alfred Nakache – qui a plusieurs records du monde à son actif. Pascot, qui remplace Borotra au moment du retour de Pierre Laval au pouvoir en avril 1942, se montre beaucoup plus autoritaire que son prédécesseur. Les dirigeants des instances sportives sont désormais nommés par le régime ; tous les dirigeants et athlètes juifs sont exclus des installations et des compétitions sportives.

Ségrégation et autoritarisme

De leur côté, les Allemands sont vigilants face à la politique menée par le régime de Vichy en matière d'éducation physique et sportive. Au début de 1941, ils s'inquiètent de la nouvelle organisation du sport français qui pourrait avoir des visées prémilitaires.

Dès lors, à partir de la loi du 20 décembre 1940, ils exigent du CGEGS une note sur son activité[3]. Ils surveillent les activités des enseignants, mais aussi celles des sportifs. Des interdictions sont faites à des lycéens et à des écoliers de chanter *La Marseillaise*. Le port d'insignes particuliers est prescrit à certains sportifs et dirigeants[4]. En avril 1941, les occupants s'inquiètent de la nomination de douze inspecteurs et délégués du CGEGS, tous anciens militaires. Les défilés de sportifs chantant en l'honneur du Maréchal peuvent aussi les inquiéter, car ils pourraient faire naître des envies de revanche chez les vaincus.

Quand le colonel Pascot, rugbyman catalan, remplace Borotra en avril 1942, les Allemands sont d'abord méfiants, car il affiche une volonté plutôt militaire. Utilisant la propagande au maximum, il est photographié dans tous les magazines et quotidiens. Pour autant, il s'inscrit dans la continuité de Borotra. Cependant, dans des discours maladroits, Pascot cite parfois le modèle sportif allemand[5], tout comme il déclare parfois aux spectateurs qu'il rencontre que les Allemands sont supérieurs aux Français, ce qui lui vaut des huées. Il se rapproche des discours fascistes quand il évoque les avancées de son commissariat dans la mise au pas sportive de la jeunesse française : « Notre principe est de saisir l'individu partout. Au primaire, nous le tenons. Plus haut, il tend à s'échapper[6]. »

Pascot cherche à viriliser le sport sans pour autant abandonner le projet d'une féminisation accrue. Le contrôle médical à l'école a été l'un de ses rares succès.

Les deux commissaires Borotra et Pascot n'ont pas empêché la traque des Juifs dans les milieux sportifs. Le « statut des Juifs » du 3 octobre 1940 ne mentionne pas l'obligation d'épuration des Juifs des milieux sportifs. Pour autant, le CGQJ (commissariat général aux Questions juives) entend bien appliquer le « statut » dans tous les milieux, y compris sportifs, en s'attaquant prioritairement à la tête du mouvement sportif. Ce sont bien les Français qui vont au-devant des demandes allemandes dans le cadre d'une collaboration zélée. Dans les sources concernant le CGEGS, il y a peu de documents écrits concernant cet aspect de l'occupation allemande en France. Toutefois, la ségrégation sur les terrains de sport s'amplifie à partir de 1942, alors que Pascot est au pouvoir. Le 15 juillet 1942, un courrier du délégué du commissariat général, Venturini, envoyé aux directeurs régionaux en zone occupée fait référence aux « activités sportives des Juifs[7] ». Les Allemands viennent de publier une ordonnance leur interdisant l'accès aux stades, aux plages et aux piscines quel que soit leur statut (organisateur, participant, spectateur). Le 13 octobre suivant, Venturini écrit cette fois-ci au directeur régional de l'EGS à Paris que les Allemands n'interdisent pas aux Juifs de « pratiquer du sport tant qu'ils utilisent des terrains séparés et n'entrent pas en contact avec des non-Juifs[8] ». Cela dit, il est précisé que les non-Juifs sont prioritaires pour l'utilisation des installations sportives et qu'ils ne doivent jamais être au contact des Juifs dans le domaine sportif. Le CGS, comme les autres administrations françaises, est pris dans le piège de la Collaboration en demandant toujours plus de précisions aux Allemands sur cette ordonnance, afin de laisser penser que Vichy a encore l'initiative à défaut de contester les décisions allemandes. On observe tout de même que le CGS essaie de donner la priorité à la pratique du sport à tout prix et malgré le contexte de traque des Juifs, des rafles et des déportations.

Malgré tout, Vichy ne protège pas ses ressortissants, même les plus brillants sportifs qu'elle a pu encenser quelques mois auparavant. Le nageur Alfred Nakache n'est plus cité en exemple – il a battu le record du monde du 200 mètres brasse en juillet 1941 – et il est même fustigé par la presse collaborationniste à partir de 1943. Les Allemands (la Gestapo) lui interdisent de participer aux championnats de France de natation à Toulouse le 15 août 1943. Par solidarité, les membres du club de Toulouse refusent de participer aux épreuves ; Pascot, présent, prend des sanctions contre les membres du club des Dauphins du TOEC, montrant ainsi qu'il approuve les mesures allemandes d'exclusion. Nakache est arrêté en novembre 1943, avec son épouse et sa petite fille de deux ans, avant d'être déporté à Auschwitz (janvier 1944) – il en reviendra, pas sa famille.

Vichy ne parvient pourtant pas à enthousiasmer les Français avec son programme de régénération de la jeunesse par le sport et l'éducation physique. L'engrenage de la Collaboration dans lequel s'est engagé le régime ne permet pas aux loisirs et aux sports de se développer librement à partir de 1942. Mais le sport gagne du terrain dans la population ; les fédérations sportives connaissent une hausse du nombre de leurs licenciés. Pour autant, cela ne gomme pas toute la morosité d'une société qui vit à l'heure allemande. L'Occupation demeure pesante.

Le Tout-Paris allemand

Le retour des réfugiés de l'exode, dès la mi-juin, anime progressi-vement les rues parisiennes. Mais les uniformes allemands dominent encore jusque fin juin, comme le raconte le 15 juin une habitante de Neuilly dans *La France au travail* : « On ne voit plus dans la ville abandonnée, si triste avec ses magasins clos, que des uniformes verts ou gris-bleu[9]. »

Si les quartiers moins centraux de Paris s'animent dès le quatrième jour de l'Occupation, en revanche, ceux compris entre l'Opéra et la porte Maillot sont déserts ; la place de la Concorde, habituellement saturée de monde, est vide. Mais cela ne dure pas. Dans *Le Matin* daté du 18 juin, on peut lire le récit du rédacteur en chef qui a fait le tour des boulevards la veille :

> De nombreux cafés ont relevé leurs rideaux de fer et réinstallé leurs terrasses… Quand nous aurons ajouté que l'on a déjà enregistré la réouverture de quelques cinémas et que les services publics de l'eau, du gaz, de l'électricité n'ont jamais cessé de fonctionner, ainsi que le métro, on se rend un compte exact que l'activité parisienne dispose de tous les éléments nécessaires pour reprendre bientôt une cadence de plus en plus normale.

Cet enthousiasme doit être tempéré, car en réalité les Parisiens sont loin d'être tous rentrés ; les commerçants reviennent au compte-gouttes et ouvrent vite leurs portes pour gagner leur vie ; les Allemands dépensent beaucoup et il serait absurde de ne pas en profiter alors que le mois de juin a été vierge de revenus. Les services policiers français doivent d'emblée enrayer le marché noir. Le 14 juin 1940, à 20 heures, le premier couvre-feu allemand est décrété.

Le journaliste américain W. L. Shirer apporte un témoignage sur la présence allemande aux côtés des Parisiens, ce dans les derniers jours de juin 1940 :

> C'est ensuite Montparnasse et un apéritif à la terrasse de La Rotonde, avec Le Dôme en face de nous, aussi encombré d'originaux que d'habitude. Devant notre table, toute une assemblée de femmes d'un certain âge appartenant à la bourgeoisie se remettent de leur stupéfaction et leur colère s'enfle en voyant la manière dont les petites *gamines* (elles sont françaises pourtant) accostent les soldats allemands… Enfin, nous rentrons et regagnons notre hôtel rempli de soldats allemands[10].

Le journaliste se montre naïf au sujet des « gamines », car à cet endroit de Paris, bien des femmes vendent leurs charmes. Son témoignage est confirmé en partie par les clichés photographiques pris dans Paris et montrant des soldats allemands attablés aux terrasses des cafés.

Au début du mois de juillet 1940, de plus en plus de théâtres et de cabarets sont ouverts, ce qui permet aux troupes d'occupation d'aller se détendre ; cela donne aussi aux Parisiens la possibilité de reprendre une vie presque normale ; c'est un moyen pour les Allemands d'apaiser quelque peu la population et de lui montrer encore cette *correction* du début. Les journaux peuvent paraître à nouveau, à condition d'accepter la censure, dès le 17 juin.

Les Allemands essaient de trouver des moyens de passer le temps dans des régions qui ne leur sont guère amicales ; les journées sont parfois longues quand il s'agit de monter la garde devant un bâtiment officiel et les jours de congé sont interminables si l'on est éloigné des centres de loisirs et de culture. Felix Hartlaub, écrivain allemand en poste à Paris de décembre 1940 à septembre 1941, souligne la froideur des Parisiens à l'égard des occupants. Les regards, les attitudes, les changements de trottoir quand ils croisent certains habitants, tout l'indique. Nombre d'Allemands ne se sentent pas en sécurité. Ernst Jünger fait le même constat. Paris est « sans regard » écrit l'historien suisse Philippe Burrin[11]. Mais tous les Français ne se comportent pas ainsi ; certains indiquent aux soldats allemands leur route quand ils sont perdus ; d'autres discutent avec eux sur un pas de porte. On comprend la démoralisation qui ressort des lettres de certains soldats. Beaucoup sombrent dans les virées nocturnes, l'alcool et les prostituées.

Pour détendre occupants et occupés, les Allemands organisent des défilés de musique militaire et des concerts dans les kiosques des villes occupées. À Paris, on vient écouter la musique militaire allemande place de l'Opéra, sur le parvis de Notre-Dame, au jardin des Tuileries, place de la République. Les morceaux de musique choisis alternent entre des compositions allemandes inconnues et celles de Beethoven et de Wagner. Les occupants font venir à Paris les plus grands chefs d'orchestre allemands comme Karajan ou Kempf. Le Staatsoper de Berlin joue *Tristan und Isolde* à Paris en mai 1941. L'Allemagne reçoit aussi des artistes français, tel le grand pianiste et très pétainiste Alfred Cortot, proche d'Abel Bonnard, ministre de l'Éducation nationale, qui donne plusieurs concerts à Berlin. Jacques Rouché, directeur de l'Opéra, et le compositeur Arthur Honegger se rendent à un festival Mozart à Vienne en décembre 1941.

Carte 5. Paris allemand

Paris allemand

Caserne de
la Wehrmacht

Canal St-Martin

Hôpital allemand
(Lariboisière)

Gare
du Nord

Gare
de l'Est

Parc des
Buttes-Chaumont

Service des sociétés secrètes

Le Rex

Caserne de
la Wehrmacht

Commissariat aux Questions juives

Place de
la République

Île de
la Cité

St-Louis

Place de
la Bastille

Librairie Rive Gauche

Seine

Jardin
des Plantes

Gare
de Lyon

Gare
d'Austerlitz

Hôpital allemand
(Pitié-Salpêtrière)

Imprimerie de
Claude Oudeville

Bois de
Vincennes

Seine

Marne

✠ Autorités d'occupation

✠ Principaux lieux de détente des occupants

● Lieux importants de la Collaboration

✠ Points d'appui de la Résistance

Les grands restaurants accueillent très vite les hauts dignitaires victorieux, tel le Maxim's, rue Royale. Les premières bases de la Collaboration y ont été en partie discutées entre Pierre Laval, Otto Abetz, Fernand de Brinon, le général Alfred Streccius et Rudolf Schleier. D'autres établissements s'adaptent aux exigences nazies comme La Coupole, très prisé des occupants. Ce restaurant possède une piste de danse et on y fête les victoires de l'armée allemande ou encore de nouvelles affectations. Avenue des Champs-Élysées, le restaurant Ledoyen est exclusivement réservé aux occupants. Et puis, pour s'encanailler un peu, il y a le Shéhérazade (rue de Liège dans le IXᵉ), un cabaret très à la mode. Les Allemands aiment aussi déjeuner dans plusieurs cantines autour de la butte Montmartre, qu'ils arpentent sans cesse – La Mère Catherine, où l'on mange de la cuisine française, fait le plein tous les jours. Ce restaurant propose une carte en français et en allemand. Des sites sont réquisitionnés pour les officiers allemands tel le Cercle de l'union interalliée, devenu un mess, le Kasino ; un foyer des officiers ouvre également boulevard des Italiens (IXᵉ). Les sous-officiers se replient quant à eux vers la brasserie Wepler (place de Clichy), transformée en Maison du soldat. Dans le VIIIᵉ arrondissement, le Soldatenkaffee est destiné aux soldats. Le but est de se retrouver, sinon en Allemagne, du moins dans un univers germanique familier.

Au début du mois de juillet 1940, les rapports de la préfecture de police de Paris révèlent que près de soixante salles de spectacle parisiennes sont ouvertes[12]. En octobre, 417 salles travaillent pour détendre les occupés et les occupants dans des lieux parfois partagés. Les Allemands aiment aussi réquisitionner les salles afin de ne pas se mêler aux occupés, mais ce n'est pas systématique. Ils interdisent en revanche la réouverture des salles tenues par des Juifs ou par l'Église catholique. Dans ce dernier cas, il s'agit de parer à d'éventuelles résistances idéologiques. Dans le nord de la France, la paix civile est également recherchée par l'occupant. Les salles de spectacle et les cinémas sont rouverts dès juillet 1940 ; l'heure du couvre-feu est même repoussée de 22 heures à 22 h 30. Le 1ᵉʳ mars 1941, une ordonnance permet même l'ouverture de ces établissements jusqu'à minuit pour Lille. Les circuits de distribution du Nord-Pas-de-Calais sont très contrôlés par les Allemands, tout comme les directeurs de salles de cinéma. Des cinémas sont réquisitionnés par les occupants à Lille et dans sa région, au bénéfice des seuls soldats. Pour autant, dans les salles civiles, le nombre des entrées bat tous les records avec 25 millions de tickets vendus en 1942 dans les deux départements. Dans ces régions ouvrières, où il n'est pas rare de voir fermer provisoirement des salles par les occupants en guise de représailles, les films de propagande sont régulièrement sifflés par les spectateurs. En mars 1941, les Allemands exigent que la lumière soit allumée pendant le passage des actualités. La censure est omniprésente sur tous les écrans français.

Paris bei Nacht *: s'encanailler*

Pour les soldats allemands, la France est le pays du repos du guerrier, le pays de la bonne nourriture abondante, mais aussi celui des plaisirs sexuels. Beaucoup considèrent également outre-Rhin que la France est un pays de maladies vénériennes. À plusieurs reprises en 1941, le *Pariser Zeitung*[13] publie une carte des plaisirs et des loisirs dans la capitale, divisée en trois secteurs : Champs-Élysées, Montmartre et Montparnasse. Ce sont les hauts lieux du tourisme international d'avant guerre. Les occupants ont la tête pleine de clichés sur cette Ville lumière considérée comme un immense lupanar par la propagande allemande la plus grossière.

Dès le mois de juin 1940, les Allemands font rouvrir les salles de cinéma parisiennes tout comme les salles de théâtre et les cabarets. Le Pigalle rouvre ses portes le 15 juin alors que des millions de Français errent sur les routes de l'exode et que les Allemands sont arrivés dans Paris depuis la veille seulement. Dans ses articles sur les lieux d'amusement parisiens, la presse collaborationniste se montre indulgente envers les occupants. Le 18 juillet 1940, *La Gerbe* évoque des cabarets bondés :

> À La Roseraie, apparemment, pas une place libre. Nous réussissons tout de même à nous installer. [...] Beaucoup d'uniformes, maintien très digne, tenue impeccable. Une femme blonde à chaque table. Signal lumineux dans l'atmosphère enfumée. Les « girls » abandonnent leur place pour les coulisses. Et soudain, de la scène, vers la piste, c'est une cascade foufroutante. Revue déshabillée, exposition de toutes formes et de toutes nuances.

Le 13 septembre 1940, *Aujourd'hui* évoque un autre lieu d'amusement, L'Aiglon, un des premiers cabarets à rouvrir ses portes après la victoire allemande :

> L'Aiglon est aux Champs-Élysées – où voudriez-vous qu'il fût ? – le conservatoire de l'ambiance parisienne. On y oublie les rudes problèmes de l'heure

présente, à moins que l'on vienne retrouver des souvenirs et des amis de l'avant-guerre. On s'y amuse avec discrétion en compagnie d'un portrait du duc de Reichstadt.

Cet exemple n'est pas cité au hasard par le journal, puisque les cendres de l'Aiglon sont encore à Vienne et que Hitler souhaite leur rapatriement pour montrer sa volonté de s'entendre avec les Français.

Pour les dignitaires nazis, les permissionnaires méritent le repos du guerrier à Paris. Les soldats aiment fréquenter les cabarets et les boîtes de nuit; leurs guides culturels font mention de plusieurs cabarets : L'Aiglon, La Sirène, Le Shangai, Le Saint-Tropez ou encore Le Melody's, Le Dubarry, etc.[14], presque tous situés près du métro Pigalle. *L'Illustration* écrit le 10 janvier 1942 : « Il est heureux que la tradition se conserve. Sans le luxe et le plaisir des uns, il y aurait encore pour d'autres plus de misère et de tristesse. » Les journaux de zone occupée vantent régulièrement le prestige parisien grâce à ces lieux de fêtes et de représentation de la culture nationale. Les clichés sur la France, lupanar de l'Europe, ont la vie dure. Ernst G., père de deux enfants et affecté à la 52e division d'infanterie dans l'ouest de la France, écrit à son épouse Irene tout en cherchant à la rassurer sur son comportement loin du foyer :

> Ma chère femme,
> Je me sens terriblement seul ici. [...] La plupart des soldats sont en permission, presque tous les sous-officiers. [...] La ville est plutôt vivable. Il y a 30 000 habitants. Elle offre pas mal de divertissements. [...] Tu n'en croirais pas tes yeux en voyant le maudit maquillage dont les femmes d'ici se barbouillent la figure. [...] Derrière ce deuil tape-à-l'œil se cache une grande cochonnerie. On croirait vraiment que la France est un gigantesque bordel. Tu n'as qu'à te promener dans les rues à partir de 22 heures. Les Français ne songent même pas à se retirer dans des coins tranquilles pour s'enlacer, s'embrasser, non, c'est inimaginable! Les femmes préfèrent faire cela au milieu des rues. Non, non, ma chérie, je ne peux pas m'enthousiasmer pour la France. [...] Je t'embrasse et reste ton Ernst heureux[15].

Les maisons closes connaissent un âge d'or pendant l'Occupation, notamment en raison de la présence de la soldatesque allemande, mais aussi à cause de la paupérisation accrue de femmes issues de milieux très modestes. Les Allemands organisent des plaisirs différenciés selon le grade; les sous-officiers peuvent visiter Paris en autocar, aller au cinéma et au théâtre et se rendre dans des maisons closes très réglementées. Pour les officiers, les plaisirs sont plus nombreux et divers. Leur pouvoir d'achat leur autorise des plaisirs nocturnes plus luxueux. Des bordels sont exclusivement réservés aux occupants et la réglementation y est drastique. Les propriétaires de ces lieux de plaisir s'attirent les faveurs de leurs clients et peuvent en espérer des dotations alimentaires supplémentaires. Les produits de luxe comme le **champagne** coulent plus facilement dans ces établissements, de même que le charbon pour le chauffage est plus aisé à obtenir malgré les restrictions des années noires.

Les autorités d'occupation réglementent la prostitution quand les clients sont des soldats allemands. Les nazis sont obnubilés par les maladies vénériennes – c'était déjà le cas en 1914-1918. Dès le mois de juillet 1940, l'OKH publie deux directives concernant la création de maisons closes réservées aux hommes de la Wehrmacht dans les territoires occupés. La répression des prostituées y est également évoquée[16]. En France occupée, dès leur installation en juin-juillet 1940, les *Feldkommandanten* se préoccupent de réglementer les relations entre prostituées et soldats allemands, tel celui d'Angers dès le 8 juillet[17] : les médecins officiers sanitaires sont sommés de surveiller rigoureusement la prostitution. Avec l'aide des policiers angevins, ils cherchent à savoir qui sont les prostituées qui travaillent dans les maisons closes officielles, celles qui le font dans la rue ou encore clandestinement. Douze prostituées seraient contagieuses à Angers en juillet 1940[18]. Leur nombre augmente entre juillet et décembre 1940. Dans tous les cas, les prostituées sont jugées responsables en cas de maladie vénérienne d'un soldat de la Wehrmacht. Un avertissement est même prévu pour le public, publié dans la presse : « Toute femme qui contaminera un soldat allemand sera citée devant le conseil de guerre allemand[19]. » D'autres mesures sont prises contre les restaurants et hôtels à la mauvaise réputation ; des écriteaux sont apposés sur les devantures indiquant que ces établissements sont interdits aux soldats allemands. Les directives imposées dans le IIIe Reich dès la mobilisation de 1939 sont en fait transposées en France[20].

Les archives de plusieurs départements occupés totalement ou en partie (Cher, Indre-et-Loire, Maine-et-Loire, Saône-et-Loire, Vienne) révèlent que l'absence des prisonniers de guerre français laisse seules des milliers de femmes ; les possibilités de rencontres pour les soldats allemands sont donc très nombreuses dans un cadre amoureux ou de relations sexuelles tarifées.

Toutefois, une Française qui flirte avec un Allemand risque les foudres de la communauté nationale, pour entente avec l'ennemi. Les voisins, les parents et plus généralement les habitants de la commune chercheront à punir la fautive responsable de «collaboration horizontale», soit pendant la guerre, soit au moment de l'épuration dite «sauvage». Du côté des autorités françaises, la Révolution nationale se donne pour mission d'éliminer toutes les causes de désordre moral et d'empêcher la mort de la famille traditionnelle française. Mais le régime de Vichy ne parvient pas à éradiquer la prostitution en France, faute de s'attaquer à ses origines. L'État français se lance alors dans une politique répressive en favorisant les maisons closes afin de contrôler les prostituées, ce qui rencontre les préoccupations de l'occupant, qui veut surveiller les femmes entrant en contact avec ses soldats. Naturellement, Vichy, qui craint le «péril vénérien» – fortement combattu en 1914-1918, comme le maréchal Pétain s'en souvient –, doit aussi cacher à l'opinion publique l'extension criante de la prostitution. Un arrêté du 23 décembre 1940 officialise l'existence des maisons closes sous l'action du ministre de l'Intérieur Marcel Peyrouton. Les associations familialistes, très attachées à la défense de la vertu, crient au scandale. Les maisons closes sont en fait assimilées à des sortes de maison de commerce. Elles seront bientôt assujetties à l'impôt comme certaines salles de spectacle par la loi du 3 décembre 1941.

À Paris, dès le 15 juillet 1940, des mesures importantes sont décidées par le chef de l'administration militaire pour interdire aux soldats allemands l'entrée dans 730 hôtels et 300 restaurants. Ces établissements seraient reconnus comme des lieux de passe infréquentables. Dans les maisons closes autorisées (il y en aura au total près de 200 à Paris), le comportement des soldats allemands est décrit comme «correct»; quatre cas de viols sont cependant avérés[21].

Dans les premiers jours de l'Occupation, la réglementation sur la fréquentation des maisons closes n'est pas encore uniforme sur l'ensemble de la zone occupée. Dans certaines villes, les soldats allemands fréquentent les maisons closes sans suivre de règles précises et donc sans se protéger contre les maladies vénériennes. Pourtant, dès la fin de juillet 1940, on peut affirmer que la stricte surveillance des prostituées s'est généralisée. Seuls les établissements réservés par le commandement militaire allemand sont autorisés. Il faut encadrer strictement et très vite le travail des prostituées, car il y a une forte demande : le médecin-chef de la *Feldkommandantur* d'Angers note qu'entre février 1941 et août 1942[22], environ 8 000 soldats ont fréquenté les six « bordels » de la ville. À Tours, de septembre 1941 à août 1942, la moyenne est de 5 000[23].

La *Feldgendarmerie*, aidée par les policiers français chargés des mœurs, multiplie les rafles dans les restaurants, les cafés et les maisons closes. Les soldats allemands contaminés sont obligés de donner le nom des prostituées rencontrées. Les récidivistes qui refusent d'arrêter leur activité sont soit emprisonnées, soit expulsées dans des régions où les soldats allemands sont absents. À partir de l'automne 1941, les prostituées peuvent être enfermées dans les camps d'internement comme à Jargeau (Loiret).

Une véritable frénésie administrative frappe la réglementation des maisons closes pour Allemands. Les Juives et les Noires ne peuvent pas y travailler. Le préservatif est obligatoire. Les prostituées doivent suivre des règles d'hygiène drastiques avec des contrôles médicaux réguliers et rigoureux. Elles doivent signaler tous leurs déplacements dès qu'elles quittent la maison close et obtenir la permission de la Kommandantur. Chaque soldat-client possède une fiche avec le nom et le prénom de la femme, mais aussi le nom du bordel et sa localisation. Près de 6 000 filles sont sur le trottoir avec des cartes bilingues ; elles ne doivent avoir des relations sexuelles qu'avec des soldats et des officiers allemands.

Ernst Jünger rappelle la rigueur des contrôles sur les prostituées et leurs clients-soldats à Paris, les 20-21 mai 1941 :

> La nuit a été agitée, parfois même mouvementée, car on m'a amené plus de quarante personnes appréhendées au cours des patrouilles dans les rues ou dans les cafés et hôtels. Il s'agissait surtout de gens ivres ou de soldats sans permission régulière que l'on avait ramassés dans les petits hôtels de passe ; on amenait en même temps les filles avec lesquelles ils s'étaient divertis. [...] Ceux qui avaient couché avec une femme passaient, au préalable, par les mains d'un soldat du service de santé[24].

En 1941, dans la région parisienne, 3 « bordels » sont exclusivement réservés aux officiers et 29 aux soldats de troupe[25]. Puis, leur nombre ira croissant pour atteindre 200. En province, la prostitution est autant urbaine que rurale – en témoignent de nombreux rapports de gendarmerie départementale ; près de 450 maisons de tolérance sont comptées, dont un tiers entre des mains allemandes. À Paris, des noms d'établissements sont bien connus des sous-officiers et des officiers comme le Chabanais, un bordel réservé aux officiers et où les SS se rendent volontiers (IIe arrondissement), mais aussi le One Two Two, moins discret, situé rue de Provence (VIIIe) avec 22 chambres et 60 filles. Dans ce bordel de luxe, les officiers de la Wehrmacht sont nombreux. Ils y croisent des membres de la Gestapo, mais aussi des artistes français. Des grands noms ont fréquenté le One Two Two, tels Édith Piaf, Yves Montand, Sacha Guitry, Tino Rossi, Maurice Chevalier, entre autres.

Les relations sexuelles sont placées sous une surveillance accrue avec le développement de la Résistance en 1941 et dès les premiers attentats contre des soldats allemands. Les femmes peuvent donner des renseignements aux résistants; de même, un soldat allemand accompagné par une femme est une cible de choix, car moins vigilant.

Les soldats qui sortent la nuit dans Paris doivent posséder un laissez-passer spécial et être autorisés à se déplacer dans la cité. Les autorités doivent savoir avec quelle Française ils ont couché. Erich B., père de famille et ingénieur en génie mécanique, membre de la Luftwaffe depuis 1938, évoque le «bordel» dans une lettre à sa femme le 6 octobre 1940 :

> Ma petite souris!
> J'ai reçu deux lettres de toi hier, celles du 27 et du 28. [...] Tes deux écrits étaient longs et très beaux. Tiens, une note amusante : le 27 tu m'as conseillé d'aller au bordel, puis finalement tu t'es rétractée le 28. Bien entendu je devais m'y rendre juste pour information, pour étudier cette affaire, sans m'encanailler avec une de ces «personnes». J'y suis déjà allé bien volontiers pour regarder, mais il y a un hic. Tu penses bien, quand on va effectivement au bordel – ce dont les soldats ne se privent absolument pas –, les infirmiers vous font une piqûre avant et après contre les maladies sexuelles. Ils se foutent complètement de savoir si vous allez voir une femme ou non. Ils vous font la piqûre. Je me ficherais de tout ce tintouin si je ne m'étais pas fait prendre deux fois la main dans le sac. Alors tu vois, je n'y suis pas allé, malgré ta suggestion. Il faut dire que ces personnes ne sont pas vraiment à mon goût car les statistiques disent que chaque catin assure une centaine de passes par jour, le record étant 187. Imagine dans quel état elles doivent être! Bonjour le spectacle[26].

Et de poursuivre sa lettre par une question sur un parfum parisien à acheter ou pas : «Tu en voudrais aussi? C'est assez cher (10-15 marks), mais c'est vraiment parisien.» La lettre montre l'affection de l'époux, qui raconte tout ou presque de sa vie dans la guerre, et se termine ainsi : «J'en termine à présent car je vais sortir. Prends soin de toi, sois brave et aimante.»

La sévérité des contrôles sanitaires décrite dans cette lettre se rencontre dans de nombreux autres courriers de soldats à leur épouse en Allemagne et qui lui jurent qu'ils ne sont allés dans les maisons closes que pour observer cette étrange singularité liée à la guerre et à l'Occupation.

Malgré les contrôles et la répression, les occupants ne parviennent pas à contenir la prostitution sauvage ; les autorités allemandes de Paris constatent une explosion du phénomène : près de 100 000 femmes seraient concernées, victimes de la misère ou de situations psychologiques difficiles dues à l'isolement ou à une séparation douloureuse ; certaines y voient aussi de l'argent facile à gagner[27]. À l'été 1941, Felix Hartlaub évoque un bordel très fréquenté par les soldats une fois commencé le couvre-feu ; la gérante s'inquiète d'un éventuel manque à gagner, car les soldats allemands ont été massivement mobilisés sur le front russe[28]. L'écrivain pense que c'est l'ennui qui conduit les occupants à changer parfois d'attitude morale et à s'écarter de leur ligne de conduite habituelle. Il n'y a rien à faire certains jours ; il faut tuer l'ennui, parfois à ses risques et périls si l'on entend avoir recours aux services d'une prostituée «non officielle». La propagande allemande s'emploie à alerter les soldats qui arrivent en France par des brochures et dans le livret militaire ; dans ce dernier, certains rappels sont effectués : «Évite donc la fréquentation des femmes aux mœurs légères et non contrôlées. Elles sont presque toutes atteintes de maladies vénériennes.» En 1941, un tract imprimé par le commandant du Gross-Paris est distribué aux militaires, sous-officiers comme officiers, en permission à Paris : «99,5 % de toutes les infections ont été contractées auprès des prostituées sauvages.» Malgré cela, le nombre de personnes frappées par des maladies vénériennes augmente à Paris au fil des années d'occupation ; il quadruple même entre 1940 et 1941[29].

De son côté, le commandement militaire allemand entend faire passer un message aux soldats : la fréquentation de maisons closes, sous certaines conditions, est une sorte de récompense pour des hommes loyaux qui exécutent toutes les missions ordonnées, notamment sur le front de l'Est[30]. Le repos du guerrier se prend en France pour beaucoup. D'un autre côté, le départ de centaines de milliers de jeunes soldats sur le front russe affecte durablement les affaires des maisons closes où les clients sont d'un seul coup moins nombreux. On observe une nouvelle fois que les Allemands ont planifié et perfectionné la prostitution comme ils l'ont fait pour l'ensemble des secteurs clés de l'économie française.

Si les Allemands cherchent des lieux de détente dans Paris et les régions occupées, ils contrôlent aussi une grande partie de la vie culturelle des Français.

La culture, un enjeu politique

La mode, un enjeu de prestige

Les occupants s'intéressent de près, et rapidement après leur arrivée à Paris, à la haute couture parisienne. Ils savent combien elle s'identifie, en partie, à la culture française et ils veulent la contrôler. En Allemagne, des associations féminines, jalouses du succès de la haute couture française, s'insurgent contre le monopole de la mode de France qui s'imposerait et fixerait les règles aux autres nations de la mode[31]. À la fin du mois de juillet 1940, des officiers allemands répondent à ces associations en prenant des mesures radicales : ils se rendent à la chambre syndicale de la haute couture située rue du Faubourg-Saint-Honoré pour piller le fichier des acheteurs étrangers et constituer un réseau d'achats au profit du IIIe Reich. De même, Hans Kehrl, un fabricant de textiles, est chargé par les occupants de planifier les ressources textiles dans toute l'Europe et notamment en France. Il organise une réunion avec des responsables français pour organiser l'encadrement allemand des industries textiles françaises et donc de la haute couture. Pendant l'été 1940, les premières décisions sont prises : les ateliers français devront fournir à l'Allemagne de la main-d'œuvre et du savoir-faire ; les meilleurs spécialistes de la haute couture seront invités à rejoindre Berlin et Vienne[32].

Le centre des arts européens ne peut plus être Paris ; Berlin doit devenir la capitale européenne de la mode. La revue nazie *Signal* écrit en mars 1941 que «la mode parisienne doit passer par Berlin avant qu'une femme de goût puisse la porter[33]». Lucien Lelong, président de la chambre syndicale de la haute couture, proteste en privé et dans la presse spécialisée de l'époque. Il pense que l'épicentre de la haute couture restera Paris, quoi qu'il arrive. En novembre 1940, il se rend à Berlin pour expliquer son point de vue et défendre la haute couture française. Il explique l'intérêt de maintenir à Paris les ouvriers et cadres de la profession. Au final, les Allemands renoncent à créer une école de haute couture outre-Rhin. Ils plient, convaincus que la mode française s'écroulera sans débouché à l'étranger. Lelong est cependant contraint de coopérer avec les Allemands afin de faire survivre le secteur, car la pénurie atteint vite toutes les maisons françaises. Les couturiers demandent à Vichy de faire un effort pour passer outre un certain nombre de restrictions en matière d'approvisionnement textile. Ils défendent l'idée que la fin de la haute couture provoquera une vague de chômage inutile en ces temps de pénurie et de rigueurs. Les maisons de couture obtiennent des dérogations pour acheter des quantités plus grandes de matières premières dès février 1941. Le quotidien *Le Matin* écrit le 30 mars 1941 qu'en permettant à la haute couture de ne pas renoncer à créer, on a voulu maintenir «une activité, une main-d'œuvre hautement qualifiée dont la formation professionnelle est délicate, non seulement pour épargner le chômage mais pour lui éviter de perdre la main, de perdre confiance en son métier».

En juillet 1941, une carte de vêtements spécifique est créée – la «carte création», qui est une carte de rationnement en fait – pour les acheteurs de haute couture ; les Allemands donnent leur feu vert pour cette dérogation réservée aux grandes maisons françaises situées à Paris. Dans plusieurs grandes villes de province (Cannes, Nice, Tours, par exemple), des couturiers cherchent à obtenir les mêmes privilèges, en vain. Les industriels allemands exigent en outre que leur soient livrés les secrets de certaines fabrications.

Ces mesures visant à asphyxier progressivement la haute couture française s'accompagnent d'une interdiction d'exporter les productions françaises. Mais Lelong trouve un subterfuge en organisant à Lyon (zone libre) en mars 1942, avec le concours du Secours national, un défilé de couturiers de la zone non occupée ; pour attirer les acheteurs étrangers comme les Suisses ou les Espagnols[34]. Il est parvenu à obtenir près de 200 laissez-passer pour faire franchir la ligne de démarcation aux acteurs de la haute couture, dont les créateurs et les mannequins installés en zone occupée. Cela lui vaut d'ailleurs un procès à la Libération, pour avoir fréquenté les Allemands – un non-lieu est prononcé.

Jusqu'en 1944, les Allemands tentent à plusieurs reprises de s'immiscer dans les maisons de couture ou au sein des magazines de mode. Ils veulent faire croire aux lecteurs que ce sont des idées allemandes et non françaises qui inspirent la mode. Ils limitent la publication des pages réservées à la mode française. Par exemple, *L'Officiel de la mode et de la couture de Paris* n'est autorisé à paraître de nouveau qu'en février 1941, puis suspendu trois mois plus tard, et encore autorisé en mai 1942, car les occupants estiment que cette revue, la plus importante pour les professionnels, ne répond pas suffisamment à leurs exigences éditoriales. Mais personne n'est dupe dans le milieu de la haute couture.

Les Allemands s'irritent plus fermement à partir de 1943 face aux réticences des couturiers français et ils empêchent la haute couture de faire de la publicité ; Berlin ordonne même la fermeture des ateliers de mode à Paris. Après négociations, une quarantaine de maisons sont encore autorisées à fonctionner. En 1943-1944, alors que la couture berlinoise sombre progressivement, voire disparaît sous les bombardements aériens, les Allemands tentent d'imposer aux couturiers français de confectionner des vêtements pour les sinistrés allemands.

Les mesures antisémites ont permis à certains couturiers de s'emparer d'ateliers spoliés. Le créateur juif Jacques Heim et sa famille font partie des victimes des opérations d'« aryanisation » dès 1940. Les Allemands font tout pour l'écarter du marché de la haute couture. Gabrielle – Coco – Chanel est à la tête d'un grand ensemble industriel de près de 4 000 employés à la veille de la guerre ; elle travaille dans le domaine de la mode et des accessoires de luxe (parfums, bijoux, etc.). En septembre 1939, elle ferme sa maison, mais pas sa boutique à Paris. Elle vit alors au Ritz, haut lieu fréquenté par les chefs nazis. L'Abwehr la recrute alors qu'elle est l'amante du baron Hans Gunther von Dincklage, un nazi convaincu ; elle sympathise aussi avec le baron Louis de Vaufreland, agent français de la Gestapo. En collaborant avec les occupants, elle espère faire libérer un de ses neveux et récupérer une grande partie de la société des Parfums Chanel – elle n'en possède plus que 10 % –, devenue la propriété des frères Wertheimer, des Juifs émigrés aux États-Unis. Elle opère plusieurs missions pour les Allemands en Espagne et à Berlin. Elle rencontre même en 1943 Walter Schellenberg, le chef du renseignement de la SS à Berlin. À la Libération, Coco Chanel n'est pas inquiétée.

Globalement, sous l'Occupation, les maisons de couture ont été soit complaisantes à l'égard des Allemands, soit ambiguës dans leur comportement. Certains, dans le milieu du commerce de la fourrure, ont répondu très favorablement aux exigences de livraisons de Goering et des hauts dignitaires qui souhaitaient offrir à leurs dames des manteaux de fourrure français. La palette des comportements offre tous les cas de figure, comme dans une grande partie de la société, pour ce qui est de la compromission ou non avec l'Allemand. Ce dernier a compris que nombre d'industriels, notamment dans les produits de luxe, souhaitaient continuer à mener leurs affaires, sans se soucier de l'aspect moral. Créer librement sous l'Occupation ne se fait pas sans l'assentiment allemand et le regard du régime autoritaire de Vichy[35].

Vie littéraire et censure à l'œuvre

En août 1940, à Berlin, une liste d'œuvres censurées est publiée, la « liste Bernhard » ; 143 titres visés sont des ouvrages politiques. Les éditeurs français ont peu protesté contre cette pratique, mais ont aussi été peu enthousiastes à respecter les contraintes allemandes, sauf ceux qui ont cru à l'ordre nouveau tels Denoël ou encore Bernard Grasset. À cette première liste s'en ajoutent trois autres, les « listes Otto » – sans doute du nom de l'ambassadeur du Reich en France Otto Abetz : la première date du 28 septembre 1940. Plus importante que la « liste Bernhard », elle est composée de 1 060 titres écrits par des Juifs (Léon Blum ou Joseph Kessel par exemple), des auteurs antinazis (Thomas Mann, Stefan Zweig ou encore Sigmund Freud) et de livres anticommunistes (jusqu'à l'attaque de l'URSS par les nazis en juin 1941) ; lui est ajoutée une liste de livres anglais et américains le 4 juillet 1941. Cette première liste a permis de saisir près de 700 000 ouvrages, pilonnés tant en zone occupée qu'en zone non occupée, grâce à la collaboration du régime de Vichy. Deux autres « listes Otto » sont publiées le 8 juillet 1942 (1 170 ouvrages français jugés « indésirables ») et le 10 mai 1943 (739 auteurs juifs français sont interdits)[36]. Les Allemands manifestent ainsi leur haine des Juifs, mais plus globalement leur haine de la culture française ; ils expriment une forme de jalousie face à la culture française tout en fustigeant la décadence artistique de la France occupée.

La censure allemande est au cœur de luttes intestines entre différents services allemands ; le MbF a implanté dans chaque région occupée une Propaganda-Staffel rattachée à la Propaganda-Abteilung de France sise à l'hôtel Majestic et dirigée par le major Schmidtke. Le ministère de l'Information et de la Propagande du Reich est en lien étroit avec ces services. Le *Sonderführer* Gerhard Heller est chargé de lire les œuvres à censurer au sein de la Propaganda-Staffel de Paris et plus particulièrement du groupe de travail « littérature »[37]. Il travaille sous la direction du *Sonderführer* Friedhelm Kaiser. Il faut notamment éradiquer tous les écrits antiallemands, ainsi que les œuvres maçonniques et juives.

Les trois « listes Otto » ont été élaborées avec l'aide d'Henri Filipacchi, dirigeant d'Hachette, et de René Philippon, président du Syndicat des éditeurs français. Les Allemands organisent une réunion avec les principaux éditeurs français tels Albin Michel, Denoël, Gallimard, Grasset, etc., laquelle aboutit à la signature d'une convention le 28 septembre 1940, par laquelle ces derniers s'engagent à ne pas publier d'ouvrages contraires aux intérêts des occupants. Un Comité d'organisation des industries, des arts et du commerce du livre est créé, dirigé par Marcel Rives, conseiller référendaire à la Cour des comptes. Quatre comités agissent en son sein : le comité « éditeurs » dirigé par Philippon et les comités « libraires », « imprimeurs » et « industries annexes ». Le 1er avril 1942 est créée la commission du contrôle du papier d'édition. Cette dernière a une mission concrète puisqu'en ne donnant pas de papier pour la parution d'un livre, elle contribue à une censure efficace. Elle peut aussi être contournée : Céline a ainsi négocié sans difficulté l'obtention de 15 tonnes de papier pour réimprimer ses propres ouvrages en s'adressant à Karl Epting, directeur de l'Institut allemand, le 15 avril 1941[38]. À partir de 1942, la pénurie de papier se fait plus criante encore ; Heller, désormais à l'ambassade d'Allemagne, fait de son mieux pour favoriser la littérature française ; il évoque même en 1943, « 9 348 ouvrages [...] imprimés en France[39] ».

En arayanisant les maisons d'édition juives, les Allemands mettent directement la main sur l'édition française ; les éditions Ferenczi sont placées sous la direction de Jean de La Hire, un proche de Marcel Déat, et deviennent les « éditions du Livre moderne ». Nathan est mis entre les mains d'Albert Lejeune, proche des Allemands. Les éditions Calmann-Lévy deviennent les « éditions Balzac ». Les occupants entrent en outre dans le capital des maisons d'édition qui favorisent la publication d'ouvrages qui vantent les mérites de la Collaboration telles Denoël et Sorlot – Fernand Sorlot est le directeur des Nouvelles Éditions latines et a notamment publié la traduction française de *Mein Kampf* en 1934. La censure de la littérature française et la pénurie de papier n'ont pas empêché la publication de plusieurs milliers d'ouvrages en zone occupée.

À Paris, il existe plusieurs salons littéraires permettant aux auteurs et éditeurs français de rencontrer des occupants cultivés comme Jünger et Heller. Des auteurs et des artistes français se rendent en Allemagne pendant la guerre, ce qui favorise une fois de plus la propagande allemande. Ils font des tournées pour vendre leur travail ou bien rencontrent des collègues allemands. La Propaganda-Staffel organise ces voyages d'intellectuels dans le IIIe Reich, encouragée en ce sens par Goebbels en personne. Dans ses Mémoires, Gerhard Heller raconte les voyages qu'il effectue en Allemagne avec plusieurs intellectuels français où ceux-ci rencontrent parfois Goebbels, notamment à la Semaine du livre de Weimar du 20 octobre au 3 novembre 1941. Ont participé à ces voyages Abel Bonnard, Robert Brasillach, Drieu la Rochelle et Ramon Fernandez, des convaincus du nazisme, mais aussi Jacques Chardonne, André Fraigneau et Marcel Jouhandeau, tous trois favorables au rapprochement entre les Français et les Allemands[40]. Heller organise aussi des voyages pour des musiciens, des peintres et des sculpteurs – pour ces derniers, c'est surtout le peintre allemand Heinrich Ehmsen qui organise les rencontres européennes de Weimar. Heller évoque aussi dans ses Mémoires des rencontres discrètes entre certains invités français et des opposants allemands au régime nazi tels Carl Rothe, un écrivain de romans et d'essais, et Paul Hövel – chargé de la diffusion du livre allemand à l'étranger. De retour des voyages à Weimar, les invités français racontent leur périple intellectuel à la presse collaborationniste[41]. De son côté, Ernst Jünger, francophile, visite tous les salons littéraires de Paris, rencontre Arletty tout comme le décorateur Christian Bérard. La liste est longue de ses rencontres : Gaston Gallimard, Cocteau, Giraudoux, Jean Marais, Florence Gould, Drieu la Rochelle, Abel Bonnard, Alfred Fabre-Luce.

Le théâtre, un partage culturel limité

Comme les salles de cinéma et les music-halls, les salles de théâtre sont très vite réouvertes ; il faut donner des spectacles au plus vite et pour tous les goûts. Le théâtre des Ambassadeurs ouvre début

août 1940 et l'événement est commenté dans la presse collaborationniste. *La Gerbe* livre ses propres commentaires, durs pour la
France, un pays qui n'a pas encore de grands spectacles à offrir aux
«étrangers», à savoir aux occupants:

> Nous avons à l'étranger une incontestable réputation de légèreté. Aujourd'hui
> à Paris, dans le domaine du spectacle, il semble que nous fassions tout pour que
> les officiers et les soldats allemands actuellement dans la capitale conservent
> une image de Paris et de notre esprit conforme à la légende, cette légende qui
> n'est tout de même pas celle de la vraie France.

Et de poursuivre que, pour l'heure, l'occupant ne doit pas penser
que la première pièce jouée au théâtre des Ambassadeurs, *Nous ne
sommes pas mariés* de Michel Duran, illustre à elle seule la culture
théâtrale française; elle aura bientôt mieux à offrir aux occupants
avec la réouverture prochaine de la Comédie-Française et l'Odéon[42].

Les Allemands donnent l'impression de partager leur culture avec
les Français, ce qui est du meilleur effet chez les collaborationnistes.
L'obstacle de la langue n'est cependant pas anodin, limitant les
tournées théâtrales allemandes en France. Pour cette raison, peu
de pièces allemandes sont jouées à la Comédie-Française, et seulement pour une élite. Les Allemands louent la supériorité culturelle
du IIIe Reich. Le Schillertheater vient à Paris en 1941 pour repré-
senter *Kabale und Liebe* de Schiller. Lors de ces représentations se
croisent Sacha Guitry, Jean Luchaire, Marcel Déat, Fernand de
Brinon ou Harry Baur.

C'est sous l'Occupation que de grands auteurs commencent leur
carrière comme Jean Anouilh, Albert Camus ou encore Jean-Paul
Sartre. Le guide culturel des militaires allemands, *Wohin Paris?*,
fait nombre d'annonces de pièces comme celle vantant les mérites
d'une «soirée avec Sacha Guitry au théâtre de la Madeleine[43]».
Guitry a monté *Pasteur*; il négocie avec la censure allemande le
maintien de tous les passages de la pièce, y compris ceux considérés
comme favorables au nationalisme français. Le nombre de pièces
jouées est énorme, tout comme la densité de nouvelles créations.
Au total, près de 400 pièces de théâtre ont été représentées à
Paris sous l'Occupation. Pour beaucoup de directeurs de salle,
il s'agit avant tout de montrer aux Allemands la supériorité de
la culture théâtrale française, mais aussi de continuer à gagner
de l'argent. Il faut s'accommoder des contraintes allemandes en
matière culturelle.

En Alsace, les contraintes allemandes sur le théâtre sont encore plus fortes, car il s'agit pour l'occupant de faire oublier toute culture française. Dès juillet 1940, les agents de la propagande allemande s'évertuent à gommer tout signe culturel français. Strasbourg devient un laboratoire de la germanisation culturelle et plus particulièrement sur le plan théâtral. Il faut des représentations de qualité pour attirer le public. En 1941, le théâtre de la ville n'est plus municipal, mais passe sous la tutelle de l'administration civile allemande – dirigée par le Gauleiter Robert Wagner. Strasbourg doit devenir la capitale du « Gau Oberrhein », formé par l'Alsace et le pays de Bade. Strasbourg sera l'un des plus grands centres culturels germaniques. Des travaux importants sont entrepris et de grosses sommes d'argent sont investies pour restaurer le théâtre strasbourgeois dès avril 1941[44]. Troupes de théâtre allemandes et groupes de musiciens s'y succèdent.

Le 14 novembre 1941, le Gauleiter inaugure le « nouveau » théâtre de Strasbourg ; il tente de convaincre les Alsaciens que l'art nazi n'est pas décadent. En 1941-1942, il y a 210 représentations (10 opéras, un ballet, une opérette, 19 pièces de théâtre et un *Singspiel*)[45]. Pendant la saison 1942-1943, le nombre de représentations passe à 434. Les Allemands ont d'abord constitué l'essentiel du public, puis progressivement, des Alsaciens commencent à s'abonner. L'essentiel des représentations emprunte au répertoire classique, en donnant une place privilégiée à l'opéra lyrique. Des opérations de prestige théâtral, pour faire oublier les représentations d'artistes venus de Paris avant la guerre, sont organisées ; de brillantes mises en scène sont commandées à des Allemands pour *Carmen* ou *Orphée*. Schiller, Goethe, Shakespeare ou Lessing occupent une place de choix dans les programmations, mais aussi des œuvres historiques – Moyen Âge, Bismarck, l'histoire de la Prusse. Selon Goebbels et Goering, Strasbourg est la troisième place théâtrale du Reich après Berlin et Vienne[46].

Les Allemands accaparent toute la sphère culturelle dans la France occupée, s'impliquant largement dans une œuvre de germanisation plus ou moins approfondie. Dans tous les cas, ils souhaitent contrôler les secteurs clés de la propagande à destination des populations occupées. La fréquentation des salles de théâtre est massive[47]. Les troupes allemandes fournissent des contingents de spectateurs importants, des places leur étant réservées. Si les théâtres dramatiques de Paris ne sont pas très fréquentés en raison de l'obstacle linguistique, les théâtres lyriques les accueillent en plus grand nombre. On peut penser que ce sont davantage les officiers que les hommes de troupe qui fréquentent les salles de théâtre. Ceux-ci sont plus nombreux dans les cabarets et les music-halls. En revanche, quand un spectacle allemand se déplace à Paris, toute la salle de théâtre est réservée aux occupants[48].

Les arts et les expositions à la gloire de l'Allemagne

Le cinéma intéresse autant les occupants par l'influence qu'il peut avoir sur le public ; les acteurs de la propagande s'attachent donc à le contrôler totalement. Par les films de propagande, les occupants espèrent également encadrer les esprits en diffusant des actualités erronées sur l'évolution des fronts. Mais les films d'auteur sont aussi utilisés dans un but idéologique.

Sous l'Occupation, le cinéma reste le premier loisir. Les occupants espèrent redonner à Paris son aspect de « Ville lumière », afin d'inonder l'Europe et le monde d'images et d'articles de propagande sur une ville occupée heureuse. Les cinémas sont concernés au premier chef, dès fin juin 1940 : le 23, Le Colisée, Les Portiques et Le Triomphe réouvrent leurs portes. Les lieux de détente cinématographiques réquisitionnés par et pour les Allemands sont nombreux comme Le Cyrano, Le Français, le Gaumont-Palace, le Maillot-Palace, le Marignan-Pathé, Le Normandie, Le Rex. Le Marignan, une petite salle, accueille uniquement les Allemands ; des actualités y sont projetées. Le 19 juillet 1940, *Le Matin* écrit :

> Sur les boulevards, presque tous les cinémas sont ouverts. Pour dix francs, même moins, on a un fauteuil d'orchestre dans une grande salle d'exclusivités. Il est vrai qu'il n'y a plus maintenant de grandes exclusivités et que les films présentés datent pour la plupart de plusieurs mois, voire de plusieurs années. Mais le public est content de ce qu'on lui donne[49].

En zone occupée, les Allemands surveillent toutes les productions ; Goebbels finance une trentaine de longs-métrages par le biais de la société de production Continental. Marcel Carné, Claude Autant-Lara, Henri-Georges Clouzot font partie des réalisateurs ainsi financés. On voit débuter dans ces films Gérard Philipe mais aussi Serge Reggiani.

La Propaganda-Abteilung – et en particulier son service du cinéma, le Referat Film, dirigé par le docteur Dietrich – veille au contenu des films projetés. En zone non occupée, le régime de Vichy assure le contrôle sur le cinéma par l'intermédiaire de Jean-Louis Tixier-Vignancour, secrétaire général adjoint à l'Information.

En zone occupée, le contrôle de la profession est intransigeant, afin de privilégier le développement des films allemands. Des groupements corporatifs du cinéma sont créés en lien avec une superstructure composée de six branches spécifiques : production, distribution, exploitation, industries techniques, techniciens et acteurs. Le régime de Vichy est débordé par ces structures construites hors de ses champs de compétences. Le cinéma est sans doute le domaine où la souveraineté de Vichy a été la plus réduite durant toute l'Occupation. On peut parler d'une véritable « colonisation économique du cinéma[50] » par les Allemands.

Les premières ordonnances allemandes montrent la volonté de contrôle absolu de la part de l'occupant, qui se sert naturellement du cinéma comme d'un instrument de propagande. Le décret du 9 septembre 1940 vise à interdire les films anglo-saxons et ceux dans lesquels des acteurs juifs pourraient apparaître. À la même date est créée la commission seule habilitée à délivrer les visas d'exploitation. La guerre des propagandes entre Vichy et les occupants commence alors ; les visas sont difficiles à obtenir pour les films français projetés en zone non occupée et qui veulent l'être de l'autre côté de la ligne de démarcation. Le 21 mai 1941, les Allemands interdisent les films sortis en France avant le 1er octobre 1937. Les salles de cinéma, les usines, les laboratoires et les firmes de distribution sont rouverts avec l'autorisation allemande à l'automne 1940. En contrepartie, des contraintes importantes comme privilégier la production d'outre-Rhin ou bien participer à l'effort de guerre leur sont imposées. La censure est dirigée par le service cinéma de la Propaganda-Abteilung. Il distribue les matières premières propres au cinéma et gère bientôt les biens des Juifs. Otto Abetz s'occupe de son côté de la politique culturelle en général et du cinéma en particulier. Les occupants participent amplement au capital de nombreuses entreprises du cinéma, notamment sous l'action d'un ami de Goering, Alfred Greven. Il met en place la Continental et crée la SOGEC (Société d'exploitation chargée d'acquérir des salles de cinéma). La Continental produit des films exclusivement français ; à côté, il existe deux compagnies allemandes, la UFA et la Tobis. Greven fonde un véritable empire depuis le financement du film jusqu'à sa distribution. Au fil des années d'occupation, le cinéma français sombre dans un état d'asphyxie complet.

Pendant près de quatre années, les occupants ont envahi les milieux culturels et intellectuels français, plaçant la population sous contrôle. La présence allemande a suscité une forte activité culturelle et intellectuelle au service de la propagande, car la culture a été un enjeu politique de premier plan. Paris a même connu l'euphorie théâtrale. Mais les Allemands ont aussi pris le temps de se détendre et de goûter aux plaisirs et aux loisirs qu'offrait la France, ne partageant que très rarement leurs espaces récréatifs.

7

Répressions «expiatoires» et persécutions allemandes

Répressions et persécutions sont la marque de l'Occupation. La persécution des Juifs commence dès le mois d'octobre 1940 avec une série d'ordonnances allemandes en zone occupée (recensement des Juifs; commerces «non aryens» marqués à la peinture ou signalés par une pancarte, etc.) et un «statut des Juifs» conçu par le régime de Vichy – sans oublier la possibilité pour les préfets d'interner les Juifs étrangers. La France sous l'Occupation, ce sont des justices «extraordinaires» au service de l'occupant (justice militaire, justice pénale «ordinaire» et justices d'exception). Ces justices ont pu compter sur le zèle de certains policiers et gendarmes français, mais aussi sur des actes de délation.

À partir de 1941, les justices et les polices des Allemands et des Français travaillent parfois de concert, dans une collusion accentuée jusqu'en 1944. Mais les Allemands restent toujours les maîtres du «jeu». Des études de cas permettent d'observer ce processus engagé avant même l'arrivée de Carl Oberg en France au printemps 1942. Une politique de représailles et de sanctions très dures est mise en place dès que les premiers attentats sont commis contre des soldats et des officiers de l'armée allemande. La «politique des otages» – un traumatisme pour les occupés – ne rencontre pas les effets escomptés. Les services allemands en France connaissent une crise dans l'administration de l'Occupation, une tension vive entre les militaires et les SS. Ces derniers pratiquent une forme d'expansionnisme au sein des institutions policières et judiciaires françaises, mais surtout dans la gestion de l'Occupation. Berlin est de plus exigeant en matière de traque des Juifs et de ceux qui menacent la sécurité de ses troupes[1]. Des Français et des étrangers en nombre croissant sont raflés, internés, déportés et parfois exécutés avec ou sans procès. Quand il y a procès, c'est une parodie de justice.

Une justice sous contrôle

Dès leur installation, les Allemands surveillent la zone occupée par tous les moyens militaires et civils déjà utilisés dans l'Europe occupée. Il faut se pencher sur l'état des pratiques judiciaires et juridiques des occupants entre 1940 et le second semestre 1941, à savoir jusqu'aux premiers attentats de jeunes résistants communistes contre les troupes d'occupation ; après le 11 novembre 1942, une stratégie encore plus répressive se met en place.

Depuis l'armistice franco-allemand, la justice française est totalement désorganisée en raison du découpage de la France. Les Allemands imposent leur loi en zone occupée. L'administration judiciaire allemande, qui est aux mains de plusieurs services parfois concurrents, interprète le droit de l'Occupation comme bon lui semble.

L'article 3 de l'armistice stipule que « dans les régions occupées en France, le Reich allemand exerce tous les droits de la puissance occupante. Le gouvernement français s'engage à faciliter par tous les moyens la réglementation relative à l'exercice de ce droit et à sa mise en exécution avec le concours de l'administration française. Le gouvernement français invitera immédiatement toutes les autorités et tous les services administratifs du territoire occupé à se conformer aux réglementations des autorités allemandes ». Si le texte tient compte de la convention internationale de La Haye de 1907 sur les droits de la puissance occupante, il est suffisamment vague pour laisser le champ libre aux interprétations abusives de l'occupant. L'article 10 est également important pour la suite de l'histoire de la justice allemande en France sous l'Occupation. En effet, l'un des alinéas stipule que « le gouvernement français interdira aux ressortissants français de combattre contre l'Allemagne au service d'États avec lesquels l'Allemagne se trouve encore en guerre. Les ressortissants français qui ne se conformeraient pas à cette prescription seront traités par les troupes allemandes comme francs-tireurs ». La justice française se voit assigner la mission de sanctionner tous ceux qui pourraient gêner l'effort d'occupation et l'effort de guerre du IIIe Reich. La notion de « francs-tireurs »

(*Freischärler*) appartient au droit allemand et la formulation de l'alinéa est une menace contre le pays occupé, qui devra tout faire pour que les « francs-tireurs » soient anéantis. Les Allemands ne font que rappeler aux Français leur statut de vaincus.

L'armistice n'a jamais précédé de traité de paix comme le droit international l'exigeait. Les Allemands ont longtemps maintenu le régime de Vichy dans cette fiction. Assez rapidement, les services allemands présents en France promulguent de nouvelles lois en fonction de l'évolution du contexte politique et militaire. Toutefois, c'est le *Militärbefehlshaber in Frankreich* (MbF) qui édicte les principales règles judiciaires[2]. Il exerce le pouvoir exécutif, du moins jusqu'au printemps 1942. L'OKH a pris cette décision de laisser le pouvoir aux militaires en France dans les premiers temps de l'occupation car il estimait avoir commis l'erreur de mettre en place une administration d'occupation civile en Pologne. Les services policiers du Reich ne sont pas mêlés à la prise de décision.

Dès le 30 juin 1940, le MbF s'installe à l'hôtel Majestic, avenue Kléber. Lui seul dispose des compétences idoines pour maintenir l'ordre et la sécurité des troupes d'occupation. Pour autant, progressivement, des services concurrents viennent lui disputer un certain nombre de pouvoirs, dont les SS à partir de juin 1942 avec à leur tête un HSSPF (*Höhere SS- und Polizeiführer*). Celui-ci dirige en fait les services policiers allemands et français en zone occupée. Les deux premiers procès publics organisés par les Allemands en mars-avril 1942 le sont juste avant l'arrivée en France du SS Carl Oberg, qui va prendre en main la direction de l'ordre policier en France au détriment du MbF. Il faut ajouter que l'ambassade allemande à Paris, sous l'autorité d'Otto Abetz, a pu aussi interférer dans les décisions du MbF[3].

Au sein du MbF, la section administrative du *Militärverwaltungstab* s'occupe de la justice. Elle est elle-même composée de quatorze groupes dont le groupe V8 *Justiz* qui rédige les ordonnances allemandes en 1940 et surveille l'organisation des tribunaux et de la justice en général dans la zone occupée. Les Allemands sont omniprésents dès qu'il s'agit de justice ; ils sont même présents physiquement dans les tribunaux, ce qui ne manque pas de choquer les magistrats français. De même, ils n'hésitent pas à s'immiscer dans de nombreuses procédures judiciaires françaises.

Dès avant l'arrivée du chef de la SS en France, Carl Oberg, en juin 1942 – date à laquelle le MbF perd ses compétences policières –, le territoire occupé est sous l'emprise de plus en plus forte des décisions judiciaires du MbF, plus radicales lorsque commencent les attentats et les coups de main des résistants communistes dans le second semestre de 1941. Dès 1940, le Sipo-SD (police de sûreté et service de renseignements de la SS), qui représente le RSHA (Office central de sécurité du Reich) dirigé par Himmler, tente de concurrencer le MbF[4].

Celui-ci entre dans une période de turbulences face aux services centraux du Reich lorsqu'il lui faut appliquer le «code des otages». Pourtant, le MbF a joué un rôle central dans ce processus de radicalisation de la répression policière en France à l'encontre des résistants et dans la mise en œuvre de la «politique des otages». Aussi, la réputation d'un MbF plus magnanime que la SS est largement battue en brèche depuis ces dernières années par les historiens. Certes, après le 11 novembre 1942, les services militaires allemands en France voient leur rôle se réduire. On observe donc trois périodes de l'histoire de l'action répressive du MbF en France : deux pendant lesquelles il joue un rôle de premier plan entre juillet 1940 et l'automne 1941, puis entre cette date et novembre 1942 ; la troisième période commence alors et s'achève en 1944. Avec l'occupation totale du pays, la puissance occupante s'octroie de nouveaux droits sur la justice française, obligeant les services policiers français à collaborer de plus en plus avec les occupants. Ceux-ci surveillent la justice du pays d'une façon singulière et inédite dans l'Europe de Hitler.

Des parodies de procès

Une justice militaire organisée

Au sein des *Feldkommandanturen*, des districts d'administration militaires et du MbF sont créés des tribunaux militaires (*Feldkriegsgerichte*). Leurs compétences leur permettent de juger ceux qui commettent des infractions au regard du droit allemand, membres de l'armée d'occupation et civils des territoires occupés. Ils outrepassent cependant sans hésiter les règles qu'ils ont imposées dans l'armistice franco-allemand de juin 1940, se moquant bien du droit international public dans le domaine judiciaire, comme dans les autres d'ailleurs.

Les Allemands disposent de toute une organisation judiciaire grâce à des ordonnances pénales de guerre (*Kriegsstrafverfahrensordnung* ou *KStVo*) datées du 17 août 1938 et du 26 août 1939. Elles donnent aux juges militaires allemands de larges pouvoirs qui seront encore amplifiés jusqu'à la Libération. D'après ces textes, chaque audience doit se dérouler selon le modèle suivant : le huis clos avec la présence des accusés (ou de l'accusé), de trois juges, d'un procureur ; parmi les juges, il y a deux militaires et un juriste. Aucun appel n'est possible. Il n'est pas prévu d'avocat pour le prévenu, sauf si celui-ci risque la peine de mort. L'avocat a peu de droits ; il ne peut rencontrer l'accusé qu'après la rédaction de l'acte d'accusation et à la fin de l'information. Cela limite la possibilité de défendre correctement l'accusé, alors soumis à une parodie de justice lors du procès. La procédure criminelle allemande est secrète. L'avocat n'a accès à aucun document, sauf l'acte d'accusation. Cette procédure sera suivie à la lettre lors des procès à grand spectacle organisés par l'occupant.

Les *Feldkommandanten* jouent le rôle de « hauts justiciers » et influencent le déroulement des débats lors des procès se déroulant dans les régions militaires de la zone occupée. Les tribunaux du MbF sont sévères, et ce, avant même l'attaque de l'URSS par le Reich en juin 1941, comme l'a bien montré l'historienne Gaël Eismann[5] : 162 peines de mort sont prononcées par les juges du MbF contre des civils entre juin 1940 et la fin juillet 1941, dont 42 ont été exécutées. Dans le premier semestre 1941, les juges militaires allemands accentuent la répression pour lutter contre ce qu'ils considèrent comme des actes dangereux pour la Wehrmacht et son image. La propagande, les sabotages ou les actes de désobéissance au profit des Anglais ou des gaullistes sont visés au premier chef. Pour les affaires d'espionnage (« l'intelligence avec l'ennemi ») ou les actes délictueux contre la Wehrmacht, les juges du MbF sont intransigeants, tout comme dans la lutte contre les « francs-tireurs ». Ils décident de la qualification des crimes reprochés, de laquelle découlera aussi la nature de la sentence.

La DGTO (Délégation générale dans les territoires occupés) a souvent fait appel des décisions des tribunaux du MbF quand elle le pouvait et obtenu la commutation de la peine de mort d'accusés français, du moins jusqu'au début de la lutte armée. D'après les archives, un peu plus de 60 % des Français condamnés à la peine capitale par les tribunaux militaires allemands entre octobre 1940 et juin 1941 ont vu leur condamnation commuée en peine de prison[6]. Cependant, la répression menée par les tribunaux militaires allemands s'accentue avant même la série d'attentats contre les soldats et les officiers de l'armée allemande : 500 condamnations à mort sont prononcées jusqu'en mai 1942 ; près de 75 % sont exécutées[7]. La législation pénale allemande est interprétée de plus en plus rigoureusement et de plus en plus étroitement. Il faut intimider les occupés et notamment ceux qui seraient tentés de gêner l'action des occupants. Il faut édifier les esprits en faisant des exemples.

À partir de l'été 1941, le contexte judiciaire change avec le passage à la lutte armée de la Résistance. Les juges militaires allemands radicalisent la répression et pratiquent des exécutions massives de civils innocents choisis sur des listes. L'arrivée en France de Carl Oberg en juin 1942 voit les tribunaux militaires allemands dessaisis d'un certain nombre d'affaires et leurs compétences se réduire, mais leur action répressive reste impitoyable, souvent en lien avec le Sipo-SD. Lors du second semestre 1942, ils prononcent 400 peines de mort ; tous les accusés sont fusillés[8]. L'intelligence avec l'ennemi, les sabotages, la détention d'armes, les attentats ou la préparation d'attentats sont les faits les plus reprochés aux accusés. Après une légère accalmie dans la répression, celle-ci reprend de plus bel à la mi-1943 et surtout dès que le soupçon de débarquement allié devient plus insistant : il y a plus de 1 700 condamnations à mort – en grande majorité des résistants communistes – entre janvier 1943 et août 1944, notamment à Paris et dans son immédiate périphérie, dans le nord du pays (ancienne zone occupée), les Vosges, en Bretagne, dans le Poitou et le Doubs.

Pendant l'Occupation, les Allemands modifient leur approche du droit pénal. Le régime d'occupation d'armistice a considérablement évolué, en raison notamment du champ de plus en plus large de la collaboration franco-allemande. Celle-ci ainsi que le théâtre de la guerre évoluent, ce qui les contraint à exiger une surveillance et une répression de plus en plus sévères. La justice militaire allemande n'a pas été la seule responsable de la mort de Français sous l'Occupation. Elle s'est aussi appuyée sur la collaboration des autorités françaises dans bien des cas. La création de juridictions d'exception par le régime de Vichy, qui n'est pas d'actualité au moment de l'armistice, participe de l'évolution des relations judiciaires occupants-occupés.

Le coup de main des magistrats français… par « courtoisie »

Le régime de Vichy a prêté son concours aux Allemands dans le domaine judiciaire, mais en tenant absolument à faire respecter les formes du droit. Les magistrats français ont obéi aux ordres. Les Allemands n'en attendaient pas tant. Il s'agit avant tout de la justice pénale dite « ordinaire », les procédures menées dans les juridictions d'exception et les cours d'assises étant minoritaires. Les historiens ont longtemps pensé que la surenchère judiciaire française du régime de Vichy venait d'une activité répressive exceptionnelle. Or, force est de constater que c'est la justice ordinaire qui a travaillé plus que jamais sous l'Occupation. Vichy est devenu un État policier et répressif par idéologie. Les procédures judiciaires ont connu à ce titre une inflation sans précédent. Les magistrats français se sont inscrits dans la continuité de la IIIe République tout en se mettant au service d'un régime autoritaire, souvent sous autorité allemande, notamment en zone occupée. Le nombre d'affaires traitées devant les tribunaux correctionnels est passé de 600 000 dans les années 1930 à plus d'un million en 1942[9].

Les procès « ordinaires » concernent essentiellement les fraudes liées au ravitaillement et aux restrictions alimentaires. Les vols connaissent une hausse exponentielle. Les régions frontalières sont particulièrement touchées par les délits du marché noir. Les prisons de Vichy se remplissent très vite et tout au long de l'Occupation. Le nombre de détenus a doublé entre septembre 1939 et octobre 1942, passant de 18 000 à 54 000, si l'on suit les estimations du ministère de la Justice[10]. De même, en 1943, le total des prévenus français dans toute la France occupée s'élève à 417 571[11].

Toutefois, Vichy souhaite consolider sans cesse son édifice judiciaire en créant des structures judiciaires « exceptionnelles », et ce, à deux reprises. Pendant l'été 1941 et en janvier 1944, le régime décide d'agréger de nouvelles structures de répression aux cadres de la justice ordinaire qui selon lui n'a pas les moyens d'appliquer une répression suffisante. Il crée donc une Cour suprême de Riom (Puy-de-Dôme) pour juger les dignitaires de la IIIe République et une cour martiale à Gannat (Allier) pour juger des gaullistes, ainsi que des tribunaux spéciaux pour les agressions nocturnes. Un tournant est pris suite à l'attaque nazie contre l'URSS à l'été 1941. Il s'agit de s'attaquer spécifiquement aux opposants politiques, dont les communistes dès lors que le pacte germano-soviétique est rompu. À la suite de l'assassinat de l'aspirant Moser dans le métro parisien, le 21 août 1941, le régime de Vichy, pressé de plus en plus par les occupants dans l'engrenage de la Collaboration et des représailles, trouve ce prétexte pour officialiser une idée déjà en germe depuis des mois: la création des «sections spéciales». Une loi antidatée du 14 août 1941 instaure ces nouvelles juridictions: elles doivent lutter contre l'«activité communiste ou anarchiste». En zone occupée, elles dépendent des cours d'appel situées en zone non occupée et sont organisées de façon militaire. Le 7 septembre, la création d'un Tribunal d'État vient couronner l'édifice. Tout ce qui peut «nuire au peuple français» doit être éradiqué par ce tribunal – sa création est inspirée par le droit allemand. Seul le Conseil des ministres autorise sa réunion; deux sièges le composent: l'un à Paris en zone nord et l'autre à Lyon en zone sud.

En zone occupée, 18 peines de mort sont prononcées pour des infractions politiques. En zone non occupée, le Tribunal d'État se concentre sur des affaires de marché noir et d'avortement. Mais avec l'accroissement de l'activité résistante, la section est amenée à juger de plus en plus d'affaires politiques entre la fin de 1941 et le milieu de l'année 1942; 15 condamnations à mort sont prononcées[12]. Les sections spéciales ont jugé de leur côté 8 398 prévenus. Après l'occupation totale de la France, le Tribunal d'État a une activité plus marginale tandis que les sections spéciales voient leurs compétences élargies sous l'action du nouveau ministre de la Justice, Maurice Gabolde, membre éminent du groupe Collaboration. Elles prononcent 45 condamnations à mort pour des faits politiques, dont 12 exécutées jusqu'à la fin de la guerre.

Enfin, René Bousquet a eu l'idée de «cours martiales» dès 1943; le 20 janvier 1944, il est décidé de leur création. Elles sont rattachées à Joseph Darnand, alors secrétaire général au Maintien de l'ordre. C'est là un point de non-retour vers une justice expéditive, une justice où des tribunaux peuvent être réunis à l'improviste pour condamner à mort tout opposant à la politique d maintien de l'ordre du régime de Vichy[13]. Ces cours s'attachent à condamner ceux qui attaquent les forces de l'ordre: 200 peines de mort sont prononcées et exécutées dans les heures suivantes. Les jugements ont lieu dans toute la France, mais plus particulièrement dans l'ancienne zone non occupée.

La magistrature française a montré une attitude plutôt docile face aux Allemands; ceux-ci la surveillent de près. L'historien Alain Bancaud évoque le choix de relations «courtoises», notamment chez les procureurs, qui sont en lien plus fréquent avec les Allemands. Ils respectent à la lettre l'article 3 de l'armistice, au nom de relations policées et « correctes ». Les magistrats français ont exercé leur profession parfois de façon déterminée, d'autant que leurs interlocuteurs du MbF étaient eux-mêmes des professionnels de la justice. Ceux-ci les ont poussés à épauler la politique de collaboration[14].

Les occupants veulent en effet des magistrats obéissant à leurs injonctions sur le maintien de l'ordre et la traque des communistes et des gaullistes, notamment à partir de 1941. En obtenant la possibilité de s'opposer aux nominations de la Chancellerie, ils acquièrent un moyen de pression sur les magistrats soucieux de leur carrière. Cela dit, les juges n'ont pas vraiment de marge de manœuvre face à l'occupant ; la DGTO le déplore et s'inquiète en même temps de voir des condamnations à mort aussi facilement prononcées par les instances judiciaires allemandes. Soupçonnerait-elle parallèlement l'impuissance des magistrats français, comme le laisse supposer la lecture d'un rapport de synthèse daté de février 1941 ?

La Délégation générale a eu connaissance de plusieurs condamnations capitales prononcées au cours du mois de janvier. Il s'agit, d'une part, d'un journalier agricole et de sa maîtresse ayant tué un sous-officier allemand à coups de serpe. Étant donné que le chef d'accusation relevait très nettement du droit commun et que les circonstances du crime étaient particulièrement pénibles, la Délégation générale a jugé opportun de ne pas intervenir dans ce cas particulier auprès des Autorités allemandes. Un habitant de Nantes a été d'autre part condamné à mort pour avoir au cours d'une bagarre étranglé un sous-officier allemand. Il a été obtenu que le procès soit révisé en raison du caractère épileptique de l'accusé et de dépositions fournies par des témoins.

Des faits plus graves viennent de parvenir à la connaissance de la Délégation générale. Cinq jeunes ont été arrêtés à Nancy sous l'inculpation de recrutement pour l'armée de de Gaulle. À la suite d'un premier jugement, un seul d'entre eux, âgé de 22 ans, a été condamné à mort. Il a été exécuté. Le Commandement militaire ayant ordonné la révision du jugement, les autres inculpés ont à nouveau été jugés et tous, bien qu'âgés de moins de 20 ans, condamnés à mort. La Délégation générale s'efforce d'obtenir que les Autorités allemandes fassent preuve de clémence envers ces quatre jeunes gens.

D'autres jeunes gens ont été arrêtés à Troyes. Des armes de guerre et des munitions ont été trouvées en leur possession. Ils ont reconnu à l'instruction qu'ils préméditaient, en toute connaissance du châtiment qu'ils encouraient, d'effectuer un attentat contre la troupe allemande à l'occasion d'un défilé en ville. La justice française demeure saisie de cette affaire[15].

Les empiétements sont nombreux. Des révisions sont obtenues avec difficulté, souvent pour rien. Sans même en référer aux services de Vichy, les occupants convoquent les magistrats français, afin de les admonester ou bien de les pousser à être encore plus sévères dans leurs procédures. De même, ceux-ci ont plutôt intérêt à se montrer obligeants et obéissants envers les Allemands. Ainsi, le procureur général de Rennes se rend à la *Feldkommandantur* de Nantes pour exprimer ses condoléances après l'assassinat du *Feldkommandant* Hotz en octobre 1941. Les chefs du tribunal de Nantes sont invités à accompagner le cortège funèbre. Les Allemands apprécient ces attitudes collaboratrices. Nombre de magistrats auront à s'expliquer à la Libération devant la commission d'épuration ; certains se défendront en arguant qu'il fallait éviter les incidents.

Des magistrats français espérèrent sincèrement pouvoir exercer une justice moins arbitraire et mieux organisée, car les interventions allemandes dans les affaires judiciaires françaises étaient source de désordre. Certains sont intervenus en faveur de Français condamnés à des peines lourdes. De même, un chef de parquet qui ne voulait pas aider les occupants et faire du zèle pouvait déléguer ses missions de représentation. Il ne serait pas dit qu'il avait collaboré.

Il faut faire une distinction entre les magistrats de la zone occupée et ceux de la zone non occupée. Dans la première, les pressions allemandes sont importantes et omniprésentes. Les Allemands demandent des dossiers, transmis massivement par les chefs de tribunaux français ; ils arrêtent des hommes et des femmes en violation des lois de l'Occupation, fixées en partie par l'armistice. Cela constitue autant de violations de la souveraineté française. Certaines affaires du ressort de la justice française lui sont retirées sans grandes protestations, rares à l'échelon des tribunaux locaux.

En revanche, la DGTO et la Chancellerie demandent plus de concertation de la part des Allemands et plus de respect de la souveraineté française en zone occupée. Nombre de chefs de parquet général ont peur des réactions allemandes s'ils se montrent trop insistants ou posent trop de questions. Tout au plus osent-ils simplement demander ce qu'une affaire est devenue, sans exiger la restitution de dossiers. Le 18 août 1943, une circulaire allemande impose la «compétence exclusive des tribunaux militaires allemands[16] ». Les occupants ont les coudées encore plus franches pour faire pression sur les magistrats français en signalant simplement qu'une affaire les intéresse. Dès lors, nombre de juges les laissent se saisir du dossier. Faisant main basse sur la justice française, les Allemands protègent les trafiquants du marché noir, rendant les juges français impuissants, notamment après l'occupation totale du pays le 11 novembre 1942.

1941-1944, l'escalade

Attentats antiallemands

Le tournant majeur de la politique répressive allemande et vichyste intervient avec la multiplication des assassinats de membres de l'armée allemande après l'invasion de l'URSS. Certes, des soldats allemands avaient déjà été tués, lors de rixes notamment, mais il n'y avait alors aucun objectif politique. Cette fois, des Allemands meurent dans le cadre d'une lutte armée généralisée en zone occupée, sous l'action des communistes en particulier. L'arsenal judiciaire est alors consolidé par une politique de représailles collectives touchant des « ennemis » choisis sur des critères idéologiques. À partir de la fin août 1941, tout individu détenu par les Allemands peut être ajouté sur les listes d'otages à fusiller. Parallèlement, la pression sur la population de la zone occupée augmente. Il s'agit de faire rejaillir l'impopularité de ces mesures sur les résistants et plus précisément sur les communistes[17].

En ce qui concerne la vague d'attentats contre les hommes de l'armée d'occupation, si Hitler pense tout d'abord qu'il s'agit d'actions anglaises, il change vite d'avis et pousse ses troupes à amplifier les représailles. Les soldats allemands sont informés de la situation dangereuse dans laquelle ils se trouvent avec la prise d'armes des communistes. Pendant ce temps, la propagande essaie de maintenir l'idée que les Allemands font tout pour être corrects avec la population française, ce qui influence le jugement des soldats occupants. Ainsi, Hans-Peter H., alors en Bretagne, qui écrit le 4 novembre 1941 :

> Dernièrement, il y a eu des incidents en France qui appellent la prudence
> – puisque c'est dans les journaux, ce n'est pas un secret militaire. D'abord, ce

lieutenant-colonel qui a été abattu de deux balles dans le dos à Nantes, par des inconnus ; comme riposte allemande, on a fusillé cent otages français. Peu après, il y a eu un cas semblable à Bordeaux et de nouveau dimanche pas loin d'ici. On est tout de même en pays ennemi. On dirait qu'une conspiration cherche à troubler par la violence les relations entre Allemands et Français, qui, telles que je les avais observées jusqu'ici, étaient très bonnes, en forçant le pouvoir allemand à prendre des mesures sévères, qui provoquent l'amertume parmi les opprimés[18].

À Bordeaux, c'est un conseiller militaire qui est assassiné, le 22 octobre. À l'évidence, les relations entre les Français et les occupants ne sont pas si bonnes qu'on le dit. Les rapports des préfets et du MbF tendent à décrire les regards méfiants, voire haineux, des Français.

Réponses de l'occupant : le « code des otages »

Dès la mi-août 1941, le MbF annonce dans un avis à la population que la peine de mort pourra être prononcée contre les communistes qui attaqueraient l'armée allemande. La mise en place progressive du « code des otages » commence vraiment avec l'assassinat de l'aspirant de marine Moser dans le métro parisien, qui déclenche la réaction radicale du général Ernst Schaumburg, commandant du Gross-Paris. Dans un avis à la population rédigé au nom du MbF, il emploie le terme d'« otage » :

> Le 21 août au matin, un membre de l'armée allemande a été victime d'un assassinat à Paris. En conséquence, j'ordonne :
> 1) Tous les Français retenus en détention de quelque nature que ce soit en France par les services allemands ou pour des services allemands sont considérés comme otages à partir du 23 août.
> 2) Pour tout nouvel incident un nombre de ces otages correspondant à la gravité de l'acte commis sera exécuté[19].

Plus tard, le 28 septembre 1941, Otto von Stülpnagel, chef du MbF, envoie à ses services un décret appelé bientôt le « code des otages ». Ce document juridique interne permet aux chefs locaux des forces d'occupation de connaître très précisément les critères retenus qui leur permettront de choisir les individus à fusiller dans leur région en guise de représailles. Ce décret de huit pages s'en prend spécifiquement aux communistes. Le titre VI énumère ceux qui sont susceptibles d'être pris comme « otages », dont les « personnes qui se sont adonnées à la diffusion de l'idéologie communiste par la parole ou par l'écrit », les « personnes qui ont montré par leur comportement leur dangerosité particulière ». Dans ce dernier cas, il s'agit de viser les auteurs de violences contre les troupes d'occupation. Des amendements sont apportés à ce texte, notamment après le discours du général de Gaulle le 23 octobre 1941, qui demande que les attentats individuels soient suspendus en zone occupée ; Hitler exige alors que les gaullistes ne soient plus ajoutés aux listes d'« otages ». Cette demande du Führer est vite annulée après des déraillements de trains survenus en avril-mai 1942. À partir du premier semestre 1942, les Allemands différencient les otages à exécuter de ceux à déporter.

En vertu du « code des otages », les représailles allemandes ne se font pas attendre. La première exécution a lieu le 6 septembre 1941 après une tentative d'assassinat. Les 15 et 29 septembre, 25 autres otages sont fusillés à Lille après des sabotages de voies ferrées. Mais Hitler et l'OKW jugent cette politique de représailles encore trop timorée. Des divisions apparaissent entre le MbF et Berlin. La politique des otages est la première mesure répressive utilisée pour instiller la terreur dans les esprits. De leur côté, les militaires estiment que les attentats ne produiront pas l'effet escompté par les communistes, du moins ils l'espèrent. Otto von Stülpnagel estime « Qu'il s'agit, en ce qui concerne ces groupes de terroristes, d'un milieu limité de criminels communistes – particulièrement des jeunes gens – prêts à tout[20]. » Selon lui, une opération massive de représailles n'est pas la réponse appropriée à un danger communiste, d'ailleurs pas si important. Des dizaines d'otages sont pourtant fusillés sur les ordres de Hitler. Les tensions sont alors importantes entre le MbF et Berlin, le MbF devant montrer sans cesse sa capacité à gérer la répression en France.

La « politique des otages » a rendu impopulaires les jeunes militants communistes, et notamment Gilbert Brustlein, chef des Bataillons de la jeunesse du XIe arrondissement de Paris, responsable de l'assassinat du *Feldkommandant* Hotz à Nantes en octobre 1941. Même après la guerre, nombre de Nantais ont longtemps rejeté ce résistant, jugé responsable de l'exécution de compatriotes innocents, pensant que l'attentat avait été inutile. Brustlein, lui, en voulait beaucoup au Parti communiste français qui l'avait abandonné. Les communistes, et sans doute le colonel Fabien au premier chef, ont voulu faire oublier assez vite cet attentat ou du moins laisser Brustlein seul face aux accusations afin d'éviter au parti communiste une trop mauvaise image dans l'opinion publique – le PCF n'a reconnu l'attentat de Nantes qu'en 1950. Les Allemands font pression sur les policiers parisiens pour capturer Brustlein, mais assez vite ils se contentent de ses camarades, même s'ils n'étaient pas à Nantes le jour de l'attentat. L'important est de faire un exemple, frappant, aux yeux de l'opinion.

Dans la dernière partie d'octobre 1941, les exécutions de représailles se multiplient donc. Le 22 octobre, 48 «otages» sont fusillés par les Allemands pour l'assassinat du *Feldkommandant* de Nantes : 27 sont exécutés au camp de Châteaubriant[21] – dont le jeune Guy Môquet –, 16 à Nantes et 5 au mont Valérien. Les attentats de Nantes et de Bordeaux – assassinat de l'officier allemand Hans Reimers le 24 octobre 1941 – entraînent le durcissement de la répression allemande. Aux otages exécutés pour l'attentat de Nantes, il faut en ajouter 50 autres au camp des Souge, près de Bordeaux, dont 42 communistes[22]. Quatre-vingt-dix-huit otages sont donc fusillés en moins de quarante-huit heures. Quant au régime de Vichy, il se déconsidère aux yeux d'une partie des Français à travers les personnes de l'amiral Darlan, chef du gouvernement, et du ministre de l'Intérieur, Pierre Pucheu, qui ont choisi eux-mêmes les otages à fusiller ou à guillotiner. L'opinion condamne finalement autant les bourreaux que les «terroristes» qui ont commis des attentats, mettant des Français innocents à la merci de la répression allemande.

Les militaires allemands ont bien conscience de l'impopularité des représailles, aussi cherchent-ils un autre moyen de sévir sans paraître trop faibles aux yeux de Hitler et de l'OKW. En décembre 1941, le MbF décide de remplacer la politique d'exécutions massives d'otages par la déportation de communistes et de Juifs vers l'«Est». À partir du 27 mars 1942, les déportations commencent avec le premier convoi de Juifs en direction d'Auschwitz. Les fusillades d'otages se poursuivent, mais elles ne sont plus massives. De nombreux communistes, notamment dans le Nord et le Pas-de-Calais, font office de victimes «expiatoires» en 1942-1943. Cela évite de nouvelles exécutions d'otages.

Carte 6. *Répression judiciaire des actes de résistance*

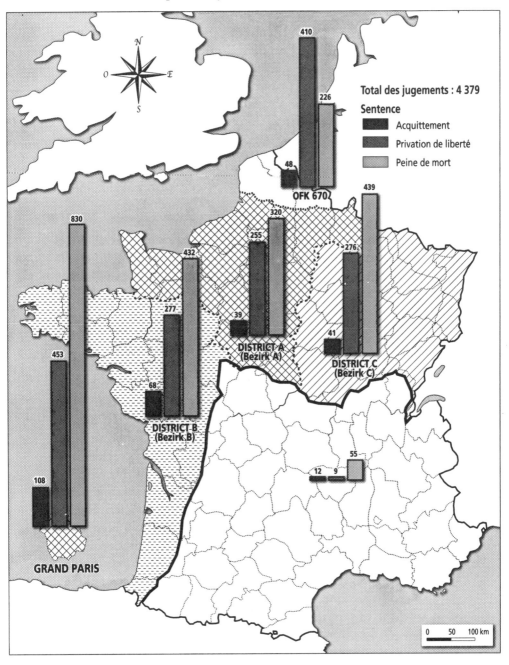

Une guerre d'opinions et de propagandes
Les procès à grand spectacle : un échec

Les membres du MbF se méfient d'une politique systématique de fusillades d'otages et le font savoir à la haute hiérarchie berlinoise, car ils connaissent l'opinion française en zone occupée, qu'ils observent de façon obsessionnelle. Dans un rapport du 21 avril 1942, on peut lire :

> Le sens de la justice, chez les Français, exige, qu'il s'agisse de communistes ou de Juifs, une procédure judiciaire, ne s'agit-il au bout du compte que d'un procès de mascarade[23].

Cette assertion justifie la tenue de deux grands procès-spectacles en mars et avril 1942 – procès du Palais-Bourbon en mars 1942 et de la Maison de la Chimie en avril. Il faut montrer à Berlin que la politique répressive s'appuie sur la déportation massive que réclame depuis longtemps Hitler, mais aussi sur l'organisation de deux grands événements judiciaires qui doivent montrer à l'opinion française et au Führer que les enquêtes criminelles menées de front contre les communistes par le MbF et les polices françaises donnent des résultats probants. D'où l'idée d'inviter la presse – les journalistes collaborationnistes pour l'essentiel – et les actualités cinématographiques. Habituellement, les procès contre les résistants ont lieu à huis clos sans aucune publicité. Tout juste apprend-on par des « brèves » dans la presse écrite du lendemain que des hommes ont été fusillés au mont Valérien ou contre les murs de la citadelle de Besançon. Les deux procès du printemps 1942 sont des parodies de justice qui témoignent du pouvoir des juges militaires allemands en zone occupée, mais également de la collusion policière franco-allemande qui existe avant même les accords Bousquet-Oberg. Entre octobre 1941 et avril 1942, le régime d'occupation et la politique de répression allemande connaissent une période de transition. Les procès font partie de cette période de tâtonnements pour le MbF.

Du 4 au 6 mars 1942, dans la galerie des Fêtes du Palais-Bourbon, se tient donc une parodie de procès, le premier organisé publiquement par le commandant du Gross-Paris ; il conduit à la mort sept jeunes communistes âgés de 17 à 21 ans accusés à tort d'avoir assassiné le *Feldkommandant* Hotz de Nantes, le 20 octobre 1941. Tony Bloncourt (étudiant), Roger Hanlet (ouvrier mécanicien), Pierre Milan (télégraphiste), Robert Peltier (ouvrier métallurgiste),

Christian Rizo (étudiant), Acher Semahya (mécanicien) et Fernand Zalkinow (ouvrier fourreur) sont exécutés le 9 mars au mont Valérien.

Ce procès n'aura pas les effets escomptés, tout comme celui qui est organisé un mois plus tard dans un lieu moins prestigieux, la Maison de la Chimie.

Du 7 au 17 avril 1942 a lieu une deuxième parodie de procès contre la Résistance. Une nouvelle fois, le MbF juge des résistants publiquement. La presse est encore massivement invitée à assister aux débats ; une équipe de la Wehrmacht tourne même un film. La mise en scène est très soignée avec une immense croix gammée qui surplombe les juges militaires allemands, entourés d'hommes en armes. Le « docteur » Gottloeb dirige les débats. Comme au Palais-Bourbon, ce sont des avocats français qui sont commis d'office. Toujours grâce à la grande efficacité des policiers parisiens, vingt-sept prévenus communistes sont accusés d'avoir été en possession d'armes. Ils ne se font guère d'illusions sur la sentence, rendue d'avance, à savoir la mort. Pendant le procès, aucune défense n'est autorisée. Tout le procès se déroule en allemand, sauf l'énoncé du verdict.

Parmi les accusés, outre André Aubouet, Marcel Bertone, Marcel Bourdarias, Mario Buzzi, Louis Coquillet, Alfred Cougnon, Camille Drouvot, Jean Garreau, Yves Kermen, Léon Landsoght, Bernard Laurent, Pierre Leblois, Louis Marchandise, Ricardo Rohregger, Karl Schönhaar, Guisco Spartaco, Raymond Tardif, Pierre Tirot, Georges Tondelier, Maurice Touati, Pierre Tourette, René Toyer et Jean Quarré, il y a une femme, Simone Schloss, couturière juive d'origine polonaise. Celle-ci est condamnée à être décapitée à Cologne. Vingt-trois de ses camarades sont fusillés au mont Valérien le 17 avril 1942. André Kirschen, âgé de 15 ans, ne peut pas être condamné à mort, conformément au droit allemand ; il écope de dix ans de prison en Allemagne. Marie-Thérèse et Pierre Lefèvre sont déportés.

Le même jour, le nouveau commandant du MbF, Carl-Heinrich von Stülpnagel – qui remplace son cousin Otto von Stülpnagel, destitué –, fait fusiller vingt communistes et Juifs. Ces arrestations et ces condamnations sont toutes présentées par les policiers français et par les Allemands comme des succès.

Malgré ces procès, les Allemands n'ont pas obtenu la baisse des actes de résistance armée et le retournement de l'opinion contre les résistants. Les jeunes communistes ont été décimés et désorganisés, mais les attentats continuent. Les policiers français ont été félicités publiquement lors des procès, ce qui les désignait comme des traîtres aux yeux de la population. Enfin, les communistes ne pouvaient que s'attirer la sympathie de nombreux Français, choqués par la très grande sévérité des verdicts prononcés.

Des fusillades aux déportations

La main de fer d'Oberg et les tensions entre Berlin et le MbF

L'opinion publique française est choquée par les attentats. Les Allemands sont convaincus qu'il ne s'agit plus d'actions dues au hasard, mais d'actions concertées contre les responsables de l'Occupation. Écraser la résistance «bolchevique» devient alors une obsession. Otto von Stülpnagel constate dans une lettre au haut commandement de l'armée de terre, le 15 janvier 1942, que la lutte contre les communistes a connu des avancées très sensibles, mais il ajoute qu'il faut du temps pour dégager les responsabilités dans le cas de crimes contre les soldats et les officiers allemands[24]. Il est vrai que les petits groupes de résistants communistes sont particulièrement décimés dans le premier trimestre de 1942.

Le printemps 1942 est une période de crise au sein de l'administration militaire allemande en France. À Berlin, l'idée de confier aux SS et non plus aux militaires la sécurité des Allemands en France fait son chemin. La concurrence des services allemands complique la lutte contre les attentats et le maintien de la sécurité des troupes. Le MbF n'est pas dupe et note que les mesures répressives massives ne produisent pas encore leurs effets. Un rapport d'avril 1942, après le procès de la Maison de la Chimie, montre son inquiétude :

> Dans l'ensemble, la population française se prête aux exigences des forces d'occupation quoiqu'un esprit de résistance croissant commence à se faire jour. [...] Pour l'instant, la sécurité intérieure n'est pas menacée. Toutefois le nombre des attentats et actes de sabotage a considérablement augmenté. [...] À l'encontre du sabotage d'inspiration communiste (groupe de terroristes) qui seul jusqu'à présent s'est manifesté, toutes les mesures d'expiation ordonnées n'ont eu que peu de succès[25].

Et le rapport de suggérer comme solution une déportation massive des communistes, des Juifs et de tous les résistants.

C'est Carl Oberg qui reprend en main la stratégie répressive des occupants en France à partir de mai-juin 1942 ; les tensions entre services s'atténuent. Oberg a été un cadre important du SD sous le commandement de Reinhard Heydrich. En septembre 1941, à Radom, en Pologne, il a organisé l'extermination des Juifs en tant que chef de la police. Sa hiérarchie a pu juger de son efficacité. Hitler le nomme général de brigade (*Brigadeführer*) et « chef suprême de la SS et de la police » en France le 5 mai 1942. Il est placé sous l'autorité du commandement militaire allemand mais il a autorité sur les polices françaises. Très vite, à partir de son arrivée le 1er juin, il gagne un surnom terrible : « le boucher de Paris ».

Oberg prend la tête de la stratégie policière en zone occupée. Il est épaulé par le redoutable Helmut Knochen, qui devient commandant de la police de sûreté et des services de sûreté (*Befehlshaber der Sicherheitspolizei und des SD*) en France et en Belgique avec le grade de *SS Sturmbannführer*. Avec Oberg et Knochen, aidés par René Bousquet et son adjoint Jean Leguay, une période terrifiante s'ouvre alors pour les Juifs, mais aussi pour les communistes, les francs-maçons, les gaullistes et les « terroristes ».

Les SS étendent leurs tentacules dans l'ensemble de la zone occupée tout en lorgnant déjà sur la zone non occupée en matière de déportations, de maintien de l'ordre et de répression tous azimuts. Dix antennes régionales du Sipo-SD sont créées. Les personnels affectés aux affaires policières du MbF sont repris par les SS. Deux missions incombent à ces derniers : la traque et la déportation massive des Juifs – grâce notamment aux grandes rafles de juillet et août 1942 opérées dans les deux zones – et l'anéantissement de la Résistance par l'accentuation de la répression.

Les Allemands sont convaincus qu'il leur faut l'aide des policiers français qui ont prouvé jusque-là leur efficacité. La bonne volonté collaboratrice du régime de Vichy doit leur permettre d'accélérer la répression contre les auteurs d'actes résistants. Dès le 10 juillet, Oberg annonce son programme dans la presse :

> Après avoir observé l'attitude de la population française en zone occupée, j'ai constaté que la majorité de la population continue à travailler dans le calme. On désapprouve les attentats, les actes de sabotage [...] fomentés par les Anglais et les Soviets et dirigés contre l'armée d'occupation, et l'on sait que c'est uniquement la vie paisible de la population civile française qui en subirait les conséquences.

Oberg veut frapper les proches parents des auteurs d'actes contre les occupants. Persuadé que les familles aident les résistants, il énumère les peines suivantes :

> – Tous les proches parents masculins en ligne ascendante ainsi que les beaux-frères et cousins à partir de dix-huit ans seront fusillés.
> – Toutes les femmes du même degré de parenté seront condamnées aux travaux forcés.
> – Tous les enfants, jusqu'à 17 ans révolus, des hommes et des femmes frappés par ces mesures seront placés dans une maison d'éducation surveillée[26].

L'avis est publié en français et en allemand. Oberg met en avant la responsabilité collective et familiale dans tout acte de résistance contre les militaires allemands. Cette définition des accusés à arrêter lui donne les coudées franches pour faire exécuter ou déporter qui bon lui semble.

Oberg n'abandonne pas pour autant la politique de fusillades d'otages. Il la prolonge en décidant de regrouper les exécutions afin qu'elles soient plus édifiantes. Le mont Valérien est plus que jamais le lieu des exécutions. Mais ce n'est guère plus efficace que la première vague de mises à mort d'otages. Les SS abandonnent donc la politique des otages en octobre 1942, ce qui ne les empêchera pas d'ordonner d'autres exécutions en octobre 1943. Huit cent trente-quatre otages auraient été exécutés pendant l'Occupation, dont une centaine en zone rattachée au commandement militaire allemand de Bruxelles (Nord et Pas-de-Calais).

L'accord Bousquet-Oberg : rechercher toujours plus d'efficacité

Les Allemands cherchent à assujettir toujours plus le régime de Vichy et les polices françaises, qui doivent effectuer les sales besognes. Les occupants font chanter le régime de Vichy une fois encore, mais un seuil est franchi en 1942, lorsque le nombre de personnes à persécuter s'accroît. Les nazis se montrent d'une intransigeance croissante.

Au moment où l'administration militaire allemande est sur le point de dépasser sa crise provisoire et que les déportations massives de Juifs commencent, le régime de Vichy se manifeste en la personne de René Bousquet[27]. Laval redevenu chef du gouvernement, René Bousquet est nommé secrétaire général à la Police. Il entre alors en relation avec Carl Oberg. Ce dernier ne pouvait pas espérer meilleur allié pour sa politique de déportations massives vers les camps de concentration et d'extermination. Le préfet René Bousquet est un homme d'une grande intelligence et à la carrière fulgurante dans l'administration préfectorale française. Il est très proche de Pierre Laval, qui lui fait toute confiance, et est convaincu de la victoire de l'Allemagne. Il connaît parfaitement les rouages administratifs des polices françaises en zone occupée et Laval espère qu'il pourra freiner les ingérences allemandes dans les affaires policières nationales, lesquelles se multiplient. L'arrivée d'Oberg inquiète les deux hommes, car le SS affirme vouloir contrôler les polices françaises. Les policiers, eux, sont assez démoralisés depuis les exécutions d'otages, et recevoir les ordres d'un Allemand pourrait avoir des effets désastreux pour le régime de Vichy. René Bousquet entame des échanges avec Oberg pour demander le respect de l'indépendance policière française. Il sait que l'opinion confond polices allemande et française depuis les fusillades d'otages et souhaite mettre un terme à cette collusion. Il l'écrit à Oberg :

> Vous connaissez la police française. Elle a sans doute ses défauts, mais elle a aussi ses qualités. Je suis persuadé que réorganisée sur des bases nouvelles et énergiquement dirigée, elle est susceptible de rendre les plus grands services. Déjà, dans de nombreuses affaires, vous avez pu constater son activité et l'efficacité de son action. Je suis sûr qu'elle peut faire davantage encore. [...] Je désirerais vivement que la police française puisse rapidement recouvrer auprès de la population le crédit moral dont elle a besoin pour accomplir sa tâche[28].

Naturellement, ce sera donnant-donnant. Bousquet promet en retour que le régime de Vichy s'engagera «contre le terrorisme, l'anarchisme et le communisme, ennemis communs de nos deux pays[29]». Bousquet veut une claire répartition des tâches : les policiers allemands doivent lutter contre ceux qui menacent la sécurité des troupes d'occupation et les policiers français se charger seuls de stopper la Résistance. Il désire aussi renforcer les moyens policiers en créant des écoles et en équipant mieux ses forces. Il entend aussi étendre la création des GMR (Groupes mobiles de réserve) à la zone occupée, ce qui permettrait de maintenir l'ordre d'une main de fer en zone occupée comme en zone non occupée.

Oberg ne répond à Bousquet que le 23 juillet, soit plus d'un mois après ses premières demandes. Le SS semble aller dans son sens. En fait, le régime de Vichy s'enfonce plus encore dans les abîmes de la Collaboration à outrance. En effet, le 8 août 1942, l'accord Bousquet-Oberg est présenté devant une assemblée réunissant responsables SS et préfets régionaux français. Si Bousquet juge ses échanges et ses accords avec Oberg comme une grande victoire, il n'en est rien. Le piège se referme sur Vichy : si le régime ne veut plus d'ingérence allemande dans ses affaires policières, les policiers français devront montrer leur réussite et donc leur efficacité dans la lutte contre les ennemis du Reich. S'ils veulent être indépendants, ils seront davantage impliqués dans la chasse aux résistants en zone occupée. La porte de la zone non occupée est également entrouverte à la répression allemande[30] : des Juifs de la zone libre sont déportés à l'automne suivant et une équipe franco-allemande de détection de radios clandestines œuvre en zone libre et arrête 29 résistants, après la découverte d'émetteurs clandestins. Parmi les résistants arrêtés figurent le commandant Faye et son groupe clandestin qui permettait depuis Marseille d'établir des liaisons radio entre le général Giraud et les Alliés[31]. Les Allemands et Vichy entrent donc dans une phase de connivence idéologique. Pour les résistants français, la lutte contre l'occupant devient indissociable de celle contre Vichy.

Mais quand Bousquet évoque les « ennemis communs », il ne parle pas des Juifs. Or, en juin 1942, Himmler accélère le processus de « Solution finale » en Europe. Oberg fait donc entrer dans les discussions avec Bousquet sur la police le cas des Juifs de France et demande à Vichy de pratiquer des rafles. Les nazis ont compris que Bousquet était prêt à tout pour réussir son plan de remise en marche de la police française et pour assurer la réussite du régime autoritaire auquel il appartient. Bousquet refuse cependant que les policiers français participent aux arrestations et entend faire une distinction entre Juifs étrangers et Juifs français. Au final, Pétain, Laval et Bousquet cèdent aux pressions des SS lorsqu'il s'agit d'arrêter 22 000 Juifs en région parisienne, dont 40 % sont français. Il promet que les policiers français livreront les 22 000 Juifs, mais des Juifs étrangers pris dans les deux zones. Laval va encore plus loin lorsqu'il propose la déportation des enfants alors que les Allemands n'avaient en tête que celle des adultes. Calcul d'un cynisme absolu : séparer les parents de leurs enfants aurait un effet détestable sur l'opinion, et les garder en France aurait un coût pour le régime.

Les 16 et 17 juillet 1942, la rafle du Vél' d'Hiv est organisée par la police et la gendarmerie nationale, sous la direction des SS

– 12 884 Juifs sont arrêtés à Paris. En zone non occupée, Bousquet livre aux Allemands des Juifs apatrides raflés et les Juifs internés dans les camps français. Grâce au dévouement de Vichy, les occupants peuvent déporter plus de 30 000 personnes entre juillet et septembre 1942. Une telle opération massive ne sera pas renouvelée. Vichy aurait pu montrer moins de zèle, mais le régime est allé une nouvelle fois au-delà des demandes allemandes. Si dans un premier temps, Vichy voulait clairement se débarrasser des Juifs étrangers, près de 15 000 Juifs français sont bientôt dénaturalisés. L'abandon des Juifs français commence.

Ces événements sont catastrophiques pour la propagande et l'image du régime de Vichy, tout comme l'est l'exécution massive d'otages le 11 août 1942, sous les ordres du docteur Laube (*SS Sturmbannführer*) qui dirige alors le département II – la section II Pol bureau 3 du Sipo-SD à Paris[32] – chargé des «mesures expiatoires», en d'autres termes du choix des otages à fusiller. La section IV de la Gestapo, elle, est chargée de réprimer les résistants et de persécuter les Juifs sous l'autorité de Boemelburg. Les deux services sont composés d'experts en droit fanatiques et prêts à tout pour satisfaire Hitler dans sa politique d'extermination des Juifs. Laube est parvenu à passer outre les accords Bousquet-Oberg du 8 août 1942 en les réinterprétant; Oberg a promis ce jour-là à Bousquet que les occupants arrêtaient leur politique d'exécutions massives. Certes, les policiers français ne contribueront plus à l'arrestation des futurs otages à fusiller, mais rien n'interdit aux occupants de fusiller les personnes déjà arrêtées avant l'accord par des policiers français. C'est dans ces circonstances que le docteur Laube organise l'exécution de 88 otages en représailles au jet de grenades par trois communistes contre les membres de la Lufwaffe en train de s'entraîner au stade Jean-Bouin à Paris, qui a fait plusieurs morts. Goering, grand chef des aviateurs allemands, a sans doute insisté auprès d'Oberg pour obtenir un châtiment exemplaire. La Gestapo dresse une liste d'otages dès le 7 août et se charge des arrestations. Le 11 août, les otages sont fusillés au mont Valérien. Le docteur Laube est présent à chaque étape de l'opération macabre[33]. Les otages étaient des résistants communistes mais aussi certains de leurs parents, comme Oberg l'avait évoqué dans son avis de juillet. Les attentats se poursuivant au second semestre 1942, une nouvelle exécution de masse a lieu le 21 septembre 1942. Cent seize résistants communistes sont tués.

Laube se montre obsédé par l'idée d'avoir toujours sous la main une liste d'otages potentiels prêts à être fusillés à tout moment. À la fin de 1942, les otages manquent à Paris.

La fin de la Révolution nationale est marquée par le retour de Pierre Laval au pouvoir au moment où arrive en France une constellation SS. La Relève a été instaurée et les rafles se multiplient dans les deux zones. Le pasteur Boegner proteste, tout comme quelques rares prélats tels l'évêque de Montauban, Mgr Théas ou l'évêque de Toulouse, le cardinal Saliège ; Mgr Gerlier, archevêque de Lyon, soutient les réseaux d'aide aux Juifs traqués. Le divorce entre l'opinion publique et le régime de Vichy est béant. Les Allemands le constatent, mais ils sont pris dans une furie répressive qui est le résultat de leurs propres divisions entre SS et militaires. La Collaboration a donc pris un nouveau tour avec l'arrivée des SS en France. Les répressions s'accentuent. Les communistes en sont les principales victimes avec les francs-maçons, les résistants non communistes, les Juifs et les Tsiganes, souvent oubliés dans les études. Le calvaire s'amplifie pour des milliers d'occupés.

Changement de stratégie : la déportation, une nouvelle arme

À chaque nouvelle séquence de l'Occupation, les Allemands parviennent à obtenir ce qu'ils veulent du régime de Vichy, pris dans le tourbillon de la Collaboration. Des centaines de camps d'internement sont ouverts ou maintenus en activité sur tout le territoire français entre 1940 et 1944. Vichy est le principal acteur de l'enfermement de centaines de milliers de personnes, dont les nomades. L'État français utilise les camps comme une véritable institution répressive. De nombreuses catégories de personnes sont concernées : les prisonniers « politiques » (communistes, résistants, Juifs et Tsiganes) et les prisonniers de droit commun (prostituées, repris de justice, voleurs en tout genre, trafiquants du marché noir, etc.). Le 3 septembre 1940, Vichy promulgue une loi qui autorise l'internement des personnes dangereuses pour la sécurité publique ou la défense nationale. Par le premier statut des Juifs du 4 octobre 1940, sur une simple décision préfectorale, les Juifs étrangers peuvent également être internés. Les Allemands ne sont pas des acteurs décisifs de l'internement des individus jugés « indésirables » par le régime de Pétain. Dans ces camps, les conditions de vie sont le plus souvent épouvantables, malgré l'intervention des associations d'entraide. La nourriture manque, tout comme l'hygiène. Les épidémies sont nombreuses et dévastatrices. Plus de 3 000 personnes sont décédées dans les camps d'internement répartis sur l'ensemble du territoire français, de part et d'autre de la ligne de démarcation, mais aussi en Afrique du Nord. Les hivers y sont particulièrement durs[34].

Dès le mois d'octobre 1940, les Allemands ordonnent l'internement des nomades, et notamment des Tsiganes[35]. À la fin de l'été 1940, la préfecture de police de Paris fournit déjà un rapport aux Allemands concernant la situation des nomades en France, notamment leur activité artisanale. Le 4 octobre, dans une ordonnance, Hans Speidel, dirigeant de l'état-major militaire au MbF, décide de faire interner les nomades de la zone occupée :

> 1) Les Tsiganes se trouvant en zone occupée doivent être transférés dans des camps d'internement, surveillés par des policiers français. [...]
> 2) Le franchissement de la ligne de démarcation vers la zone occupée leur est interdit par principe[36].

Les occupants pratiquent les mêmes mesures que pour les Tsiganes allemands en regroupant les nomades en des lieux contrôlés pour les empêcher de circuler. Ce sont les policiers français qui doivent assurer leur surveillance. Le régime de Vichy ne proteste pas – il n'en a guère les moyens. Il demande cependant aux Allemands des précisions sur ce qu'ils entendent par «Tsiganes», une catégorie sans existence juridique en France. C'est Vichy qui doit organiser l'internement. Tous les préfets de la zone occupée reçoivent des ordres et des instructions des *Feldkommandanten* dès la fin du mois d'octobre. Les gendarmes français sont chargés de recenser les nomades de leur région. Les préfets doivent trouver des emplacements et des locaux pour les interner. Les Allemands ont laissé très peu de sources sur leur rôle dans l'internement des nomades[37]. Pour autant, le 22 novembre 1940, ils publient une ordonnance sur les professions ambulantes – forains et marchands ambulants – qui sont interdites dans les départements occupés. Après une protestation de René Belin, secrétaire d'État à la Production industrielle et au Travail, ils adoucissent leur position le 5 avril 1941 en accordant des dérogations. Les Allemands décident aussi d'interner tous les nomades présents dans la zone côtière. Au début de 1941, une dizaine de camps sont aménagés en zone occupée pour en recevoir près de 1 700. En octobre, près de 3 000 sont internés dans 15 camps. Les camps d'internement sont réorganisés pour ne pas mélanger les populations sédentaires et les nomades.

Les Juifs qui sont raflés massivement au milieu de 1941 sont également internés dans les camps de la zone libre de Beaune-la-Rolande, Drancy et Pithiviers. Tous les camps restent toutefois gérés par le régime de Vichy, à l'exception du *Frontstalag* de Compiègne. Ils constituent autant de «réservoirs» d'hommes qui peuvent être «employés» de force dans des Groupes de travailleurs étrangers (GTE). Dès que la «Solution finale» est mise en œuvre en France à partir de 1942, ils servent de «réservoirs» humains pour remplir et compléter les convois ferroviaires en partance pour les camps de l'est de l'Europe. Des internés de Beaune-la-Rolande, de Drancy et de Pithiviers font partie des premiers convois pour Auschwitz. Le 7 août 1942, des Juifs étrangers commencent à être transférés des camps d'internement de la zone non occupée vers ceux de la zone occupée. Progressivement, les camps d'internement deviennent des camps de regroupement des Juifs arrêtés d'où ils sont généralement transférés à Drancy avant un départ vers les camps de la mort. Les Allemands peuvent également compter sur les camps d'internement pour y recruter de la main-d'œuvre forcée nécessaire aux chantiers de l'organisation Todt (OT)[38]. Pendant toute la guerre, l'OT a éprouvé les pires difficultés pour trouver des travailleurs, d'où le recours à la main-d'œuvre forcée dès 1941 : Juifs, républicains espagnols, prisonniers de guerre coloniaux, etc. La collaboration franco-allemande a permis de trouver des milliers de bras supplémentaires, volontaires ou forcés.

Entre 1939 et les débuts de la IVe République en 1946, 200 camps d'internement ont donc enfermé des dizaines de milliers de victimes du racisme, de l'antisémitisme et de l'autoritarisme de Vichy et des nazis. Les Juifs y ont été les victimes les plus nombreuses. De 1940 jusqu'à la lisière de 1943, ils subissent une somme considérable de privations et d'humiliations. Ils ont été recensés, interdits de travailler, raflés et enfermés dans des camps. Ils ont été victimes de l'«aryanisation économique» et ont subi la politique de plus en plus sévère et cynique du commissariat général aux Questions juives. Xavier Vallat a mené une politique systématique de traque. Après avoir contribué à promulguer le second statut de juin 1941, il a obtenu une grande loi pour le recensement des Juifs, cette fois-ci en zone non occupée – 110 000 personnes sont déclarées juives à l'automne 1941 en zone non occupée, dont 50 % d'étrangers. Vallat prépare un troisième «statut» au début de 1942, mais les Allemands sont déjà décidés à mener la «Solution finale» et renforcent encore la politique antijuive avec un couvre-feu spécifique pour les Juifs, leur exclusion des lieux publics, mais aussi le port de l'étoile jaune à partir de l'ordonnance du 29 mai 1942, époque à laquelle Darquier de Pellepoix remplace Vallat à la tête du CGQJ.

Le processus de radicalisation répressive a frappé de plus en plus d'individus en France. Les Allemands y ont été particulièrement violents, sans doute bien plus que dans d'autres pays occupés tels la Belgique ou encore les Pays-Bas. La violence judiciaire, les parodies de procès, la déportation comme moyen de punir les «ennemis» du Reich, le «code des otages» ont entraîné une politique d'occupation impitoyable, notamment à partir du second semestre de 1941. Naturellement, en France, la violence de l'appareil militaro-policier des nazis a été bien moindre qu'en Europe de l'Est où les pires exactions ont été commises. En définitive, les occupants ont voulu casser l'ennemi français sans l'anéantir totalement, comme Hitler le fit à l'Est afin de conquérir son «espace vital».

8

Les Allemands face à la Résistance
Un combat inégal

L'année 1942 est une année charnière dans l'histoire de la Résistance et un bel observatoire de l'histoire de l'occupation allemande. Le contexte international a beaucoup changé en quelques mois : entrée des États-Unis dans la guerre depuis la fin de 1941, retour de Pierre Laval au pouvoir en avril 1942, réorganisation de l'Occupation dans le Sud-Est et en Corse sous le joug italien jusqu'en septembre 1943, instauration du STO en février 1943. Ces événements changent les formes de la Résistance aussi bien qualitativement que quantitativement. La naissance des maquis en est un exemple flagrant. La «Solution finale» mise en œuvre en France pousse aussi une partie de l'opinion à prendre le parti des Juifs ; leur sauvetage change alors d'échelle et des milliers d'entre eux doivent leur vie à la solidarité de familles françaises.

Aussi, face à la Résistance, les Allemands se montrent de plus en plus impitoyables. À partir de 1944, la confrontation entre les Allemands et les résistants français est totale. Le «judéo-bolchevisme» reste l'ennemi absolu à abattre tandis qu'il faut toujours assurer la sécurité des troupes allemandes. Les Allemands interviennent massivement contre toutes les formes de résistance avec l'aide de Vichy, alors que la perspective d'un débarquement allié est clairement établie. Les occupants, qui considèrent toujours la Résistance comme le fait d'une minorité, tiennent les grands axes de communication, la Résistance contrôle une grande partie des zones rurales et Vichy ne contrôle plus rien. Les exactions allemandes et miliciennes se multiplient face aux avancées victorieuses et audacieuses des résistants. Les militaires allemands font évoluer leurs méthodes de répression et visent aussi bien les civils que les partisans. Pour autant, les Allemands considèrent-ils les résistants comme une menace réelle à l'échelle de la guerre qu'ils mènent sur plusieurs fronts ? La réponse est à nuancer, car complexe.

Réprimer la Résistance au coup par coup

Répression prudente

Depuis 1940, le MbF sait lutter contre les phénomènes de résistance. Les nazis n'ont jamais pris la Résistance à la légère, même s'ils pensent à leur arrivée en France que la sécurité des troupes allemandes n'est pas grandement menacée. Leur perception évolue, notamment avec la lutte armée engagée par les communistes à partir de la mi-1941[1]. En 1940, le MbF n'est pas inquiet outre mesure, d'autant que les Français, de retour de l'exode, ne manifestent pas de vive opposition à l'occupant. Ils sont plutôt préoccupés par le ravitaillement et la recherche des nouvelles d'être chers, prisonniers ou disparus dans le tourbillon de l'invasion et de l'Occupation. Cela dit, les préfets français relèvent dès le dernier trimestre de 1940 que les Français sont mécontents de la présence allemande et qu'ils sont pour l'heure attentistes ; ils notent que les séances des actualités dans les cinémas sont l'objet de manifestations antiallemandes sous forme de huées et de sifflets quand la propagande allemande fait état des succès militaires du IIIe Reich. Plus question alors de projeter des films d'actualités dans le noir total ; les occupants exigent la pénombre pour repérer les agitateurs.

Dès 1940, les Allemands doivent faire face aux manifestations patriotiques, dont le point culminant est la manifestation parisienne du 11 novembre. Des « 11 » apparaissent alors sur les murs du Quartier latin. L'émotion est considérable. Le 8 novembre, bien qu'interdite, une première manifestation a lieu, très encadrée par les forces de l'ordre. Un appel est lancé à se réunir trois jours plus tard au rond-point des Champs-Élysées pour déposer une gerbe à la statue de Clemenceau. Le 11 novembre, des lycéens et des étudiants se rendent devant la statue du Tigre puis manifestent bruyamment sur les trottoirs des Champs-Élysées. Une carte de visite au nom du général de Gaulle est même glissée dans la gerbe. Des milliers de Parisiens convergent ensuite vers le site pour déposer des fleurs. À 16 heures, un autre mot d'ordre conduit les jeunes sous l'Arc de triomphe. Des jeunes ont avec eux deux cannes à pêche, deux «gaules». Les policiers relèvent les slogans criés le soir venu lors d'un dernier défilé: «Vive de Gaulle», «À bas» ou encore «Vive la France». La police française intervient, bientôt épaulée par les Allemands, beaucoup plus violents. Le bilan est incertain: entre 100 et 150 personnes auraient été arrêtées et 3 blessées. La BBC annonce des morts, ce qui reste impossible à vérifier. Les Allemands n'attendent pas longtemps pour sévir: le 12 novembre, il est interdit de circuler sur le boulevard Saint-Michel; les institutions universitaires de Paris sont fermées. Le 11 novembre parisien va devenir un thème central de la propagande antiallemande pendant l'Occupation.

Les services allemands qui luttent contre la Résistance – la GFP et la *Feldgendarmerie* (sous tutelle de l'Abwehr) ainsi que le RSHA et le «commando spécial Knochen[2]» – sont souvent en concurrence. Ce dernier, qui a d'abord travaillé avec l'aide de la GFP, passe sous l'autorité exécutive de la SS à partir du printemps 1942. Les militaires allemands n'ont alors plus totalement la main sur le maintien de l'ordre. Carl Oberg et les SS reprennent en main la gestion de la répression contre les résistants et les Juifs. Dès 1940, le MbF, qui manque d'effectifs, a besoin des services policiers français; il doit aussi prendre garde à ne pas heurter l'opinion pour ne pas avoir à gérer une opposition de la part des occupés. La politique de répression contre la Résistance est donc prudente dans un premier temps en zone occupée. Toutefois, des individus sont sanctionnés, mais aussi des municipalités comme Saint-Lô ou encore Évreux à l'automne 1940, où des sabotages ont été commis contre les lignes téléphoniques, obligeant les occupants à imposer un couvre-feu plus long, une amende, la menace de prise d'otages en cas de récidive, et l'enfermement nocturne de 500 habitants[3]. Ce type de sanctions collectives se multiplie entre la fin de 1940 et le début de 1941.

La répression s'intensifie à partir de 1941, après les premiers attentats contre l'armée allemande. Le 28 août 1941, trois premiers militants communistes (Émile Bastard, André Bréchet et Abraham Trzebrucki), condamnés par les tribunaux d'exception, les Sections spéciales[4], de Vichy pour des faits qu'ils n'ont pas commis – l'assassinat de l'aspirant de marine Alfons Moser – sont guillotinés. Les procès du Palais-Bourbon et de la Maison de la Chimie ont montré que les Allemands sont déterminés à assurer un maintien de l'ordre le plus radical possible à partir du printemps 1942. Ces procès ont montré aussi la collusion policière franco-allemande.

Des brigades spéciales impitoyables au service des Allemands[5]

L'organisation policière française est très complexe sous le régime de Vichy, même si la loi du 23 avril 1941 en a profondément réformé les structures. La collaboration policière franco-allemande est déjà affermie au second semestre de 1941. Les brigades spéciales (BS) ont été pensées en application du décret Daladier du 26 septembre 1939, afin de lutter contre les communistes. Dès l'automne 1939, les BS sont mises en place aux Renseignements généraux (RG), par la préfecture de police. Sous l'Occupation, les communistes doivent faire face à un arsenal policier composé des brigades spéciales, du SPAC (Service de protection anticommuniste), de la Sûreté générale et des gendarmes. Les BS sont de loin les structures répressives anticommunistes les plus efficaces. Leurs hommes sont d'ailleurs recrutés pour leur anticommunisme[6]. Ce service est dédoublé entre une BS1 et une BS2. La BS1 est placée sous la direction du commissaire David en août 1941 et la BS2 sous celle du commissaire Henocque, de sinistre réputation. La BS2 lutte contre les auteurs d'attentats dits « terroristes » ; elle assure les interrogatoires, parfois avec l'utilisation de la torture, tandis que la BS1 file les suspects[7]. Ces brigades, composées de plusieurs commissaires et dirigées chacune par un commissaire divisionnaire, font des ravages dans les rangs de la résistance communiste. Du côté de la police judiciaire (PJ), à la mi-septembre 1941, le directeur, Meyer, crée la Brigade spéciale criminelle (BSC). Elle ne fonctionne que six semaines, puis tombe dans le giron des RG de la préfecture de police de Paris et intègre la BS2. L'initiative de la PJ atteste des rivalités au sein des services de police parisiens.

Le commissaire Veber, chef de la BSC, est considéré comme un policier exemplaire. Il mène les interrogatoires[8] et obtient facilement des aveux. Perquisitions et filatures sont sans cesse renouvelées pour confondre d'éventuels complices. À la Libération, lorsque le commissaire Veber doit rendre des comptes dans le cadre de l'épuration des administrations, il repousse toutes les accusations de collusion entre ses services et ceux des Allemands, ce qui est hautement improbable. Les Allemands ont parfaitement instrumentalisé les services policiers parisiens.

Les Allemands accusent pourtant les services de la police et de la justice français d'être trop laxistes, obligeant les policiers et les magistrats à redoubler d'efforts pour éviter des sanctions ou des saisies d'enquêtes par les occupants. Les pressions sont énormes.

L'escalade de la répression allemande

Complicité accentuée de Vichy

Si les Allemands utilisent les policiers français, ils n'en demeurent pas moins les maîtres d'œuvre de la répression. Ils vont ainsi l'accroître en la menant de plus en plus eux-mêmes, notamment grâce à leurs tribunaux militaires. Leur but est d'isoler les résistants français du reste de la population et de persuader celle-ci que leur combat est vain. À la fin de 1941, pour le MbF, la Résistance ne semble ni organisée ni unie. Hitler est d'un avis contraire et souhaite renforcer la répression contre les «terroristes». L'arrivée d'Oberg, on le sait, est la conclusion d'un conflit entre le MbF parisien et la hiérarchie du Reich. Au total, les militaires comme les nazis les plus fanatiques de la SS s'entendent sur le renforcement de la répression contre la Résistance française. Rappelons qu'Otto von Stülpnagel n'était pas motivé par des préoccupations morales et humanitaires lorsqu'il a interrompu les exécutions massives d'otages ; il voulait seulement trouver des solutions répressives plus efficaces.

Pour Vichy, la Résistance est plus que jamais l'ennemi juré. Il faut abattre à tout prix le communisme. Les gaullistes font aussi figure d'ennemis du régime, mais d'une autre nature. Ce n'est pas l'idéologie qui est au cœur de la lutte Vichy-Résistance, mais une conception différente de la conduite de la guerre. Pétain pense sa légitimité menacée par de Gaulle ; il faut donc l'abattre, ainsi que ses partisans. Mais le MbF remarque que les policiers et les gendarmes français mettent moins d'empressement à arrêter les gaullistes que les communistes, ce qu'a bien montré Denis Peschanski : entre le 1er mai 1942 et le 1er mai 1943, la police de sûreté a arrêté 12 000 individus, dont 2 137 gaullistes et 8 481 communistes[9] ! Vichy vacille.

Aux yeux des Allemands, Vichy a bien du mal à assurer l'ordre, ce qui peut remettre en question la collaboration entre les deux pays, car la sécurité des troupes d'occupation est compromise. Des solutions sont mises en place par Vichy. Les polices sont étatisées par la loi du 23 avril 1941 – Vichy espère que des policiers professionnels seront plus efficaces s'ils sont sous la coupe directe de l'État. Le zèle des BS de la préfecture de police de Paris participe du changement de cap du régime. Celui-ci peut aussi compter sur 44 000 gendarmes, 11 000 membres des GMR (groupes mobiles de réserve), 30 000 membres des corps urbains de police et 17 000 policiers parisiens. La Résistance a donc face à elle des polices multiples aux effectifs importants. Les Allemands espèrent un temps que cela suffira à freiner l'action des résistants.

Le nouveau danger des maquis

Les résistants menacent toute la politique du régime de Vichy, rendant sa position insoutenable face aux exigences allemandes et renforçant le divorce entre l'opinion et Pétain, lequel commence dès 1941. De même, cela rend difficile la collaboration franco-allemande, condition *sine qua non* de la survie du régime de Vichy. Les tracts appellent au retour à la démocratie et à résister à l'instauration du STO. Les actions résistantes les plus variées se développent.

En effet, les Allemands observent que la Résistance, aidée par les Anglais et les Français libres, est de plus en plus organisée. Elle est structurée en plusieurs régions militaires de part et d'autre de l'ancienne ligne de démarcation. Des livres, des journaux, des tracts sont publiés clandestinement par des hommes politiques, des écrivains, des syndicalistes, des religieux. Les parachutages d'armes, de médicaments, de courriers et d'hommes se multiplient dans toute la France. Les livraisons augmentent sensiblement après des négociations parfois compliquées entre Londres et la résistance intérieure. Entre gaullistes et communistes, l'entente cordiale ne prévaut pas toujours. Le Général tranche et fait des déçus.

Les sabotages se multiplient à partir de l'automne 1943. Depuis 1940, il y a eu des actes de malveillance contre les Allemands, mais de façon sporadique. Des Français coupent les câbles téléphoniques là où la présence allemande est la plus forte, comme sur les côtes de la Manche. Puis, des résistants organisés en réseaux, en France ou depuis l'Angleterre, réfléchissent à des plans précis de sabotage des installations allemandes. Le Front national, les Francs-tireurs et partisans (FTP), entre autres, multiplient les actions contre les voies ferrées et l'appareil de production. La Direction des services de l'armistice (DSA) estime que le nombre de sabotages est passé de 60 en 1942 à 514 au second semestre 1943. Les Allemands sont face à une armée de l'ombre mieux organisée, bien aidée par le SOE (Special Operations Executive) anglais.

Parallèlement, la création du STO[10] permet à la Résistance d'étoffer ses rangs, même s'il faut former et équiper des milliers de jeunes réfractaires inexpérimentés.

Trois lois promulguées par Pierre Laval (septembre 1942, février 1943 et février 1944) permettent d'aider les Allemands à réquisitionner et à envoyer en Allemagne près de 650 000 Français, majoritairement des jeunes. Trente mille Français en moyenne quittent la France pour l'Allemagne chaque mois. Fritz Sauckel, le ministre du Reich en charge de la main-d'œuvre, est très exigeant et demande sans cesse à Vichy de nouvelles «livraisons» de travailleurs entre la fin de 1942 et 1944. Il faut nourrir la machine de guerre allemande, qui combat sur plusieurs fronts à partir de novembre 1942. Pendant ce temps, la construction du mur de l'Atlantique s'accélère. Des centaines de millions de mètres cubes de béton doivent être coulés en un temps record. En juin 1943, Sauckel réclame 220 000 nouveaux travailleurs, alors que le régime de Vichy peine déjà à répondre aux précédentes demandes : il doit organiser les recensements, l'envoi des ordres de réquisition et les visites médicales. Le refus du STO alimente les désertions vers la Résistance des maquis et l'opinion enrage contre la Collaboration ; toutes les couches sociales et toutes les régions de France sont concernées. La période de mai à juillet 1943 connaît le plus grand nombre de départs vers l'Allemagne. Pierre Laval suit les recommandations de Sauckel mais n'obtient aucune contrepartie, d'où des heurts entre les deux hommes à l'été 1943. Peu importe pour les jeunes Français qui sont requis et qui doivent s'exécuter ou bien fuir dans les forêts et les massifs montagneux afin de rejoindre des groupes de résistants aguerris.

Pendant l'automne 1943, Albert Speer, le ministre de l'Armement du Reich[11], négocie avec Jean Bichelonne, le ministre de la Production industrielle de Vichy, la réquisition des jeunes Français en France même, toujours au service du Reich, ce qui permet de ralentir le nombre de départs vers l'Allemagne. Si les services d'occupation en France se montrent favorables à cet accord, Hitler et Sauckel passent outre en 1944, en demandant la mobilisation de 885 000 hommes supplémentaires, âgés de 16 à 60 ans (loi promulguée par le régime de Vichy le 1er février 1944)[12], dont 273 000 devront se rendre en Allemagne. À la fin de 1943, les Allemands comptent près de 400 000 réfractaires du STO ou d'un ordre de réquisition de main-d'œuvre[13].

En Allemagne, les Français du STO connaissent des situations variables selon le lieu de leur mobilisation. Des jeunes travaillent dans les usines allemandes alors qu'ils étaient paysans en France. Beaucoup subissent les bombardements alliés. Les travailleurs forcés en Allemagne sont parfois bien accueillis par des fermiers allemands contents d'avoir de l'aide. Une amitié est parfois née, permettant de nouer des liens d'amitié forts après la guerre entre des Français et des Allemands. Cela dit, nombre de requis du STO ont été suspectés de collusion avec les Allemands après la guerre, alors qu'ils avaient été contraints par les Allemands et Vichy. Ils ont souvent été confondus avec les travailleurs volontaires en Allemagne dans le cadre de la Relève.

Les réfractaires du STO sont très nombreux en Bretagne, dans le Centre et dans l'Est alpin et jurassien. Les régions moins touchées sont les espaces industriels qui ont déjà subi de plein fouet les nombreuses réquisitions de main-d'œuvre avant 1943 – le Nord, le Pas-de-Calais, la Loire, le Rhône, la Haute-Loire, etc.[14]. Les réfractaires du STO sont des jeunes nés en 1920, 1921 et 1922. Autant de recrues dynamiques, mais aussi plus difficiles à encadrer parfois, rejoignent donc les rangs de la Résistance. Régulièrement, dans le monde rural, les jeunes requis du STO ou leurs proches sont alertés par les gendarmes de l'imminence de la visite médicale avant le départ pour les chantiers allemands. Il faut alors prendre très vite une décision : rejoindre le maquis ou bien accepter la réquisition allemande. Toujours est-il que la propagande de la Résistance et de la France libre s'en donne à cœur joie quant à l'action de Sauckel en France, comparé à un agent recruteur parfait de la Résistance.

L'instauration du STO a obligé la Résistance à s'entendre et à réfléchir à la meilleure façon d'intégrer ces jeunes recrues imprévues et nombreuses. Parallèlement, les résistants aguerris doivent répondre aux Français menacés par le STO. Celui-ci est inacceptable pour les syndicalistes entrés dans la clandestinité. La CFTC clandestine et Témoignage chrétien organisent alors des filières pour aider les réfractaires du STO, fabriquent des faux papiers. Il faut du temps aux résistants pour s'organiser, d'autant qu'ils ne s'accordent pas sur le rôle que peuvent jouer les maquisards.

Cependant, tous les réfractaires ne deviennent pas systématiquement des maquisards. Certains choisissent d'autres voies. Raphaël Spina rappelle que «seuls 5 à 25 % des réfractaires au STO selon les départements deviennent maquisards[15]». Tous les maquisards ne sont pas non plus issus du monde des réfractaires du STO. S'il ne faut pas exagérer le rôle des réfractaires du STO devenus maquisards dans la victoire finale, on ne peut pas non plus minimiser leur rôle dans le combat armé mené contre les occupants. Face à eux, les maquisards trouvent des SS déterminés ainsi que des Français chantres du nazisme.

Décapiter le sommet de la Résistance

En 1943, les occupants sont préoccupés par les obstacles que pourraient créer les résistants entre l'Atlantique et la Méditerranée. Les forces armées du IIIᵉ Reich ne peuvent pas accepter une rupture entre les fronts qui empêcherait l'arrivée de renforts ou de parer à des débarquements alliés.

La Résistance a vu ses rangs grossir au fil des années et les Allemands consacrent de plus en plus d'énergie et de forces à la lutte contre elle, tout en associant les policiers et les gendarmes français dans leur traque incessante des hommes de l'ombre. L'objectif ultime reste pour eux de saisir les chefs. Le général de Gaulle œuvre avec pugnacité à l'unification de la Résistance. Toute une architecture complexe voit progressivement le jour tant à Londres qu'à Alger et en métropole. Aussi les tensions et les rivalités ne sont pas rares entre les dirigeants résistants, ce qui a aidé les Allemands dans le démantèlement de la tête de la Résistance en métropole pendant l'année 1943. De Gaulle a un besoin criant du soutien des mouvements de résistance sur le territoire français, afin de légitimer son autorité face aux Alliés.

Au début de l'année 1942, l'ancien préfet d'Eure-et-Loir Jean Moulin est nommé par de Gaulle délégué général en France[16]. Il parcourt alors le territoire non occupé de long en large pour convaincre les résistants de s'unir sous l'autorité du Général. Tel un préfet, il organise des services avec une très grande minutie. Il relaie la méfiance de l'homme du 18 Juin face à la volonté de certains d'engager au plus vite la lutte armée contre les occupants. Pour de Gaulle, l'insurrection générale ne peut être lancée qu'au moment de la Libération. Moulin organise, structure et distingue

la branche politique de la branche militaire. Les forces paramilitaires des trois grands mouvements de la zone non occupée
(Combat, Franc-Tireur, Libération) se réunissent non sans mal
dans l'Armée secrète (AS) pendant l'automne 1942 ; une fusion
a même lieu en janvier 1943 avec la naissance des Mouvements
unis de la Résistance (MUR). En zone nord, Pierre Brossolette et
le colonel Passy sont les principaux artisans de l'unification des
cinq mouvements les plus importants en mars 1943 (Organisation
civile et militaire, Libération-Nord, Ceux de la Libération, Ceux
de la Résistance et le Front national). Leurs forces sont intégrées à
l'AS ; ils forment un grand état-major en zone nord. En mai 1943,
Jean Moulin parvient à ses fins en créant le Conseil national de
la Résistance (CNR) où les mouvements des deux zones sont
représentés. Parallèlement, Henri Frenay de Combat organise
la Résistance en plusieurs régions en 1943. L'ancienne ligne de
démarcation est un pivot à partir duquel les régions militaires
sont articulées.

Que savent les Allemands de cette structuration très rationalisée
de la Résistance ? Dans un premier temps, ils ont beaucoup de mal
à en identifier les chefs. Ce qui en fait tomber un certain nombre,
ce sont des imprudences et des luttes internes. Lorsque Jean Moulin
apprend l'arrestation par la Gestapo du chef de l'Armée secrète, le
général Delestraint, le 9 juin 1943 à la sortie d'une bouche de métro
à Paris, il est certain que la faute en revient aux luttes intestines
entre résistants. Il est persuadé que la Gestapo sait tout de lui en
raison des imprudences de ses camarades. Une réunion doit se tenir
à Caluire le 21 juin, afin de réorganiser en partie la Résistance et
notamment afin de remplacer Delestraint. Malgré les précautions
les plus strictes prises par Jean Moulin, qui attend dans la salle
d'attente du docteur Dugoujon, une dizaine de policiers allemands
surgissent. Jean Moulin est plaqué au sol et menotté tout comme
Raymond Aubrac et le colonel Schwarzfeld. Les trois hommes et le
docteur Dugoujon sont emmenés au siège de la Sipo-SD de Lyon,
tout comme Henri Aubry, Bruno Larat et André Lassagne ; les
simples patients sont également malmenés. René Hardy parvient à
s'échapper. Le service de police intégré de la SS avec sa section IV
– la Gestapo – ne sait pas immédiatement qui il détient. Mais c'est
compter sans les méthodes cruelles du *SS Obersturmführer* Klaus
Barbie, qui a parfaitement monté l'opération puisqu'il a mis la
pression sur René Hardy, arrêté le 8 juin, pour obtenir de précieux

renseignements sur la réunion de Caluire. Les soupçons ont lourdement pesé sur Hardy après la guerre, mais il n'est pas le seul responsable de l'arrestation de Caluire.

D'autres drames frappent les résistants, dont plusieurs nouveaux membres du CNR pendant l'été 1943, sur dénonciations au SD pour la plupart[17]. Pierre Brossolette, éminent responsable de la Résistance en zone nord, tombe le 3 février 1944. Très actif auprès de De Gaulle et des services secrets anglais, totalement dévoué au service des liens entre les résistants à Londres et ceux de l'intérieur en métropole, il a unifié les mouvements de la zone occupée. Caché chez un résistant avec Pierre Bollaert – le nouveau délégué général du CFLN auprès du CNR –, il est arrêté par les Allemands lors d'un contrôle de routine, alors que les deux hommes sont en voiture. Ils sont emprisonnés à Rennes. Pierre Brossolette, identifié, est transféré à Paris dans les locaux de la Gestapo, avenue Foch. Il se défenestre le 22 mars pour ne pas parler sous la torture[18].

Les Allemands ont donc porté un rude coup à la résistance française en quelques semaines. Cela participe de la radicalisation répressive de l'année 1943, qui s'accentue encore en 1944. Civils et résistants en sont les principales victimes.

Terreur d'occupation (1944)

Les miliciens, bras droit des Allemands

Contre les maquis se dressent près de 30 000 hommes de la Milice. Celle-ci a été créée par une loi promulguée par le régime de Vichy, le 30 janvier 1943. En théorie, c'est Pierre Laval qui la dirige. En réalité, la direction effective revient à Joseph Darnand, secrétaire général de la Milice française. Elle est issue du Service d'ordre légionnaire (SOL). Les miliciens sont des volontaires, forcément français de naissance, non-juifs ou francs-maçons. Ils appartiennent à toutes les couches sociales et sont de farouches anticommunistes : des ouvriers, des artisans, des paysans, des aventuriers, des professeurs, des industriels, des militaires, des journalistes. Ce sont généralement des individus en rupture, des marginaux sans ancrage idéologique fixe[19]. La Milice devient une véritable police répressive au service des Allemands. Ces derniers font de Darnand un *Obersturmführer* (commandant) de la Waffen-SS. En août 1943, il va jusqu'à prêter serment de fidélité à Hitler en lui jurant une obéissance absolue jusqu'à la mort.

En janvier 1944, Darnand entre au sein du gouvernement de Vichy. Il espère alors transformer le régime en État totalitaire.

Dans la traque des maquis et l'exécution des résistants, les miliciens sont les plus efficaces. La Gestapo ne pouvait espérer meilleurs alliés. La Milice assassine des personnalités telles que Maurice Sarraut, ancien sénateur radical rallié à la Révolution nationale (2 décembre 1943), Jean Zay, ancien ministre du Front populaire (20 juin 1944), ou Georges Mandel, ancien ministre de l'Intérieur (7 juillet 1944). Les miliciens tout comme les membres de la LVF multiplient les actes violents en 1943-1944, s'en prenant parfois violemment aux gendarmes et aux policiers français. Ainsi, le 27 août 1943, lors d'un défilé de la LVF, des légionnaires donnent des coups de crosse aux agents de police présents, faisant 47 blessés[20]. Des petits groupes d'excités, collaborationnistes issus du Parti franciste, de la LVF et du PPF (Parti populaire français) se livrent à des excès dans plusieurs villes en cassant des statues, en enlevant des plaques de rues, en brisant des vitrines de magasins. Ils menacent des habitants avec leurs armes s'ils refusent de les saluer. La population riposte parfois et certains collaborationnistes manquent de se faire lyncher. Certains miliciens se prennent pour de véritables policiers et arrêtent des Français pour les remettre à la Kommandantur locale.

En novembre 1943, Oberg autorise Darnand à utiliser tous les moyens possibles pour mettre fin aux attaques «terroristes» et à user des représailles après l'assassinat de miliciens par des résistants. Le 27 décembre 1943, les occupants autorisent l'extraction de six prisonniers de la maison d'arrêt par des membres du PPF ; ils sont ensuite exécutés pour venger l'assassinat de l'un de leurs collègues[21]. En août 1944, le régime de Vichy et les Allemands s'inquiètent des excès miliciens.

Les occupants ne souhaitent pas leur livrer d'armes – comme Darnand le voulait –, car ils ne les considèrent pas comme de bons militaires[22]. À la fin de septembre 1943, ils ont accepté que les miliciens soient armés pour se protéger contre des attentats répétés. La SS les autorise même à ouvrir des camps de formation dans 21 départements afin d'encadrer près de 600 hommes. Cela dit, la SS ne fournit pas les armes ; ce sera aux miliciens de s'armer sur les stocks capturés chez les résistants[23]. Donner des armes à des troupes françaises incontrôlables ne leur convient guère.

Pour autant, les Allemands acceptent l'aide des miliciens lors de plusieurs opérations de répression contre les résistants français. Ils ne s'intéressent pas au combat idéologique des miliciens, ce qui leur importe c'est de les voir combattre la Résistance. Les Allemands ont aussi besoin de leur aide pour créer une Waffen-SS française, ce qui les pousse à donner un grade d'officier de la SS à Darnand. Celui-ci croit en une Europe allemande, une Europe unie qui pourra anéantir les résistants français et les communistes. Mais les Allemands ne font pas des miliciens de véritables bras droits ; ils les instrumentalisent au gré des circonstances.

Sans pitié contre les « terroristes »

La perspective d'un débarquement allié conduit les Allemands à durcir la répression. Dès la fin de 1943, on peut parler de terreur d'occupation. La Résistance ne peut plus être prise à la légère. La « lutte contre les bandes » commence alors, face au processus de massification de la Résistance en zone sud. À Paris, des centaines de Français sont condamnés à mort par les Allemands entre septembre 1943 et février 1944. La fuite en avant est évidente dès lors que les occupants échouent dans leur politique d'éradication de la Résistance. Ils ont cru longtemps que celle-ci ne ferait pas le poids et qu'elle ne représentait qu'une petite minorité des Français, les plus marqués sur le plan idéologique. En unifiant la Résistance depuis Londres grâce à ses émissaires en France, dont Jean Moulin[24], l'homme du 18 Juin a consolidé sa légitimité de façon définitive aux yeux de la population française. De leur côté, dans le Sud-Est et en Corse, les Italiens exercent aussi une répression très dure contre les résistants. Des camps situés à Embrun, Sospel et Modane accueillent des centaines de Français résistants ou refusant les ordres des autorités italiennes. Après la chute du Duce en septembre 1943, les occupants italiens renforcent leur répression contre les résistants[25].

Le 3 février 1944, le commandant en chef à l'Ouest (OBW) signe un ordre de « lutte contre les bandes » (l'« ordre Speerle »). Les zones nord et sud sont concernées. Cet ordre et tous ceux qui suivent autorisent les militaires allemands à utiliser tous les moyens pour éliminer les résistants, qualifiés de « francs-tireurs » alors qu'ils sont considérés comme des «combattants» par les Alliés. Le terme est hautement méprisant et signifie que les résistants sont des «terroristes» qui ne méritent pas les égards d'une justice équitable; ils ne sont pas considérés comme des membres d'une armée régulière. Les soldats ont le droit de les tuer s'ils le jugent nécessaire avant même d'en référer à leur hiérarchie. Le 4 mars suivant, Keitel, chef de l'OKW, signe un décret de «lutte contre les terroristes»: les soldats allemands sont dans l'obligation de tuer les «francs-tireurs» pendant les combats. Comme en Europe de l'Est, ils appliquent en France occupée la loi implacable qui consiste à ne pas faire de prisonniers. Les attaques de villages, les incendies de maisons, les exécutions de civils et de partisans sont maintenant couverts par les autorités allemandes. C'est un tournant. En utilisant le terme «franc-tireur», les Allemands refusent aux maquisards et aux résistants tout statut juridique. Aucun échange de prisonniers n'est donc envisageable, pas plus qu'une quelconque négociation. En 1944, les résistants sont considérés comme des ennemis idéologiques qui ne méritent aucun égard.

Parmi les «prises de guerre» faites par les occupants, il y a de nombreux membres des FTP-MOI (Francs-tireurs partisans-Main-d'œuvre immigrée) capturés dès l'été 1943. Très actifs, ils harcèlent les Allemands par des attentats et des sabotages nombreux et sont traqués par les BS de la préfecture de police de Paris, qui parviennent à casser l'élan des FTP-MOI; ceux-ci se réorganisent dans le second semestre 1943. Pourtant, le travail des policiers français en lien avec les services du MbF notamment paie lorsque les BS arrêtent Missak Manouchian le 16 novembre 1943, après l'assassinat par ses hommes le 28 septembre de Julius Ritter, le délégué de Fritz Sauckel pour la France. Vingt-trois résistants du «groupe Manouchian» sont arrêtés. Une «Affiche rouge» est imprimée à 15 000 exemplaires par les Allemands. Y figurent les photographies de dix des accusés et six autres clichés montrent des armes, un corps troué de balles, des trains déraillés. Le titre cynique de l'affiche, «Des libérateurs?», vise à se moquer des résistants mais aussi à attirer l'attention sur le sort qui les attend. Le procès s'ouvre le 15 février 1944; il est public, comme ceux du Palais-Bourbon et de la Maison de la Chimie au printemps 1942. Les 22 accusés sont condamnés à mort et fusillés au mont Valérien le 21 février 1944.

De leur côté, après leur intégration à la Résistance en 1943, les maquis se dissimulent dans les massifs montagneux en zone sud; ils opèrent partout des coups de main, mais, on l'a dit, la radicalisation de la répression freine la vague des premiers succès contre Vichy et les occupants. Le repli intervient entre la fin de l'automne 1943 et la fin de l'hiver 1943-1944. Les maquisards se dispersent et perdent des effectifs. Beaucoup ont l'impression d'être abandonnés et isolés. Le mois d'avril 1944 sonne de nouveau comme celui de l'espoir de voir les Alliés débarquer en Europe du nord. Dans les Glières, le Haut-Jura et les Cévennes, les maquis se réorganisent et renaissent même pour certains d'entre eux. Le nombre d'attaques contre les occupants ainsi que les sabotages augmentent, ce que révèlent les rapports des officiers allemands[26]. Ceux-ci s'en inquiètent, car si un débarquement a lieu dans le nord de la France, il faut impérativement sécuriser les routes entre la Méditerranée et l'Atlantique. Des opérations punitives et «préventives» sont mises sur pied. Le combat contre les maquis s'engage alors jusqu'à la libération de la France.

La Wehrmacht lance ces expéditions punitives au printemps 1944, ce qui a été occulté par les historiens jusqu'à la fin des années 1990. Les opérations répressives n'ont pas de lien avec le débarquement de Normandie, qui n'a pas encore eu lieu. Les unités de Henri Romans-Petit (Henri Petit, pseudonyme «Romans», l'organisateur des maquis de l'Ain, du Haut-Jura et de la Haute-Savoie) dans l'Ain sont les premières décimées dans le cadre de l'opération *Caporal* entre le 5 et le 13 février 1944[27]. Les Allemands engagent pour la première fois des moyens matériels énormes contre l'ennemi clandestin. Dès le mois de janvier, la Wehrmacht prépare minutieusement l'action *Caporal*. L'attaque est lancée le 5 février et fait des dizaines de morts chez les maquisards et surtout dans la population civile de l'Ain. Le SD a coopéré avec la Wehrmacht de la meilleure manière qui soit. Mais l'opération n'est pas allée à son terme en raison de la neige et des problèmes de transport – il manquait des camions. Cette opération de l'Ain sert de «laboratoire» aux Allemands, qui envisagent alors pour les prochaines missions contre les maquis d'utiliser des avions. Dès le mois d'avril (du 7 au 18), l'opération *Printemps* permet de poursuivre le «nettoyage» des maquis dans l'Ain et le Jura, après la grande opération menée sur le plateau des Glières fin mars. C'est la 157e division de réserve, une unité spéciale de la Wehrmacht à la pointe du combat en montagne, qui «nettoie» l'Ain et le Jura. Le SD a fait un travail de renseignement très fouillé et a ainsi pu renseigner les soldats allemands sur les positions des maquisards. Des centaines de personnes sont arrêtées : des civils soupçonnés d'aide aux résistants, des maquisards et des jeunes hommes qui avaient échappé au STO. Les Allemands n'ont pas totalement anéanti les maquis mais se félicitent aussi d'avoir eu une action sur les populations civiles, en fait de les avoir terrorisées :

> L'opération a permis de libérer la population française pacifique, opposée aux actions des terroristes, de la pression exercée par les bandes, et de rétablir l'ordre, la tranquillité et l'autorité des forces d'occupation allemandes dans la région infestée[28].

L'objectif de tuer tous les maquisards et de détruire tous leurs refuges n'est pas totalement atteint, mais les soldats allemands acquièrent une nouvelle expérience qui est réutilisée en juillet dans le Vercors. L'opération dans l'Ain et le Jura a gardé les aspects d'une opération militaire malgré les exactions commises. Parallèlement, en mars-avril 1944, l'opération *Brehmer* (du nom du général qui commande la division impliquée) est lancée en Dordogne. Ici, il s'agit d'une expédition punitive pure qui a pour but de faire peur aux habitants. La Dordogne enregistre des attaques, des sabotages en masse ainsi que des vols de papiers, de cartes d'alimentation et de tabac. Comme la police et la gendarmerie françaises leur semblent trop timorées, les occupants décident d'intervenir directement. Brehmer opère avec l'aide de la Sipo-SD de Limoges. Le 26 mars, les militaires lancent l'assaut contre plusieurs communes (autour de Ribérac et de Mussidan notamment). Pendant huit jours, en Dordogne et aux confins corréziens, les civils connaissent la terreur et l'angoisse. Des dizaines de camps du maquis sont détruits et des centaines d'habitants arrêtés. Les maquisards affrontent les soldats et les membres de la Sipo-SD à Brantôme et Sainte-Marie-de-Chignac. Mais les représailles allemandes ne se font pas attendre : 49 prisonniers des prisons de Limoges et Périgueux, dont des Juifs, sont exécutés. Le village de Rouffignac est totalement détruit et incendié le 31 mars. Des dizaines de fermes ont été brûlées[29].

En même temps que l'opération de la Dordogne, les Allemands livrent un combat acharné sur le plateau des Glières en Haute-Savoie[30]. Ce maquis a permis à nombre de réfractaires du STO de trouver un refuge dans des sites difficiles d'accès. Du 31 janvier au 26 mars 1944, de nombreux parachutages des Alliés sont effectués sur le plateau des Glières. Pour les réceptionner, d'anciens officiers des chasseurs alpins forment les maquisards de Haute-Savoie.

Ils parviennent à effectuer un amalgame entre les FTP communistes, les résistants de l'AS (Armée secrète) et des militaires issus de l'ancienne armée d'armistice. Initialement, ce sont près 150 à 200 hommes – qui devaient former un groupe temporaire – qui œuvrent dans les Glières. De façon imprévue, ils sont bientôt rejoints par des réfractaires au STO, encouragés par les émissions françaises de la BBC. Il s'agit d'alerter l'opinion et de contrecarrer Philippe Henriot dans la bataille des propagandes. Commence alors une démonstration de la Résistance. Vichy ne parvient pas à «nettoyer» cette région de ses maquisards.

Une fois de plus, la Wehrmacht se charge de prendre les opérations en main. Elle réunit plusieurs milliers d'hommes; elle fait procéder à des bombardements aériens. Le 26 mars, elle donne l'assaut. La répression est féroce, menée par les policiers allemands et la Sipo-SD. Les maquisards tombent surtout après les combats, ce qui prouve que les Allemands effectuent moins une opération militaire qu'une opération policière de représailles de grande ampleur[31]. Nombre de maquisards arrêtés passent devant les cours martiales de la Milice. En effet, des Français ont participé à la répression, que ce soient des miliciens ou des membres des GMR ou de la gendarmerie nationale. Certains maquisards retournés ont aussi conduit à l'arrestation de combattants. L'opération allemande sur le plateau des Glières coûte la vie à près d'un quart des maquisards, mais aussi à de nombreuses personnes soupçonnées de les aider. Les Britanniques décident de ne pas poursuivre leur aide aux maquis après l'issue tragique de cette lutte. Les résistants et le CFLN doutent alors du bien-fondé de sa stratégie initiale et sur les responsabilités des uns et des autres. Les morts des combats des Glières sont surtout imputables aux policiers allemands.

Nombre de survivants des combats des Glières ont été soit déportés soit condamnés au travail forcé. Selon l'essai de bilan effectué par Claude Barbier, 524 maquisards auraient été présents aux Glières: entre 115 et 120 sont morts au combat, en déportation, de leurs blessures suite à des tortures infligées, ou ont été fusillés[32]. Plus d'une centaine de soldats allemands ont été tués, tandis que 13 civils ont payé de leur vie leur soutien aux maquisards. Les Glières a été un échec pour la Résistance. Les Allemands ont réduit à néant ce refuge mais également les lieux de parachutage. C'est cependant un succès ponctuel pour eux, car ils ne sont pas parvenus à arrêter la totalité des maquisards.

La lutte à mort engagée entre la Résistance et les Allemands se prolonge dans le Nord dans la nuit du 1er au 2 avril. Cette fois, ce sont les SS qui interviennent, car ils ont été directement frappés par le sabotage des wagons par les FTP, ce qui bloque un convoi de la division SS Hitlerjugend. Le chef de gare reçoit une salve de mitraillette en guise de représailles et 86 habitants d'Ascq sont froidement exécutés par des sections SS. Le printemps tragique pour les maquis se poursuit par les «Pâques rouges» dans le Jura entre le 7 et le 18 avril. Les actions de représailles s'intensifient après des actes de sabotage et des distributions de tracts par les FTP, les FFI, les MUR, le Front national et Combat. Il s'agit encore une fois de tuer les résistants et de démanteler leur organisation, mais aussi de terroriser les populations civiles suspectées de les abriter et de les aider. Le 7 avril, 1 500 soldats allemands montent vers Saint-Claude (Jura) ; le lendemain, des maquisards sont tués lors d'accrochages ainsi que des villageois (à Choux, Coupy, Prémanon, Viry et Vulvoz). Plus de 400 Jurassiens sont arrêtés le 9 ; 50 personnes sont fusillées, 307 sont transportées vers le camp de Compiègne avant leur déportation vers l'Allemagne. Des dizaines de fermes et de maisons sont incendiées. Au total, jusqu'au 18 avril, l'opération allemande conduit à la mort ou à la déportation de 444 personnes[33].

Les Allemands ont fait des dégâts importants contre les résistants entre 1940 et 1944. Un bilan peut être esquissé : 4 000 personnes fusillées, 15 000 civils tués et 88 000 personnes déportées dans les camps de concentration pour des motifs non raciaux, dont 35 000 ne reviendront pas[34]. La répression allemande, de plus en plus intense, est parfois difficile à cerner, car les services sont souvent concurrents. Les résistants les plus sévèrement frappés le sont pour des actions militaires (détention d'armes, transmission de renseignements et attentats).

Le combat à mort contre les «bandes» de la Résistance a été acharné avant le débarquement allié en Normandie. La lutte est devenue systématique, menée majoritairement par des militaires allemands et non par des SS, comme il a souvent été écrit pendant plusieurs décennies. De même, la propagande allemande n'a cessé de scander toujours les mêmes slogans contre les Juifs jugés responsables des attaques contre les occupants. Or, les Juifs étaient très peu nombreux dans les maquis. La préoccupation idéologique accompagne toujours la logique militaire de lutte contre les «terroristes».

Une sorte d'habitude est née au fil des «nettoyages» de maquis : d'abord les soldats de la Wehrmacht, qui terrorisent les civils, avant l'entrée en action des SS, et notamment de la division Das Reich à l'été 1944. Aux résistants, les occupants ont ajouté une autre cible, les civils. Les massacres commis avant le débarquement augurent une répression encore plus barbare au moment du repli des soldats allemands.

Au total, les Allemands ont marqué les mémoires par les massacres commis tandis que les résistants n'ont pas pu déclencher l'insurrection générale que le général de Gaulle appelait de ses vœux. Mais il restait encore un pays à libérer et la Résistance souhaitait participer totalement à la Libération et à la reconstruction de la France. Les résistants pèsent peu sur l'issue militaire de la guerre et les grands dignitaires du IIIe Reich le savent. Les combats à mener sur les côtes françaises et sur le continent vont être autrement plus difficiles.

9

De la perte de confiance à la débâcle allemande
(1944-1949)

Le 11 novembre 1942, pour répondre au débarquement anglo-américain en Afrique du Nord, les Allemands envahissent la zone non occupée de la France, sans même en avertir Pétain. Les Allemands ne sont plus de simples spectateurs de la vie politique de la zone libre. L'occupation de toute la France ouvre une autre ère des relations franco-allemandes pendant la Seconde Guerre mondiale. C'est une rupture pour l'État français et il ne s'en remettra pas. Dès lors, la souveraineté tant revendiquée du régime de Vichy est réduite à rien. Son pouvoir ne cesse de décroître à mesure que l'année 1943 s'écoule. Le régime n'a plus rien à faire valoir pour poursuivre son marchandage incessant. La collaboration d'État ne fonctionne que dans une seule direction : aux dépens des Français. Et les Allemands d'observer, d'agir sur le fonctionnement du régime et d'imposer des exigences au gré de leur bon vouloir. Les Français sont désormais tous sous la botte allemande, unis dans les souffrances quotidiennes, mais aussi de plus en plus enclins à réagir contre l'occupant. Toute la France occupée est comme broyée par l'Allemand. Ce dernier entame une nouvelle phase de son histoire en France, celle des désenchantements et des désillusions jusqu'au coup fatal des débarquements alliés.

Outre-Atlantique et outre-Manche, plusieurs années avant le Jour J du 6 juin 1944 en Normandie ou du 15 août suivant en Provence, une extraordinaire machine de guerre se met en place pour déferler sur l'Europe, afin de la libérer du joug nazi. La France occupée va devenir un formidable champ de bataille. Depuis l'automne 1943, les Allemands ont la hantise d'un débarquement puis d'une invasion alliés en Europe de l'Ouest. Ils ont pu observer une concentration de plus en plus imposante de troupes dans les îles Britanniques. Un débarquement sur l'une des côtes du continent européen devient probable. En affinant leurs observations et leurs renseignements, ils sont convaincus qu'il aura lieu quelque part en France. Au final, les Allemands évacuent la France en un temps très court ; ils partent presque aussi vite qu'ils sont arrivés, non sans commettre des massacres et non sans se battre parfois avec acharnement, comme en témoigne leur résistance dans les poches de l'Atlantique. Après la guerre, des milliers de prisonniers de guerre allemands purgent une peine en France, certains étant sacrifiés dans les missions de déminage de l'ancien pays occupé. Le temps des règlements de comptes est arrivé en pleine guerre froide.

Toute la France allemande

Prélude à l'occupation totale

Entre le 11 novembre 1942 et 1944, la ligne de démarcation est devenue psychologique. Hitler se moque des préoccupations de Vichy et de ses revendications sur le sens de l'occupation totale ou partielle. Les occupants doivent combattre sur tous les fronts et leur confiance dans le régime de Vichy s'efface progressivement.

Pour des millions de Français, les événements du 11 novembre 1942 marquent moins un tournant qu'une confirmation. Avec l'occupation totale de la France, le régime de Vichy devient anachronique lorsqu'il parle de « zone non occupée » jusqu'en 1944. Il est vrai qu'officiellement, la ligne de démarcation n'est pas supprimée sur le terrain avant le 1er mars 1943. Après cette date, elle sépare encore la France sur les cartes d'état-major allemandes – il est difficile de refaire tous les jeux de cartes d'état-major – mais aussi dans les discussions entre Allemands et Français. Malgré l'occupation totale du pays, le régime de Pétain reste à Vichy. Les deux zones changent de nom. Avec l'accord allemand, les Italiens pénètrent dans le sud-est de la France jusqu'en septembre 1943.

Les Français des deux zones sont-ils « réunifiés » malgré le maintien d'un gouvernement souverain dans une zone d'opérations allemandes, l'ancienne zone non occupée ? Ce n'était pas le but des occupants. Leurs préoccupations sont purement d'ordre militaire et stratégique. Alors que Pétain est devenu un prisonnier dans son propre pays, la ligne s'est transformée en une frontière quasi imaginaire, un symbole de l'ordre allemand. Le 11 novembre 1942 marque la faillite de la Collaboration du côté français et le début des désenchantements pour les Allemands. En entrant dans la voie de la Collaboration, le régime de Vichy n'a pas réussi à obtenir des Allemands le retour à l'unité administrative, tandis que dans le domaine économique, la différence entre les deux zones s'est accentuée. L'espoir est désormais vain de retrouver la maîtrise du territoire national.

Si la ligne a été presque levée en matière économique depuis les protocoles de Paris du printemps 1941, les hommes et les ministres en particulier ont toujours des difficultés à circuler. Les laissez-passer sont distribués au compte-gouttes pendant toute l'année 1942. Dans son projet de régionalisation du territoire national, l'État français a voulu s'adapter à la réalité d'une coupure territoriale qui affectait tout le dispositif de gestion du pays. Pierre Laval n'est pas parvenu à négocier pour la France la position privilé-giée tant escomptée dans la future Europe allemande. En mai 1942, le cas « Giraud » empoisonne les relations franco-allemandes. Le général, qui s'est évadé le 17 avril 1942 de sa prison de Koenigstein, arrive à Lyon le 25. Le lendemain, malgré les demandes de Laval et d'Abetz, il refuse de se constituer prisonnier à Moulins, au passage de la ligne de démarcation. Keitel reproche alors violemment à Abetz d'avoir laissé le général Giraud traverser la ligne. Ce qui irrite le plus les Allemands, c'est qu'il est passé dans la voiture de Laval et Darlan, les deux seuls membres du gouvernement à disposer d'un laissez-passer permanent. Selon Abetz, une arrestation de Giraud aurait risqué de déclencher la démission de Darlan et Laval[1]. La ligne a donc servi de limite-refuge derrière laquelle Vichy tenait encore des leviers de commande tant bien que mal.

La ligne de démarcation n'est plus discutée. Elle disparaît quasiment de toutes les archives consultées. Abetz n'a plus rien à proposer à Laval en ce domaine. L'autorité de ce dernier se réduit comme peau de chagrin. Par ailleurs, en septembre 1942, une crise l'oppose aux amiraux Auphan et Darlan et à Bonnafous, Gibrat et Le Roy Ladurie, qui lui reprochent les concessions toujours plus grandes faites aux occupants. En France, la situation politique est au point mort, alors qu'en Allemagne d'autres préoccupa-tions font prendre un nouveau tournant à l'histoire de la France compartimentée. Les négociations autour de la ligne entrent dans une phase de sommeil. Les Allemands ont obtenu l'essentiel pour eux en libérant les échanges économiques interzones, peu leur importe l'image de Vichy dans l'opinion. La ligne a cependant une importance militaire : d'une limite de sécurité pour les troupes allemandes, elle se transforme en une entrave à éliminer tôt ou tard, en fonction des événements en Afrique du Nord.

Nouveau déferlement allemand sur la France

Depuis l'été 1940, des rumeurs d'occupation totale ont plusieurs fois circulé dans les couloirs de Vichy. En 1942, les possessions africaines, la flotte et la zone non occupée représentent encore des sujets d'inquiétude pour les Allemands. Par ailleurs, les promesses de Montoire n'ayant pas été tenues, le risque de voir Vichy se tourner vers les Alliés n'est pas totalement impossible. Les Allemands attendent de Vichy – « un avant-poste armé de l'Europe en Afrique[2] » – une coopération franche pour protéger l'armée allemande sur la façade méditerranéenne. Le *Journal de marche* du général Halder, en décembre 1940, prophétise : « S'il se passe quelque chose en Afrique du Nord, nous devrons occuper aussitôt le reste de la France[3]. » Les plans de l'opération pour occuper toute la France, connue sous le nom d'*Attila*, sont prêts depuis 1940 ; ils ont même été révisés en 1941. L'entrée en guerre des États-Unis en décembre 1941 et l'ouverture du front russe ont exigé que soit reconsidéré le statut singulier de la France. Elle ne peut plus être ce glacis de protection de l'ensemble du front occidental. La ligne de démarcation doit donc pouvoir être franchie à tout moment.

Pour Hitler, 1942 apporte son lot de défaites et de désillusions sur tous les fronts. À la fin du mois de mai 1942, il demande que l'opération *Attila* – devenue *Anton* – soit moins ambitieuse que prévu, car une occupation totale exigerait des moyens en hommes et en matériel difficiles à réunir[4], d'où aussi l'idée de faire participer les Italiens aux opérations d'occupation de la France[5]. Tout laisse croire aux Allemands que les Alliés préparent quelque chose. Otto Abetz rappelle aussi à sa hiérarchie que l'Afrique du Nord n'est pas une porte bien gardée au sud de l'Europe[6].

Le 8 novembre 1942 offre à Hitler le prétexte tant attendu pour donner une autre dimension à la guerre. L'opération alliée *Torch* est déclenchée sur les côtes du Maroc et de l'Algérie. Hitler s'y était préparé depuis longtemps. Entre le 8 et le 11 novembre 1942, Vichy tente le tout pour le tout pour empêcher une occupation totale de la France, à commencer par une «authentique résistance aux assaillants[7]» autour d'Alger, dans le port d'Oran et au Maroc. Le 8, Laval accepte le survol de la zone non occupée et des autres territoires français par la Luftwaffe et les avions italiens, à condition que le décollage ait lieu depuis les bases aériennes de Sardaigne et de Sicile. Mais cela ne suffit bientôt plus aux Allemands.

Le 9 novembre, à Wiesbaden, on ne parle plus d'alliance franco-allemande mais bien de «diktat». Le même jour, Laval décide de partir pour Munich, afin de négocier avec Hitler. Il espère encore que Vichy ne perdra pas l'intégrité des territoires de la métropole et de l'Empire, en avançant l'argument de la poursuite de la collaboration dans les meilleures conditions. Les Allemands exigent l'autorisation française d'installer les forces aériennes de l'Axe à Constantine et en Tunisie. Le délai de l'ultimatum est de soixante-quinze minutes. Laval est obligé de céder[8]. Il reste donc à Vichy un dernier combat : défendre la neutralité de la zone non occupée.

Le 10 novembre, Hitler donne l'ordre de déclencher *Anton* le lendemain matin. Or, pendant son audience avec Laval le même jour, l'occupation de la zone non occupée n'a été évoquée à aucun moment. Une lettre antidatée du 11 novembre, signée de Hitler, est adressée au maréchal Pétain dans laquelle il explique que l'Italie et l'Allemagne n'ont commis aucune faute au regard de la convention d'armistice de juin 1940, mais que la France non occupée devait être traversée par les troupes allemandes «pour écarter le danger[9]». Il ajoute : «Je me suis vu forcé, de concert avec le gouvernement italien, de donner l'ordre à mes troupes de traverser la France par la voie la plus rapide pour occuper la côte de la Méditerranée[10].»

Pétain se voit remettre la lettre vers 5 h 25 du matin[11]. Une fois ces «formalités» accomplies, les troupes allemandes commencent leur progression sur le terrain le matin du 11 novembre 1942. C'est Otto Abetz qui annonce à Laval l'entrée imminente des troupes germano-italiennes en zone non occupée. Contrairement à une directive de Hitler en date du 29 mai 1942, qui prévoyait les espaces à occuper par les Italiens et les Allemands, la consigne du 11 novembre est de déferler sur la zone non occupée aussi vite et aussi loin que possible[12]. Les Italiens atteignent Nice et Modane.

Le débarquement italien en Corse est repoussé au 12. Les troupes allemandes sont sur la côte méditerranéenne le soir du 11. Pétain proteste, en vain.

Les autorités françaises ne manifestent aucune résistance, ni au moment de l'arrivée des soldats de la Wehrmacht, ni au passage de la ligne de démarcation, où les barrières sont levées, ni en zone non occupée. La propagande filmée a largement utilisé les images du passage de la ligne de démarcation par les chars allemands – c'est ce que montrent les dernières images du film des *Actualités françaises* du 27 novembre 1942. En une quinzaine de secondes, coincées entre des informations sur les guerres à Stalingrad et en Norvège, les spectateurs aperçoivent une séquence titrée : «Face à l'agression anglo-américaine.» Puis, très rapidement, en une minute, on aperçoit un Allemand qui lève la barrière entre les deux zones à la sortie d'un village non identifiable pour laisser passer un convoi.

La part des Italiens

L'ancienne zone non occupée est découpée en deux zones nouvelles. En décembre 1942, les Italiens sont fixés sur les limites à occuper en zone sud – les Allemands décident de tout[13]. Le Rhône sert de frontière entre les deux pays de l'Axe[14]. Le tracé débute au sud-ouest de Genève, suivant une voie ferrée de la frontière suisse jusqu'à Bellegarde, Châtillon-en-Michaille (Jura) et Nantua, avant de rejoindre Maillat, Poncin (Ain), La Verpillière, Heyrieux, Vienne (Isère) et Ambérieux (Rhône). La nouvelle limite épouse ensuite le cours du Rhône, s'infléchissant vers l'est pour relier la côte méditerranéenne à La Ciotat[15]. Lyon et Avignon sont en zone allemande. Sur la rive gauche du fleuve, au-delà d'Avignon, des zones de contrôle dessinent une autre ligne de surveillance – les Italiens exercent des contrôles et les Allemands envoient des troupes. Comme pour le tracé de la ligne de démarcation en juin 1940, la nouvelle délimitation est floue pour les autorités locales et manque de moyens de surveillance.

Les Français sont ulcérés par ce nouveau partage qui laisse une place trop importante à l'expansionnisme italien. Toutefois, la zone d'occupation italienne permet, un temps, de protéger des milliers de Juifs de la déportation et sert de refuge. Les services du HSSPF sont les seuls services allemands à avoir commencé immédiatement leur activité dans l'ancienne zone non occupée. Pour la traque des Juifs, la ligne de démarcation n'existe plus et les SS ne veulent pas perdre de temps. Dans la zone italienne, les SS n'ont cependant aucune possibilité d'action. Un exode important de Juifs commence alors de l'ancienne zone non occupée vers la zone italienne.

Clap de fin

À la fin de 1942, tous les Français sont en contact direct avec les occupants. Pourtant, en zone occupée, les correspondants du Service des contrôles techniques – les services d'espionnage du courrier et des télécommunications des Français – expriment de la déception devant le maintien de la ligne de démarcation après le 11 novembre 1942[16]. L'opinion attendait la suppression de la ligne et le retour si souvent promis des prisonniers de guerre. La ligne de démarcation reste une frontière administrative et politique gênante.

Même occupée, l'ancienne zone libre est maintenue sous l'autorité de l'État français parce que les occupants en ont décidé ainsi. C'est une fiction entretenue par les Allemands grâce à une ordonnance datée du 16 novembre 1942 qui prétend que «l'administration française [était] maintenue». On l'a dit, le régime de Vichy s'engage alors dans une politique détestable, comme la mise en place du STO, la participation à l'économie de guerre allemande, la lutte acharnée contre la Résistance et la déportation des Juifs. Le 27 novembre, l'opération *Attila* s'achève par la neutralisation de la flotte française à Toulon. Les Allemands ne répondent plus à aucune des requêtes françaises.

Dès le mois de janvier 1943, les autorités de Vichy savent que les Allemands ont décidé la suppression matérielle de la ligne de démarcation[17]. Le 1er mars 1943, à grand renfort de propagande, les Français apprennent l'ouverture de la ligne de démarcation qui s'apparente en fait à une suppression sur le terrain.

Hitler a maintenu Vichy en place après le 11 novembre 1942 dans le seul but de répondre au débarquement en Afrique du Nord; selon E. Jäckel, sans doute le 18 décembre 1942, Hitler aurait déclaré à Ciano qu'il était «adroit de préserver la fiction d'un gouvernement français avec Pétain» et de «le faire regonfler de temps en temps par Laval quand il s'aplatit trop[18]». Les militaires allemands enterrent peu à peu l'idée d'un Vichy souverain.

Carte 7. La France des camps d'internement français
et des camps de concentration allemands

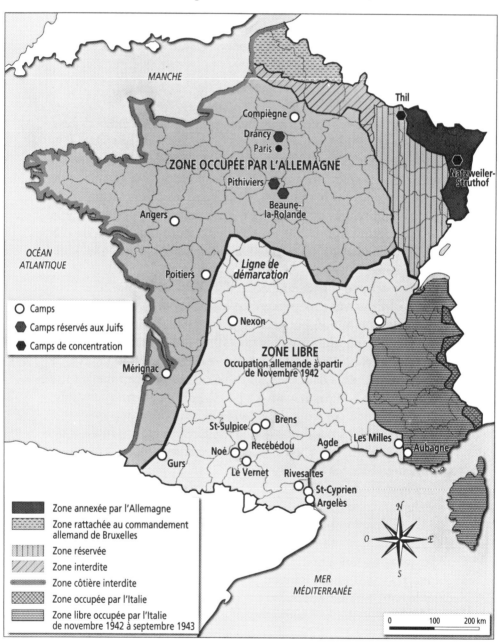

Le très prisé Ausweis est officiellement et théoriquement supprimé[19]. Seuls des contrôles volants de cartes d'identité peuvent être opérés sur l'ancien tracé par les soldats allemands. La suppression territoriale de la ligne de démarcation, le 1er mars, précède de trois jours le rétablissement des relations postales sur l'ensemble du territoire. En réalité, les Allemands exercent toujours un pouvoir discrétionnaire sur l'obtention des sauf-conduits pour traverser le pays. Ainsi, seuls neuf fonctionnaires de police sont autorisés à franchir la ligne de démarcation avec des documents pour se rendre de Paris à Vichy : Leguay, sous-préfet et délégué de Bousquet dans les territoires occupés, Weber (sous-directeur et chef des services administratifs du secrétariat général à la Police à Paris), etc.[20].

Dans un projet de lettre au maréchal von Rundstedt, Laval montre son attachement à la suppression définitive de la ligne de démarcation, mais, selon lui, « les inconvénients d'une nouvelle division du territoire français seraient aggravés par le fait qu'il s'agirait de deux zones d'étendue très inégale, étroitement associées tant au point de vue social qu'au point de vue économique[21] ». Il n'en sera rien puisque la zone italienne est occupée par les Allemands dès septembre 1943. Si la suppression de la ligne de démarcation sur le terrain est acquise, certains dirigeants allemands sont perplexes. Dans un télégramme au ministère des Affaires étrangères, Hemmen le regrette car le Reich se prive d'un moyen de pression essentiel. De plus, les contreparties françaises devraient être plus importantes[22]. Un rapport du « docteur » Elmar Michel du MbF, daté de juin 1944, indique qu'« économiquement la ligne de démarcation a perdu avec le temps sa signification pratique pour l'affirmation de l'influence du commandement militaire[23] ». En effet, depuis mai 1941, elle n'a joué qu'un rôle de plus en plus secondaire dans les choix économiques et politiques allemands.

Après novembre 1942, le maintien de la ligne de démarcation, d'abord sur le terrain jusqu'en février 1943, puis dans l'organigramme de l'Occupation jusqu'à la fin de la guerre, a rendu plus complexe la lecture des compétences des services allemands, plus nombreux à gérer la France. La commission d'armistice[24], le plus ancien organe de la souveraineté allemande en France, fonctionne encore après le 11 novembre 1942. Les articles de la convention d'armistice ont pour l'essentiel perdu de leur sens, à l'exception des articles 3 et 24. Le premier était à l'origine appliqué à la zone occupée, mais à partir de 1943, les Allemands n'ont pas hésité à le mettre en avant lorsque les Français en demandaient un peu trop[25]. L'article 24 permettait au Reich de dénoncer à tout moment la convention «pour prendre fin immédiatement». Sur le plan juridique, l'occupation allemande de la France en 1943-1944 ne correspond plus à aucun cas connu en droit international public. Les Français ne peuvent plus ni se retrancher derrière la convention d'armistice ni se croire protégés par la ligne de démarcation. La France totalement allemande est devenue un front, futur champ de bataille fatal aux Allemands.

Les Allemands face au débarquement

«Le péril [...] se dessine à l'Ouest»

Tant du côté des Allemands que du côté des occupés, nombreux sont ceux qui attendent le débarquement en 1944, évidemment pour des raisons différentes. Du côté de Hitler, il faut mettre en alerte les cadres et les soldats; il l'écrit dès le préambule de la directive n° 51, le 3 novembre 1943:

> La lutte dure et coûteuse des dix-huit derniers mois contre le bolchevisme a exigé le maximum de nos ressources et de nos efforts militaires, ce qui était conforme à la gravité du danger et à la situation générale. Entre-temps, celle-ci s'est modifiée. Le péril demeure à l'Est, mais un autre, plus grand, se dessine à l'Ouest: le débarquement anglo-saxon! À l'Est, l'immensité des espaces peut à l'extrême rigueur permettre des pertes de terrain plus étendues encore, sans que le nerf vital allemand soit frappé à mort. Mais il en va tout autrement à l'Ouest! Là, si l'ennemi parvient à ouvrir une large brèche dans nos défenses, les conséquences en deviendront rapidement incalculables. Tous les indices donnent à penser que l'ennemi passera à l'attaque dans l'ouest de l'Europe au plus tard au printemps, et peut-être même avant[26].

Hitler est confiant quand il signe cette directive. Il pense que le débarquement à l'Ouest échouera lamentablement et que la France occupée est bien tenue par ses forces armées et policières. Pour le Führer, les débarquements en Afrique du Nord et en Italie sont le résultat de trahisons dues à Darlan dans le premier cas et à Badoglio dans le second. Il juge que la première tentative de débarquement allié (opération *Jubilee* du 19 août 1942 à Dieppe) n'a été qu'un essai sans lendemain. Mais nombre de divisions de l'Ouest ont dû être envoyées sur le front de l'Est pour contenir les forces soviétiques, il ne faut donc pas que les Alliés attaquent trop tôt à l'Ouest, où les forces risqueraient de manquer. Les officiers supérieurs allemands se préoccupent alors de renforcer encore les côtes françaises.

Dès le 14 décembre 1941, suite à l'échec de l'opération éclair contre l'URSS, Hitler signe une directive afin de construire une ligne de fortifications gigantesque de la Norvège jusqu'au littoral atlantique, aux confins de la France et de l'Espagne, soit près de 6 000 kilomètres de côtes à équiper de défenses.

Il y a en France 2 100 kilomètres de littoral à défendre sur la Manche et l'Atlantique et 500 kilomètres sur la côte méditerranéenne. Le mur de l'Atlantique est en construction depuis des années[27]. Le maréchal Rommel est alors chargé de coordonner les moyens de défense des côtes et ses visites fréquentes du Mur le font douter de l'efficacité de ces fronts littoraux. Le IIIe Reich fait payer les travaux à la France par le biais des « frais d'occupation » imposés dans l'armistice de juin 1940. Si 200 firmes allemandes participent aux travaux, cela s'avère insuffisant. Aussi, près de 1 500 entreprises françaises du BTP – qui ont coulé près de 11 millions de tonnes de béton et utilisé 1 million de tonnes de ferraille – participent de gré ou de force à la construction des milliers de blockhaus répartis sur les côtes. Quelque 300 000 ouvriers français, aidés par 150 000 autres travailleurs forcés venus de toute l'Europe allemande, ont construit le mur de l'Atlantique.

Le mur de l'Atlantique n'est pas un mur hermétique, pas plus que ne l'était la ligne de démarcation. C'est plutôt une agrégation de grands ensembles défensifs prévus pour repousser les Alliés à la mer. Certains sites sont plus défendus que d'autres. Des batteries sont montées et ont des portées différentes selon les objectifs recherchés. Certaines peuvent tirer à 25 kilomètres de distance. Des canons lourds sur voie ferrée sont montés en des sites plus rares. Enfin, des canons plus légers permettent de tirer uniquement sur les plages en contrebas des fortifications. Des « nids » de résistance sont constitués sur la côte avec des mortiers, des mitrailleuses, des barbelés, des mines, des pieux antichars. Des défenses sont installées plusieurs kilomètres derrière le Mur. Il faut résister à une attaque aéroportée qui le prendrait à revers. Sur la côte française, les Allemands divisent le Mur en 21 secteurs. Au début de 1944,

Hitler demande la fortification totale des ports (*Festungen*). Il ne doute pas que les Alliés essaieront aussi d'occuper un grand port pour faciliter une éventuelle invasion de la France.

Une fois encore, des dissensions existent dans les armées allemandes sur le choix des commandements de batterie ; la marine et l'armée de terre se déchirent parfois sur ce point. Cela complique les tactiques et la stratégie d'ensemble en cas de débarquement. La propagande laisse penser aux Allemands que les côtes françaises sont imprenables, que le Mur est une forteresse capable de protéger l'Occident, ce qui ne convainc pas le maréchal von Rundstedt, commandant en chef à l'Ouest.

Menace de destruction de la France

Pétain n'a aucun rôle à jouer aux yeux des Allemands. Ils ne comptent pas sur lui pour emporter la décision face aux Alliés et lui demandent seulement de ne pas les trahir en prônant le loyalisme des autorités françaises en cas de débarquement. Dans une lettre à Pétain, le 23 décembre 1943, le maréchal von Rundstedt déclare que le débarquement conduira à la destruction de la France du fait des combats engagés sur son sol ; surtout, il l'informe que le manque de loyalisme conduirait à la terreur à l'arrière du front par des actions répressives menées par la Wehrmacht. La menace est claire. En pleine crise gouvernementale, le Maréchal dit accepter les demandes de l'Allemand dans un courrier du 20 janvier 1944. De même, il est sommé par Otto Abetz d'appeler la population française au calme, en d'autres termes à ne pas se soulever en cas d'attaque alliée.

Depuis quelques mois déjà, Pétain est sous le joug quasi total des Allemands ; chaque prise de parole du vieux maréchal met en garde ses compatriotes. Le 21 avril 1944, dans un message radiodiffusé, il évoque des « alliés qui s'acharnent » contre le pays au moment où les bombardements anglo-américains s'intensifient tant à Paris que dans le Sud – les bombardiers américains décollent désormais des bases installées en Italie. Le 26 avril 1944, sous la pression allemande, Pétain est envoyé à Paris pour une visite « officieuse » ; il s'agit de mesurer sa popularité dans la capitale[28]. Aucun Allemand en uniforme ne doit être présent lors de la rencontre du Maréchal avec les blessés des bombardements. Il se rend à l'Hôtel de Ville et à Notre-Dame, puis il s'adresse à la foule à la sortie de la cathédrale. Tout a été prévu, même si la propagande française parle d'improvisation. Le 28 avril suivant, un discours radiodiffusé de Pétain est diffusé alors qu'il n'est pas encore rentré à Vichy, répondant à la demande des Allemands d'un discours ferme contre les maquisards et les «terroristes».

> Notre pays traverse des jours qui compteront parmi les plus douloureux qu'il ait connus. Excités par des propagandes étrangères un trop grand nombre de ses enfants se sont livrés aux mains de maîtres sans scrupule qui font régner chez nous un climat avant-coureur des pires désordres. Des crimes odieux, qui n'épargnent ni les femmes ni les enfants, désolent des campagnes, des villes et même des provinces hier paisibles et laborieuses.
>
> [...] Il est de mon devoir de vous mettre personnellement en garde contre cette menace de guerre civile qui détruirait tout ce que la guerre étrangère a épargné jusqu'ici[29].

Naturellement, Pétain fait allusion à de Gaulle, qu'il assimile à un faux libérateur. Il s'attaque aussi plus loin dans son discours au «bolchevisme», puis il définit ce qu'il entend par «patriotisme». Et de poursuivre par des termes sans ambiguïté :

> Français, quiconque parmi vous, fonctionnaire, militaire ou simple citoyen, participe aux groupes de résistance compromet l'avenir du pays. Il est dans votre intérêt de garder une attitude correcte et loyale envers les troupes d'occupation. Ne commettez pas d'actes susceptibles d'attirer sur vous et sur la population de terribles représailles[30].

Les Allemands ont demandé à Pétain de rappeler que le loyalisme des services de l'État et des Français est nécessaire pour éviter l'écrasement total. Les demandes des Allemands se multiplient : le 28 avril, il doit se rendre au château de Voisins en Île-de-France où il est éloigné du gouvernement dont il n'a quasiment aucune nouvelle. Il est envoyé visiter les villes de l'Est. Fin mai, il se rend à Dijon, Épinal et Nancy, des villes bombardées. Ils prononcent quelques allocutions non préparées. Il semble souvent mal à l'aise[31]. Le 5 juin 1944, il file vers Lyon, bombardée le 26 mai. Il y prononce quelques mots sur l'avenir de l'âme de la France qui ne sera jamais écrasée. Il vient soutenir les blessés et les familles des centaines de victimes des bombardements[32]. À la veille du débarquement de Normandie, Pétain sait que celui-ci est imminent ; il a été prévenu par les Allemands, on l'a dit, dès le mois de décembre 1943. Pétain espère encore être un bouclier de protection pour les Français, mais il n'est qu'un «bouclier percé[33]».

L'immense majorité des Français attendent leur libération. Les souffrances quotidiennes durent depuis si longtemps. L'avocat Maurice Garçon s'en fait l'écho le 11 mai 1944 :

> Toujours rien. Hier soir, quelques amis étaient venus me voir. Presque tous étaient persuadés que le débarquement était si imminent qu'il pouvait avoir lieu ce matin. Dumont-Wilden croyait savoir que la flotte anglaise était occupée déjà à bombarder la côte belge.

Dans les salons parisiens, les rumeurs vont bon train ; les tracts des Alliés et de la Résistance évoquent une libération prochaine. Les bombardements se multiplient sur le territoire et les alertes aériennes ne cessent plus de retentir à Paris tout au long du mois de mai 1944. Certains font des pronostics sur la date du débarquement et d'autres parient qu'un nouvel exode des populations est à prévoir.

Pendant que Pétain est envoyé dans la zone nord puis à Lyon pendant plus d'un semestre, le gouvernement de Laval n'est pas informé des nouvelles mesures allemandes de défense côtière dans les semaines précédant le débarquement de Normandie. Du reste, Pierre Laval joue la carte de la victoire allemande coûte que coûte. Même s'il a senti le vent tourner dès la fin de 1943, il préfère la fuite en avant, ce que révèlent les propos de Walter Stucki, « ministre » suisse à Vichy. Il rencontre Laval en février 1944 et rapporte ceci : « Il tenta de me démontrer que l'Allemagne ne pourrait jamais perdre la guerre. [...] Il ne saurait en tout cas être question d'une percée du mur de l'Atlantique[34]. »

Les propos de Laval sont étonnants. Comment peut-il se montrer aussi aveugle ? En février et mai 1944, il se propose même pour être médiateur entre les Allemands et l'Occident (les Alliés) auprès d'Abetz, qui ne lui répondra jamais. Sans doute espérait-il une issue favorable à ses idées et l'échec de De Gaulle à s'imposer aux Français. Comment croire cela alors que la population exècre Vichy ? Ce dernier est devenu un régime policier, un État milicien dérivant vers le fascisme. L'avenir de la France est incertain même en cas de libération du territoire.

Rommel sous pression

Rommel ne peut compter que sur ses propres idées afin de renforcer le mur de l'Atlantique qui montre bien des failles défensives. Le Mur manque de profondeur mais Rommel souhaite porter le combat essentiellement sur les plages, faute de blindés suffisants. Dès le début de 1944, il fait renforcer les lignes de défense côtière en minant massivement les plages et les alentours des batteries de tir. Il fait inonder certaines plaines et les bocages. Depuis mars, Hitler a arrêté une stratégie qui le conduit à affirmer que l'affrontement décisif aura lieu à l'Ouest[35]. L'idée du Führer est de contre-attaquer massivement à l'Est une fois les Alliés repoussés à la mer[36]. Il compte aussi sur des armes nouvelles très destructrices.

Le 17 janvier 1944, Hitler ordonne la constitution sur les côtes de France d'une bande large de 20 à 30 kilomètres déclarée «zone de combat». Rundstedt se voit confier tous les pouvoirs civils et militaires. Or, il est en désaccord avec son adjoint Rommel, car à la défense sur les plages, il préfère une tactique de contre-offensive massive depuis l'arrière. Cette décision du Führer est aussi un signal envoyé aux services d'occupation en France : le MbF n'a plus la main sur la bande côtière. Sur les côtes du sud de la France, la même mesure est prise, mais là le commandement est assuré par le commandant de la région France-Sud[37]. En revanche, en cas de débarquement, l'ex-zone occupée doit être placée sous le joug de l'administration militaire. Parallèlement, l'autorité de Vichy devra être supprimée là où elle s'exerce encore. Les Allemands tiennent ainsi Vichy en joue – 600 de leurs soldats veillent depuis quelques mois aux alentours de Vichy et notamment à l'aérodrome, afin d'empêcher la fuite de membres du gouvernement français ; des enlèvements sont aussi redoutés.

Manque de coordination[38]

Du côté allié, des discussions ont eu lieu à la conférence de Téhéran (26 novembre-2 décembre 1943) entre les Anglais, les Américains et les Soviétiques pour coordonner au mieux la stratégie globale de libération de l'Europe de l'occupation nazie. Il est décidé de concentrer les efforts sur l'Italie, la Normandie et la Provence, avec le déclenchement simultané d'une offensive russe à l'est. De son côté, le IIIe Reich a dû sans cesse revoir ses plans depuis l'attaque de l'URSS en juin 1941. L'Angleterre n'a pas sombré, la prise de Moscou a été un échec (mi-décembre 1941), les Alliés ont débarqué en Afrique du Nord (novembre 1942), puis en Sicile (juillet 1943), en Italie et en Corse (septembre-octobre 1943).

Hitler s'est rabattu sur la défense des côtes envahies par ses troupes pour en faire une véritable forteresse. Les Allemands s'attendent à une opération d'envergure et savent bien que le mur de l'Atlantique ne sera pas la parade absolue à l'invasion alliée.

De leur côté, les soldats allemands affectés sur le mur de l'Atlantique attendent et attendent encore depuis des mois ; déjà en août 1943, Heinrich Böll – futur prix Nobel de littérature – effectue des patrouilles dans les dunes avec son groupe. Il s'ennuie fermement et subit de façon de plus en plus répétée l'« alarme de niveau 1 » entre le 20 août et le 13 septembre 1943, après que le haut commandement allemand a reçu des informations sur un débarquement allié se préparant sur les côtes de la Manche. Avec cette « alarme », les permissions sont supprimées. Il faut multiplier les gardes autour des bunkers. Le « niveau 2 » correspond au niveau maximal, en cas de débarquement. Heinrich Böll écrit, le 29 août 1943, à 5 heures du matin, au retour d'une patrouille :

> Je plonge dans l'obscurité moite des bunkers qui, après la belle clarté fraîche du monde alentour, s'abat comme un spectre cauchemardesque sur les poumons, le cœur et le cerveau. Ensuite, c'est toujours la même chose : en tournant le commutateur, tu aperçois la rangée de lits superposés, très resserrés, séparés par des couloirs étroits, et où reposent, les unes au-dessus des autres, de misérables silhouettes grises, méconnaissables, en uniforme même quand elles dorment[39].

L'éloignement de la mère patrie, les conditions de vie spartiates dans les bunkers affectent le moral des soldats allemands. Certains en sont à espérer le débarquement afin d'en finir et de mettre un terme à cette attente interminable. La vie dans les bunkers est pénible, surtout quand le ventilateur tombe en panne[40].

En 1944, les effectifs militaires allemands restent impressionnants avec 6,5 millions d'hommes qui servent encore les armées du IIIᵉ Reich à la veille du débarquement, après la mobilisation de 2 millions de nouvelles recrues en 1943[41]. Naturellement, ces départs ont dû être compensés en utilisant davantage la main-d'œuvre féminine, mais aussi en exploitant près de 2,5 millions de prisonniers de toute l'Europe et des millions d'esclaves dans les camps de concentration, ainsi que dans les chantiers répartis dans toute l'Europe avec des travailleurs forcés et volontaires.

Mais les Américains ont mis en route une machine de guerre encore plus puissante que celle des Allemands, notamment depuis

1943. Au moment du débarquement en Normandie, les soldats allemands disposaient de moins d'armements que leurs adversaires. La guerre aérienne a tourné à l'avantage des Alliés et les pertes en pilotes sont très nombreuses au début de 1944 ; les apprentis pilotes ne sont plus formés comme il se doit, faute de temps. Enfin, le kérosène manque de plus en plus. Les bombardements ont affecté l'appareil de production allemand, mais pas de façon massive. En revanche, les bombardements sur les entreprises et les populations civiles allemandes ont atteint le moral des Allemands. Pour autant, il n'y a pas d'écroulement économique allemand à la veille du 6 juin 1944.

Sur le plan militaire, les Allemands disposent de nombreux soldats d'expérience, rompus à la tactique et à la rudesse des conditions de lutte, habitués du désert (*Afrikakorps*) ou des fronts de l'Est. La qualité des soldats allemands et de leur armement est le plus souvent supérieure à celle des Américains dans certaines armes ; cela dit, beaucoup sont très jeunes et sans expérience. Mais l'artillerie allemande et ses chefs semblent sur le point d'être dépassés par une armée alliée plus moderne. Et les troupes alliées comptent aussi des hommes de grande qualité qui ont combattu Rommel en Afrique ou se sont battus en Italie. De son côté, la marine allemande n'a plus la puissance de feu nécessaire pour protéger les côtes françaises, ce qui constitue un atout considérable pour les Alliés. Le nombre d'avions allemands à l'Ouest est ridicule face aux milliers d'avions prêts à traverser la Manche dans la nuit du 5 au 6 juin. Avant le débarquement, les Alliés ont également considérablement endommagé les batteries situées sur la côte française, ainsi que de puissants radars. Hitler a promis l'utilisation d'armes nouvelles, les fusées V1 et V2, mais nul ne sait si elles seront prêtes en grand nombre pour faire basculer la décision en faveur de l'Allemagne.

Enfin, les Allemands misent totalement sur les forces terrestres avec d'importantes divisions blindées et sur les 517 000 obstacles installés sur les plages pour détruire le matériel allié[42]. Rommel y a fait planter des milliers de pieux d'une hauteur de 3,50 mètres, les « asperges de Rommel ». Des millions de mines sont posées dans l'ensemble du Pas-de-Calais. Mais poser autant de matériel en un temps restreint oblige à faire travailler d'arrache-pied des soldats fatigués et non entraînés pendant ces journées. L'aide forcée de civils français ne suffit pas. Cinq millions de mines ont été posées sur les 20 millions prévues, rapporte Olivier Wieviorka[43].

Carte 8. *Les forces allemandes en Normandie, 6 juin 1944*

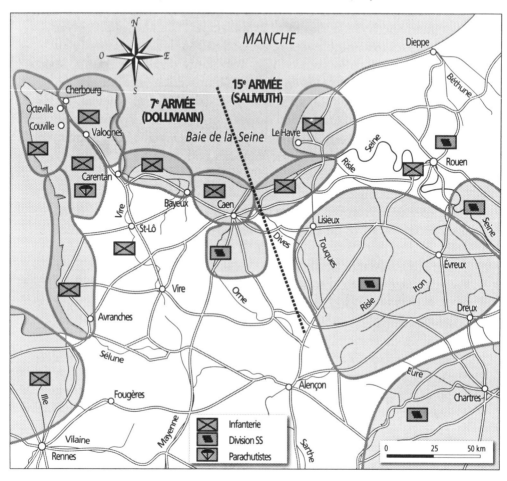

De même, les fortifications du mur de l'Atlantique sont loin d'être achevées le 6 juin. Les Alliés le savent et sauront en profiter, comme ils n'ignorent pas les divisions sempiternelles entre les différents commandants allemands sur la stratégie à suivre en cas d'attaque massive sur les côtes et d'invasion rapide.

Du côté allié, un seul chef dirige toutes les forces engagées dans la bataille, ce qui est plus cohérent pour éviter ordres et contrordres. À l'Ouest, c'est Hitler qui est au sommet de la pyramide de commandement en tant que chef des forces armées et chef de l'OKH (forces terrestres) ; sous ses ordres directs, trois hommes : Keitel, commandant l'OKW (forces armées) ; Dönitz, commandant la Kriegsmarine ; et Goering, la Luftwaffe. L'amiral Krancke (chef du groupe naval de l'Ouest) est placé sous les ordres de l'amiral Dönitz alors que le général Sperrle (commandant la 3ᵉ *Luftflotte*) doit obéir à Goering. Cela complique la cohérence du commandement en cas de décision rapide à prendre. Pourtant, Rommel et Rundstedt ont demandé à commander Krancke et Sperrle, en vain. Hitler prend une décision en faveur de Rommel, qui souhaite commander directement des forces mobiles : le 26 avril 1944, il reçoit le commandement de 6 divisions blindées.

Des incohérences subsistent donc dans l'organigramme de commandement des troupes allemandes stationnées en France. Ajoutons que les Allemands ignorent tout du lieu et de la date du débarquement, ce qui les oblige à être vigilants sur l'ensemble des côtes françaises. Les services d'espionnage ont failli dans leur mission, faute de disposer de suffisamment d'avions pour surveiller les côtes anglaises. Les agents au service du IIIᵉ Reich infiltrés en Angleterre ne sont pas assez nombreux et expérimentés. Des informations ont circulé sur un débarquement entre janvier et mai 1944, mais il n'a jamais eu lieu, ce qui sème ensuite le doute quand un message annonçant un éventuel débarquement est intercepté. Du côté allié, les moyens déployés pour tromper l'ennemi en matière de renseignement sont colossaux

« Du jamais vu ! » sur les plages normandes

En mai, les Allemands se doutent de l'imminence du débarquement : il faut du beau temps aux Alliés pour attaquer. Mais où ? Nombre de dignitaires allemands parient sur le Pas-de-Calais car selon eux, cette région n'a que des avantages pour les Alliés : la

Manche peu large à cet endroit, des bases de fusées V1 et V2 à détruire, la proximité de la Ruhr et des installations portuaires de qualité[44]. Rundstedt pense aussi que les Alliés ont peut-être prévu des manœuvres de diversion en plusieurs points du pays, dont le Midi. Mais cela ne le préoccupe pas davantage. Il faut donc défendre les côtes de la Norvège jusqu'au midi de la France. Les Allemands ont une grande confiance dans leurs chances de succès en cas de débarquement. Rommel l'écrit d'ailleurs à son épouse le 19 janvier 1944 : « À l'Ouest : je crois que nous serons à même de repousser l'assaut[45]. »

Le jour J est prévu pour le 6 juin 1944. C'est une surprise totale pour les occupants, même si les Alliés ont parfois joué de malchance, notamment à Omaha Beach à cause du mauvais temps et de la fatigue des soldats malades sur les barges de débarquement. Rommel est parti le 5 juin pour fêter l'anniversaire de son épouse en Allemagne. La plupart des chefs allemands ne sont pas forcément présents en France quand le débarquement commence. Le 5 juin, l'OB West a pourtant déclenché une alerte préventive. Après avoir entendu sur la BBC la suite des vers de Verlaine – « Blessent mon cœur / D'une langueur / Monotone » –, les agents allemands savaient que le débarquement serait imminent, mais la question de son lieu restait sans réponse. De plus, dans la nuit du 5 au 6 juin, des parachutistes ont été repérés par une division d'infanterie allemande. À 6 h 30, la radio allemande annonce le débarquement, soit trois heures avant les radios alliées.

La surprise est générale du côté allemand : 5 000 navires sont parvenus à traverser la Manche « en toute discrétion ». Leur arrivée est précédée par des bombardements navals et aériens intensifs sur le mur de l'Atlantique. Cinq plages voient arriver des troupes américaines, anglaises et canadiennes de 6 h 30 à 8 heures du matin. Le mur de l'Atlantique est percé partout, sauf à Omaha où les Américains perdent des milliers d'hommes – 34 250 hommes y ont été débarqués sous un déluge de feu ; 2 500 y ont péri. Des têtes de pont sur plusieurs dizaines de kilomètres de profondeur permettent aux Alliés d'espérer tenir leurs positions fermement les jours suivants sur le continent. Dix mille Allemands meurent dans les premières vingt-quatre heures. Franz Gockel est de garde au-dessus de la plage de Omaha dans la nuit du 5 au 6 juin :

> Chers parents, chers frères et sœur,
> Mardi, le 6 juin, il y a eu une attaque sans précédent, une attaque inimaginable, du jamais vu, même en Russie. [...] À 1 h 30, on a sonné l'alarme : nous

avons été bombardés par les Américains aux deux embouchures de la rivière, sur notre droite et sur notre gauche. Nous attendions, angoissés, vigilants, près de nos armes. À l'aube, vers 4 heures, nous avons commencé à deviner la silhouette des premiers gros navires ennemis. [...] Bientôt, les premiers obus s'abattirent sur nous dans un vacarme épouvantable[46].

L'abri où se trouvait Franz explose ; il s'extirpe des gravats. « Et puis la boucherie a commencé », poursuit-il. Celle de la tuerie massive des GI débarqués sur une plage où la marée a reculé de 250 mètres, les laissant à découvert. Les batteries allemandes ont ainsi effectué un carnage. Pourtant, vers midi, les Américains percent la ligne ennemie sur l'un de ses flancs. À 15 heures, Franz est blessé à la main, puis évacué à 120 kilomètres du front.

Ernst Jünger, toujours en poste à Paris, témoigne de la surprise allemande :

Passé la nuit chez Speidel, à La Roche-Guyon. Trajet incommode à cause des ponts détruits de la Seine. Nous sommes repartis vers minuit, manquant ainsi d'une heure l'arrivée au quartier général des premiers rapports sur le débarquement. La nouvelle s'est répandue à Paris ce matin : elle a surpris bien des gens, et surtout Rommel, absent de La Roche-Guyon hier soir : il était parti pour l'Allemagne, fêter l'anniversaire de sa femme. C'était une fausse note dans l'ouverture d'une pareille bataille. Les premiers éléments détachés ont été repérés peu après minuit. [...] J'ai été tout de même surpris, et précisément parce qu'on en avait tant parlé. Mais pourquoi ce lieu, ce moment ? On en discutera encore dans les siècles à venir[47].

Hans Speidel est le chef d'état-major de Rommel, lui-même chef du groupe d'armées B, soit toutes les forces allemandes situées entre les Pays-Bas et la Loire. Rommel revient immédiatement à son QG de La Roche-Guyon et Hitler semble soulagé par le début de l'offensive alliée. Les panzers SS arrivent de toute part mais certains, trop éloignés, ne peuvent rejoindre la Normandie que le 9 juin. Le 7 juin, dans Paris, Jünger observe le passage de blindés en partance pour le front de Normandie. Il est étonné par la tranquillité des équipages, si jeunes selon lui, mais si vaillants à « l'approche de la mort[48] ».

Même loin des plages du débarquement, les Allemands ne sont pas rassurés sur leur avenir, comme le montre cette opératrice des transmissions de la Wehrmacht qui est à Poitiers et qui apprend très tôt le matin du 6 juin le début de l'invasion alliée :

La situation est très tendue. J'ai fait mes valises. Tant de choses changent pour nous après le 6 juin ! Bien qu'elle soit éloignée d'ici, nous ressentons l'invasion. Nous avons quatre fois plus de travail. Les terroristes rendent cette région très incertaine.

Comme nombre de régions où les maquis sont importants, le Poitou et le Limousin voisin sont parcourus par des résistants qui mènent la vie dure aux Allemands.

De son côté, le maréchal Pétain annonce aux Français la nouvelle du débarquement par ces termes :

> Français, les armées allemandes et anglo-saxonnes sont aux prises sur notre sol. La France devient ainsi un champ de bataille.
>
> Fonctionnaires, agents des services publics, cheminots, ouvriers, demeurez fermes à vos postes pour maintenir la vie de la nation et accomplir les tâches qui vous incombent.
>
> Français, n'aggravez pas nos malheurs par des actes qui risqueraient d'appeler sur vous de tragiques représailles. Ce seraient d'innocentes populations françaises qui en subiraient les conséquences. [...]
>
> Les circonstances de la bataille pourront conduire l'armée allemande à prendre des dispositions spéciales dans les zones de combat. Acceptez cette nécessité[49]. [...]

Radio-Vichy diffuse ce discours de Pétain à 14 h 15 – le texte a été préparé de longue date avec les Allemands, sans doute depuis décembre 1943. Le mardi 6 juin encore, un message d'annonce est lancé depuis le balcon de l'hôtel de ville de Saint-Étienne ; il est acclamé par la foule. Le 14 juin, Pétain adresse un message aux légionnaires de la LVF – c'est le jour du débarquement du général de Gaulle près de Caen. C'est un discours de déni de la défaite possible des Allemands. D'ailleurs pouvait-il dire autre chose, mis sous pression par Renthe-Fink, un conseiller particulier que les occupants lui ont imposé à partir de décembre 1943 ; jusque fin juin, ce conseiller fait déplacer le maréchal au château de Lonzat, près de Vichy, afin de ne pas laisser aux résistants français la possibilité d'enlever «le vainqueur de Verdun».

Des Allemands tenaces

Sous le feu des Alliés

De leur côté, en Normandie, les Allemands ne peuvent désormais que freiner l'avancée alliée en contre-attaquant localement.

Jusqu'au bout, des chefs allemands demeurèrent convaincus que le débarquement en Normandie était un leurre, cachant un autre débarquement dans le Pas-de-Calais. Ils ont donc étiré le dispositif de défense au lieu de le resserrer en Normandie. Les panzers SS sont à quarante-huit heures de la Normandie pour la plupart ; les Alliés parviennent à enfoncer le front de Normandie avant que tous les renforts n'arrivent. Le 16 juin 1944, les Alliés ont pris le dessus sur les Allemands. Ces derniers utilisent les *Vergeltungswaffen* ou «armes V» – «armes de vengeance» ou «armes de représailles» –, à savoir des armes de bombardement, pour terroriser les populations civiles, et notamment les bombes volantes V1. Elles sont tirées vers le Royaume-Uni, mais aussi sur des cibles en France. Dans son *Journal*, le 17 juin, Jünger écrit :

> Le communiqué annonce que «l'arme de représailles», comme on l'appelle, est entrée en action. En même temps, les services de propagande font courir dans les usines françaises le bruit que Londres a été en grande partie détruit. [...] Les bombes volantes qui, paraît-il, dégagent avant d'exploser, une lumière éblouissante, sont l'un des derniers feux follets du marais de la destruction. Si elles avaient une valeur d'arme et non seulement de propagande, on les utiliserait sans doute contre la tête de pont du débarquement[50].

Pendant que toutes les défenses tombent entre les mains alliées en Normandie, les Allemands actionnent les rampes de lancement des bombes volantes V1 dans le nord de la France. Dans la nuit du 12 au 13 juin, les Allemands tirent la première fusée en direction de Londres ; jusqu'à la fin de juin, ils lanceront près de 2 500 autres V1[51]. Plus de 50 % n'atteindront pas leur cible grâce aux défenses antiaériennes anglaises et à de nombreux soucis techniques du côté allemand. L'avancée des Alliés empêche les lancements à partir de la France. Le 8 septembre 1944 cependant, depuis la Belgique, une V1 est tirée et atteint Maisons-Alfort, près de Paris. Les Alliés sont beaucoup plus efficaces avec leurs bombardements massifs.

Les soldats allemands témoignent de la violence des combats et de l'offensive alliée, notamment dans le Cotentin. Wolfgang A., impliqué dans la «bataille des haies» dans le bocage, où il meurt le 6 juillet, écrit à ses parents, toujours dans l'urgence. Le 23 juin, après quatorze jours de lutte, il est en chemin vers Cherbourg, un port que les Allemands ne veulent pas perdre. Wolfgang remarque que «les villes et les villages sont déserts[52]». Il ajoute :

> Nous avons trouvé dans l'une des maisons du beurre, [...] cinq douzaines d'œufs ainsi que de la farine, des sardines à l'huile, du cidre, du vin rouge et du schnaps. On s'est cuisiné une omelette ; on vit comme des coqs en pâte. Mais pour combien de temps... [...] Je crois que la guerre est entrée dans sa dernière phase. Il faut la flanquer à la porte et la foutre entre quatre planches et aujourd'hui[53].

Le soldat allemand est imprégné par la propagande nazie, qui vitupère les Alliés et raconte que le Royaume-Uni est en feu. Il pille les maisons comme nombre d'autres troupes allemandes, alors que c'est formellement interdit dans la Wehrmacht. Mais tout semble se disloquer au fil des heures. Wolfgang ne verra pas l'issue de la guerre ni la débandade de son armée.

Le 26 juin, le port de Cherbourg, mal défendu, est pris par les Alliés. Il permettra de recevoir des milliers de tonnes de matériel pour poursuivre la bataille. Dans tous les cas, le mur de l'Atlantique a cédé facilement, dès le début des opérations alliées en Normandie : sur 5 secteurs de débarquement, les défenses allemandes ont plié au bout d'une heure ; à Omaha, le dernier secteur, il aura fallu une journée. Rundstedt, qui – au contraire de Rommel – ne croyait pas que les défenses des plages suffiraient à refouler les Alliés débarqués, a toutefois espéré qu'elles les retarderaient. On imagine son désarroi devant un tel succès allié. Pour Rommel, la désillusion est encore plus grande[54].

Pour autant, en juillet, les Allemands donnent beaucoup de fil à retordre aux Alliés ; ceux-ci n'avancent plus aussi vite qu'ils l'auraient souhaité. Ils ont même pris du retard par rapport au plan initial et ne sont présents que sur une ligne Caen/Saint-Lô au lieu d'être en Bretagne et sur la Loire. Les Alliés rencontrent des Allemands pugnaces qui leur donnent de rudes coups, en particulier dans le bocage normand où il faut se battre haie après haie. Le 25 juillet, l'opération *Cobra* – des bombardements aériens massifs – permet aux Alliés de reprendre leur course vers l'intérieur de la France. La percée est décisive autour de Saint-Lô ; les Allemands, épuisés, ne peuvent plus tenir. Sept jours plus tard, les Alliés sont à Avranches puis filent vers la Bretagne.

Mais les Allemands n'ont pas encore dit leur dernier mot. Le 7 août, le Führer déclenche une contre-offensive à partir de Mortain, l'opération *Lüttich*. C'est un échec, le général américain Bradley, commandant en chef des forces américaines, a tôt fait d'encercler les panzers. Le verrou de Caen, défendu par les divisions de panzers, saute autour du 17 août face aux troupes canadiennes qui entrent dans Falaise après une terrible bataille. Les Allemands doivent désormais se replier vers la Seine, puis vers les frontières. Ils sont à bout de forces. De nombreux soldats ont déserté. L'armée en retraite est pilonnée sans relâche par les avions anglo-américains. Les Américains sont partout autour d'eux. Nombre de soldats souffrent de la faim depuis la mi-août. À Falaise, un infirmier allemand écrit qu'«il n'y a plus de commandement»; il ne «désire plus combattre personne». Il observe que ses «camarades tombent comme des mouches[55]». Des officiers abattent même des soldats qui refusent la reddition proposée par les Alliés. Le sauve-qui-peut semble l'emporter pour les milliers de soldats allemands perdus, désorientés et marqués par les attaques alliées.

Sous le feu de la Résistance

Les Allemands ont foulé aux pieds les règles du droit international envers les résistants et les civils à plusieurs reprises sous l'Occupation et plus particulièrement au moment de la libération de la France, dès le débarquement de Normandie. De nombreux résistants sont morts en 1944, mais les populations civiles ont aussi payé un très lourd tribut. Le MbF est chargé de la guerre contre les bandes armées au mois de juin 1944.

Après le débarquement, les combats entre résistants et Allemands se multiplient. Quelques exactions ont lieu en Normandie contre des soldats alliés, commises pour l'essentiel par la 12e division SS, tuant 178 prisonniers et des dizaines de civils[56]. De leur côté, en Normandie, les résistants ont perturbé le trafic ferroviaire allemand, une mission que les Alliés leur avaient donnée. Les renforts allemands ont ainsi été freinés. Si de Gaulle a mis en garde les Français dans son allocution du 6 juin 1944 contre toute «insurrection prématurée» susceptible de déclencher des représailles terribles de la part des Allemands, le 5 juin la BBC a envoyé plusieurs messages codés aux résistants leur enjoignant de harceler les Allemands afin de provoquer la dispersion de leurs troupes sur le lieu prévu pour le débarquement. Les résistants sont parvenus dans les huit premiers jours après le débarquement à réaliser des centaines de sabotages. Dans l'Indre, sur la ligne Paris-Toulouse, près de 800 sabotages ont lieu en juin 1944[57]. Pour autant, les résistants vont souvent au-delà des actions programmées. Notamment, les messages codés de la

BBC et la connaissance du débarquement de Normandie conduisent des milliers d'hommes vers les espaces escarpés ou les forêts du Jura, du Doubs, du Massif central, du Morvan, des Ardennes, de Haute-Garonne, de Savoie, entre autres.

Le MbF est à la manœuvre contre les « terroristes » et il est efficace : 7 900 maquisards auraient été tués au combat entre le 6 juin et le 4 juillet 1944[58]. Dans la forêt du mont Mouchet en Auvergne, quelque 6 000 maquisards se concentrent depuis la seconde quinzaine de mai sous la direction du chef régional de l'AS, Émile Coulaudon (dit « Gaspard »). Cela attire l'attention des Allemands, qui les attaquent le 10 juin. En quatre journées, les assaillants parviennent à disperser les maquisards et en tuent environ 350. Les civils de la région sont également victimes des représailles allemandes. Comme sur le plateau des Glières, les résistants ont pu défier quelque temps le puissant Allemand, en vain cependant. Le combat a force de symbole. Du 10 au 29 juin, des opérations répressives sont organisées en Dordogne. Puis le maquis de la Truyère (Massif central) est décimé entre le 20 et le 22 juin, tout comme celui du mont Gargan entre le 18 et le 24 juillet.

En Bretagne, des actions coordonnées voient le jour entre les Alliés et les résistants, notamment après la percée d'Avranches, au début du mois d'août. Saint-Brieuc est libéré par les FFI le 6 août. Les Alliés leur ont parachuté des armes et un état-major pour les aider mais surtout pour protéger la ligne ferroviaire Brest-Saint-Brieuc-Rennes. Le viaduc de Morlaix devait rester intact. Quimper, Josselin, Malestroit sont libérés par les FFI avant l'arrivée des Alliés. Une fois les Américains sur place, les résistants les aident à se repérer, ce qui évite de nouvelles pertes en hommes. Nombre de résistants de l'Ouest se retrouveront plus tard pour faire le siège de plusieurs poches de l'Atlantique, à Saint-Nazaire et Royan notamment, jusqu'en mai 1945.

Les Allemands sont harcelés par les résistants dans de nombreuses régions, ce qui les conduit à des représailles parfois terribles. Au moment du débarquement en Normandie, dans la région de Saint-Marcel (Morbihan), les troupes allemandes attaquent massivement le maquis local les 18 et 19 juin ; près de 200 maquisards sont tués au combat. Pourtant, ces maquisards avaient reçu un solide entraînement de la part des SAS du commandant Bourgoin.

Carte 9. Les maquis des secteurs sud de la France

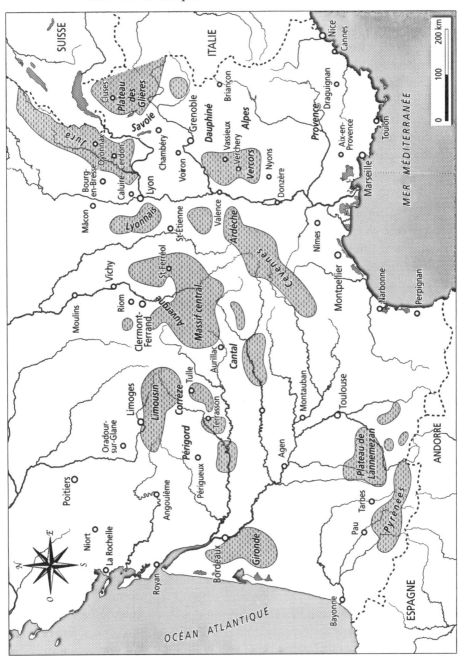

De même, quand le débarquement de Normandie est connu, des centaines de volontaires se dirigent vers le plateau du Vercors. Les Allemands sont vite informés par leurs espions, dont certains peuvent compter sur la délation de Français. Les occupants apprennent que les maquisards ont fondé une petite «république». Depuis l'automne 1942, le massif du Vercors, isolé, est devenu un lieu de refuge, notamment la ferme d'Ambel. Au début de 1943, les réfractaires au STO y viennent en nombre, encadrés par d'anciens officiers de chasseurs alpins. Ils souhaitent créer un point d'appui pour les Alliés en cas de débarquement (plan *Montagnards*). Dans ce cadre de forteresse naturelle, le maquis s'agrandit sensiblement. Après le 6 juin 1944, 4 000 hommes convergent vers le site. L'état-major allié n'envisage aucune opération d'envergure avant le débarquement prévu en Provence pour le mois d'août, au grand dam des résistants sur le terrain. Les Allemands ont ainsi le temps de préparer une grande offensive. En juillet, le CFLN envoie une mission militaire pour préparer un terrain d'aviation à Vassieux-en-Vercors ; des parachutages d'armes légères y sont organisés. Le 20 juillet, une division allemande d'infanterie de montagne, qui stationne non loin du maquis depuis plusieurs semaines, donne l'assaut, avec des supplétifs français de la Milice. Les Allemands envoient des avions bombarder les positions des maquisards ; ceux-ci appellent au secours la France combattante pour que l'aérodrome de Chabeuil soit bombardé. Des maisons sont incendiées à Villard-de-Lans, La Chapelle-en-Vercors et Vassieux. Le 22, l'ordre est donné aux maquisards de se disperser. Les représailles sont terribles : 201 civils et 640 combattants sont tués par les Allemands et les miliciens, souvent de façon atroce. Le 9 août, les Allemands quittent la région. La «république du Vercors» est tombée, mais elle restera un symbole fort de la lutte pour la liberté. Le commandant du territoire d'armée du sud de la France (*Kommandant des Heeresgebiets Südfrankreich* ou KHSF), qui dépend du MbF, a ordonné les actions du mont Mouchet et du Vercors. Le général allemand Pflaum, qui a mené l'attaque, avait critiqué en avril 1944 les méthodes de la Sipo-SD contre les civils. Mais dans le Vercors il ne se préoccupe plus de ces réserves morales. Il s'est radicalisé.

Au mont Mouchet comme au Vercors, le MbF est au cœur du dispositif d'attaque, mais il est aidé par la Luftwaffe, des membres de la Sipo-SD, des bataillons de police motorisés, des équipes d'interrogatoire, des *Feldgendarmen*. Dans le Vercors, on note la présence de Waffen-SS, de divisions blindées qui ont combattu dans l'est de l'Europe ; ce sont des troupes sans pitié et arrivées en France depuis peu de temps. Mais les historiens de la Seconde Guerre mondiale, faute de sources, ont bien des difficultés à reconstituer toutes les étapes de la chaîne de commandement des opérations allemandes contre la Résistance et les civils. Ce qui apparaît, c'est que plus on avance vers le départ des Allemands du territoire français, plus les forces répressives sont hétéroclites, un phénomène amorcé dès 1943.

Les résistants freinent les Allemands sans pour autant leur infliger de lourdes pertes. Ils renforcent la détermination des occupants et de leurs auxiliaires français – la Milice notamment. Leur acharnement n'en est que plus grand quand ils font des prisonniers. Mais les résistants français réalisent quelques coups de maître comme l'assassinat de Philippe Henriot, le 28 juin, au cœur même du ministère de l'Information, rue de Solferino à Paris. Le ministère se situe à quelques mètres de l'ambassade allemande d'Otto Abetz. Les collaborateurs des Allemands à Paris sont stupéfaits quand ils apprennent la nouvelle et l'audace des résistants. Ils s'inquiètent et lancent une grande campagne d'affichage avec la représentation de Philippe Henriot en homme de paix, sans uniforme ni signes distinctifs de la Milice[59]. Un slogan est imprimé, faisant fi des appels au meurtre prodigués par Henriot pendant l'Occupation : « Il disait la Vérité... Ils l'ont tué. » Cent mille affiches tentent d'attirer la compassion de l'opinion sur la victime du commando résistant. En vain. Peu nombreux sont les Parisiens à se laisser berner par une propagande aussi grossière, même si d'aucuns condamnent l'assassinat du ministre. Des funérailles nationales sont organisées par le régime de Vichy avec une messe à Notre-Dame de Paris.

Regagner la mère patrie

Entre le 6 juin et le 1er septembre 1944, les Allemands ont perdu 393 689 hommes en capacité de se battre, dont 54 754 tués au combat[60]. La résistance allemande face au colossal déploiement de moyens alliés a été acharnée. La dépression psychologique des combattants qu'espéraient les Alliés n'est pas d'actualité à l'été 1944. Le moral est certes affecté, mais il n'y a pas plus de suicides en 1944 qu'en 1943 si l'on suit les analyses de Philippe Buton à propos de l'enquête menée sur le moral des troupes au sein du XXVe bataillon stationné en Bretagne[61]. Les Allemands restent dangereux au combat.

Les militaires et les SS sont bien déterminés à ne pas lâcher prise sur le continent, ce dès les plages et le bocage normands. Le fanatisme d'une partie des combattants a aussi été un facteur de résistance à l'attaque massive des Alliés, notamment au mois de juillet 1944. Certains d'entre eux galvanisaient les moins optimistes ; il faut dire que beaucoup pensaient que la défaite était désormais inéluctable pour le IIIe Reich. Des désertions sont relevées ; le commandement allemand est alors sans pitié : entre janvier et septembre 1944, 4 000 hommes sont exécutés par la Wehrmacht, dont 1 605 pour désertion[62].

De même, les chars étaient encore très nombreux. La Wehrmacht était aussi très puissante et elle le montra pendant la bataille de Normandie. Malgré les bombardements alliés, l'industrie allemande a fourni énormément de matériel à ses armées grâce à des centaines de trains. Des transferts de forces importants ont lieu vers la Normandie, plus que les Alliés ne l'avaient imaginé. Malheureusement pour les Allemands engagés sur le front normand, les chefs s'entêtent sur l'idée du débarquement multiple. En juillet 1944, les responsables allemands, que ce soit Rundstedt ou Rommel, ne sont pas dupes ; ils ne croient plus la victoire possible. Rommel est victime d'un grave traumatisme crânien après une attaque aérienne survenue le 17 juillet près de Sainte-Foy-de-Montgommery ; il est obligé de rentrer en Allemagne en août après des soins prodigués dans les hôpitaux français. Le moral des Allemands sur le front est en baisse très sensible, même s'ils restent dans l'ensemble assez disciplinés. Le 17 juillet, jour de son accident, le dernier rapport de Rommel est sans ambivalence :

> Sur le front de Normandie, la situation ne cesse d'empirer et le dénouement approche. [...] Partout, nos soldats combattent en héros, mais cette lutte inégale approche de sa fin. Il est donc indispensable de tirer les conclusions de cette situation. En ma qualité de commandant du groupe d'armées B, j'estime de mon devoir de vous le dire très nettement[63].

Ce rapport est adressé à Hitler et à Kluge, qui sera son successeur. Rommel est réaliste, il sait que ses troupes sont au maximum de leurs capacités. Il espérait que Hitler tiendrait compte de ses remarques pour s'engager peut-être sur la voie d'une négociation de paix avec les Alliés. Vain espoir.

En juillet, Hitler limoge plusieurs responsables qu'il estime trop défaitistes, dont Keitel ; Rommel est remplacé par Kluge, qui cumule alors les fonctions de chef de l'OB West et du groupe d'armées B. Le 20 juillet, Hitler est victime d'un attentat. Existe-t-il un lien entre cet attentat et la conviction qu'ont les chefs allemands que la défaite est inéluctable ? Rien n'est moins sûr. Pour la suite des opérations alliées, l'événement n'a pas d'incidence réelle. Les conspirateurs sont exécutés et Rommel lui-même a à choisir entre un procès et le suicide ; il choisit la seconde solution le 14 octobre 1944.

Malgré les doutes qui traversent la haute hiérarchie de l'armée allemande, Hitler reste le maître des opérations et il va encore opposer une résistance farouche aux Alliés, notamment en France. Le débarquement de Provence, le 15 août 1944, n'entamera pas sa détermination.

Après le débarquement de Normandie le 6 juin 1944, les Allemands sont confrontés à celui de Provence. Entre-temps, comme prévu par les accords entre les Alliés et les Soviétiques, l'URSS a lancé une immense offensive à l'est à partir du 22 juin 1944 ; le 1er août, les soldats russes sont déjà à Varsovie. En août, Hitler peut constater qu'il est menacé sur tous les fronts : en Italie, à l'Est et à l'Ouest. L'opération *Dragoon* entre dans le cadre des plans d'ensemble des Alliés pour libérer l'Europe occidentale de l'occupation allemande, après le débarquement en Afrique du Nord et l'opération *Overlord* en Normandie. À cette occasion, les Français sont autorisés à apporter une coopération plus importante aux Anglo-Américains. Le général de Lattre de Tassigny, chef de l'armée B, reçoit la mission de prendre Toulon et Marseille. La France sera alors totalement libérée après ce deuxième débarquement sur ses côtes le 15 août 1944. L'opération *Anvil* – devenue l'opération *Dragoon* en août 1944 – doit permettre de prendre en tenaille les troupes allemandes, après les avoir fortement bousculées en Normandie. Il s'agit de les isoler dans le Sud-Ouest et de les contraindre à se replier au plus vite vers le Rhin. Selon les Alliés, il faut établir une tête de pont dans la région de Toulon-Marseille afin de poursuivre vers le nord. Il faut les disperser et permettre la jonction entre les Alliés venant de Normandie et ceux venant de Provence. Les Allemands craquent au nord dans une guerre de mouvement qu'ils redoutent en raison de l'absence de forces aériennes suffisantes. À la fin de juillet 1944, par prudence, le général Kitzinger est sommé par Berlin de mettre en place une ligne de repli entre la Somme et le Jura, en passant par la Marne et les Vosges, pour ceux qui ont combattu en Normandie. Cette ligne de repli va servir plus vite que prévu, notamment après le débarquement de Provence le 15 août.

À l'est de Toulon, une flotte de 2 000 bâtiments dont 500 navires de guerre (34 unités françaises aux côtés des 300 bateaux britanniques et des 150 américains), aidés par 2 000 avions de la Mediterranean Allied Air Force, approche des côtes de la Provence. Le débarquement se déroule sur les plages entre le cap Cavalaire à Agay, après un parachutage massif dans la région du Muy. Parallèlement, un groupe de commandos français débarque au cap Nègre. Les troupes spéciales américaines débarquent à Port-Cros et sur les îles du Levant. En trois jours, 160 000 soldats alliés ont pu débarquer. Le débarquement de Provence est vite couronné de succès grâce à une préparation très minutieuse et à la supériorité logistique des Alliés. Les Allemands résistent peu, surclassés par les moyens et les effectifs engagés par les Alliés. Dès le 16 août, un ordre de repli est donné aux militaires allemands présents dans le Sud, d'autant que la crainte est de voir les troupes occupantes du Sud-Ouest totalement isolées. Il faut dire aussi que le dispositif de défense allemand sur la côte méditerranéenne est beaucoup plus léger qu'en Normandie. La vallée du Rhône est libérée plus rapidement que prévu. Le soir du 15 août, seuls 320 morts sont comptés. Les FFI sont très actifs pour aider les Alliés débarqués.

De leur côté, les Allemands, comme en Normandie, ont sous-estimé les Alliés et ont mal préparé la contre-offensive éventuelle. Le 17 août, sur les ordres de Hitler, positionnés à l'ouest du Rhône, ils sont obligés de se replier en Bourgogne. Des milliers de soldats se retranchent à Toulon et à Marseille. Ils essaient alors de tenir coûte que coûte ces villes, afin de retarder les Alliés et de les empêcher d'utiliser les infrastructures portuaires. Nombre d'Allemands préfèrent se rendre aux Alliés pour échapper à la Résistance. En revanche, une guérilla est menée par les résistants entre Toulon et Marseille. Le 27 août, Toulon tombe aux mains de De Lattre. Le lendemain, Marseille est libérée, après des combats qui coûtent la vie à 5 500 Allemands ; 7 000 sont faits prisonniers. Le sud de la France est libéré en grande partie par l'abandon de ses positions par l'armée allemande. Les exactions des Allemands témoignent du refus de la défaite face à des résistants qu'ils ne considèrent pas comme de vrais combattants, mais comme des hors-la-loi : des résistants des prisons de Cannes, de Nice et de Toulouse sont fusillés. Et ce n'est pas fini pour les civils français, qui vont connaître d'autres horreurs.

La victoire en Provence est décisive, car elle permet aux Alliés de contrôler définitivement l'ensemble du bassin méditerranéen occidental. Les Allemands poursuivent leur repli de façon chaotique. Le sort de l'Allemagne continue de se jouer.

Progressivement, les Allemands quittent le territoire français. Il leur a fallu affronter les résistants dans de nombreuses régions, sans pour autant faire face aux troupes anglo-américaines. Des soldats ont déserté, notamment en Normandie après le débarquement – des centaines de déserteurs sont exécutés. Les plus hauts dirigeants du IIIe Reich en France connaissent des fortunes diverses, soit en étant faits prisonniers soit en s'enfuyant outre-Rhin. L'histoire des retraites allemandes hors de France n'est pas toujours facile à faire faute de sources et de recherches encore approfondies, car avec le désordre les Allemands en perdent jusqu'à leurs habitudes, notamment celle de tout consigner. Certains ont tout de même rédigé des rapports finaux.

Les Allemands expérimentent en France une série de retraites qui sont autant d'épreuves militaires délicates. Ils doivent fuir par le nord et l'est, mais aussi du sud vers le nord. À l'ouest, des poches subsistent à Lorient (24 500 soldats allemands encore présents pour 8 500 civils), Saint-Nazaire (23 380 soldats, la population ayant été presque toute évacuée), La Rochelle (14 360 Allemands et près de 40 000 civils), Royan (6 300 soldats pour 7 000 civils) ou encore Dunkerque (5 700 Allemands pour 750 civils[64]). Pas de possibilité de fuir ; les Alliés et les résistants ferment les routes d'accès à l'Est et à l'Allemagne.

Partout ailleurs, là où ils se sont regroupés, il faut combattre et fuir : il faut affronter la 3e armée américaine en Bretagne et les résistants ; le long des côtes de la Manche, les batailles contre les forces anglo-canadiennes sont féroces et meurtrières pour les occupants ; le 4 septembre, les Britanniques forcent un passage au nord pour rejoindre Anvers en Belgique ; la route de Paris est désormais ouverte. Autour du 15 septembre, les trois quarts du territoire français sont libérés. Reste l'est de la France.

Carte 10. Les grands axes de la fuite allemande

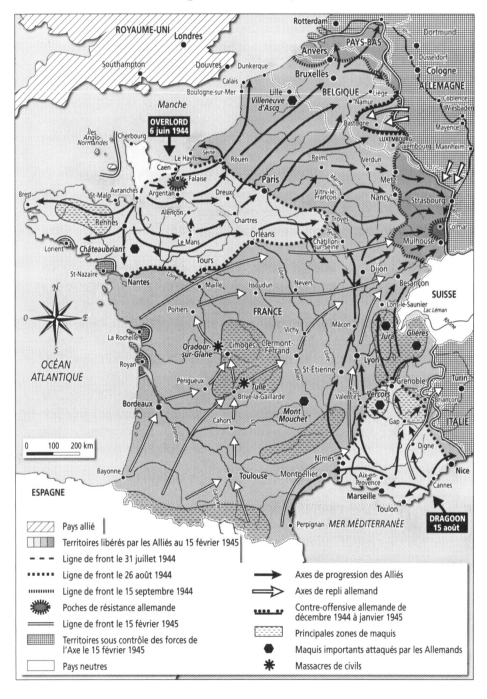

ROYAUME-UNI   Londres

Southampton   Douvres   Dunkerque

Calais
Boulogne-sur-Mer

Manche

OVERLORD
6 juin 1944

Îles
Anglo-
Normandes   Cherbourg

Le Havre   Seine   Rouen
Caen

Falaise   Paris
Brest   Avranches   Argentan   Dreux
St-Malo   Alençon
Rennes   Chartres
Lorient   Châteaubriant   Le Mans   Orléans
Tours
Nantes   Maillé   Issoudun   Nevers
St-Nazaire
Poitiers   FRANCE
La Rochelle   Vichy
Oradour-   Limoges   Clermont-
sur-Glane   Ferrand
OCÉAN   Royan   St-Étienne
ATLANTIQUE
Périgueux   Tulle
Brive-la-Gaillarde
Bordeaux
Cahors   Mont
Mouchet

0   100   200 km

Bayonne
ESPAGNE   Toulouse   Montpellier

Marseille
Toulon

Perpignan   MER MÉDITERRANÉE

Rotterdam
PAYS-BAS   Dortmund
Anvers   Düsseldorf
Bruxelles   Cologne
Lille   BELGIQUE   Liège   ALLEMAGNE
Villeneuve   Namur   Coblence
d'Ascq   Wiesbaden
Bastogne   Mayence
LUXEMBOURG
Luxembourg   Mannheim
Reims   Verdun
Marne   Metz
Vitry-le-   Nancy   Strasbourg
François
Troyes   Colmar
Seine
Châtillon-   Mulhouse
sur-Seine
Dijon   Besançon
SUISSE
Lons-le-Saunier   Lac Léman
Mâcon   Jura   Glières
Rhône
Lyon
Grenoble   Turin
Valence   Vercors   Briançon
Gap   ITALIE
Digne
Nîmes   Nice
Aix-en-   Cannes
Provence

DRAGOON
15 août

Légende :

- Pays allié
- Territoires libérés par les Alliés au 15 février 1945
- - - - Ligne de front le 31 juillet 1944
- •••••• Ligne de front le 26 août 1944
- Ligne de front le 15 septembre 1944
- Poches de résistance allemande
- Ligne de front le 15 février 1945
- Territoires sous contrôle des forces de l'Axe le 15 février 1945
- Pays neutres

- Axes de progression des Alliés
- Axes de repli allemand
- Contre-offensive allemande de décembre 1944 à janvier 1945
- Principales zones de maquis
- Maquis importants attaqués par les Allemands
- Massacres de civils

Devant Metz, les Allemands résistent farouchement face aux Américains. La ville est libre seulement le 20 novembre. Naturellement, plus on s'approche des frontières du Reich, plus la pugnacité allemande est grande. Les rives du Rhin sont en partie libérées à partir du 19 novembre, après une immense offensive lancée dans les Vosges par les Alliés. Devant Colmar, une poche de résistance allemande se constitue[65].

Plus grave encore : la contre-offensive générale des Allemands dans les Ardennes, à partir du 16 décembre 1944, qui oblige les Alliés à abandonner l'Alsace. De Gaulle ne veut pas abandonner Strasbourg, libérée le 23 novembre. Les Américains acceptent que les Français défendent la ville ; la bataille est encore très rude et la ville tient le choc entre le 31 décembre 1944 et le 27 janvier 1945. Puis, la poche de Colmar est anéantie par les Français et les Américains le 9 février. Il reste alors deux fronts : l'un constitué par les poches à l'Ouest et l'autre dans les Alpes. Sur ce dernier front, il faut bloquer les Allemands pendant l'assaut vers le Reich. Des divisions françaises sont chargées d'attaquer en Tarentaise d'abord à partir du 23 mars 1945. Des bastions germano-italiens sont libérés également dans le sud-est des Alpes. Le 7 avril, la région de la Maurienne est enfin libre. La frontière avec l'Italie est franchie le 25 avril. Enfin, Royan tombe le 18 avril, puis c'est au tour d'Oléron le 1er mai, de Lorient et de l'île de Ré le 7 mai, Dunkerque le lendemain et Saint-Nazaire le 11 (trois jours après l'armistice du 8 mai).

Mauvais perdants ?

Une résignation difficile

La libération totale de la France n'est qu'une question de temps dès l'été 1944. Paris est libéré le 25 août, nous y reviendrons. À la mi-septembre, l'Alsace et la Lorraine sont presque totalement libérées. En revanche, Metz devra attendre le 20 novembre. Le Rhin est enfin atteint le 19 novembre. Strasbourg voit de nouveau le drapeau français flotter le 23 novembre. La poche de Colmar est rompue le 27 janvier 1945, après des combats acharnés et la contre-offensive massive des Allemands dans les Ardennes. Les Alpes sont libérées pendant le printemps 1945. Dans le Sud-Ouest, la libération s'accompagne de massacres de civils. Des massacres ont déjà eu lieu depuis 1940, notamment dans le Nord et le Pas-de-Calais. À partir de 1943, avec les actions résistantes, on a vu se multiplier les exécutions sommaires. Mais en 1944, les populations civiles sont suspectées d'aider les résistants et sont, à ce titre, passibles de représailles radicales. La terreur devient une arme pour certains Allemands qui refusent la défaite imminente. Les troupes sont incontestablement plus nerveuses et leurs agissements s'en ressentent. Pendant l'été 1944, les Allemands, gonflés de rancœur, massacrent 500 détenus du fort Montluc à Lyon. Mais le pire survient pour les civils à Tulle le 9 juin (99 hommes pendus), à Oradour-sur-Glane le 10 juin (642 morts, hommes, femmes et enfants) tout comme à Maillé (Indre-et-Loire) le 25 août (124 personnes abattues). La radicalisation de la violence allemande dépend de la nature des unités engagées dans le combat contre les résistants, mais aussi des ordres donnés par le MbF, l'OKW ou encore l'OBW. En effet, le 8 juin 1944, l'OBW envoie au MbF, au groupe d'armées G et au LXVIᵉ corps de réserve cet ordre sans ambiguïté :

> L'état-major opérationnel du haut commandement de la Wehrmacht a exprimé l'attente que la plus grande opération contre les bandes dans le sud de la France soit effectuée avec la plus grande sévérité et sans aucun égard. Le foyer permanent de troubles dans cette région doit être définitivement supprimé. L'issue de l'opération revêt une importance capitale pour l'évolution ultérieure à l'Ouest. [...] Pour rétablir le calme et la sécurité, les mesures les plus rigoureuses s'imposent. Elles sont destinées à intimider les habitants de ces régions perpétuellement infestées, à leur faire passer l'envie d'accueillir les groupes de résistants[66].

C'est la première fois en France qu'un ordre allemand indique clairement le choix de s'attaquer aux civils autant qu'aux résistants. Ce n'est pas l'ordre de commettre des massacres, mais le texte laisse entendre que tout est possible sans autre précision ; il n'est pas fait mention de femmes et d'enfants qui pourraient être les cibles de la répression comme ce fut le cas dans d'autres pays occupés par le IIIᵉ Reich. Les chefs des troupes engagées en France peuvent alors interpréter le texte comme bon leur semble. Les historiens ne peuvent pas affirmer qu'il y a un lien direct entre cet ordre et les massacres d'Oradour et de Tulle, mais cela laisse penser qu'il n'existe plus de limites dans l'application des mesures répressives. Les méthodes de terreur appliquées dans l'est de l'Europe aux populations civiles sont alors possibles en France.

Carte 11. Opérations de représailles des SS, 8-9 juin 1944

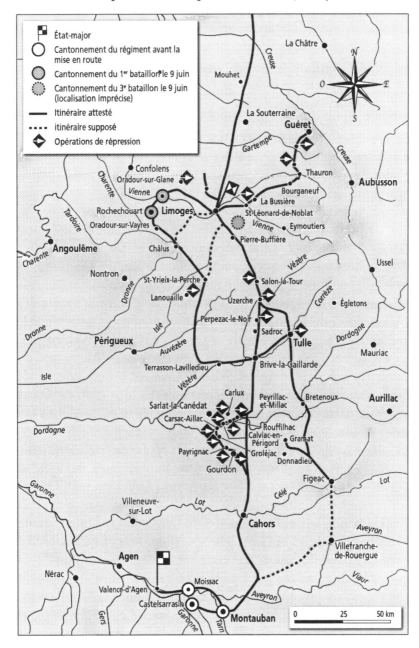

Le 7 juin 1944, la division SS Das Reich quitte Montauban où elle était stationnée depuis le mois d'avril. Son chef, le général Lammerding, reçoit l'ordre de se rendre dans le nord de la France pour aider les militaires allemands qui font face au débarquement. En chemin, elle a pour mission d'éradiquer toute forme de résistance dans le sud-ouest de la France et le Massif central. Lammerding a une réputation sinistre, s'étant illustré par sa cruauté sur le front de l'Est. Le 9 juin, la division Das Reich découvre avec stupeur les cadavres de plusieurs Allemands à Tulle. Le colonel SS Kowacht fait pendre 99 habitants et en fait déporter 149 autres. Le même jour, les SS arrivent à Argenton-sur-Creuse (Indre) et massacrent 67 civils ; ils agissent en représailles du harcèlement opéré par les résistants locaux et pour protéger des convois ferroviaires[67].

Le 10 juin, la division se déplace vers Oradour-sur-Glane (Haute-Vienne) ; 642 habitants sont massacrés ; les 240 femmes et 202 enfants sont brûlés vifs dans l'église paroissiale. Les hommes sont fusillés au fond d'un garage et dans des granges. Le village est totalement réduit en cendres. Le sommet de l'horreur contre des civils est alors atteint en France. Ces crimes ont été couverts par le commandant militaire en France et par les ordres de la Wehrmacht. Après la guerre, une légende tenace s'est diffusée en Allemagne de l'Ouest laissant penser que seuls les SS avaient pu commettre de telles horreurs. Or, les recherches récentes des historiens prouvent que les militaires allemands peuvent aussi être impliqués dans ces tueries de masse en France en 1944[68].

D'autres civils sont tués par des unités SS ou des militaires allemands à Tourouvre (Orne) le 13 août : le village est incendié et 18 civils sont exécutés. Le 24, à Buchères (Aube) près de Troyes, pour répondre à l'attaque d'un side-car allemand par les FFI, la 51e brigade de Panzergrenadiers SS du lieutenant Gelling exécute 68 habitants, dont 10 enfants, 3 bébés, 35 femmes. Le 25, à Maillé (Indre-et-Loire), l'horreur continue pour les civils, sans doute en représailles de l'attaque par les FFI d'un camion de la Wehrmacht et de plusieurs sabotages de la ligne ferroviaire Paris-Bordeaux. Les Allemands ont perdu des hommes lors d'accrochages. Des représailles sont décidées : 124 habitants (48 enfants de moins de 14 ans, 41 femmes et 35 hommes) sont assassinés sur 500 habitants que compte le village de Touraine. Des habitants sont exécutés à la baïonnette. Les maisons sont incendiées ; des sentinelles sont placées pendant quelques heures autour du village pour mitrailler tous ceux qui auraient pu se cacher et décideraient finalement de fuir l'horreur. Pour finir, le village est bombardé par 80 obus – 52 habitations sur 60 sont rasées. Le cynisme des bourreaux est total puisqu'ils laissent deux écrits dans le village avec cette phrase reproduite ici avec l'orthographe d'origine : « C'est la punission des terrorists et leur assistents[69]. » Selon l'historien Peter Lieb, il se peut que des hommes du Feld-Ersatz-Bataillon (bataillon de réserve) de la 17e Panzergrenadier Division SS Götz von Berlichingen, positionnée à Châtellerault (près de 700 hommes), peut-être avec l'aide de militaires allemands dont des membres de la Luftwaffe, aient participé au carnage[70]. Près de 1 094 civils ont été victimes de ces massacres pendant le seul été 1944. La Wehrmacht et les unités de la SS considèrent que ces crimes et massacres ont leur justification et que les ordres étaient clairs. Pourtant, certains membres de la Werhmacht désapprouvent les méthodes de la SS dans des lettres envoyées à leurs proches. Helmuth Richter, dentiste dans le civil, est près de Caen alors que l'invasion alliée est bien avancée. Il écrit à son épouse le 6 juillet 1944 après avoir quitté un village en catastrophe. À son retour, les maisons ont été saccagées et pillées : « C'est sans doute la SS qui s'est défoulée ainsi en notre absence et celle des habitants. On devrait avoir honte d'un tel comportement de la part de nos soldats. Je ne saurais te décrire l'état dans lequel se trouvaient ces quelques logements et chambres à coucher. Nous disons souvent du mal des autres peuples, mais chez nous on rencontre exactement les mêmes salopards[71]. » Depuis l'invasion alliée, tous les moyens sont bons pour empêcher les résistants de gêner les manœuvres des armées allemandes. En juillet et août 1944, Vichy proteste contre les exactions allemandes auprès de la commission d'armistice de Wiesbaden et d'Abetz. En vain. Son destin va bientôt être scellé, comme celui des Allemands.

Selon E. Jäckel, certains responsables militaires allemands auraient désapprouvé les massacres, notamment ceux du Sud-Ouest[72]. Une enquête aurait été diligentée mais sans résultat ; il faut dire que le fonctionnement de l'administration allemande d'occupation était fortement perturbé par l'attaque et l'invasion alliées. En juillet, les états-majors évoquent de plus en plus la déportation des résistants arrêtés plutôt que leur exécution sur place. Le 19 juillet, le MbF envoie à ses antennes régionales et au commandant du LXVIe corps de réserve un certain nombre d'instructions pour combattre « les bandes » qui ne respectent pas les « lois de la guerre » selon la rhétorique allemande. La détermination des militaires allemands est toujours intacte, mais quelques nuances sont apportées. C'est étonnant :

> Il va de soi [...] que le soldat allemand préserve, même dans ce combat, son sens éprouvé de la discipline et sa réputation traditionnelle de soldat combattant de façon correcte et chevaleresque. [...] Aucun soldat allemand ne commet de crimes contre des personnes faibles, sans défense, contre des femmes ou des enfants. [...] Le soldat allemand considérera toujours que son devoir primordial consiste à épargner les innocents et à protéger leurs biens contre les conséquences de la guerre[73].

La violence se poursuivit malgré ces directives bien tardives visant à épargner la vie des civils. De leur côté, les sabotages et les actions résistantes n'ont pas faibli pendant l'été 1944. Les crimes allemands contre les civils ont été inutiles. Rien d'autre ne fut fait pour enrayer cette violence inouïe. Le MbF n'a eu aucun scrupule à radicaliser la violence contre les civils.

Les SS de Das Reich ont poursuivi leur marche vers la Normandie où leurs pertes ont été très importantes. Les civils français ont payé le prix fort des débarquements, mais ceux-ci ont hâté la défaite de l'Allemagne.

Paris épargné de justesse

La France est libérée de plusieurs façons : soit les localités n'ont jamais vu d'Allemands pendant l'Occupation et la libération est immédiate, soit les résistants locaux combattent avec succès les troupes allemandes stationnées, soit ce sont les Alliés qui libèrent les villes et villages occupés jusqu'alors. Paris est dans ce dernier cas avec l'insurrection d'une partie de la population[74]. Les Allemands ont pourtant reçu l'ordre de Hitler de détruire la ville.

La Haute-Savoie est le premier département libre d'Allemands, sans l'aide alliée. La Corse est en revanche le premier département libéré en septembre 1943 avec l'intervention de soldats français qui viennent appuyer les maquisards contre les Allemands qui ont remplacé les Italiens depuis le 8 septembre 1943, date du début de l'insurrection déclenchée par les Corses[75]. Les Allemands, de Corse, rejoignent le front italien. Plusieurs dizaines de milliers de résistants refoulent les occupants mal armés et sans doute démoralisés. Le 20 août, Georges Guingouin obtient à Limoges la reddition du

commandant allemand, après avoir encerclé la ville avec ses maquisards. Le 19 août à Marseille, une grève générale est déclenchée
malgré la présence de 17 000 soldats allemands. Des barricades
sont construites par les groupes francs de la Résistance. Trois jours
plus tard, les Alliés arrivent alors que les résistants ont déjà conquis
plusieurs quartiers. Le 28, les Allemands capitulent. Ces derniers
ont perdu 5 500 hommes en quelques jours. À Lyon, la Carmagnole
– des immigrés communistes résistants – délivre les deux prisons de
la ville où les hommes découvrent des dizaines de prisonniers déjà
libérés ; les Allemands repliés au nord de la ville depuis le 20 août
reviennent le 26 pour dégager des barricades érigées de façon
imprévue par des habitants. L'insurrection mal préparée échoue.
Lyon a dû attendre ensuite le mois de septembre pour être libérée
par les Alliés. Bien d'autres villes et villages se sont libérés plus ou
moins facilement. Parfois même, les maquisards et résistants ont
manqué d'adversaires. Toutefois, à Paris, ce fut compliqué.

　　Le commandement allié n'a pas prévu de libérer Paris dans ses
plans de libération de l'Europe. Le GPRF a préparé une installation
rapide dans la capitale. Alexandre Parodi y agit au nom de De Gaulle
et du GPRF. Il doit incarner le retour imminent de l'État face aux
groupes de résistants. Les communistes préparent une insurrection
depuis le mois de juillet 1944. Déjà le 14, jour de la fête nationale,
des manifestations réunissent près de 100 000 personnes. La grève
générale est déclenchée le 10 août par les cheminots, bientôt suivis
par les policiers. Les Allemands ont en effet demandé à ces derniers
de leur livrer leurs armes, car ils s'en méfient beaucoup. Les policiers se mettent donc en grève en guise de réponse à l'occupant. Les
Allemands affrontent alors de plus en plus les FTP dans différents
quartiers de Paris. L'escalade de la violence est évidente. Parodi craint
une insurrection mal préparée car précoce et qui pourrait conduire à
un bain de sang au moment où les combats entre Allemands et Alliés
ont lieu à l'ouest de Paris. Eisenhower n'entend pas se détourner
de son objectif de départ, à savoir contourner la capitale française
afin d'y revenir quand les Allemands seront à l'agonie, et ce, pas
avant septembre. De Gaulle s'en inquiète. Le 19 août, les résistants
occupent la préfecture de police. Parodi, qui souhaitait freiner l'insurrection, se rend à l'évidence : il faut la laisser se poursuivre. Tous les
sites institutionnels tombent un à un entre les mains de la Résistance.

　　Toutefois, les Allemands sont encore bien présents dans Paris
avec 15 000 ou 20 000 hommes. Les 30 000 à 35 000 FFI peuvent

essuyer encore de lourdes pertes face aux chars. Si nombre d'escarmouches se déroulent ici et là, des affrontements très durs ont lieu dans le Quartier latin ou encore dans le nord-est de la cité. Le 19 août dans l'après-midi, les troupes allemandes attaquent la préfecture. Les résistants n'ont pas les moyens de tenir très longtemps, ce qui incite Raoul Nordling[76], consul général de Suède, à demander une trêve au général Dietrich von Choltitz, gouverneur de Paris, afin d'évacuer les blessés de part et d'autre. Hitler a entre-temps donné l'ordre à Choltitz de détruire Paris plutôt que de capituler. Le gouverneur allemand ne s'engage nullement dans cette voie et accepte une autre trêve plus générale partout où les résistants sont présents dans les lieux importants de la capitale. Des haut-parleurs montés sur des voitures demandent aux habitants de laisser les Allemands évacuer la ville, selon les consignes du CNR. Mais les groupes résistants ne s'entendent pas bien ; Rol-Tanguy, chef des FFI, refuse par exemple la trêve. La mésentente est claire entre les FFI et le CNR. Le 21, « nuit calme. Pas d'Américains ce matin. Ils sont à Fontainebleau et Melun, mais ceux de Versailles n'ont pas avancé. La circulation dans les rues reste dangereuse, les Fritz (beaucoup plus rares) ont leurs mitraillettes braquées. Chacun reste chez soi[77] ». Le calme dont parle le journaliste César Fauxbras – de son vrai nom Gaston Sterckeman – est de courte durée, car les différents chefs de la Résistance ne s'entendent pas forcément tous avec les émissaires envoyés par de Gaulle dans la capitale. Il évoque encore ce calme le 22 août, mais ce n'est pas vrai partout : Paris est couvert de barricades, notamment dans les quartiers populaires du nord et de l'est. Les 23 et 24 août, les Allemands continuent le combat et ne lâchent rien ; ils allument un incendie au Grand Palais. Eisenhower ne veut toujours pas changer son calendrier et de Gaulle doit faire pression sur lui. Le général américain a toujours dit que la libération de Paris devait être menée par des troupes françaises, et notamment par la 2e DB du général Leclerc. Le 23, celui-ci reçoit l'ordre de foncer sur Paris. Les Américains ont réuni de nombreuses informations leur laissant penser qu'il faut agir pour éviter une catastrophe. Leclerc et les Américains pénètrent dans Paris le 25 août. Le jour même, Choltitz signe la reddition allemande à la gare Montparnasse. De Gaulle arrive à 16 h 30. Des Allemands isolés tentent de fuir à travers la foule ; le 25 août, à Vincennes, les chars de Leclerc arrivent et la foule est en liesse. « Une automitrailleuse allemande remonte à toute vitesse l'avenue de Paris, franchissant les barrages ouverts par les camions Leclerc. Fuite de la foule[78].» Les soldats de Leclerc tirent sur la voiture, qui s'enflamme ; ses occupants meurent brûlés vifs. D'autres Allemands tirent ensuite sur les hommes de Leclerc avant d'être repoussés. Tout autour de Paris, des Allemands tentent un baroud d'honneur par idéologie ou par désespoir.

De son côté, l'éphémère gouverneur militaire de la garnison du Gross-Paris – nommé seulement le 7 août après la tentative d'assassinat contre Hitler –, qui avait commandé aussi des troupes lors de la bataille de Normandie, a terminé sa mission. Bien que le Führer lui ait signifié que Paris devait être un nouveau théâtre d'opérations, Choltitz refuse, sauvant sans doute la ville d'une destruction partielle ou totale. Il témoigne de sa rencontre avec Hitler d'ailleurs :

> Je me trouvais devant lui et je vis un homme vieux, voûté, bouffi, aux cheveux gris et clairsemés, un être tremblant et physiquement ruiné. [...] Plus de doute : je me trouvais en face d'un fou. La conscience que l'existence de notre peuple était aux mains d'un aliéné, incapable de dominer la situation [...] pesait sur moi de toute sa force[79].

Hitler «[...] voyait Paris comme une "place forte assiégée[80]"», demandant d'ailleurs aux Allemands inutiles dans Paris de la quitter pour laisser la place aux armes de la guerre totale. Choltitz est aussitôt arrêté et transféré en Angleterre ; il sera libéré par les Alliés en 1947. Pendant cet épisode de la débâcle allemande, les troupes du IIIe Reich continuent de reculer aux quatre coins de la France. Leclerc a pris l'hôtel Majestic, obtenant que la garnison allemande se rende. La place de la Concorde est également reprise. Mais dans Paris, des snipers continuent de tirer sur les habitants. Il faut encore quelques jours pour «nettoyer» les poches de résistance allemande. Cela n'empêche nullement de Gaulle de descendre l'avenue des Champs-Élysées, au milieu d'une foule immense en liesse. Paris était enfin libéré des Allemands. Fini les défilés de bottes allemands sur le pavé des Champs-Élysées.

Jusqu'au bout vers les chambres à gaz

Les Allemands, bien que mis à mal par les Alliés, s'obstinent encore et encore à déporter les Juifs de France vers les camps de la mort. Auschwitz est la destination de centaines de Juifs jusqu'au dernier jour de l'Occupation. À la fin de 1943, les Allemands ont accentué leur emprise sur Vichy dans les deux zones, et notamment dans l'ancienne zone libre[81]. Après le débarquement de Normandie, en juin 1944, une nouvelle conférence de travail est organisée par le ministère des Affaires étrangères à Krummhübel (Pologne) réunissant tous les acteurs de la «Solution finale» en Europe. Présidée par Schleier, elle vise à faire le point sur les actions menées contre les Juifs. En France, le constat est fait que nombre de Juifs, aidés par les résistants, ont pu se réfugier dans des familles françaises. Vichy et les Allemands ont eu de plus en plus de mal à organiser des convois vers Auschwitz, mais il y en eut malgré les difficultés rencontrées. Les rafles se poursuivent comme celle de Paris le 4 février 1944 : c'est la dernière rafle de Juifs à Paris par les policiers français ; du 1er novembre 1943 au 31 juillet 1944, 2 198 Juifs sont raflés dans l'agglomération parisienne[82]. Le 6 avril 1944, l'orphelinat d'Izieu dans l'Ain voit l'arrestation – sur dénonciation – par la Gestapo de 44 enfants de 3 à 13 ans avec la dizaine d'adultes juifs qui les encadraient. Ils sont transférés au camp de Drancy, puis envoyés à Auschwitz pour y être exterminés. Le 7 août 1944, à Paris, 77 Juifs sont encore transférés au camp de Drancy. Le dernier convoi part de ce camp vers Buchenwald le 17 août. De février à mai 1944, les déportations ont été massives et accélérées : 14 833 Juifs ont été déportés en 1944 à un rythme plus élevé que l'année précédente. Les Allemands pressaient les autorités françaises avec une certaine efficacité, si l'on peut utiliser cette expression pour parler de déportation. La Gestapo rafle de plus en plus souvent elle-même avec l'aide des pires collaborationnistes français. Toutes les régions de France livrent leur quota de Juifs entre la fin de 1943 et le début de l'été 1944 ; à Grenoble par exemple, des Juifs sont encore arrêtés en août 1944 ; les membres du PPF et les miliciens ne relâchent en rien leur pression haineuse et antisémite[83]. Entre le 21 et le 25 juillet, une dernière grande rafle est opérée sur les ordres de Brunner dans les maisons de l'UGIF en région parisienne : 250 enfants sont arrêtés. Pendant les bombardements alliés et les phases de libération du territoire, les Allemands n'hésitent pas en août 1944 à exécuter des Juifs déjà emprisonnés en guise de vengeance. Soixante-dix-sept convois ont quitté le sol français entre mars 1942 et août 1944 : sur 76 000 déportés de France, seuls 2 500 ont survécu[84]. Des milliers ont aussi échappé aux rafles et aux traques grâce au secours de familles françaises. Il ne faut pas oublier les milliers de Juifs morts dans les camps d'internement français ou exécutés sommairement dans tout le pays.

Les Allemands aidés par des Français

Une Waffen-SS française

Les SS aussi veulent apporter leur contribution en cas de débarquement. En février 1944, Himmler en personne s'en préoccupe avec l'idée de créer une «unité de SS générale en France[85]». Il s'agit d'encadrer des hommes volontaires pour porter les armes au nom de l'idéal nazi; il espère ainsi canaliser certaines forces miliciennes parfois incontrôlables à l'approche du débarquement. L'idée est d'engager ces SS français contre les résistants. Carl Oberg se montre réticent, car il souhaite respecter à la lettre les projets du Führer d'écraser tôt ou tard la France et ne croit pas en la capacité militaire de ces Français pronazis. Il lui semble plus utile de maintenir la Milice en l'état afin de la manipuler et d'opposer les différentes factions de l'extrême droite en cas de besoin. Le projet de Himmler est abandonné. En revanche, une Waffen-SS française voit le jour. Depuis l'été 1941, Hitler avait déjà autorisé, non sans réticences, la création d'une légion de volontaires. Elle était composée d'anticommunistes acharnés qui furent en partie massacrés par les troupes soviétiques. Le 22 juillet 1943, une loi de Vichy autorise ceux qui le souhaitent à combattre le communisme «hors du territoire dans les formations constituées par le gouvernement allemand[86]», à savoir dans la Waffen-SS. Pendant le second semestre, 600 candidats se présentent aux bureaux de recrutement. À l'aube de 1944, il n'y a pas de division SS spécifiquement française; après leur entraînement dans un camp, les SS français sont dispersés dans différentes unités de réserve.

Il faut attendre le débarquement du 6 juin 1944 pour déclencher le processus de création de la division Charlemagne, en Franconie, en juillet 1944[87]. Cette division doit se substituer à la LVF. Les volontaires français, prêts à s'engager dans la SS, viennent pour certains de la Milice, qui a connu son premier attentat à la fin d'avril 1943. Une sorte de psychose s'installe chez les miliciens[88]. Des négociations ont lieu entre Darnand et certains cadres de la SS; Darnand est clairement imposé par les Allemands à Vichy pour devenir secrétaire d'État au Maintien de l'ordre. Nombre de ses adjoints se montrent immédiatement favorables à l'entrée dans la SS, souvent par opportunisme. Ils sont également séduits par la propagande nazie qui exalte le service de l'Allemagne ; ainsi peut-on voir dans les films des actualités ce slogan : «Avec tes camarades européens, sous le signe SS, tu vaincras.» Certains miliciens espèrent d'autant plus cette intégration à la SS qu'ils pourront ainsi réduire au silence les partis collaborationnistes parisiens. Laval, lui, est sceptique, car il souhaite garder la main sur les miliciens, mais il n'a aucunement les moyens de rivaliser avec les SS en 1943-1944. Sous le nom de Waffen-Grenadier-Brigade der SS Charlemagne, la SS française a compté 1 200 anciens membres de la LVF et 1 100 anciens de la brigade Frankreich – à l'origine composée de 300 Français vivant à Bruxelles en juillet 1943[89] – ; à eux s'ajoutèrent 2 500 hommes de la Franc-Garde de la Milice ainsi que 1 200 autres volontaires de la Kriegsmarine et enfin des membres du corps de transport national-socialiste (NSKK). La division SS française combattit au final les Soviétiques de façon acharnée autour et dans Berlin. Elle fut écrasée en avril 1945 dans Berlin.

Avant cette issue fatale pour les SS français et le régime nazi, le sort de l'Allemagne se joue d'abord en France.

Les Allemands et les collaborationnistes : la chute

La retraite militaire est pénible, mais l'arrivée prochaine des Alliés complique aussi la situation politique. Allemands comme Français du régime de Vichy se retrouvent face à une situation inédite et imprévue à partir de la seconde moitié d'août 1944. D'aucuns souhaitent liquider le régime de Vichy, car il ne fait aucun doute que la guerre est perdue. D'autres, tels les collaborationnistes parisiens, pensent au contraire qu'il faut se radicaliser pour reprendre la main ; ils savent que la victoire alliée ne leur offrira aucune issue. Ils s'enfoncent alors dans le jusqu'au-boutisme. Ils reprochent à Pétain et à Laval leur défaitisme. Les fascistes français souhaitent prendre le pouvoir, mais Laval et Pétain ne veulent pas s'enfoncer dans une collaboration radicale, soutenus par Abetz. Ils projettent donc une transition, mais leurs plans sont ambivalents. S'ils ne veulent pas voir la France sombrer dans la guerre civile, il leur faut aussi songer à sauver leur propre personne, car ils sont très compromis. Si Laval veut empêcher de Gaulle de prendre le

pouvoir, Pétain, lui, demeure neutre, sans doute usé et peu témé-
raire comme souvent depuis 1940. Or, de Gaulle ne peut même pas
imaginer Laval comme l'homme de la situation de l'après-guerre ; le
régime de Vichy doit disparaître. Et Laval de s'activer pour réunir
le plus vite possible l'Assemblée nationale. Abetz soutient l'idée
de Laval.

Au début d'août 1944, plutôt que de se tourner vers Jules
Jeanneney, le président du Sénat (comme l'exigeaient les lois consti-
tutionnelles de 1875), il va chercher à Nancy le président de la
Chambre des députés Édouard Herriot, escorté par des hommes
du SD. Mais c'est un échec : Herriot refuse d'agir sans Jeanneney.
Abetz a commis une erreur également : ne pas avertir Berlin de la
manœuvre de Laval. Quand les dirigeants allemands à Berlin sont
informés de la situation française, ils s'opposent derechef et fermement à l'idée de réunir l'Assemblée nationale à Paris. Herriot est
ramené à Nancy le 17 août. Abetz est en mauvaise posture vis-à-vis
de son propre gouvernement. Le 17 août toujours, il reçoit l'ordre
de transférer le gouvernement français à Belfort tout en préparant
le départ de ses propres services. Les services d'occupation doivent
évacuer la capitale à mesure que les troupes alliées s'en rapprochent.
Les Allemands pensent que la guerre n'est pas perdue et qu'il faut
faire croire encore un peu à la fiction d'un gouvernement français
qui n'a plus aucune autorité ni vraiment d'importance aux yeux de
Hitler. Mais Pétain et Laval n'ont guère envie de suivre les occupants, estimant qu'ils sont restés en France pendant quatre années,
face à de grandes difficultés, contrairement aux gaullistes. Ni la
retraite ni l'exil ne leur semblent appropriés. Le 17 août, Abetz les
rassure en leur assurant qu'ils resteront sur le territoire national.
Après quelques menaces, Laval plie alors qu'il avait émis un refus
catégorique à l'idée de quitter Paris et Vichy. Berlin exige le transfert
de Pétain vers Belfort dans les plus brefs délais. Bien que s'estimant
prisonnier, celui-ci entend bien continuer à incarner le pouvoir légi-
time[90]. Un cortège important quitte Vichy escorté par des SS et des
motards de la garde personnelle du Maréchal. Celui-ci retrouve
Laval et des ministres à Belfort ; la ville est pleine de réfugiés, notamment issus des rangs de la Collaboration. Dès le 16 août, les premiers
grands départs de Paris ont lieu pour les collaborationnistes qui
font leurs valises en toute hâte, comptant sur Abetz pour les aider
à fuir. Ce dernier prête encore 50 millions de francs à Francis Bout
de l'An pour le compte de la Milice[91]. Le 24 août, Pétain obtient

d'être logé hors de la ville dans un château à Morvillars, gardé par de nombreux soldats allemands en armes qui exigent un laissez-passer pour entrer et sortir du château. La veille, les collaborationnistes Déat, Doriot, Darnand et Brinon – Laval est invité mais ne vient pas, affirmant avoir démissionné, et il envoie Paul Marion comme émissaire – sont présents dans le bunker de Hitler en Prusse-Orientale. Abetz et Ribbentrop sont là. Quel honneur pour les ultras de la Collaboration ! Ils discutent avec Ribbentrop. Le 1er septembre, ils rencontrent le Führer pour trouver une solution afin d'installer à Paris un gouvernement provisoire et entraver la marche triomphale des gaullistes. Un scénario est conçu sous la houlette allemande au fil de plusieurs réunions dirigées essentiellement par Ribbentrop. Une commission gouvernementale sera créée avec Brinon à sa tête, composée de Darnand, Déat et Luchaire. Doriot reste chef de son parti et dirigera la propagande. Hitler, usé et vivant reclus, rencontre pour la dernière fois des interlocuteurs français. Le 8 septembre, Pétain et Laval sont conduits au château de Sigmaringen (dans le sud de l'Allemagne, sur les bords du Danube). Les principaux chefs français de mouvements ultracollaborationnistes s'y trouvent aussi. Le drapeau français flotte sur le château tandis que l'Allemagne sombre. Entre-temps, le 26 août, le MbF est passé sous l'autorité directe du commandant en chef du front ouest ; l'administration militaire de la France n'existe plus. Une partie de l'état-major du MbF s'est réfugiée à Potsdam. Nombre de services repliés rédigent alors des rapports sur leur activité. Étonnant. Le 6 juin 1944, Elmar Michel, directeur de l'administration militaire du MbF, a déjà écrit qu'il regrettait une mauvaise utilisation de la ligne de démarcation sous l'Occupation, par exemple[92]. Les rapports émettent des doutes sur d'autres services, confirmant une ultime fois toutes les divisions qui ont existé entre les services d'occupation allemands en France depuis 1940[93].

Dans le nord-est de la France, alors que les Alliés sont en Belgique, les paysans français sont contraints de faire les récoltes là où les dernières troupes allemandes sont présentes, car il faut continuer de les nourrir. De son côté, fin août, Hemmen, qui dirigeait la commission d'armistice franco-allemande à Wiesbaden, continue d'imposer des frais d'occupation à la France, payables d'avance désormais. Tous les services de Wiesbaden ont été évacués avec leurs archives, en Bavière pour les Allemands et en Bohême pour les Français. Plus rien ne fonctionne comme avant pour les occupants en repli. Abetz a quitté Paris le 20 août 1944 après le cessez-le-feu obtenu par Choltitz; pris dans une fusillade avec le maquis de la région de Meaux, il revient à Paris. Il se rend ensuite à Nancy le 22, puis est avec Brinon le 23 devant Hitler. Il se voit proposer ensuite en novembre 1944 la constitution d'un maquis dans la Forêt-Noire afin de freiner l'armée française si elle franchit le Rhin. Surréaliste. Le 20 juillet 1944, Oberg, «le boucher de Paris», est mis aux arrêts par le général Walter Brehmer, chef de la 325. Sicherungs-Division, car il est soupçonné d'être impliqué dans le complot contre Hitler. Libéré, il obtient en août une promotion en devenant *SS-Obergruppenführer und General der Polizei*. Il quitte définitivement la France en suivant les troupes qui se retirent en octobre 1944; il se réfugie dans les Vosges. Le 29 novembre, les fonctions de HSSPF en France sont supprimées.

Alors que les déroutes se multiplient, que peuvent attendre désormais les Allemands de la bande à Brinon et de Pétain? Ils ont besoin sans doute de croire dans leur retour possible en France avec l'aide de Doriot et de Darnand. Ils souhaitent par-dessus tout freiner l'avancée alliée. Doriot serait le prochain chef d'un gouvernement français chargé de remettre la France en ordre contre les communistes et les gaullistes. Les Allemands n'occupent plus alors qu'une petite partie du Nord-Est français. Parallèlement, les membres de la commission Brinon intriguent et se déchirent, cherchant les faveurs des Allemands, qui ont bien d'autres préoccupations au même moment. La commission s'effondrera comme l'Allemagne au premier trimestre de 1945. En avril 1945, le siège de Berlin tire à sa fin: les Américains ont franchi l'Elbe et font leur jonction avec les troupes soviétiques à Torgau le 25 avril. Quatre jours avant, Pétain et Laval ont quitté Sigmaringen. Hitler se suicide et s'en est fini du IIIe Reich, lequel a détruit la France et une partie de l'Europe pendant des années. Rappelons que les SS français de la division Charlemagne ont fait partie des derniers défenseurs du bunker berlinois de Hitler. Dans les ultimes mois de sa vie, le 14 février 1945, celui-ci a semblé regretter la collaboration franco-allemande, considérée comme une erreur. Selon lui, Abetz en était le responsable. Pour Hitler, la France était toujours «l'ennemie mortelle du peuple allemand[94]».

Une autre histoire des Allemands en France commence avec les prisonniers de guerre du IIIe Reich aux mains des nouveaux gouvernants français, dans un pays à rebâtir en partie et à déminer.

Les derniers Allemands en France

« Qu'ils réparent... »

Pour les Français, les fêtes de la victoire durent le temps d'une journée ou deux dans les grandes villes. Immédiatement, l'épuration extrajudiciaire tente de venger les Français de leurs multiples souffrances. L'Allemand est soit reparti, soit enfermé dans des camps de prisonniers. On s'en prend alors à ceux qui sont supposés les avoir épaulés. Des femmes sont tondues ; des collaborateurs et collaborationnistes sont fusillés sans justice ou après une parodie de procès. De Gaulle s'emploie très vite à rétablir la légalité républicaine. Les Français en sont aussi à l'heure des bilans, parfois tragiques.

La retraite générale hors de France s'est effectuée de façon très dispersée. Elle est meurtrière pour les Allemands, mais elle en conduit aussi des milliers en captivité. Le sort des prisonniers de guerre allemands a été étudié dans les recherches historiques françaises assez récemment. C'est une histoire indissociable de celle du déminage d'après guerre et du châtiment à réserver aux vaincus, anciens occupants de la France. Aux yeux des Français, l'Allemagne doit payer. Le retournement de situation est donc spectaculaire. Une fois les combats de la Libération achevés, un million de prisonniers allemands sont parqués dans des camps et encadrés par les Américains, les Anglais ou encore les Français. Ces camps sont ouverts entre juin 1944 et décembre 1948[95]. Ils sont utilisés pour différents travaux comme l'inhumation de cadavres dans les cimetières militaires en Normandie. Les ports détruits pendant le débarquement sont reconstruits avec de la main-d'œuvre allemande condamnée aux travaux forcés. Tous les soldats faits prisonniers après le 8 mai 1945 ont un statut à part puisqu'ils sont considérés non pas comme des « prisonniers de guerre », mais comme du « personnel militaire désarmé ». Les Américains et les Britanniques sont finalement libres d'utiliser cette main-d'œuvre comme ils le souhaitent en l'affectant à des missions périlleuses en contact avec des munitions – ce statut ne figure pas dans la convention de Genève de 1929.

Pendant l'année 1945, le GPRF demande aux Alliés l'attribution de près de 1,8 million de prisonniers de guerre allemands, afin de reconstruire au plus vite le pays, notamment les usines. Il faut relancer l'économie. Mais la France n'a pas les moyens d'en nourrir et d'en loger autant, aussi le chiffre est révisé à la baisse. Ce sont 907 000 «Allemands» – près de 20 % des prisonniers de guerre capturés en France n'étaient pas d'origine allemande, la Wehrmacht étant de plus en plus hétérogène à partir de 1942 – qui vont être placés sous la responsabilité française. Ils sont soit combattants de la Wehrmacht, soit anciens membres des organisations nazies. Le ministère de la Guerre français crée la Direction générale des prisonniers de guerre de l'Axe. Les «dépôts» français de prisonniers de guerre sont répartis sur l'ensemble du territoire national. Chaque région doit pouvoir compter sur cette main-d'œuvre. Près de 50 % des «PG» travaillent dans des fermes, tandis que les autres sont employés dans l'industrie, le bâtiment, l'extraction minière et au déminage. Près de 50 000 «PG» déminent le pays, dans le cadre de missions périlleuses et souvent mortelles[96] – quelque 5 000 prisonniers de guerre allemands périssent dans des actions de déminage. Ce travail exigé par la France n'est pas conforme au droit international public puisqu'il est interdit par la convention de Genève. L'opinion française pousse les hommes politiques à ne pas faire de cadeaux aux vaincus : ils doivent nettoyer le sol national de leurs armes. Une brochure de la Direction générale de la main-d'œuvre est édifiante : «Ils ont détruit... Qu'ils réparent... Faites enlever vos ruines par ceux qui sont responsables. Faites embellir vos cités par ceux qui voulaient les détruire. Faites travailler les prisonniers de guerre[97].» L'esprit de vengeance des anciens occupés transparaît dans ces assertions sans complaisance. À la fin de l'année 1946, la Croix-Rouge et l'Église catholique demandent au gouvernement français de faire cesser cette utilisation des prisonniers dans le déminage. En vain. Les Américains font pression à leur tour sur les gouvernants français pour établir un plan de rapatriement de ces hommes vers l'Allemagne et pour assouplir la politique de réparations qui ressemble à de la vengeance.

Les prisonniers vivent péniblement dans les camps. L'hygiène manque et la nourriture aussi. Les maladies infectieuses font des ravages. Au total, quelque 22 000 prisonniers allemands seraient morts pendant leur captivité, surtout à cause de la pénurie alimentaire et des mauvaises conditions d'hygiène. Les prisonniers sont conspués par la population française lorsqu'ils se rendent de leur camp au chantier de travail. La France veut consolider son statut de vainqueur et faire oublier la honte endurée pendant les années d'occupation.

Une différence est faite entre les prisonniers de guerre de l'armée allemande et les 40 000 prisonniers de guerre membres de la SS. Ces derniers sont haïs bien plus que les autres. Les massacres de l'année 1944 ont choqué les Français. Leur internement est organisé de façon plus sévère ; ils sont très surveillés, régulièrement fouillés, et il leur est interdit de travailler dans un premier temps. Ils sont ensuite affectés aux travaux les plus durs que demande l'armée française. Ils seront libérés les derniers.

Cinq mille prisonniers allemands rejoignent la Légion étrangère à la fin de 1946. Près de 138 000 « PG » ont fait le choix d'un contrat de travail civil afin de rester plus longtemps en France et de pallier le manque de main-d'œuvre ; en retour, le contrat aboutissait à leur libération ; 27 600 décident de rester définitivement en France et même de demander la nationalité française. Le ministère du Travail et de la Sécurité sociale encourage aussi le mariage entre Allemands et Françaises, ce qui est pour le moins étonnant – preuve que la main-d'œuvre faisait cruellement défaut en France. Le ministère n'obtiendra pas le succès escompté. Ceux des Allemands restés en France n'avaient plus rien à espérer en Allemagne et choisirent de refaire leur vie en France. Mais sont-ils tous restés longtemps en France ? Aucun chiffre n'est disponible en ce domaine.

Du printemps 1947 jusqu'à l'hiver 1948, le rapatriement de 20 000 prisonniers par mois est effectué par train. Le travail des « PG » allemands a été très utile à la reconstruction du pays ; des régions ont ainsi pu se relever. Sans doute aussi la vie commune entre Allemands et Français pendant près de quatre années supplémentaires a-t-elle permis des rapprochements amicaux – notamment dans certaines fermes où les prisonniers logeaient parfois –, même si les tensions ont pu être fortes entre les anciens occupés et les anciens occupants. Toutefois, ces rapprochements, rares, n'effacent en rien les souffrances des Français et les répressions de la guerre.

Juger les crimes allemands

Dans le chaos des libérations et de l'immédiat après-guerre, la France a cherché à juger les responsables de ses maux, les dirigeants du régime de Vichy (Pétain et Laval en premier lieu), mais aussi les occupants. Cette histoire a été beaucoup moins abordée que celle de l'épuration des Français. En se penchant sur l'historiographie, force est de constater une impression d'ensemble, celle d'une quasi «guerre franco-française». Or, les occupants qui ont fait souffrir la population par des exactions semblent parfois absents de l'épuration officielle et extrajudiciaire. L'épuration officielle devait permettre de refonder une Nation et sa cohésion. Dès le 13 janvier 1942, neuf États alliés – dont la France libre – décident de juger les crimes de guerre commis par l'ennemi. Le 7 octobre, les Alliés créent la Commission des Nations unies chargée de l'investigation des crimes de guerre (UNWCC). Les Français travaillent déjà avant la Libération pour établir une liste de criminels de guerre allemands. Selon une ordonnance publiée par le GPRF le 29 août 1944, les crimes doivent être jugés par des tribunaux militaires. Le 14 octobre, le ministre de la Justice crée un Service de recherche des crimes de guerre ennemis (SRCGE) qui doit inventorier tous les crimes commis par l'occupant sur le sol français, mais également contre les ressortissants de la France. Le travail est immense et complexe; il nécessite la coordination avec les Alliés, et notamment avec les Américains, qui créent un fichier central recensant les criminels de guerre. Parmi les centaines d'Allemands considérés comme des criminels dans les fichiers figure déjà Klaus Barbie, accusé de meurtre – le tortionnaire de Jean Moulin sera arrêté quarante-cinq ans après la guerre, le 5 février 1983.

Certains des plus grands criminels nazis sont jugés à Nuremberg entre octobre 1945 et novembre 1946 par un jury international; parmi eux figurent Hermann Goering, Alfred Jodl, Joachim von Ribbentrop, Alfred Rosenberg, Fritz Sauckel ou encore Wilhelm Keitel. Ils sont condamnés à mort par pendaison. L'opinion française suit le procès grâce aux actualités françaises projetées dans les salles de cinéma. La France est représentée à Nuremberg. Les juges français appellent des victimes à la barre, dont Marie-Claude Vaillant-Couturier, une résistante communiste interpellée par les policiers français en février 1942, puis remise aux Allemands et déportée à Auschwitz en janvier 1943. Les autres témoins français ont eux aussi subi les exactions des camps de la mort ou des camps disciplinaires de prisonniers de guerre français en Allemagne. Le procès dure longtemps et certains des présents se lassent parfois d'entendre la liste des horreurs commises contre les victimes dans les camps. Un an après avoir fusillé Darnand et Laval, les Français se tournent déjà vers la reconstruction du pays tant sur le plan matériel que sur le plan institutionnel. Pour autant, des milliers de criminels allemands (sans doute 20 000[98]) ne sont pas – et ne seront pas – condamnés en France alors qu'ils y ont commis des exactions. Quatre mille cinq cents ont été jugés par les tribunaux militaires français en France ou dans la zone française de l'Allemagne occupée – le tribunal de Rastatt. Ce dernier condamne à mort 104 personnes – sur 1 535 condamnations – entre 1946 et 1954. Les peines de prison sont purgées en Allemagne, mais plusieurs dizaines de prisonniers sont libérés avant la fin de leur peine. Des anciens gardiens des camps, des SS, des kapos, des responsables de prison, des directeurs d'usine usant de main-d'œuvre forcée sont jugés par des juges français en Allemagne ; parmi eux, Fritz Hartjenstein et Heinrich Schwarz, les commandants du camp de concentration du Struthof (Alsace), sont condamnés à mort le 1er février 1947. Le chef du camp de Ravensbrück Fritz Suhren et Hans Pflaum (responsable de la main-d'œuvre), ainsi que des gardiennes du camp, sont jugés à Rastatt. Ces dernières écopent de peines allant de un à trois ans de prison alors que certaines ont été de véritables tortionnaires, mais les charges qui pesaient sur elles ne s'accompagnaient pas de preuves. Deux gardiennes sont toutefois condamnées à la peine capitale pour des actes de cruauté jugés extrêmes. Leur peine est commuée en travaux forcés. Suhren et Pflaum sont condamnés à mort et fusillés par la France le 12 juin 1950.

En France, d'autres cas ont été jugés par les tribunaux militaires permanents entre 1945 et 1955[99]. Ces procès n'ont pas beaucoup intéressé les historiens ces dernières décennies. Or, c'est une question fondamentale. Depuis l'été 1944, la police et la gendarmerie françaises mènent des enquêtes pour retrouver les Allemands criminels de guerre pour les juger en France. Certains sont facilement retrouvés. Ils ne sont plus protégés par la convention de Genève. Des tribunaux militaires sont présents dans chaque région militaire. Retrouver les criminels de guerre allemands et les juger semble une mission immense. Beaucoup figurent sur les listes de prisonniers de guerre, et nombre d'entre eux sont détenus par les Américains. Vingt mille crimes de guerre auraient été commis en France par des Allemands, selon les estimations du SRGCE datées de juillet 1945 ; c'est sans doute un peu moins. En 1956, la justice militaire dresse le bilan suivant : sur 18 765 criminels de guerre qui ont fait l'objet de l'ouverture d'une procédure, 16 000 ont obtenu un non-lieu et 1 300 autres ont été jugés par contumace[100] ; 5 % des criminels de guerre arrêtés sont passés devant un tribunal militaire. C'est très peu. En fait, si les preuves ne manquent pas, il faut retrouver les criminels dans les longues listes de millions de prisonniers allemands. Ils sont détenus partout en Europe, voire bien au-delà, entre les mains des Britanniques, des Américains ou encore des Soviétiques. Pas facile de retrouver des noms, d'autant que certaines victimes ont des souvenirs vagues. Les enquêtes sont difficiles et longues ; les Américains annoncent aussi qu'ils n'autoriseront plus aucune extradition depuis leur zone en Allemagne à partir du 1ᵉʳ novembre 1947. Pourtant, des dizaines de membres du SD sont jugés pour des actes de torture à Tours d'abord et à Annecy. D'autres suivent à Clermont, Épinal, Lyon, Marseille, Melun, Montpellier, Périgueux, Rodez, Tarbes, Toulouse, entre autres. Sur 1 031 accusés, 800 sont condamnés à mort dont 50 % bénéficient de commutation de peine. Beaucoup ont été jugés par contumace. Le plus important des condamnés est le Gauleiter Robert Wagner – le gouverneur nazi de l'Alsace annexée –, fusillé le 14 août 1946 ; il est à l'origine de meurtres de prisonniers de guerre, de la déportation des Juifs d'Alsace et d'autres habitants, mais aussi de réquisition forcée de main-d'œuvre. C'est à Lille, le 1ᵉʳ juin 1951, que le dernier soldat allemand condamné à mort est fusillé. Il s'agit de Horst Kolrep, accusé de crimes pendant la campagne de France le 28 mai 1940, notamment à Courrières, près d'Oignies. La division SS Totenkopf du lieutenant Horst Kolrep a violé, tué des dizaines de civils ; deux communes ont été incendiées et un prisonnier de guerre anglais brûlé vif. Trois autres officiers sont jugés par contumace.

Enfin, les coupables du massacre d'Oradour-sur-Glane sont également poursuivis. En mars 1945, le village martyr reçoit la visite du général de Gaulle ; la commune est classée monument historique un an plus tard. En 1953, après trois années de tensions et d'hésitations, alors que l'instruction est achevée depuis le 22 octobre 1949, a lieu à Bordeaux le procès de 21 membres de la division SS Das Reich – 21 sur 64 identifiés. Parmi les accusés figurent 15 Alsaciens enrôlés de force dans la SS, des « malgré-nous ». Pour la population alsacienne, cela revient à la désigner comme complice des nazis, et ce, injustement. Une semaine après les condamnations, le Parlement français vote une loi d'amnistie immédiate pour les condamnés alsaciens. Les familles des victimes d'Oradour-sur-Glane, très choquées par ce vote, refusent alors de transférer les dépouilles de leurs morts dans le martyrium construit par l'État. Parmi les accusés allemands, le sergent Lenz est condamné à la peine de mort, un autre est acquitté en ayant prouvé son absence le jour du massacre ; les autres devront purger des peines de dix à douze ans de travaux forcés. Le seul Alsacien engagé volontaire dans la SS est condamné à mort ; il est accusé de trahison.

Les enquêtes sont bien faites par les policiers et les procureurs, mais il est difficile de retrouver l'ensemble des criminels de guerre. Beaucoup se cachent.

Les principaux chefs présents en France sous l'Occupation sont aussi concernés par les procès tenus en France. Mais, après une période où il faut aller vite pour retrouver et juger les Allemands, immédiatement après la Libération, la volonté de vengeance des Français est moins forte. En 1949, la République fédérale d'Allemagne est à peine née qu'il est demandé à la France d'amnistier ou de libérer un certain nombre d'Allemands encore en détention. L'apaisement politique est recherché et les non-lieux se multiplient.

Les juges poursuivent cependant leur travail patient. Otto von Stülpnagel, commandant militaire allemand en France entre 1940 et 1942, est arrêté en 1946 en zone britannique puis emprisonné à la prison du Cherche-Midi où il se serait suicidé en 1948. Son successeur Carl-Heinrich von Stülpnagel voit prononcer une ordonnance de non-lieu alors qu'il est accusé d'arrestations et de déportations le 2 mars 1943 à Nancy. En fait, il n'est pas au procès et a été exécuté en Allemagne par les nazis pour avoir participé au complot contre Hitler du 20 juillet 1944. En 1949 s'ouvre à Paris le procès du haut commandement militaire en France. Des généraux de division sont visés : Moritz von Faber du Faur et Eduard Freiherr von Rotberg sont accusés de pillages et d'assassinats. Le capitaine Willy Kalbhenn est accusé des mêmes faits alors qu'il opérait à la *Feldkommandantur* de Nantes. Ils sont tous acquittés le 30 mai 1949. Le directeur de la section administrative (*Verwaltungsstab*) du MbF, Werner Best, n'a jamais eu à souffrir d'une quelconque accusation, tout comme Hans Speidel, ce qui scandalise bien des Français, dont Georges Bidault, le chef du gouvernement ; ce dernier s'insurge quand il apprend que Speidel a été nommé membre de la commission préparatoire pour créer la Communauté européenne de défense (CED). Elmar Michel, qui a dirigé la section économique du MbF du 13 juillet 1940 au 17 août 1944, a été emprisonné par les Américains à Hersbruck en Allemagne. Un procureur français de Nuremberg, Charles Gerthoffer, vient l'interroger en 1946. Michel est poursuivi en France pour «pillage en temps de guerre». Il est libéré en novembre 1948, puis à nouveau arrêté par les Américains avant d'être transféré à Paris pour être emprisonné le 14 juin 1949. Il est libéré provisoirement et obtient la permission de rentrer en Allemagne en février 1951. Il promet qu'il viendra à toutes les convocations judiciaires, ce qu'il ne fera pas lors d'une citation à comparaître devant le tribunal militaire de Paris le 24 mars 1953. Friedrich Grimm, collaborateur d'Abetz, qui a tenu tant de conférences de propagande nazie en France sous l'Occupation, est d'abord interné en France, puis rapatrié en Allemagne en juin 1946 et interné l'année suivante dans un camp près de Fribourg. Richard Hemmen, de la DFCAA à Wiesbaden, s'en sort moins bien que Speidel et Michel puisqu'il est condamné aux travaux forcés à perpétuité en mars 1950 alors qu'il était en liberté provisoire et autorisé à résider en Allemagne ; il lui est reproché par les juges militaires français la «complicité de pillage en temps de guerre». Karl Epting, directeur de l'Institut allemand à Paris et proche d'Abetz également, est emprisonné à la prison du Cherche-Midi à Paris de 1947 à 1949, puis finalement acquitté.

En juillet 1949, au tribunal de Paris, s'ouvre le procès de l'un des plus grands responsables de l'occupation allemande en France, fer de lance de la collaboration d'État, Otto Abetz, l'ambassadeur du IIIe Reich à Paris. Il a été arrêté en 1945. Les faits qui lui sont reprochés sont nombreux, dont la spoliation des Juifs de France, leur déportation, la mise en place du STO, l'exécution d'otages et le meurtre de Georges Mandel. Son avocat, René Floriot, défend la théorie du double jeu d'un grand francophile qui aurait tout fait pour que les Français souffrent le moins possible. Le 23 juillet 1949, il est condamné à vingt années de travaux forcés – il n'est pas reconnu coupable de l'assassinat de Mandel, pas plus que de l'exécution d'otages. Il est libéré en 1954 et meurt dans un accident de voiture avec son épouse quatre ans plus tard.

De leur côté, Carl Oberg et Helmut Knochen ont sans doute bénéficié d'une volonté d'apaisement entre Bonn et Paris. Oberg a déjà été condamné à mort par un tribunal militaire britannique en 1946, tout comme Knochen en 1947. En France, ils sont accusés de très nombreux crimes et l'instruction se prolonge jusqu'en septembre 1954, date à laquelle ils sont enfin jugés. Comme nombre d'autres criminels de guerre, ils prétendent qu'ils n'ont pas eu connaissance des crimes qui leur sont imputés (torture, attaques et massacres de résistants et de civils du maquis des Glières, assassinat de Georges Mandel, de Jean Moulin, rafles, déportation des Juifs). Ils n'auraient fait qu'obéir aux ordres de Berlin ; ils n'ont joué qu'un simple rôle administratif. Le plus incroyable dans ce procès, c'est le témoignage de René Bousquet, qui avait signé des accords en avril 1942 avec Oberg pour mettre en place une coopération policière franco-allemande renforcée. Il témoigne après avoir fait de la prison préventive pendant trois ans et avoir été condamné à cinq ans de dégradation nationale en 1949. Mais sa peine est immédiatement annulée pour avoir aidé la Résistance. Stupéfiant. Il témoigne et charge Carl Oberg des pires intentions. Le 9 octobre 1954, Oberg et Knochen sont condamnés à mort pour la seconde fois, ce qui est confirmé par la Cour de cassation. Mais coup de théâtre le 22 avril 1958, le président de la République René Coty commue la peine de mort en peine de travaux forcés à perpétuité. Le général de Gaulle réduit encore la peine à vingt ans de travaux forcés le 31 décembre 1959. Au final, Oberg et Knochen, responsables de la mort de milliers de Juifs français et étrangers mais aussi de résistants, sont libérés en novembre 1962. Trois mois plus tard, dans un climat de rapprochement franco-allemand, le traité de l'Élysée est signé entre le chancelier allemand Adenauer et le président de la République française de Gaulle. Knochen et Oberg étaient les deux derniers criminels de guerre encore emprisonnés en France. Les années suivantes donnent le sentiment que les criminels de guerre ont joui d'une impunité quasi définitive ; une loi prévoit alors la prescription de vingt ans après la commission d'un crime tant en Allemagne qu'en France[101].

En 1974, grâce à l'action des époux Serge et Beate Klarsfeld, Kurt Lischka, Herbert Hagen et Ernst Heinrichsohn, responsables de la déportation et de l'assassinat des Juifs de France, sont enfin arrêtés. Après des procédures longues, tant politiques que juridiques, le 11 février 1980 les trois criminels de guerre sont condamnés à des peines de prison de dix, douze et six ans par le tribunal de Cologne. Heinz Barth, déjà condamné à mort par contumace lors du procès de Bordeaux de 1953 concernant le massacre d'Oradour-sur-Glane, est condamné à la prison à vie en 1983 par un tribunal est-allemand. En 1997, malade, il est libéré et meurt en 2007. Les époux Klarsfeld ont également retrouvé Richard Freise et le comte Modest Graf von Korff ; en 1983, le tribunal de Bonn les poursuit. Le premier était en poste à Poitiers et le second à Châlons-sur-Marne. Ce dernier est acquitté en 1989 tout comme il l'avait déjà été en 1947. Freise se suicide quelques jours avant son procès. Ces deux criminels de guerre allemands, anciens officiers de la SS, ont conduit la déportation des Juifs français[102]. Enfin, l'ancien chef de la Gestapo lyonnaise Klaus Barbie est extradé de Bolivie en février 1983. Il est inculpé de crime contre l'humanité[103], poursuivi pour avoir fait déporter les Juifs de maisons de l'UGIF le 9 février 1943 et 44 enfants de la maison d'Izieu. Il a aussi torturé des dizaines de résistants, dont Jean Moulin. Klaus Barbie est le premier Allemand poursuivi pour crime contre l'humanité devant un tribunal français, à Lyon, le 11 mai 1987. Il ne reconnaît pas la légalité de son extradition et se défend en déclarant qu'il a seulement obéi aux ordres de ses chefs. Il refuse de comparaître. Le 4 juillet, le tortionnaire de Jean Moulin est condamné à perpétuité pour crime contre l'humanité[104].

Pour nombre de victimes des Allemands en France, l'amertume a souvent dominé devant l'inégalité des condamnations ; beaucoup ont pensé que des dizaines d'Allemands vivaient des jours heureux après la Libération alors qu'ils avaient commis des exactions. Il est vrai que si les juges ont travaillé d'arrache-pied pour poursuivre les criminels de guerre allemands, les préoccupations politiques ont pris le dessus en pleine guerre froide. Plus les criminels ont été jugés tard, plus ils ont bénéficié d'une forme de clémence due au climat de guerre froide et aux relations franco-allemandes. Le rapprochement franco-allemand était un horizon ; des mesures d'apaisement devaient être prises. Toutefois, bien des nazis ont dû se cacher toute leur vie, notamment en Amérique du Sud. La pugnacité des époux Klarsfeld a permis d'en rattraper certains, et pas des moindres. Longtemps après la guerre, lors de nos propres enquêtes historiques dans les années 1990, des témoins de l'Occupation avaient tout de même bien du mal à voir les Allemands comme des amis, se souvenant des souffrances des années d'occupation.

« Relations » franco-allemandes intimes

L'occupation allemande en France a laissé derrière elle des rancœurs et des haines, mais elle a aussi été au cœur de relations intimes entre occupants et occupées. Des Allemands et des Françaises ont été amoureux ; des enfants sont même nés de leur relation. Certaines Françaises ont été rattrapées par l'épuration extrajudiciaire et tondues à la Libération. D'autres ont rejoint leurs amoureux en Allemagne. Les «enfants de Boche» – terme utilisé par les Français qui n'acceptent pas ces fruits de l'Occupation – ont dû subir injures et rejet dans la France de l'après-guerre.

Près d'un million de soldats allemands vivent sur le territoire français en 1944. Depuis 1940, ils flirtent avec des Françaises; parfois, cela conduit à des amours intenses et à la naissance d'un enfant. Pendant la guerre, les résistants mettent pourtant en garde celles qui seraient vues en compagnie de soldats allemands. Pour autant, la passion est parfois plus forte. Les militaires allemands ont embauché des Françaises comme traductrices; chaque jour, les jeunes hommes les rencontrent loin de leur pays, isolés et dans l'ennui, voire la déprime pour certains d'entre eux. Les idylles sont inévitables. Il existe peu de sources sur ces attitudes à l'exception de quelques journaux intimes, dont celui de Micheline Bood, une jeune Parisienne; des Allemands flirtent avec elle à la piscine Molitor, ce qui ne l'empêche pas de dessiner aussi des V de la victoire sur les voitures allemandes. Son comportement est paradoxal, mais elle ne déteste pas regarder de beaux Allemands. Elle pourrait céder facilement aux avances de jeunes blonds de l'armée allemande :

> Si papa le savait, lui qui est si étroit d'esprit ! Il se mettrait dans une colère terrible, mais aurait-il tort. Je suppose que les gens pensent de moi la même chose que je pense des femmes qui vont avec les Bochs [sic] et, dans leur idée, je suis... oh je préfère ne pas y penser[105].

Micheline n'a que 15 ans, mais elle sait combien la société qui l'entoure surveille les Françaises. Les femmes de prisonniers de guerre sont très observées pendant toute l'Occupation. Ses sentiments semblent troublés et elle en restera là. D'autres jeunes femmes se moquèrent de l'avis de leur père et trouvèrent dans une relation avec l'ennemi un moyen de s'émanciper et d'affirmer une forme d'indépendance[106]. Des femmes de prisonniers de guerre[107], dans l'isolement, parfois dans le dénuement, ont eu une relation sexuelle avec un Allemand pour gagner du ravitaillement supplémentaire et ont commis l'irréparable en tombant enceinte. L'amour était peut-être inexistant dans bien des cas. L'adultère était par ailleurs très sévèrement réprimé, surtout quand l'époux était captif en Allemagne.

Enfin, des femmes amoureuses d'Allemands, tombées enceintes, n'ont pas souhaité garder leur bébé, telle Arletty. Amoureuse de

Hans Jürgen Soehring, jeune officier de la Luftwaffe, elle décide d'avorter en 1941. Elle craignait le regard de la société qui ne manquerait pas de lui faire payer cet affront. À la Libération, les FFI l'ont accusée de «collaboration horizontale». Soehring a demandé à Arletty de fuir en Allemagne avec lui, ce qu'elle a refusé. Leur couple a duré discrètement jusqu'en 1949. Arletty fut internée à Fresne puis à Drancy à la Libération. Le comité d'épuration la condamna pour avoir eu une relation affichée avec l'occupant et non pour «collaboration horizontale»; il lui sera interdit d'exercer son métier pendant près de trois années[108].

Globalement, bien des Allemands ne souhaitent pas emmener avec eux les Françaises rencontrées en France. Dans la mère patrie, des épouses les attendent. Et puis, les ordres sont clairs: il ne faut pas s'amouracher de filles de pays occupés. Chez les nazis, la «race» doit rester pure. Cela n'enlève rien au fait que des Allemands ont éprouvé de l'amour sincère pour des Françaises. Il faudrait pouvoir disposer de sources nouvelles de soldats allemands dans cette situation. Certains ont peut-être écrit leur journal intime racontant la relation amoureuse. La guerre a provoqué le désordre des sens et la population française, haineuse, s'est vengée sur des femmes qui ont été tondues, battues, violées et jetées en pâture à la vindicte populaire sous les yeux des autorités françaises.

Un grand nombre d'enfants nés de ces amours improbables et interdites ont été abandonnés à l'Assistance publique; le régime de Vichy a créé l'accouchement «sous X». Les naissances illégitimes sont beaucoup plus nombreuses en zone occupée qu'en zone non occupée. Les enfants nés de relations germano-françaises ne sont pas concernés par l'épuration. Mais leur vie n'est pas facile après la guerre au sein de leur propre famille et à l'école. Des hommes et des femmes recherchent encore de nos jours leur père allemand dans les archives. Jeanine Nivoix-Sevestre naît en décembre 1941 non loin de Rouen alors que sa mère est âgée de 17 ans seulement[109]. Celle-ci meurt lors d'un bombardement de Caen en juin 1944. Jeanine est alors placée chez son grand-père. Celui-ci est impitoyable avec elle, car son père était soi-disant un officier allemand de la Wehrmacht. Jeanine l'apprend l'année de ses 13 ans. À force de recherches, elle découvre en 1972 que son père, Werner, est en fait autrichien. Il ne semble pas que son père ait effectué des démarches pour la retrouver; il avait tourné cette page sombre de son existence, loin du pays.

Des prisonniers de guerre allemands ont aussi fréquenté des Françaises après 1945, non loin des chantiers où ils travaillaient. Des naissances ont donc eu lieu de ces amours jusqu'au départ des derniers prisonniers de guerre en 1949.

Les plaies de l'Occupation se referment donc très lentement pour les Allemands eux-mêmes, ceux qui occupèrent la France. Savent-ils tous qu'ils sont pères en France? Assurément non.

Conclusion

L'histoire des Allemands en France sous l'Occupation révèle les mécanismes d'un appareil de domination et de terreur sans précédent. Des occupants heureux de venger l'humiliation de 1918 et leurs très grandes souffrances sociales de l'entre-deux-guerres ont exercé des pressions inouïes sur un pays républicain et démocratique qui a éclaté dans les semaines de mai-juin 1940. La singularité de l'occupation allemande en France est réelle quand on la compare avec les autres pays occupés par les nazis. Le pays est d'abord compartimenté, obligeant les Allemands à une adaptation logistique et politique inédite. La France garde une zone dite « libre » et un gouvernement sis à Vichy. Les Allemands soumettent l'Alsace-Moselle et le Nord-Pas-de-Calais à leurs lois. Et surtout, ils ne perdent jamais de vue l'exploitation du potentiel économique exceptionnel de la France, afin de nourrir les soldats et d'approvisionner les usines de guerre du IIIe Reich. Au-delà des aspects administratifs et militaires, ce qui nous intéressait dans notre ouvrage, c'étaient les divers points de vue allemands depuis le simple soldat jusqu'à l'officier supérieur de la Wehrmacht ou de la SS sur les différents aspects de l'Occupation. Nous voulions poursuivre le travail d'historiens qui ont voulu briser certains tabous nés du « syndrome de Vichy » et de l'instrumentalisation gaulliste et communiste de l'histoire de la Résistance. Les rapports entre occupants et occupés ne sont pas que franco-germaniques, ils sont aussi germano-français. Les zones d'ombre historiques sont moins nombreuses que dans les années précédentes sur ce point ; nous avons essayé de donner une vision d'ensemble à la lumière d'exemples précis et croisés de ce que furent les comportements des Allemands occupant la France et vivant au contact des Français.

Nous avons observé que la lecture des exactions commises par les occupants permettait à nouveau de voir que la Wehrmacht était autant capable d'atrocités que les SS et les agents de la Sipo-SD. L'histoire des Allemands et des Français est parfois celle d'un couple partagé. Entre haine et amour si l'on se place dans un temps plus long de l'histoire. Sieburg en a fait la démonstration. Dès l'entre-deux-guerres, des intellectuels allemands s'interrogèrent pour savoir quelle attitude adopter face aux Français. Fallait-il envisager de prendre une revanche définitive et sans pitié? Hitler a opté pour cette hypothèse. Des historiens et des géographes allemands, souvent favorables au pangermanisme, ont imaginé une France envahie et démembrée, partagée entre Allemands et Italiens. Certains ont rêvé d'une alliance avec les Anglais contre la France. Nombre d'intellectuels et de militaires cultivés de l'Allemagne de l'entre-deux-guerres ont réfléchi au sort à réserver à la France en cas d'invasion. Ils se sont interrogés sur la France, mais aussi sur les Français. Pour autant, des nationalistes allemands n'ont eu de cesse d'admirer le pays et notamment sa culture et son identité culturelle assumée. Ces réflexions se développèrent dans une Allemagne frappée par la reconstruction difficile, avec des réparations exorbitantes à payer aux vainqueurs de 1914-1918. Le peuple allemand a souffert de la faim et du chômage à des niveaux inégalés en Europe. Cela a favorisé l'arrivée des nazis au pouvoir en janvier 1933, en plus des abandons et des lâchetés des partis majoritaires de la droite et de la gauche allemandes.

L'invasion puis l'occupation de la France assouvissent les appétits hitlériens, mais conduisent aussi à envisager autrement les rapports des Allemands aux Français. Ceux-ci ne sont pas toujours dans un rapport de violence. La méfiance est cependant présente. La propagande mise en musique en 1940 par Goebbels essaie d'abord de rassurer les occupés à l'aide de grandes affiches sur l'aide que les Allemands pourraient apporter aux «populations abandonnées». Mais ne nous y trompons pas : les Allemands ne sont pas en France pour accomplir des actions humanitaires, même si certains ont effectivement aidé des réfugiés de l'exode à rentrer plus facilement chez eux au nord de la ligne de démarcation. Goebbels a d'abord pensé qu'il fallait être mesuré avec les Français, attaquant surtout en 1940 la IIIᵉ République, mais l'on sait aussi qu'il a très vite fait machine arrière, craignant des relations trop «fraternelles» entre les Allemands et les Français. Les dirigeants nazis se méfient donc de leurs compatriotes qui trouvent que la capitale et la culture françaises sont parfois merveilleuses. Ernst Jünger admire les monuments, les arts et les écrits français, mais il n'en reste pas moins un officier qui commande des troupes d'invasion, puis qui occupe le pays tout en servant l'appareil de vassalisation de la culture française. Il est donc très difficile de classer les occupants entre «bons» et «méchants» Allemands en France, entre «bons» militaires du MbF et «mauvais» Allemands des services de sécurité nazis. La palette des comportements observés est plus disparate qu'il n'y paraît de prime abord. Mais une fois encore l'historien n'a pas à juger les comportements allemands face aux Français; il essaie seulement de restituer ce que les sources lui offrent pour reconstruire une histoire relationnelle et conflictuelle. Il ne s'agit pas de quelque réhabilitation ou condamnation. Il faut déceler les manipulations des acteurs d'une époque, nostalgiques du IIIe Reich comme négationnistes, relayées parfois pendant des décennies après la guerre. D'autres archives devront encore être consultées et croisées pour affiner l'observation de l'Occupation du point de vue allemand, un angle de recherche qui doit être davantage envisagé tant il est vrai que l'histoire de la présence allemande sous toutes ses formes répressives, mais aussi celle des victimes des occupants et de leurs bourreaux ont déjà été bien faites. Soyons clair, il fallait décentrer notre regard en tentant de prendre nos distances avec un regard uniquement franco-français.

Quand ils arrivent, les occupants sont émerveillés par l'abondance de la nourriture en France. Combien de soldats écrivent dans leurs lettres l'engloutissement d'omelettes géantes dans les fermes françaises? D'autres louent la beauté des monuments et le luxe dans les boutiques parisiennes. Les Allemands n'ont pas toujours été haineux envers les Français. Certains, sur la ligne de démarcation, ont essayé de fraterniser, le temps d'une partie de cartes. En zone occupée, des Allemands ont travaillé au contact de Français et de Françaises. Tous les occupants ou presque réalisent un rêve : faire oublier l'humiliation de la défaite de 1918. Mais le rêve allemand est un cauchemar pour les Français. Les Allemands eux-mêmes ont transformé leur propre rêve en obsessions multiformes, au fil des années d'occupation : l'obsession d'éliminer toutes les formes de résistance, celle de piller l'économie et la culture françaises, l'obsession de tout contrôler, de persécuter et de déporter tous les

Juifs et autres « indésirables ». Les Allemands arrivent en France avec un certain nombre de préjugés entretenus par la propagande nazie. La France arrogante, mais souvent regardée avec admiration par nombre d'Allemands, est enfin vaincue en 1940, comme en 1870. Beaucoup s'en étonnent de part et d'autre du Rhin. Qui aurait pu imaginer une conquête aussi rapide en mai-juin 1940 ? Même Hitler a repoussé l'ordre d'attaquer la France à de multiples reprises, pas tout à fait sûr de la supériorité de ses armées. L'opinion allemande n'a pas toujours été convaincue par les options militaires et conquérantes de son Führer. Le 14 juin 1940 pourtant, les Allemands défilent triomphalement sur les Champs-Élysées. Les clivages franco-allemands de l'entre-deux-guerres semblent réglés par une invasion éclair puis une occupation que le monde entier regarde avec stupeur. L'invasion révèle les premiers massacres de civils français et de tirailleurs sénégalais. Le racisme est à l'œuvre d'emblée. Jean Moulin en est le triste témoin à Chartres. Emprisonné, battu pour avoir défendu les soldats coloniaux, il tente de se suicider dans sa cellule.

Le vainqueur allemand jubile donc à l'été 1940. Il a vaincu un « ennemi héréditaire », enfin terrassé. La puissance française est anéantie. La conquête du *Lebensraum* (« espace vital ») chère au Führer est en train de s'accomplir. La planète entière voit Hitler visitant Paris. Il est le maître de la France. Apothéose. Même les plus optimistes spécialistes de géopolitique allemands n'auraient pu rêver pareil scénario. La France est à terre en un temps record. Les Français sont assommés : 8 à 10 millions de personnes éparpillées sur les routes de l'exode, destruction de milliers de maisons, civils mitraillés par les Stukas, séparation des familles, enfants perdus, morts au combat, près de 1,5 million de prisonniers de guerre. L'installation des vainqueurs révèle que les rêves allemands ne s'arrêtent pas à une victoire militaire. Ils « germanisent » plusieurs régions françaises, de façon accélérée. Les nazis réécrivent une histoire, celle d'une Lotharingie reconstituée. L'installation révèle aussi un appareil d'occupation polycratique, parfois difficile à comprendre, même pour les Allemands. La bureaucratie nazie est singulière, enchevêtrée. Mais le MbF domine l'appareil d'occupation jusqu'en 1942, date à laquelle les SS prennent en charge certaines opérations de maintien de l'ordre, la traque aux Juifs et aux résistants.

De son côté, le régime de Vichy contribue largement à assouvir certains « caprices » sécuritaires allemands. Vichy devient un «instrument» des Allemands, notamment d'Otto Abetz, «l'ambassadeur» allemand en France. L'opinion française ne comprend déjà plus vraiment la nature des rapports franco-allemands dès 1941 ; les occupants n'ont pas pu compter sur l'aide française, car les Français dans leur grande majorité ne croient pas en la Collaboration. Pour autant, ils sont restés assez passifs pendant les deux premières années de l'Occupation. Beaucoup espéraient que leur sort n'empirerait pas davantage. La Révolution nationale n'a pas lieu et la répression semble être le seul dossier intéressant Vichy. La folie collaborationniste gêne Vichy tandis que les Allemands instrumentalisent ceux des Français qui veulent les servir avec zèle.

L'histoire de l'occupation allemande en France ne ressemble à aucune autre en Europe du fait même de la partition du pays et du maintien en place d'un gouvernement collaborateur. Au quotidien, les Allemands vivent chez les Français, les pillent, les exproprient, les tuent. Vichy n'a aucun moyen de les contrer. La propagande vichyste a beau se vanter de limiter certaines restrictions, il n'empêche que les Allemands dévorent le pays. Les pressions sont incessantes, d'abord en zone occupée, puis dans toute la France, à partir du 11 novembre 1942, même si certaines régions reculées voient peu ou même jamais les occupants. Les villes françaises sont les plus mal loties. Les Allemands mangent à leur faim tandis que les Français cherchent le moindre bout de pain avec des tickets de rationnement. Les occupants règlent les mécanismes du marché noir à grande échelle. Avant même la suppression définitive de la ligne de démarcation, le 1er mars 1943, des Allemands ont régulièrement pu aller en zone dite «libre» pour négocier des marchés et permettre de rapatrier des matières premières en zone occupée. La France non occupée est en sursis dès 1940 ; Hitler a demandé à ses généraux de préparer un plan d'occupation totale.

Mais les Allemands ne se contentent pas de piller le pays, appauvrissant chaque jour un peu plus les Français, ils enlèvent aussi les œuvres d'art dans une stratégie qui se perfectionne au fil des mois, sous l'action de Goering et d'Alfred Rosenberg. Les musées, les bibliothèques, les propriétaires juifs sont pillés abondamment. Une véritable «pègre nazie» est alors en action. Les Allemands s'amusent aussi dans les bordels pour soldats ou pour officiers ; ils pratiquent le sport tout en contrôlant les pratiques sportives françaises, et ce, avec une certaine souplesse toutefois.

Ils laissent à Vichy les mains assez libres dans ce domaine. Mais ils se mêlent de tout, absolument de tout, ce que nous avons montré à travers le contrôle de la haute couture et du cinéma français. Les Allemands projettent leur propre haine des Juifs et des communistes sur les écrans français ; ils censurent aussi le cinéma français tout comme ils le font avec les ouvrages des grands auteurs de la littérature. Ils ont accès au Tout-Paris. Ils occupent les premiers rangs des théâtres lors de représentations finement choisies selon des critères idéologiques. La gloire de l'Allemagne nazie est partout présente. Un immense «V» surplombe le Palais-Bourbon, le lieu de la vie parlementaire française avant l'invasion.

Mais la fébrilité allemande apparaît à partir des premiers attentats contre les membres de la Wehrmacht, dès le printemps 1941. L'aide des policiers et des gendarmes français leur devient nécessaire. La collusion policière franco-allemande se construit et s'accélère avec l'arrivée du SS Carl Oberg au printemps 1942. Il s'agit de traquer et de réprimer les communistes auteurs d'attentats, mais aussi de remplir les convois de Juifs vers les camps de la mort. Les enfants juifs sont même livrés par le gouvernement de Pierre Laval en 1942 quand il s'agit de répondre aux quotas de déportés souhaités par les Allemands. Vichy est allé encore une fois au-devant des demandes allemandes comme pour la rédaction du «statut des Juifs» d'octobre 1940. Les magistrats français contribuent aussi en partie à aider l'appareil de répression de Vichy et donc des Allemands. Tribunaux militaires allemands et justice autoritaire et suiviste de Vichy font des dégâts considérables dans les rangs de la Résistance. Parallèlement, la «politique des otages» entreprise par les Allemands après les premiers attentats montre la peur qui gagne les rangs de l'occupant. Les fronts s'animent partout ; les résistants agissent avec de plus en plus d'assurance en France comme dans le reste de l'Europe occupée. Le IIIe Reich s'est engagé dans une guerre folle contre l'URSS depuis le mois de juin 1941, l'obligeant à un raidissement répressif qui est la conséquence d'une situation plus difficile à gérer. Un pays qui commence à résister menace l'Occupation ; les Allemands ont alors besoin des institutions françaises pour compenser le manque de moyens humains et logistiques proprement germaniques. Il faut laisser en outre aux occupés les basses besognes.

René Bousquet, l'amiral Darlan, le maréchal Pétain et Pierre Laval incarnent l'assujettissement accru aux Allemands, pris qu'ils sont dans un engrenage de concessions toujours plus grandes. Face à la Résistance, les Allemands optent pour la terreur dans les régions où elle se cache et où elle prépare la perspective d'une libération prochaine du territoire. Les civils paient un lourd tribut à la guerre menée contre ceux qui osent se lever plus massivement à partir de 1943. La terreur devient l'horreur quand en 1944, après le débarquement de Normandie en juin, la débâcle, leur propre débâcle cette fois-ci, les oblige à se replier du sud vers le nord puis vers l'est de la France. Le Sud-Ouest français paie humainement très cher par des massacres à Oradour-sur-Glane et à Maillé, entre autres crimes. Les SS mais aussi des membres de la Wehrmacht ne peuvent pas accepter un tel revirement de situation. Eux si triomphants depuis 1940 doivent penser à repartir en Allemagne, vaincus, et à sauver leur peau pendant qu'il en est encore temps. Mais il en est qui croient jusqu'au bout en la victoire de l'Allemagne, en une Europe totalement allemande. Ils seront suivis par les dirigeants de Vichy et leurs miliciens arrivés au sommet de l'État français en 1944. Des Français se « nazifient » même jusqu'au bout en devenant Waffen-SS. Lamentable fin. Le jusqu'au-boutisme caractérise donc la fin de la présence des occupants et du régime de Vichy, unis dans un même destin, celui de la défaite. Pugnaces sont les Allemands *in fine*. Mais les troupes alliées ne leur laissent aucune chance tandis que les Français retrouvent progressivement la liberté à défaut de manger à leur faim avant longtemps. La France est le premier pays européen libéré des Allemands.

Les Allemands sont capturés par milliers en France et outre-Rhin. Très vite, la justice veut frapper les auteurs de crimes de guerre tant dans les tribunaux militaires français qu'au tribunal international de Nuremberg. Le Reich est envahi à son tour par des soldats du monde entier venant des États-Unis, d'URSS, de tout l'Empire britannique, de France et de son empire colonial. Les exactions commises par les Alliés en territoire allemand, presque pas étudiées – sauf pour la partie berlinoise où les Allemandes sont violées en grand nombre par les soldats soviétiques –, ne sont pas rares. En France du Nord, les exactions des soldats américains ont existé également contre la population féminine. Pour l'heure, en 1945, il faut chercher les responsables des horreurs des occupations en Europe et notamment de la déportation de dizaines de milliers de Juifs de France dans les camps de concentration et les camps de la mort nazis. Beaucoup d'occupants passibles des tribunaux sont finalement assez peu inquiétés, que ce soient les hommes du MbF[1] ou les chefs SS. Les rapports finaux des chefs du MbF présentent leurs actions de façon positive, leur permettant de mettre toutes les exactions les plus répréhensibles sur le dos de la Sipo-SD. Or, il n'en est rien. Le MbF est l'un des principaux acteurs de la radicalisation de la répression en France, sans doute même plus sévère qu'aux Pays-Bas et en Belgique. Il a cherché aussi à maîtriser sa propre mémoire en minorant certains faits criminels.

La population française veut se venger, mais faute d'Allemands elle s'en prend à des femmes accusées de «collaboration horizontale». Des hommes sont pris aussi à partie et casqués comme des soldats allemands, exhibés dans les rues de France avant d'être battus et parfois condamnés à mort par les acteurs de l'épuration extrajudiciaire. Des Allemands sont détenus en France jusqu'en 1948, tenus de déminer le pays. Beaucoup en mourront. C'est le prix à payer pour avoir occupé le pays pendant plus de quatre années pensent les Alliés. Les Allemands partis, les Français n'ont pas encore retrouvé l'abondance alimentaire et économique. Mais l'aide des Américains permettra à la France de se relever dans les années 1950 et d'entamer ses Trente Glorieuses. De Gaulle retrouvera le pouvoir en 1958 avec la volonté de doter la France de moyens militaires dissuasifs, avec la bombe A notamment, tout en menant une politique de «grandeur», une grandeur retrouvée, sur fond de décolonisation et de tensions avec les États-Unis. Avant cela, les hommes de la IVe République ont rebâti le pays et cru en une Europe unie par la création de la CEE (Communauté économique européenne) avec les Italiens, les pays du Benelux et… l'Allemagne. Il s'agissait d'apaiser les cœurs et les consciences pour longtemps.

Les Allemands rentrent donc chez eux dans un pays détruit et occupé par les Alliés. Le plan Marshall permet assez vite à l'Allemagne de l'Ouest de se relever. À l'Est, les Soviétiques font la loi et installent très vite un «rideau de fer» entre l'Occident capitaliste et l'Est communiste. Hitler s'est suicidé avec Goebbels; les grands dignitaires nazis sont exécutés à Nuremberg ou bien mis en prison pour des décennies. Mais combien échappent aux tribunaux français et à la traque des policiers? Le regard français sur les Allemands a été pendant longtemps chargé de haine et de rejet, même quand les premiers comités de jumelage franco-allemands ont vu le jour dans les années 1960. Du côté allemand, certains ont eu le courage comme en France de croire en l'avenir d'une amitié sincère entre Allemands et Français, afin de construire une Europe de paix, sans cesse à consolider. Cette énergie constructive émane de leaders tels de Gaulle et Adenauer, Mitterrand et Kohl, Giscard d'Estaing et Schmidt. Le couple franco-allemand est devenu un acteur incontournable de l'histoire pacifique européenne, essayant de regarder droit devant.

Des Allemands et des Français qui ont vécu l'Occupation n'ont pas toujours compris cet empressement des hommes politiques à se réconcilier aussi vite. Le rythme des relations internationales n'est pas celui des cœurs et des esprits, des pardons et des oublis, ce qu'ont montré les vifs débats autour des enjeux de mémoire en France depuis des décennies. La France a dû regarder en face son passé tout comme l'Allemagne. Celle-ci a ouvert largement ses archives. Cela n'empêchera nullement certains nostalgiques de ne rien renier de leur passé criminel. De leur côté, Français et Allemands tentent de trouver les chemins d'une politique de reconnaissance des crimes allemands commis en France. Pas toujours facile. Les Allemands d'aujourd'hui connaissent-ils bien l'histoire du IIIe Reich en France ainsi que l'ampleur des dommages causés aux populations occupées ? Cette question trouble parfois les derniers survivants de la période de l'Occupation.

Le couple franco-allemand continue aujourd'hui son travail pour faire exister l'Union européenne malgré le départ des Britanniques et la montée des populismes dans toute l'Europe. Cette dernière est exigeante, mais n'est-ce pas pour maintenir une paix durable en Europe ? Le réveil des idées et des violences racistes, antisémites et néonazies ne laisse pas d'inquiéter une partie de la société allemande depuis la réunification des deux Allemagnes. La France regarde aussi de près l'évolution politique de l'Allemagne d'Angela Merkel, au moment où les deux pays s'apprêtent à commémorer le centenaire de l'armistice du 11 novembre 1918. Un espoir de paix durable.

Bléré, le 25 octobre 2018.

Notes

Introduction

1. Fayard (1re éd. en allemand, Verlags-Anstalt GmbH Stuttgart, 1966).
2. Au Seuil.
3. Rita Thalmann, *La Mise au pas. Idéologie et stratégie sécuritaire dans la France occupée*, Paris, Fayard, 1991.
4. Clément Millon, *Occupation allemande et justice française : les droits de la puissance occupante sur la justice judiciaire. 1940-1944*, Paris, Dalloz, 2011.
5. Aurélie Luneau, Stefan Martens, Jeanne Guérout, *Comme un Allemand en France. Lettres inédites sous l'Occupation, 1940-1944*, Paris, L'Iconoclaste, 2016.
6. *Ibid.*, p. 5.
7. BA-MA (Bundesmilitärarchiv Freiburg im Breisgau).
8. Barbara Lambauer, *Otto Abetz et les Français, ou l'Envers de la Collaboration*, Paris, Fayard, 2001.
9. Éric Alary, Bénédicte Vergez-Chaignon, Gilles Gauvin (dir.), *Les Français au quotidien (1939-1949)*, Paris, Perrin, 2006 (rééd. coll. «Tempus», 2009).

1. La montée des tensions

1. Wolfgang Geiger, *L'Image de la France dans l'Allemagne nazie (1933-1945)*, Rennes, Presses universitaires de Rennes, 1999, p. 55-105. Distelbarth, auteur francophile, a écrit plusieurs ouvrages sur la France ; il admet l'unité et la centralisation françaises comme des atouts. Pendant la guerre, il défend l'idée d'une collaboration franco-allemande dans l'esprit de Munich ; en 1942, il reproche à la France son nombrilisme. Il est même critique à l'égard du régime de Vichy auquel il ne voit aucun avenir. Il ne s'est pas opposé au nazisme.
2. *Ibid.*, p. 120-123.
3. Ernst Anrich, *Die Geschichte der deutschen Westgrenze. Darstellung und ausgewählter Quellenbeleg*, Leipzig, Quelle und Meyer, 1940, p. 11, cité par Wolfgang Geiger, *L'Image de la France dans l'Allemagne nazie (1933-1945)*, *op. cit.*, p. 160.
4. L'ouvrage de Sieburg connut plusieurs éditions : 1933, 1935, 1940, 1954.
5. Friedrich Sieburg, *Dieu est-il français ?*, Paris, Grasset, 1930, p. 163-168.

6. Se reporter à la fine analyse de Wolfgang Geiger, *L'Image de la France dans l'Allemagne nazie (1933-1945)*, *op. cit.*, p. 17-40.

7. *Ibid.*, p. 366.

8. BDIC, fichier «Pangermanisme», Adolf Sommerfeld, *Le Partage de la France*, Paris, Éditions et Librairie, s.d., mais publié avant la Grande Guerre. L'éditeur parisien siégeait 40, rue de Seine.

9. *Ibid.*, p. III.

10. Friedrich Ratzel, *La Géographie politique*, Paris, Fayard, coll. «Géopolitiques et stratégies», 1987 (rééd. en français de *Politische Geographie*, 1923, 3ᵉ éd.).

11. Voir les actes du colloque de Poitiers, organisé en 1980 par la Société française pour le droit international, publiés en un volume intitulé *Les Frontières*, Paris, A. Pedone, 1980.

12. C'est ce que montre l'étude minutieuse de Wolfgang Geiger, *L'Image de la France dans l'Allemagne nazie (1933-1945)*, *op. cit.*

13. Adolf Hitler, *Mein Kampf, Mon combat*, Paris, Éditions latines, 1934.

14. Jean-Paul Cointet, *Hitler et la France*, Paris, Perrin, 2016, p. 19-20.

15. Friedrich Sieburg a publié *Dieu est-il français?*, Paris, Grasset, 1930 (*Gott in Frankreich? Ein Versuch*, Francfort-sur-le-Main, Societäs-Verlag, 1929), le livre incontournable pour les Allemands qui souhaitaient connaître la France. Les Allemands se reportaient également à Robert Curtius avec l'*Essai sur la France*, Paris, Grasset, 1932 (traduit par Jacques Benoist-Méchin). Sieburg est venu souvent en France pendant l'Occupation, afin d'exposer la politique de Hitler en France. Il a aidé Otto Abetz, l'ambassadeur du Reich à Paris ; le 22 mars 1941, il a ainsi prononcé une causerie intitulée *La France d'hier et de demain*, à l'invitation du groupe Collaboration, à Paris. On trouve cette causerie sous la forme d'une brochure inventoriée à la BDIC de Nanterre.

16. Ce que confirme Hermann Rauschning dans *Hitler m'a dit*, Paris, Le Livre de Poche, 1979, p. 40-41. De même, Rauschning raconte avec quelle assurance Hitler comptait réduire la France : «Notre stratégie [...] consistera à détruire l'ennemi par l'intérieur, à l'obliger à se vaincre lui-même» (p. 42).

17. Ces extraits conservés des discours de Hitler sont cités par E. Jäckel dans *La France dans l'Europe de Hitler*, Paris, Fayard, 1968, p. 26.

18. Ernst Boepple, *Adolf Hitlers Reden*, Munich, Deutscher Volksverlag, 1925, p. 145.

19. Adolf Hitler, *Mein Kampf*, Édition de Boston, 1962, p. 619-620, cité par Robert Edwin Herzstein, «Le nazisme et la France (1939-1942) : population et racisme», *Revue d'histoire de la Deuxième Guerre mondiale*, juillet 1979, 29ᵉ année, n° 115, p. 1.

20. Propos tenus à Martin Bormann (conseiller très proche du Führer) en 1945 et rapportés par Hermann Böhme dans *Die Entstehung und Grundlagen des Waffenstillstandes von 1940*, Stuttgart, DVA, 1966, p. 122-123.

21. Antoine Vitkine, *Mein Kampf, histoire d'un livre*, Paris, Flammarion, 2000. Les lecteurs français connaissent *Mein Kampf* grâce à la traduction française établie en 1934 sous la direction de Fernand Sorlot, fondateur des Éditions latines en 1930. Sorlot est maurrassien, s'inquiétant beaucoup de l'expansionnisme hitlérien qui s'inscrit selon lui dans le prolongement de thèses pangermanistes qui datent. Hitler s'oppose à la publication du livre en français, considérant qu'il s'agit d'une violation de ses droits d'auteur. Le tribunal de commerce de Paris donne

raison aux avocats du Führer et Sorlot n'a pas le droit de vendre les stocks de *Mein Kampf*. Pourtant, des milliers d'exemplaires ont été vendus clandestinement jusqu'en 1940.

22. Adolf Hitler, *Mein Kampf, Mon combat, op. cit.*, p. 621.

23. *Mémorandum de Hitler, objectifs d'un plan de quatre années*, cité par E. Jäckel, *La France dans l'Europe de Hitler, op. cit.*, p. 45.

24. Barbara Lambauer, *Otto Abetz et les Français, ou l'Envers de la Collaboration, op. cit.*, p. 31-32.

25. Jean-Baptiste Duroselle, Robert Frank, *Histoire des relations internationales*, A. Colin, 2017, p. 219-228.

26. La ligne Siegfried de la Seconde Guerre mondiale (une première ligne avait été construite pendant la Grande Guerre) s'étend sur 630 kilomètres avec près de 18 000 bunkers. Elle débute à Clèves, à la frontière avec les Pays-Bas, et va jusqu'à la frontière suisse (à Weil am Rhein); cette ligne, qui compte en fait plusieurs lignes de défense, a été construite pour l'essentiel entre 1938 et 1940 sur les ordres du Führer.

27. Pierre Ayçoberry, *La Société allemande sous le IIIe Reich (1933-1945)*, Paris, Le Seuil, coll. «Points Histoire», 1998, p. 220.

28. AN, Z 6 233/2829, Fichte-Bund: extraits de tracts transmis par Bénédicte Vergez-Chaignon; qu'elle soit vivement remerciée pour son aide précieuse.

29. Eberhard Jäckel, *La France dans l'Europe de Hitler, op. cit.*, p. 49.

30. Voir Yves Durand, *La France dans la Seconde Guerre mondiale*, Paris, Armand Colin, coll. «Cursus», 1989.

31. François Cochet, *Les Soldats de la drôle de guerre*, Paris, Hachette, 2004, chap. 1.

32. Jean Malaquais, *Journal de guerre, suivi de Journal du métèque (1939-1942)*, Paris, Phébus, 1997, p. 30.

33. Fabrice Grenard, *La Drôle de guerre*, Paris, Belin, 2015; François Bédarida, *La Stratégie secrète de la drôle de guerre*, Paris, FNSP/CNRS, 1979 et Jean-Louis Crémieux-Brilhac, *Les Français de l'an 40*, Paris, Gallimard, 1990, 2 vol.

34. Jean Malaquais, *op. cit.*, p. 32.

35. Jean-Paul Cointet, *Hitler et la France, op. cit.*, p. 106 *sq.*

36. Ernst Jünger, *Journaux de guerre (1939-1948)*, t. II, Paris, Gallimard, «Bibliothèque de la Pléiade», 2008, p. 70.

37. *Ibid.*, p. 73.

38. *Ibid.*, p. 78.

39. J.-L. Leleu, F. Passera, J. Quellien, M. Daeffler, *La France pendant la Seconde Guerre mondiale. Atlas historique*, Paris, Fayard/Ministère de la Défense, 2010, p. 37.

40. Ernst Jünger, *Journaux de guerre, op. cit.*, p. 102-105.

41. *Le Temps*, 4 septembre 1939.

42. Robert Vivier, *Touraine 39-45*, Chambray-lès-Tours, CLD, 1990, p. 15-16.

43. Raymond Marchand, *Le Temps des restrictions. La vie des Angevins sous l'occupation*, Le Coudray-Macouard, Cheminements, 2000, p. 14-17.

44. Sur le Poitou, voir les travaux de Marie-Claude Albert et plus particulièrement ici *Châtellerault sous l'Occupation*, La Crèche, Geste éditions, 2015, p. 27-30.

45. Cl. Delasselle, J. Drogland, F. Gand, Th. Roblin, J. Rolley, *Un département dans la guerre 1939-1945. Occupation, collaboration et résistance dans l'Yonne*, Paris, Tirésias, 2006, p. 28-31.

46. *Les Écoliers de Tournissan 1939-1945*, Toulouse, Privat/FAOL, 1978, p. 55 (présentation par Rémy Cazals).

47. Thibault Richard, *Les Normands sous l'Occupation. Vie quotidienne et années noires*, Condé-sur-Noireau, éd. Charles Corlet, 1998, p. 25.

48. Éric Alary, Bénédicte Vergez-Chaignon, Gilles Gauvin (dir.), *Les Français au quotidien (1939-1949), op. cit.*, p. 29.

49. Maurice Garçon (annoté et présenté par Pascale Froment et Pascal Fouché), *Journal 1939-1945*, Paris, Les Belles Lettres / Fayard, 2015, p. 38 (rééd. Paris, Perrin, coll. «Tempus», 2017).

50. *Ibid.*, p. 42.

51. É. Alary, *L'Exode. Un drame oublié*, Paris, Perrin, 2010, p. 27-41.

52. AN F60/987, rapport du service central des réfugiés portant sur l'accroissement des capacités d'accueil, décembre 1939.

53. É. Alary, B. Vergez-Chaignon, G. Gauvin (dir.), *Les Français au quotidien, op. cit.* p. 39-43.

54. Gritou et Annie Vallotton, *C'était au jour le jour, Carnets (1939-1944)*, Paris, Payot, 1995, p. 45.

55. Voir les numéros du magazine *L'Illustration* pendant la «drôle de guerre».

56. Jean-Louis Panicacci, *Les Alpes-Maritimes de 1939 à 1945. Un département dans la tourmente*, Nice, éd. Serre, 1989.

57. Jacqueline Sainclivier, *La Bretagne dans la guerre (1939-1945)*, Rennes, Ouest-France, 1994, p. 25-26.

58. Louis Mexandeau, *Nous, nous ne verrons pas la fin. Un enfant dans la guerre (1939-1945)*, Paris, le cherche midi éditeur, 2003, p. 28-64.

59. Pierre Ayçoberry, *La Société allemande sous le IIIᵉ Reich*, Paris, Le Seuil, coll. «Points Histoire», 1998, p. 226 *sq.*

60. William Shirer, *Berlin Diary: The Journal of a Foreign Correspondent 1934-1941*, New York, Grosset and Dunlap, 1943.

61. Se reporter à Adam Tooze, *Le Salaire de la destruction: formation et ruine de l'économie nazie*, Paris, Les Belles Lettres, 2012, p. 352 *sq.*, et Pierre Ayçoberry, *La Société allemande sous le IIIᵉ Reich, op. cit.*, p. 226 *sq.*

62. Ian Kershaw, *Popular Opinion and Political Dissent in The Third Reich: Bavaria, 1933-1945*, Oxford, Clarendon Press, 1983; cet ouvrage a été publié en version française: *L'Opinion allemande sous le nazisme: Bavière 1933-1945*, Paris, CNRS éditions, 2002.

2. Les Allemands en France, une invasion *korrekt*

1. Karl-Heinz Frieser, «La légende de la Blitzkrieg», *in* Maurice Vaïsse, *Mai-juin 1940*, Paris, Autrement/CEHD, 2000, p. 75-86.

2. J.-L. Leleu, F. Passera, J. Quellien, M. Daeffler, *La France pendant la Seconde Guerre mondiale. Atlas historique, op. cit.*, p. 38-39; se reporter également à K.-H. Frieser, *Le Mythe de la guerre éclair*, Paris, Belin, 2003.

3. Jean Malaquais, *Journal de guerre, op. cit.*, p. 151.

4. Des extraits de ces tracts sont lisibles sur leaflets.unblog.fr/2008/07/12/1940-le-journal-de-cambronne/

5. Ernst Jünger, *Journaux de guerre, op. cit.*, p. 138.

6. *Ibid.*, p. 139.

7. J.-L. Leleu, F. Passera, J. Quellien, M. Daeffler, *La France pendant la Seconde Guerre mondiale. Atlas historique, op. cit.*, p. 41.

8. Se reporter à K.-H. Frieser, *Le Mythe de la guerre éclair, op. cit.*, et à Maurice Vaïsse (dir.), *Mai-juin 1940, op. cit.*

9. Eberhard Jäckel, *La France dans l'Europe de Hitler*, Paris, Fayard, 1968, et Jean-Paul Cointet, *Hitler et la France, op. cit.*, p. 114.

10. Jean Malaquais, *Journal de guerre, op. cit.*, p. 165.

11. Gerhard Heller, *Un Allemand à Paris 1940-1944*, Paris, Le Seuil, 1981, p. 25.

12. Stefan Martens, «Printemps-été 1940 : les premiers *Blitzkriege* de l'Allemagne nazie», *in* Alya Aglan et Robert Frank, *1937-1947. La guerre-monde*, vol. 1, Paris, Gallimard, coll. «Folio», 2015, p. 198-199, 2 vol.

13. J. J. Arzalicr, «La campagne de mai-juin 1940. Les pertes?», *in* Christine Levisse-Touzé (dir.), *La Campagne de 1940*, Paris, Tallandier, 2001.

14. Stefan Martens, «Printemps-été 1940 : les premiers *Blitzkriege* de l'Allemagne nazie», *op. cit.*, p. 199.

15. Thibault Tellier, *Paul Reynaud. Un indépendant en politique (1878-1966)*, Paris, Fayard, 2005, p. 573-670.

16. Éric Roussel, *16 juin 1940. Le naufrage*, Paris, Gallimard, 2009, et Bénédicte Vergez-Chaignon, *Pétain*, Paris, Perrin, 2014.

17. Éric Alary, *La Ligne de démarcation*, Paris, Perrin, 2003. Se reporter aussi à Robert Vivier, *Touraine 39-45*, Chambray-lès-Tours, CLD, 1990.

18. E. Jäckel, *La France dans l'Europe de Hitler, op. cit.*, p. 110-124.

19. *Lettres de la Wehrmacht*, Paris, Perrin, 2014, p. 77.

20. Les trois départements sont devenus l'Alsace-Lorraine dans la terminologie bismarckienne.

21. Se reporter à la thèse de doctorat d'Eugène Riedweig, *L'Alsace de 1939 à 1945*, université de Strasbourg, 1983, mais aussi à Dieter Wolfanger, *Nazification de la Lorraine mosellane*, Sarreguemines, Pierron, 1982, et à François Moulin, *Lorraine, années noires*, Strasbourg, La Nuée Bleue, 2009.

22. *Lettres de la Wehrmacht, op. cit.*, p. 80.

23. Extrait de lettre publiée dans Aurélie Luneau, *Je vous écris de France. Lettres inédites à la BBC 1940-1944*, Paris, L'Iconoclaste, 2014, p. 45-46.

24. Ils ont ensuite été expulsés. Au sujet des préfets et sous-préfets des départements annexés, voir Marc Olivier Baruch, *Servir l'État français. L'administration en France de 1940 à 1944*, Paris, Fayard, 1997, p. 67-68.

25. François Moulin, *Lorraine, années noires, op. cit.*, p. 62-63.

26. Cédric Neveu, «L'Alsace et la Moselle annexées», *in* J.-L. Leleu, F. Passera, J. Quellien, M. Daeffler, *La France pendant la Seconde Guerre mondiale, op. cit.*, p. 53.

27. C'est seulement le 3 septembre 1940 que le gouvernement français réagit par l'entremise d'une note remise par le général Huntziger à la CAA de Wiesbaden.

28. Par le traité de Francfort, la France conserve un territoire plus grand autour de Belfort, mais elle est contrainte de céder plusieurs centres sidérurgiques en Lorraine.

29. AN, F 60/1506, Cabinet militaire, DSA, dossier classé «secret», Cahier sur le régime des lignes de démarcation, première partie («Les principes du découpage»), avril 1942, 54 p.

30. AN, AJ 41/400, *Vobif* n° 28, publiée le 3 avril 1941.

31. *Ibid.*

32. Sur ces deux départements rattachés administrativement au commandant militaire en Belgique, se reporter à l'excellent ouvrage d'Étienne Dejonghe et Yves Le Maner, *Le Nord-Pas-de-Calais dans la main allemande*, Lille, La Voix du Nord, 1999.

33. *Ibid.*

34. *Ibid.*, p. 80-82.

35. Laurent Thiery, « Le Nord et le Pas-de-Calais », art. cité, p. 55.

36. J. Fichte, *Discours à la nation allemande*, Paris, Imprimerie nationale, 1992. Voir notamment les discours XIII (p. 323-352) et XIV (p. 353-355).

37. É. Jäckel, *La France dans l'Europe de Hitler*, op. cit., p. 92-93 et Rita Thalmann, *La Mise au pas. Idéologie et stratégie sécuritaire dans la France occupée*, op. cit., p. 18-19 ; Hans Umbreit, *Der Militärbefehlshaber in Frankreich, 1940-1944*, Boppard am Rhein, Haral Boldt Verlag, 1968, p. 53 *sq.*

38. É. Alary, *L'Exode*, op. cit., chap. 11 sur le retour de l'exode.

39. E. Jäckel, *La France dans l'Europe de Hitler*, op. cit., p. 93-94, et cité par Rita Thalmann, dans *La Mise au pas. Idéologie et stratégie sécuritaire dans la France occupée*, op. cit., p. 19.

40. Étienne Dejonghe, « Être "occupant" dans le Nord (vie militaire, culture, loisirs, propagande) », dans *Revue du Nord*, t. 65, n° 259, octobre-novembre 1983, p. 707-745.

41. Pour Brest et le Finistère, nous nous référons à Alain Floch, *L'Occupation allemande dans les 162 communes du Nord Finistère, 1940-1944*, Saint-Thonan, Finistère, 2012, p. 7-12.

42. Pour ce département, nous empruntons des exemples à Raymond Marchand, *Le Temps des restrictions. La vie des Angevins sous l'Occupation*, Le Coudray-Macouard, Cheminements, 2000, p. 88-100.

43. Nous empruntons cet exemple à la très bonne étude (master 2) publiée par Marie-Claude Albert, *Châtellerault sous l'Occupation*, La Crèche, Geste éditions, 2005, p. 37-42.

44. Berthe Auroy, *Jours de guerre. Ma vie sous l'Occupation*, Paris, Bayard, 2008, p. 68 (présentation et notes par Anne-Marie Pathé et Dominique Veillon).

45. *Ibid.*, p. 70.

46. *Ibid.*, p. 72.

47. *Ibid.*, p. 73.

48. Alain Couprie, *Et Paris devint allemand. Comment les Parisiens le vécurent (9-14 juin 1940)*, Paris, le cherche midi éditeur, 2015, p. 140.

49. Maurice Garçon, *Journal 1939-1945*, op. cit., p. 118.

50. August von Kageneck, *La France occupée*, Paris, Perrin, coll. « Tempus », 2012, p. 53 (l'auteur de cet ouvrage est un soldat allemand qui raconte ce qu'il a vu en France entre 1940 et 1942).

51. Alain Couprie, *Et Paris devint allemand*, op. cit., p. 149-150.

52. Cécile Desprairies, *Paris dans la Collaboration*, Paris, Le Seuil, 2009.

53. Témoignage donné dans *La Voix du Nord*, 2 juin 2015.

54. Étienne Dejonghe, Yves Le Maner, *Le Nord-Pas-de-Calais dans la main allemande 1940-1944*, op. cit., p. 52.

55. Voir http://maitron-fusilles-40-44.univ-paris1.fr

56. Jean-Pierre Azéma, *1940. L'Année noire*, Paris, Fayard, 2010, p. 160.

57. É. Alary, *L'Exode, op. cit.*

58. Alain Corbin, *Sois sage, c'est la guerre. Souvenirs d'enfance, 1939-1945*, Paris, Flammarion, coll. «Champs Histoire», 2014, p. 12-13.

59. Zoltán Szabó, *L'Effondrement. Journal de Paris à Nice (10 mai 1940-23 août 1940)*, Paris, Exils, 2002, p. 117.

60. Andrezej Bobkowski, *En guerre et en paix. Journal 1940-1944*, Montricher, Les Éditions Noir sur Blanc, 1991, p. 19.

61. É. Alary, *L'Exode, op. cit.*, p. 290-295, et Pierre Scherrer, *Un hôpital sous l'Occupation*, Paris, Atelier Alpha bleue, 1989.

62. Cité dans Aurélie Luneau, Jeanne Guérout, Stefan Martens, *Comme un Allemand en France, op. cit.*, p. 32.

63. É. Alary, *L'Exode, op. cit.*, p. 312-313.

64. AN, F1CIII/1191, lettre au général commandant la 9e région, 9 juillet 1940.

65. Bénédicte Vergez-Chaignon, *Histoire de l'épuration*, Paris, Bibliothèque historique Larousse, 2010.

66. Raffael Scheck, *Une saison noire. Les massacres de tirailleurs sénégalais (mai-juin 1940)*, Paris, Tallandier, 2007.

67. Aurélie Luneau, Jeanne Guérout, Stefan Martens, *Comme un Allemand en France, op. cit.*, p. 32.

68. Cité par Robert Edwin Herzstein, «Le nazisme et la France (1939-1942) : population et racisme», *Revue d'histoire de la Deuxième Guerre mondiale*, juillet 1979, 29e année, n° 115, p. 9.

69. *Kriegspropaganda 1939-1941 : Geheime Ministerkonferenzen im Reichspropagandaministerium*, publié sous la direction de Willi A. Boelcke, Stuttgart, DVA, 1966, p. 368 *sq.*

70. Voir, par exemple, Gaël Eismann, *Hôtel Majestic. Ordre et sécurité en France occupée (1940-1944)*, Paris, Tallandier, 2010.

71. Aurélie Luneau, Jeanne Guérout, Stefan Martens, *Comme un Allemand en France, op. cit.*, p. 22.

72. *Ibid.*

73. *Ibid*, p. 27-28.

74. *Ibid.*, p. 53.

75. *Ibid.*, p. 57, lettre datée du 17 juillet 1940.

76. August von Kageneck, *La France occupée, op. cit.*, p. 62.

77. *Lettres de la Wehrmacht, op. cit.*, p. 72, lettre datée du 17 juillet 1940.

78. Aurélie Luneau, Jeanne Guérout, Stefan Martens, *Comme un Allemand en France, op. cit.*, p. 22-23.

79. Citation dans Henri Amouroux, *La Grande Histoire des Français sous l'Occupation. Le Peuple du désastre 1939-1940*, Paris, Robert Laffont, 1976, p. 423.

80. En raison de la qualité de son commandement, avec onze collègues généraux, Bock est promu *Generalfeldmarschall* le 19 juillet 1940, à l'occasion d'une cérémonie sous la présidence de Hitler.

81. *Generalfeldmarschall* Fedor von Bock, *The War Diary 1939-1945*, éd. par Klaus Gerbert, Atglen, PA, Shiffer Publishing, 2000, repris en partie dans August von Kageneck, *La France occupée, op. cit.*, p. 56.

82. August von Kageneck, *La France occupée, op. cit.*, p. 57.

83. Jean-Pierre Azéma, *1940, l'année terrible*, Paris, Le Seuil, 1990, p. 103.

84. *Ibid.*, p. 103.

85. Pour Bordeaux, voir notamment Philippe Souleau, *Bordeaux, ville en guerre*, Toulouse, Privat, 2011 ; Hubert Bonin, *Tabous de Bordeaux*, Bordeaux, Le Festin, 2010, et S. Marzagalli et B. Marnot (dir.), *Guerre et économie dans l'espace atlantique du XVIᵉ au XXᵉ siècle*, Bordeaux, PUB, 2006.

86. *Ibid.*

87. *Ibid.*, p. 170.

88. Cl. Delasselle, J. Drogland, F. Gand, T. Roblin et J. Rolley, *Un département dans la guerre 1939-1945. Occupation, collaboration et résistance dans l'Yonne*, Paris, Tirésias, 2006, p. 45-46.

89. Jacqueline Sainclivier, *La Bretagne dans la guerre (1939-1945)*, Rennes, Ouest-France, 1994, p. 28-40.

90. Gilles Perrault, *Paris sous l'Occupation*, Paris, Belfond, 1994 ; Henri Michel, *Paris allemand*, Paris, Albin Michel, 1981.

91. Henri Michel, *Paris allemand, op. cit.*

92. Affiche placardée sur les murs rouennais dès le 10 juin 1940.

93. Ernst Jünger, *Journaux de guerre, op. cit.*, p. 169.

94. Pour les estimations, se reporter à Arne Radtke-Delacor, «Die "gelenkte Wirtschaft" in Frankreich : Versuch einer vergleichenden Untersuchung der technokratischen Strukturen der NS-Besatzungsmacht und des Vichy-Regimes (1940-1944)», *in* Alain Chatriot, Dieter Gosewinkel (dir.), *Les Figures de l'État en Allemagne et en France 1870-1945. – Figurationen des Staates, Deutschland und Frankreich 1870-1945*, Munich, Oldenbourg, 2006, p. 235-254.

95. Peter Lieb, Robert Paxton, «Maintenir l'ordre en France occupée. Combien de divisions ?», *Vingtième Siècle. Revue d'histoire*, 2011/4, n° 112, p. 115-126.

96. Philippe Burrin, *La France à l'heure allemande*, Paris, Le Seuil, 1995. Voir aussi Lucien Steinberg, *Les Allemands en France, 1940-1944*, Paris, Albin Michel, 1980.

97. Ludger Tewes, *Frankreich in der Besatzungszeit, 1940-1943. Die Sicht deutscher Augenzeugen*, Bonn, Bouvier, 1998.

98. Se reporter à ses souvenirs : Gerhard Heller, *Un Allemand à Paris, op. cit.*

99. Stefan Martens, «Pour une histoire de l'occupation 1940-1944» dans http://www.ihtp.cnrs.fr/prefets/fr/content/pour-une-histoire-de-l-occupation-1940-1944

100. Felix Hartlaub, *Paris 1941*, Paris, Solin/Actes Sud, 1999, p. 113.

101. *Ibid.*

102. Sur ce point, voir la thèse de doctorat publiée par Gaël Eismann, *Hôtel Majestic. Ordre et sécurité en France occupée (1940-1944), op. cit.*, mais aussi l'ouvrage, déjà ancien mais toujours fort utile, d'Hans Umbreit, *Der Militärbefehlshaber in Frankreich, op. cit.* Voir aussi Rita Thalmann, *La Mise au pas. Idéologie et stratégie sécuritaire dans la France occupée, op. cit.*, et Ahlrich Meyer, *L'Occupation allemande en France 1940-1944*, Toulouse, Privat, 2002.

103. Les districts seront réorganisés en janvier 1943 et nommés par la partie territoriale administrée : par exemple, *Nordwestfrankreich*.

104. Le 15 janvier 1942, l'état-major du district de Bordeaux est déplacé à l'Est et son ressort entre dans les compétences du district d'Angers.

105. Leur nombre a été très évolutif, passant de 47 en novembre 1940 à 28 en janvier 1942. Les occupants vont pratiquer les fusions et transferts de services ; cela concerne aussi les *Kreiskommandanturen*.

106. Voir K. Böckle, *Feldgendarmen, Feldjäger, Militärpolizisten*, Stuttgart, Motorbuch, 1987.

107. Les antennes de l'Abwehr obéissent aux ordres des commandants de Paris et Bruxelles. Chaque district compte un siège de l'Abwehr. Des services annexes sont installés dans plusieurs villes comme Brest, Lille et Nancy.

108. Sur la SS, voir Jean-Luc Leleu, *La Waffen-SS. Soldats politiques en Guerre*, Paris, Perrin, 2007.

109. Philippe Burrin, *La France à l'heure allemande, op. cit.*, p. 97.

110. Voir la thèse de référence de Barbara Lambauer, *Otto Abetz, op. cit.*

111. Il était bien francophile par son goût pour la cuisine et la culture françaises. Il a épousé une Française. Toutefois, dans ses propos, une idée passe : les Français doivent rester à leur place et faire montre d'un orgueil bien moindre.

112. CDJC, XXIV, 1a, W. Best, « Grundsätzliche Richtlinien für die politische Behandlung des besetzten Gebietes », 19 août 1940.

113. À l'issue de la Seconde Guerre mondiale, Abetz a tenté de se faire passer pour un ancien social-démocrate idéaliste, très enclin à rechercher l'entente entre les Français et les Allemands. Ce qui est fallacieux.

114. Éric Alary, *Mars 1942. Un procès sous l'Occupation au Palais-Bourbon*, Paris, Éd. de l'Assemblée nationale, 2001 (préfaces de Laurent Fabius et Jean-Pierre Azéma).

115. Reproductions photographiques dans *La Semaine*, 25 juillet 1940.

116. L'état-major du *Reichsleiter* Rosenberg perquisitionnait dans les bibliothèques et les archives françaises dans le cadre d'un pillage soigneusement orchestré.

117. Information retrouvée grâce aux pistes données par Jacques Delarue ; pour les Allemands, l'appellation « palais Herriot » désigne la résidence d'Édouard Herriot, alors président de la Chambre des députés.

118. Archives de la préfecture de police, consultées le 19 juillet 1999 : carton « BA. 2098 », sous-chemise 1S3/1661.

119. Le commandant du Gross-Paris assure la sécurité des troupes et le maintien de l'ordre. Son état-major administratif est sous la direction du *Ministerialrat* (conseiller ministériel) Rademacher, installé au Palais-Bourbon, dans les bureaux de la questure.

120. En juillet 1940, les listes dressées par la préfecture de police ont recensé au Palais-Bourbon les services logistiques du commandant du Gross-Paris (départements de la Seine, de la Seine-et-Oise et de la Seine-et-Marne) qui dépendait du MbF : ceux du conseiller juridique Fritz, ceux du chef de la *Feldgendarmerie*, le colonel Perhaus (installé le long de la cour Montesquieu), ceux du chef de la police du roulage, le major Sorg, et enfin ceux du responsable des questions économiques, le conseiller Westphal.

121. Les services allemands occupent les locaux de la questure, le pourtour de la cour Montesquieu et les bureaux qui longent la cour d'honneur.

122. Au Palais-Bourbon sont rassemblés les transports routiers, le service fluvial et la circulation des péniches, les sauf-conduits des réfugiés et les libérations

provisoires des prisonniers de guerre, l'agriculture, la distribution d'essence pour le trafic commercial avec l'Alsace-Lorraine, l'électricité, les banques et les finances, et enfin la surveillance des banques et la liaison avec la Banque de France.

123. Liste des services allemands retrouvée aux archives de la préfecture de police de Paris, 10 juin 1941.

124. Dans une lettre envoyée le 3 octobre 1999, Serge Klarsfeld nous apprend que le SS Lischka – qui a travaillé avec Carl Oberg à la déportation des Juifs de France – a envoyé, en juillet 1942, une lettre d'information au *Kommandant von Gross-Paris* sur les résultats de la rafle du Vél' d'Hiv, les 16-17 juillet 1942.

3. Le diktat

1. Se reporter à l'étude stimulante de Martin Broszat, *L'État hitlérien*, Paris, Fayard, 1985 (éd. allemande, 1970).

2. Voir l'excellente étude de Marc Olivier Baruch, *Servir l'État français, op. cit.*

3. Wilhelm Keitel (maréchal), *Souvenirs, lettres, documents* (présentés par Walter Gorlitz), Paris, Fayard, 1963, p. 139.

4. Hans Rudolf Fuhrer, « Renseignement et plans d'opération "Suisse". L'espionnage allemand contre la Suisse pendant la Seconde Guerre mondiale », *Relations internationales*, été 1994, n° 78, p. 215-239.

5. C'est seulement après la guerre que ce projet a été découvert par les autorités suisses.

6. Archives privées de Jacques Delarue.

7. ADAP, vol. IX, n° 479, compte rendu probablement de l'interprète Paul Schmidt, 18 juin 1940, p. 503 et s.

8. Keitel, *Souvenirs…, op. cit.*, p. 139.

9. E. Jäckel, *La France dans l'Europe de Hitler, op. cit.*, p. 58.

10. MAE, série Y-Vichy, papiers Rochat, dossier n° 183, notes personnelles de Rochat prises entre le 20 et le 25 juin, cité par Jean-Baptiste Duroselle, Politique étrangère de la France. *L'abîme, 1939-1944*, Paris, Le Seuil, coll. « Points Histoire », 1986, p. 246.

11. *Ibid.* ; les quatre autres concessions à ne pas faire sont la livraison de la flotte et de l'aviation pour s'en servir contre l'Angleterre, la perte des frontières actuelles de la France, y compris la Corse et l'Alsace-Lorraine, et enfin l'atteinte aux institutions.

12. Keitel, *Souvenirs…, op. cit.*, p. 139.

13. Jean-Pierre Azéma, *De Munich à la Libération, 1938-1944*, Paris, Le Seuil, coll. « Points Histoire », 1979, p. 71.

14. Ernst Jünger, *Journaux de guerre, op. cit.*, p. 167.

15. *Ibid.*, p. 126.

16. É. Alary, *La Ligne de démarcation, op. cit.*

17. *Ibid.*

18. Philippe Pétain, *Discours aux Français (17 juin 1940-20 août 1944)*, Paris, Albin Michel, 1989, p. 66.

19. Nicholas Stargardt, *La Guerre allemande. Portrait d'un peuple en guerre. 1939-1945*, Paris, Vuibert, 2017, p. 145.

20. Jean Texcier, *Conseils à l'occupé*, juillet 1940, conseil n° 31 ; texte intégral sur http://museedelaresistanceenligne.org/media2616-iConseils-A

21. Andrzej Bobkowski, *En guerre et en paix. Journal 1940-1944*, *op. cit.*, p. 32.

22. A. Luneau, J. Guérout, S. Martens, *Comme un Allemand en France*, *op. cit.*, p. 49.

23. R. Belot, É. Alary, B. Vergez-Chaignon, *Les Résistants. L'histoire de ceux qui refusèrent*, Paris, Larousse, 2015, p. 8-9.

24. Aurélie Luneau, *Je vous écris de France. Lettres inédites à la BBC 1940-1944*, Paris, L'Iconoclaste, 2014, p. 23.

25. Maurice Garçon, *Journal 1939-1945*, Paris, Les Belles Lettres/Fayard, 2015, p. 128.

26. *Ibid.*, p. 128-129.

27. *Ibid.*

28. *Ibid.*

29. Jean Guéhenno, *Journal des années noires 1940-1944*, Paris, Gallimard, coll. «Folio», 2002, p. 15.

30. *Ibid.*, p. 19.

31. Pierre Audiat, *Paris pendant la guerre (juin 1940-août 1944)*, Paris, Hachette, 1946, et Alya Aglan, «"Wie Gott in Frankreich?" Les Allemands en France, 1940-1948», *in* Alya Aglan et Robert Frank (dir.), *1937-1947. La Guerre-Monde*, t. II, Paris, Gallimard, coll. «Folio Histoire», 2015, p. 1791.

32. É. Alary, *La Ligne de démarcation*, *op. cit.*

33. Le général Halder (1884-1972) est nommé chef de l'EMG le 27 août 1938, succédant au général Beck. Il devient le collaborateur immédiat de von Brauchitsch, commandant en chef de l'armée de terre (OKH). Ils ont préparé et dirigé ensemble les opérations en Pologne et en France. Halder s'est opposé au plan Manstein qui prévoyait une percée à travers le Luxembourg et la Belgique, plan soutenu par Guderian. Le 19 juillet 1940, nommé colonel-général, il est l'un des acteurs importants de l'élaboration des plans d'invasion des Balkans et de la Russie.

34. Keitel (maréchal), *Souvenirs...*, *op. cit.*

35. Franz Halder (général), *Hitler seigneur de la guerre*, Paris, Payot, 1950, p. 111.

36. BA-MA, Freiburg, *Dokumentenzentrale des Militärgeschichtlichen Forschungsamtes, Oberkommando des Heeres* et RW 4/v. 32 et v. 37, *OKW/Werhmachtführungsstab. Tagebuch und Handakten Jodl et Unterlagen Jodl (alle Fronten, Fotokopie von Nürnberger Dokument 1781-PS)*.

37. ADAP, vol. IX, ordre du Führer, 18 mai 1940, et Henri Michel, *Vichy, année 1940*, Paris, Robert Laffont, 1966, p. 45.

38. *Ibid.* Cité par Eberhard Jäckel, *La France dans l'Europe de Hitler*, Paris, Fayard, 1968, p. 55.

39. Franz Halder (général), *Kriegstagebuch*, Stuttgart, Kohlhammer, 3 vol., vol. 1, 1962, p. 358 (16 juin 1940).

40. Hans Umbreit, *Der Militärbefehlshaber in Frankreich*, *op. cit.*, p. 53.

41. Keitel, *Souvenirs...*, *op. cit.*, p. 139.

42. E. Jäckel, *La France dans l'Europe de Hitler*, *op. cit.*, p. 53, et Hermann Böhme, *Entstehung und Grundlagen des Waffenstillstandes von 1940*, Stuttgart, Deutsche Verlags-Anstalt, 1960.

43. Collectif, *Das deutsche Reich und der zweite Weltkrieg*, Stuttgart, Deutsche Verlags-Anstalt, 1984, vol. 3, p. 316-317, 5 vol.

44. *Der geschichtliche Sinn des Waffenstillstandes mit Frankreich*, Kriegsvortätige der Rheinischen Friedrich-Wilhelms-Universität Bonn a. Rh., H. 20, Bonn, Gebr. Scheur, 1940 (*Le Sens historique de l'armistice avec la France*); cité par W. Geiger, *L'Image de la France, op. cit.*, p. 159.

45. Johann von Leers, *Geschichtlicher Kampf um die deutsche Westgrenze*, Berlin, Spaeth und Linde, 1941 (*Le Combat historique pour la frontière occidentale allemande*); l'ouvrage est tiré d'une conférence prononcée en décembre 1940, lors de l'inauguration de l'Académie d'administration de Strasbourg. Cité par W. Geiger, *L'Image de la France, op. cit.*, p. 160.

46. W. Geiger, *L'Image de la France..., op. cit.*, p. 161-164.

47. *Ibid.*, p. 161.

48. Karen Schönwälder, *Historiker und Politik – Geschichtswissenschaft im Nationalsozialismus*, Francfort-sur-le-Main, Campus, 1992, p. 174 *sq.*, et Klaus Schwabe, «Deutsche Hochschullehrer und Hitlers Krieg (1936-1940)», *in* Martin Broszat, Klaus Schwabe (dir.), *Die Deutschen Eliten und der Weg in den Zweiten Weltkrieg*, Munich, Beck, 1989, p. 291-333.

49. Franz Steinbach fut le directeur de l'Institut de recherche historique régionale en Rhénanie. Il a affirmé comprendre l'expansionnisme français depuis le Moyen Âge, tout en précisant que cela a été la source d'une dérive du pouvoir du centre vers l'ouest de l'Europe. Cela expliquerait alors l'hégémonie française au détriment des provinces occidentales de l'Allemagne. D'où l'esprit de revanche permanent exprimé par les pangermanistes de l'entre-deux-guerres.

50. *La Délégation française auprès de la commission allemande d'armistice* (*DFCAA*), Paris, 1947-1959, 5 vol. publiés, 17 juillet 1940, vol. 1, et octobre 1940, vol. 2, et BA-MA, RW 34/v. 238, «Note sur le IIIe Reich et sa frontière occidentale», 30 janvier 1941.

51. BA-MA, RW 34/v. 238, «Note sur le IIIe Reich et sa frontière occidentale», 30 janvier 1941.

52. H. Rauschning, *Hitler m'a dit, op. cit.*

53. *L'Illustration*, 8 juin 1940, p. 196.

54. Jacques Lorraine, *Les Allemands en France*, Paris, Imprimerie P. Dupont, janvier 1945, p. 20.

55. Yves Le Maner, Étienne Dejonghe, *Le Nord-Pas-de-Calais dans la main allemande, op. cit.* p. 81.

56. Expression probablement prononcée ou écrite par un officier allemand à Rethondes, en 1940.

57. ADAP, vol. IX, n° 523, copie de l'original (perdu) de la convention d'armistice, p. 554 *sq.*

58. Voir Michel Launay, *L'Armistice de 1940*, Paris, PUF, 1972, en ce qui concerne le texte français de la convention (p. 37-42) et les problèmes posés par l'armistice.

59. Keitel, *Souvenirs..., op. cit.*, p. 139.

60. Article 3 de l'armistice.

61. La citation est bien connue des historiens de la Seconde Guerre mondiale; on la trouve par exemple chez Robert Aron, *Histoire de Vichy*, Paris, Fayard, 1954, p. 354.

62. Jean-Pierre Azéma, *1940, l'année terrible, op. cit.*, p. 106.

63. ADAP, vol. IX, n⁰ˢ 512, 513, 521 et 522, discussions dans le train de Rethondes : comptes rendus de l'interprète Schmidt, 20-21 juin 1940, p. 532 *sq.*

64. SHAT, 1P51, Conversation présidée par le général Jodl, 18 heures, vendredi 21 juin 1940, et Maxime Weygand (général), *Mémoires. Rappelé au service*, Paris, Flammarion, 1950, t. 1, 3 tomes, p. 251-257.

65. SHAT, 1P151, *ibid.*

66. *Ibid.*, p. 2.

67. *Ibid.*, p. 5.

68. *Documents on German Foreign Policy* (DGFP), Londres, texte n° 512, 21 et 22 juin 1940, p. 646, vol. IX : « *The collection of Jodl Papers Mentionned in Footnote 4 Includes Such a Map, with Demarcation Line Indicated in Green* » (« Les papiers rassemblés par Jodl signalaient dans la 4ᵉ note de bas de page qu'il existait une carte avec la ligne de démarcation tracée en vert »).

69. AN BB 30/1712, copie du texte de l'armistice de 1918.

70. MAE, Vichy-Europe, série Y-Guerre 1939-1945, vol. 31, dossier 5 : Application de l'Armistice, principes et généralités, 20-24 juin 1940.

71. SHAT, 1P151.

72. Jean-Baptiste Duroselle, *Politique étrangère de la France. L'abîme, op. cit.*, p. 253-254, le général Weygand a reproduit les demandes françaises dans ses *Mémoires, op. cit.*, p. 258-262.

73. Il s'agit des départements de Seine, Seine-et-Oise et Marne.

74. Le comte Ciano, beaucoup moins dur que Keitel, dirige la délégation italienne d'armistice.

75. ADAP, vol. IX, n⁰ˢ 525 et 526, Lettres de Mussolini à Hitler et la réponse, 22 juin 1940, p. 561 *sq.*

76. Les Italiens, commandés par Gamara, n'ont jamais atteint Nice et les Français ont tenu bon à Menton ; ils ont même lancé une contre-attaque.

77. Jean-Paul Cointet, dans *Hitler et la France, op. cit.*, p. 117, pense qu'il s'agit plutôt du 23 juin, car c'est un dimanche, un jour calme, et que le 28 juin Hitler change de QG. Cela dit, Paris est forcément calme puisque les rues sont désertes à cette heure très matinale et parce que 2 millions de Parisiens ne sont pas encore rentrés de l'exode.

78. Albert Speer, *Au cœur du Troisième Reich*, Paris, Fayard, 1969, coll. « Pluriel », 2010.

79. *Ibid.*

80. Franz Halder (général), *Kriegstagebuch, op. cit.*, vol. 1, message du 19 juin 1940.

81. ADAP, vol. IX, Télégrammes de l'ambassade de France à Madrid, n⁰ˢ 490, 496, 499 et 500, 19 et 20 juin 1940, p. 515 *sq.*

82. Halder, *Kriegstagebuch, op. cit.*, vol. 1, 21 juin 1940, p. 366.

83. Depuis la France non occupée, il y avait deux itinéraires ferroviaires pour transporter les marchandises destinées à la Suisse. Le premier partait de Cerbère à la frontière franco-espagnole, rejoignait la vallée du Rhône, puis Bellegarde, avant de franchir la ligne de démarcation et de traverser la zone occupée sur 15 kilomètres jusqu'au petit village de La Plaine, sur la frontière, côté suisse. Le second itinéraire, plus long, partait de Lyon, rejoignait Chambéry, La Roche-sur-Foron et Annemasse – à partir de là, la ligne est à voie unique –, puis la gare de

Genève-Eaux-Vives (dépendant de la SNCF bien que localisée en Suisse). C'est par ce chemin que les marchandises pouvaient être acheminées depuis le port de Marseille.

84. Rappelons qu'un quart du territoire suisse est situé en haute altitude inexploitable; le pays n'a pas non plus de réels débouchés maritimes.

85. MAE, Guerre 1939-1945, Vichy-Europe, série Y, vol. 773, dossier n° 1, «Situation économique et ravitaillement», juin 1940-mai 1944, Télégramme à l'arrivée, Berne, le 27 juin 1940.

86. MAE, Vichy-Europe, série Y, vol. 773 (microfilm n° P 2804), lettre n° 1127/VFM du colonel d'infanterie, chef de la délégation à Paris, au général Kohl, délégué du chef allemand des transports, 27 septembre 1940.

87. *Ibid.*, Note sur la destruction d'un viaduc près de La Roche-sur-Foron (ligne d'Annecy à Genève), Ministère des Communications, direction générale des chemins de fer, 4 septembre 1940.

88. Archives privées du commissaire Jacques Delarue: il s'agissait de douze Belges recrutés par un membre du mouvement belge pronazi VNV (Fédération nationale flamande), membres d'un groupe de l'Abwehr dirigé par le major Hoffmann, alias Hotzel, alias Klinger. Les saboteurs belges avaient été rapidement formés à l'usage des explosifs, amenés sur les lieux de l'attentat par les Allemands eux-mêmes.

89. Archives privées de Jacques Delarue: rapport du commissaire divisionnaire Belin à l'inspecteur général, chargé de services de police criminelle, 1re section, 13 septembre 1940, 15 p.

90. BA-MA, RW 34/v. 14, *Dritter Tätigkeitsbericht der deutscher Waffenstillstands – Delegation für Wirtschaft, 1 Juli-31 Dezember 1941* (3e rapport d'activité de la délégation de la CAA pour l'économie), p. 44-48.

91. D'après la convention de La Haye de 1907, les pays neutres avaient la possibilité de contracter avec les belligérants, ce que la Suisse a fait avec le Portugal, l'Espagne, l'Angleterre, la France, l'Allemagne et l'Italie.

92. Parmi eux, il y a, entre autres, le livre basé sur des souvenirs de Heinrich Homberger: *La Politique commerciale de la Suisse durant la Deuxième Guerre mondiale*, Neuchâtel, La Baconnière, 1972 (paru en allemand en 1970: *Schweizerische Handelspolitik im zweiten Weltkrieg*, Erlenbach-Zurich et Stuttgart, Rentsch Verlag).

93. Au sujet des relations économiques franco-suisses, il existe l'ouvrage écrit par un historien suisse, René Jerusalmi, *Les Relations économiques franco-suisses (1939-1945)*, Berne, Peter Lang, 1995; voir la bibliographie du *Bulletin de l'IHTP*, n° 38, décembre 1989 (point 2, p. 46 notamment).

94. La Suisse importait des produits semi-finis ou bruts et exportait essentiellement des biens manufacturés, issus souvent de la haute technologie.

95. *Ibid.*

96. *Ibid.*

97. Le pays de Gex était contrôlé par une *Kommandantur* annexe qui dépendait de la *Feldkommandantur* de Besançon.

98. MAE, Guerre 1939-1945, Vichy-Europe, série Y, vol. 107, «Occupation du pays de Gex», note du 2 juillet 1940, Vichy.

99. *Ibid.*, télégramme à l'arrivée, Genève, «secret», 3 juillet 1940.

100. *Ibid.*

101. MAE, Guerre 1939-1945, Vichy-Europe, série C, vol. 244, lettre de Doyen à von Stülpnagel, n° 5478/EM, Wiesbaden, 8 octobre 1940.

102. *Ibid.*

103. MAE, Vichy-Europe, série C, vol. 243, dossier général, «Chemins de fer», (25 juin 1940-3 mai 1944), télégramme de la DSA au MAE, n° 2179, 6 avril 1941.

104. MAE, *ibid.*, Lettre du préfet de l'Ain (cabinet) à Darlan et à la Direction générale de la Sûreté nationale (cabinet), classée «secret», 6 avril 1941.

105. DFCAA, extrait d'*Annexe secrète*, n° 28450/EM, 11 novembre 1941, au CR n° 81, p. 253-254, vol. 5.

106. Dans le texte original en allemand, le terme *Demarkationslinie* est placé entre crochets par Halder.

107. Halder, *Kriegstagebuch, op. cit.*, vol. 1, 26 juin 1940, p. 373.

108. *La DFCAA, op. cit.*, p. 411, vol. 3; le 13 janvier 1941, le général Doyen, président de la DFCAA, adresse une lettre (11215/FT) au président de la CAA, pour protester contre l'intrusion de patrouilles allemandes à Clarafond, située officiellement en zone libre, à une dizaine de kilomètres au sud de Bellegarde, un passage étroit pour relier la Suisse.

109. AN, F60/1506, Note allemande n° 4202/41, 9 août 1941; une carte au 1/50 000 est annexée à la source et montre la modification du tracé de la ligne dans cette partie du pays de Gex.

110. SHAT, 3 P 116 et 117.

111. SHAT, 9 P 166, Lettre n° 2001/EMA, 29 juin 1940.

112. Voir M. Catoire, «La direction des services de l'armistice à Vichy», *RHDGM*, janvier 1955, n° 17, p. 15-33.

113. Le canton de Bléré, situé sur le coude de la ligne de démarcation en Touraine, a été étudié dans notre mémoire de maîtrise, *Le Canton de Bléré sous l'Occupation*, soutenu en 1991 à l'université François-Rabelais de Tours sous la direction de Michèle Cointet.

114. CAGN, Rapport confidentiel R4 de la 9ᵉ légion bis de gendarmerie, 18 août 1940, n° 1/4.

115. CAGN, Rapport quotidien R2 de la brigade de Vierzon, 15 juillet 1940. Selon le rapport, chaque jour, 1 200 voitures franchissent la ligne de démarcation.

116. *Ibid.*

117. CDJC, IV-60, Lettre du MbF (V pol 264-1567/41) au délégué général du gouvernement français auprès du commandant en chef, 6 octobre 1941.

118. Ajoutons qu'aucun camp d'internement ne peut être installé dans la zone côtière interdite; les estivants, les baigneurs et les propriétaires de maisons à la campagne n'ont plus le droit de rentrer dans la zone, sauf cas d'exception.

119. AN, F1 CIII/1198, Synthèse des rapports des préfets de zone occupée, octobre 1942; cité par Marc Olivier Baruch, *Servir l'État français, op. cit.*, p. 69.

4. «Le sauveur de la France»... dans la main allemande

1. Michèle Cointet, *Vichy capitale, 1940-1944*, Paris, Perrin, 1993, p. 55-112.

2. Eberhard Jäckel, *La France dans l'Europe de Hitler, op. cit.*, p. 126.

3. Philippe Pétain, *Discours aux Français, op. cit.*, p. 77-78.

4. Franz Halder, *Kriegstagebuch, op. cit.*, vol. 2, 1963, p. 14.

5. Olivier Wieviorka, *Les Orphelins de la République*, Paris, Le Seuil, 2001.

6. *Ibid.*

7. Jean-Pierre Azéma, *De Munich à la Libération, op. cit.*, p. 78.

8. Michèle Cointet, *Le Conseil national de Vichy (1940-1944). Vie politique et réforme de l'État en régime autoritaire*, Paris, Aux amateurs de livres, 1989.

9. Se reporter à Marc Olivier Baruch, *Servir l'État français, op. cit.*, mais aussi à Olivier Dard, *La Synarchie. Le mythe du complot permanent*, Paris, Perrin, coll. «Tempus», 2012 (1re éd., 1998).

10. Bénédicte Vergez-Chaignon, *Les Vichysto-Résistants de 1940 à nos jours*, Paris, Perrin, 2008.

11. Étienne Fouilloux, *Les Chrétiens français entre crise et libération : 1937-1947*, Paris, Le Seuil, 1997, et Jacques Duquesne, *Les Catholiques français sous l'occupation*, Paris, Grasset, 1986.

12. Voir Rémy Handourtzel, *Vichy et l'École (1940-1944)*, Paris, Noêsis, 1997.

13. Christophe Pécout, *Les Chantiers de la jeunesse et la revitalisation physique et morale de la jeunesse française (1940-1944)*, Paris, L'Harmattan, 2007, et Olivier Faron, *Les Chantiers de jeunesse. Avoir 20 ans sous Pétain*, Paris, Grasset, 2011.

14. La province africaine disparaît au moment des débarquements anglo-américains du 11 novembre 1942.

15. Christophe Pécout, «Les Chantiers de la jeunesse», in J.-L. Leleu, F. Passera, J. Quellien, M. Daeffler, *La France pendant la Seconde Guerre mondiale, op. cit.*, p. 79, et Olivier Faron, *Les Chantiers de jeunesse, op. cit.*, p. 202-213.

16. Depuis 1942, il est le plénipotentiaire général pour l'emploi de la main-d'œuvre ; il s'occupe de la déportation des travailleurs des pays occupés vers l'Allemagne.

17. AN, 3W/204, Texte du secrétariat général du gouvernement au président de la délégation française de la commission d'armistice à Wiesbaden, daté du 10 octobre 1943. Cité par Olivier Faron, *Les Chantiers de jeunesse, op. cit.*, p. 235.

18. Voir Jean-Pierre Le Crom, *Syndicats, nous voilà !*, Paris, Éd. de l'Atelier, 1995.

19. Se reporter à Michel Margairaz, Danielle Tartakowsky, *Le Syndicalisme dans la France occupée*, Rennes, PUR, 2008.

20. Éric Alary, *L'Histoire des paysans français*, Paris, Perrin, 2015, et Isabel Boussard, *Vichy et la Corporation paysanne*, Paris, Presses de la Fondation nationale des sciences politiques, 1980.

21. Marc Olivier Baruch, *Servir l'État français, op. cit.*

22. La devise «Travail, Famille, Patrie» a souvent été attribuée à Emmanuel Berl. En fait, elle existe déjà en 1933 chez les Croix-de-Feu puis au Parti social français (PSF) fondés par le colonel de La Rocque. En 1903, les trois termes existent aussi à la Fédération nationale des Jaunes de France, sous la houlette de Paul Lanoir.

23. Bénédicte Vergez-Chaignon, *Pétain, op. cit.*, p. 440.

24. Denis Peschanski, *La France des camps*, Paris, Gallimard, 2002.

25. Sur ce thème, voir Claire Zalc, *Dénaturalisés. Les retraits de nationalité sous Vichy*, Paris, Le Seuil, «L'Univers historique», 2016, mais aussi Bernard Laguerre, «Les dénaturalisés de Vichy», *Vingtième Siècle. Revue d'histoire*, octobre-décembre 1998, n° 20, p. 3-15.

26. Denis Peschanski, *La France des camps, op. cit.*

27. Bénédicte Vergez-Chaignon, *Pétain, op. cit.*, p. 487-527.

28. Joseph Billig, *Le Commissariat général aux Questions juives*, Paris, Centre de documentation juive contemporaine, 3 vol., 1955-1960.

29. Voir entre autres Laurent Joly, *Darquier de Pellepoix et l'antisémitisme français*, Paris, Berg international, 2002 ; Carmen Callil, *Darquier de Pellepoix ou la France trahie*, Paris, Buchet-Chastel, 2007 (trad. française de *Bad Faith. A Forgotten History of Family and Fatherland*, Londres, éd. Jonathan Cape, 2006) ; Laurent Joly, « Darquier de Pellepoix, "champion" des antisémites français (1936-1939) », *Revue d'histoire de la Shoah*, n° 173, septembre-décembre 2001, p. 35-61.

30. Une exposition intitulée « La franc-maçonnerie dévoilée » est présentée à Paris (au Petit Palais dès octobre 1940), Bordeaux et Nancy, mais elle est préparée à la hâte et le public s'en moque ; cela irrite fortement les Allemands. En 1943, un très mauvais film, *Forces occultes*, est réalisé par Jean Mamy, notamment au Palais-Bourbon.

31. Voir Dominique Rossignol, *Vichy et les francs-maçons. La liquidation des sociétés secrètes, 1940-1944*, Paris, JC Lattès, 1981.

32. Le 15 décembre 1943, depuis Alger, le général de Gaulle promulgue une ordonnance qui abroge les lois antimaçonniques du régime de Vichy.

33. Philippe Pétain, *Discours aux Français, op. cit.*, p. 88-89.

34. Maurice Garçon, *Journal 1939-1945, op. cit.*, p. 178.

35. Philippe Pétain, *Discours aux Français, op. cit.*, p. 94-95.

36. DGFP (*Documents on German Foreign Policy* [documents sur la politique étrangère allemande]), série D (1937-1945), vol. XII, n° 50, et E. Jäckel, *La France dans l'Europe de Hitler, op. cit.*, p. 224.

37. Télégramme d'Abetz au ministère des Affaires étrangères du Reich, 18 décembre 1940, cité par Bénédicte Vergez-Chaignon, *Pétain, op. cit.*, p. 583.

38. Aurélie Luneau, Stefan Martens, *Comme un Allemand en France, op. cit.*, p. 86.

39. Maurice Garçon, *Journal 1939-1945, op. cit.*, p. 208.

40. Cité dans Bénédicte Vergez-Chaignon, *Les Secrets de Vichy*, Paris, Perrin, 2015, p. 107 ; source extraite de AN/72 AJ 249.

41. Jean-Paul Cointet, *Hitler et la France, op. cit.*, p. 242-243, Barbara Lambauer, *Otto Abetz et les Français, ou l'Envers de la Collaboration, op. cit.*, p. 264.

42. É. Alary, *La Ligne de démarcation, op. cit.*

43. Pour le détail, se reporter à Jean-Baptiste Duroselle, *Politique étrangère de la France. L'abîme, op. cit.*, 1990.

44. Eberhard Jäckel, *La France dans l'Europe de Hitler, op. cit.*, p. 163.

45. AN, 3W/348, télégramme n° 197 de Hemmen aux Affaires étrangères, 6 mai 1941.

46. Otto Abetz, *Pétain et les Allemands, op. cit.*, p. 101 ; la citation rapportée par Abetz est écrite en juillet 1943.

47. Jacques Benoist-Méchin rapporte alors une conversation avec Abetz à Munich qui a eu lieu le 11 mai ; Hitler avait l'esprit tourné vers l'Angleterre. Effectivement, Rudolf Hess venait de fuir dans les îles Britanniques. Hitler a failli annuler la rencontre avec Darlan ; Jacques Benoist-Méchin, *De la défaite au*

désastre. Les occasions manquées (juillet 1940-avril 1942), Paris, Albin Michel, 1984, t. I, p. 142 *sq.*

48. Maurice Garçon, *Journal 1939-1945, op. cit.*, p. 254.

49. C'est le 19 que la presse l'annonce aux Français.

50. MAE, déjà cité, *Bulletin d'information*, n° 6, 1ᵉʳ juin 1941.

51. Eberhard Jäckel, *La France dans l'Europe de Hitler, op. cit.*, p. 165 *sq.*; Jean-Baptiste Duroselle, *Politique étrangère de la France. L'abîme, op. cit*, p. 364-368.

52. Les Allemands espèrent bien livrer des armes à Rachid Ali. La Syrie devient une plaque tournante de la guerre entre Anglais et Allemands au Moyen-Orient. Rachid Ali échoue finalement dans sa révolte et les Allemands quittent l'Irak au début du mois de juin 1941.

53. Texte français du protocole dans *La DFCAA, op. cit.*, vol. IV, p. 472 *sq.*, et dans ADAP D/XII. 2, n° 559, «Protocoles de Paris» des 27 et 28 mai 1941. Jean-Pierre Azéma, *De Munich à la Libération, op. cit.*, p. 117; Philippe Burrin, *La France à l'heure allemande, op. cit.*, p. 127-128; Jean-Baptiste Duroselle, *Politique étrangère de la France. L'abîme, op. cit.*, p. 367-368; Robert Paxton, *La France de Vichy, op. cit.*, p. 119.

54. AN, 2 AG/656, dossier Darlan, «Négociations générales avec l'Allemagne», note du 17 mars 1941.

55. BA-MA, Freiburg, RW 37/v. 14, délégation économique de la CAA, rapport d'activité, signé par Richard Hemmen, période du 1ᵉʳ janvier au 30 juin 1941.

56. AN, F 37/27, Note intitulée «Aide apportée par l'Allemagne à l'économie française», décembre 1941.

57. Philippe Pétain, *Discours aux Français, op. cit.*, p. 164-172.

58. E. Jäckel, *La France dans l'Europe de Hitler, op.cit.*, p. 251 *sq.*

59. *Ibid.*

60. Barbara E. Trimbur, *Francophile contre vents et marées*, Paris, Institut d'études politiques, 2000, p. 464.

61. *L'Entrevue Pétain-Goering en gare de Saint-Florentin-Vergigny*, actes du colloque du 3 décembre 2011 (préface de Bénédicte Vergez-Chaignon).

62. Bénédicte Vergez-Chaignon, *Les Secrets de Vichy, op. cit.*, p. 182.

63. Jean-Pierre Azéma, *De Munich à la Libération, op. cit.*, p. 118.

64. *La DFCAA, op. cit.*, t. V, p. 398 : procès-verbal de la troisième séance des négociations (12 décembre), 13 décembre 1941, 1166/EM/S.

65. BA-MA, RW 34/v. 14, troisième rapport d'activité de la délégation d'armistice allemande pour l'économie, période du 1ᵉʳ juillet au 31 décembre 1941, 31 décembre 1941.

66. Sur Pierre Laval et la distance entre lui-même et Hitler, se reporter à G. Warner, *Pierre Laval and the Eclipse of France*, Londres, Eyre and Spottiswoode, 1968. Se reporter aussi à Jean-Paul Cointet, *Pierre Laval*, Paris, Fayard, 1993, et Renaud Meltz, *Pierre Laval*, Paris, Perrin, 2018.

67. AN, Maurice Gabolde, *Souvenirs sur l'État français*, Mémoires inédits.

68. Texte paru dans *Les Nouveaux Temps*, 24 juin 1942.

69. Pierre Laborie, *L'Opinion française sous Vichy. Les Français et la crise d'identité nationale (1936-1944)*, Paris, Le Seuil, coll. «Points Histoire», 2001, p. 268-270.

70. Voir le rapport complet sur http://www.ihtp.cnrs.fr/prefets/fr/content/synthèse-zone-libre-juin-1942-mi

71. Patrice Arnaud, *Les STO. Histoire des Français requis en Allemagne nazie (1942-1945)*, Paris, CNRS éditions, coll. «Biblis», 2014, p. 21-34. Voir aussi les travaux de Jean Quellien et Bernard Garnier (dir.), *La Main-d'œuvre française exploitée par le IIIe Reich*, Caen, CRHQ, 2003.

72. *Journal officiel*, 13 septembre 1942.

73. *Bulletin du Comité d'histoire de la Deuxième Guerre mondiale*, n° 208-243, 1973-1980, et *Bulletin de l'IHTP*, n° 5, 1981.

74. Maurice Garçon, *Journal 1939-1945, op. cit*, p. 153-154.

75. Jean-Michel Belle, *Les Folles Années de Maurice Sachs*, Paris, Grasset, 1979.

76. Jacques Delarue, *Trafics et crimes sous l'Occupation*, Paris, Fayard, 1988, p. 17-142.

77. Fabrice Grenard, *La France du marché noir (1940-1949)*, Paris, Payot, 2008.

78. Philippe Burrin, *La France à l'heure allemande, op. cit.*, p. 299-301.

79. Voir les pages importantes sur les cours d'allemand dans Philippe Burrin, *La France à l'heure allemande, op. cit.*, p. 303-310.

80. Pascal Ory, *Les Collaborateurs*, Paris, Le Seuil, coll. «Points Histoire», 1976, p. 54-62.

81. Laurent Joly (dir.), *La Délation dans la France des années noires*, Paris, Perrin, 2008, p. 30.

82. *Ibid.*

83. Éric Alary, Bénédicte Vergez-Chaignon, *Dictionnaire de la France sous l'Occupation*, Paris, Larousse, 2011, p. 197-198. Voir aussi Éric Alary, «Le temps des corbeaux», *Géo-Histoire* hors série, «*La France sous l'Occupation*», septembre-octobre 2011; François Broche, *Dictionnaire de la Collaboration*, Paris, Belin, 2014, p. 315-316.

5. Pillages allemands et quotidien en coupe réglée

1. Dans Henri de Kérillis, *Français, voici la vérité!*, New York, Éditions de la Maison française, s.d., p. 293-294.

2. Andrzej Bobkowski, *En guerre et en paix, op. cit.* p. 160-161.

3. Ernst Jünger, *Premier journal parisien, II : 1941-1943*, Paris, Christian Bourgois éd., 1980; cité par Philippe Burrin, *op. cit.*, p. 206.

4. Jean Guéhenno, *Journal des années noires, op. cit.*, p. 184-185.

5. *Le Journal de Normandie*, 2 juillet 1940 : ordre du commandant local Köbel communiqué «au bourgmestre de la ville de Lisieux». Pour une étude sur le quotidien des Normands sous l'Occupation, voir Thibault Richard, *Les Normands sous l'Occupation*, Condé-sur-Noireau, Corlet, 1998.

6. Yannick Rose, *Quatre ans d'occupation*, Alençon, Imprimerie alençonnaise, 1990, p. 8.

7. Par l'ordonnance du 27 août 1940, les détenteurs de véhicule automobile sont obligés de le déclarer à la préfecture la plus proche. Cela s'adresse également aux réfugiés de passage dans les départements de la moitié sud de la France.

8. *Le Messager de la Manche*, 24 août 1940, cité par Thibault Richard, *Les Normands sous l'Occupation, op. cit.*, p. 63.

9. Archives privées : Note du commissaire spécial, chef de service au préfet de Saône-et-Loire relatant le récit qu'un représentant d'une maison de lainage a fait à un commerçant de Mâcon, n° 2670, 10 août 1940.

10. *Le Pillage par les Allemands des œuvres d'art et des bibliothèques appartenant à des Juifs en France*, Paris, éd. du CIDJ, 1947, et Laurence Bertrand Dorléac, *L'Art de la défaite, 1940-1944*, Paris, Le Seuil (1re édition, 1993), 2010, p. 22.

11. Barbara Lambauer, *Otto Abetz et les Français, op. cit.*, p. 148-149.

12. AN, F17/17 977, le chef du haut commandement de la Wehrmacht, Keitel, 17 septembre 1940.

13. AN, F17/17 977, Alfred Rosenberg à Martin Bormann, rapport au Führer, 13 novembre 1940.

14. Laurence Bertrand Dorléac, *L'Art de la défaite, op. cit.*, p. 30-31.

15. Martine Poulain, *Livres pillés, lectures surveillées*, Paris, Gallimard, coll. «Folio Histoire», 2013 (1re édition, Gallimard, 2008).

16. Léon Werth, *33 jours*, Paris, Viviane Hamy, 1992, p. 124. Les boîtes dites de «singe» désignaient les boîtes de corned-beef.

17. *Ibid.*

18. A. Luneau, S. Martens, J. Guérout, *Comme un Allemand en France, op. cit.*

19. Renaud de Rochebrune, Jean-Claude Hazéra, *Les Patrons sous l'Occupation*, Paris, Odile Jacob, 2013 (rééd. ; 1re éd., 1995), t. 1, p. 143.

20. Andrzej Bobkowski, *En guerre et en paix. Journal 1940-1944, op. cit.*, p. 160.

21. É. Alary, *L'Exode, op. cit.*

22. Benoîte et Flora Groult, *Journal à quatre mains*, Paris, Gallimard, coll. «Folio», 1974, p. 57.

23. Léon Werth, *33 jours, op. cit.*

24. Outre les archives lues pour cet ouvrage, l'étude de Paris sous l'Occupation peut être menée à partir des ouvrages classiques suivants : Henri Michel, *Paris allemand*, Paris, Albin Michel, 1981 ; Gilles Perrault, *Paris sous l'Occupation*, Paris, Belfond, 1987 (commentaires de Jean-Pierre Azéma). Voir aussi certains témoignages, dont, entre autres : Roger Langeron, *Paris, juin 1940*, Paris, Flammarion, 1946, et Léon Werth, *33 jours, op. cit.*

25. Archives de la préfecture de police de Paris : rapports de quinzaine de juin à septembre 1940 ; Archives nationales : AJ 40/868 à 897, *Mbf* et *Kommandant von Gross Paris*.

26. Berthe Auroy, *Jours de guerre. Ma vie sous l'occupation*, Paris, Bayard, 2008, p. 95-96.

27. Jean Galtier-Boissière, *Mon journal pendant l'Occupation*, Garas, La Jeune Parque, 1944, p. 10.

28. Archives de la préfecture de police de Paris, rapport de quinzaine.

29. Paul Léautaud, *Journal littéraire, février 1940-juin 1941*, Paris, Mercure de France, 1962, p. 109.

30. Simone de Beauvoir, *Journal de guerre. Septembre 1939-janvier 1941*, Paris, Gallimard, 1990 (2 juillet 1940, p. 332-334).

31. *Das Reich*, 7 juillet 1940, n° 7.

32. Archives de la préfecture de police de Paris, rapport de situation du 16 juillet 1940.

33. *Ibid.*

34. Fabrice Grenard, Florent Le Bot, Cédric Perrin, *Histoire économique de Vichy. L'État, les hommes, les entreprises*, Paris, Perrin, 2017, p. 50.

35. A. Luneau, J. Guérout, S. Martens, *Comme un Allemand en France, op. cit.*, p. 90.

36. *Ibid.*, p. 94.

37. Pascal Ory (dir.), *Voyage dans la France occupée*, Paris, L'Express/ Bibliomnibus, 2014, p. 48.

38. Alain Floch, *L'Occupation allemande dans les 162 communes du Nord Finistère, 1940-1944, op. cit.* p. 13-15.

39. Archives du Calvados, série M, cote M 11 881 ; rapport du préfet du Calvados au délégué général du gouvernement français dans les territoires occupés (DGTO) pour la période du 17 juin au 2 septembre 1940 ; cité par Thibault Richard, *Les Normands sous l'Occupation, op. cit.*, p. 81.

40. A. Luneau, J. Guérout, S. Martens, *Comme un Allemand en France, op. cit.*, p. 94-95.

41. Pour le Nord-Pas-de-Calais, l'excellente étude de E. Dejonghe et Y. Le Maner, *Le Nord-Pas-de-Calais dans la main allemande, op. cit.*, p. 198-207.

42. *Ibid.*, p. 192-195.

43. Voir *L'Écho médical du Nord* cité par E. Dejonghe et Y. Le Maner, *op. cit.*, p. 202.

44. Voir entre autres Jean-Claude Hazera, Renaud de Rochebrune, *Les Patrons sous l'Occupation*, Paris, Odile Jacob, 1995, mais aussi Annie Lacroix-Riz, *Industriels et banquiers sous l'Occupation*, Paris, Armand Colin, 1999, ainsi que Philippe Verheyde, *L'Aryanisation des grandes entreprises juives sous l'Occupation, contraintes, enjeux, pouvoirs*, thèse de doctorat en histoire, Paris-VIII, décembre 1997, publiée sous le titre *Les Mauvais Comptes de Vichy. L'aryanisation des entreprises juives*, Paris, Perrin, 1999.

45. É. Alary, *La Ligne de démarcation, op. cit.*

46. Dominique Veillon, Jean-Marie Flonneau (dir.), *Le Temps des restrictions en France 1939-1949*, Paris, CNRS, Les Cahiers de l'IHTP, mai 1996.

47. Dans la population française comptée pour ce tableau par les statistiques officielles de Vichy, les Alsaciens-Lorrains évacués ont été ajoutés, soit 100 000 personnes. En revanche, les 1,4 million de prisonniers de guerre ne sont pas pris en compte, ce qui est logique. Il faut enfin décompter 60 000 ouvriers partis en Allemagne.

48. AN AJ 40 934, listes des prix dressées par les autorités françaises et envoyées au MbF.

49. Michel Cépède, *Agriculture et alimentation en France durant la Deuxième Guerre mondiale*, Paris, Génin, 1961 ; Fabrice Grenard, « Les implications politiques du ravitaillement en France sous l'Occupation », *Revue d'histoire. Vingtième Siècle*, avril-juin 2007, n° 94.

50. L'administration du Ravitaillement subsistera jusqu'en 1949, quand la France aura de quoi nourrir le pays ; près de 25 000 fonctionnaires ont travaillé pour limiter le poids des pénuries, encore en 1946-1947.

51. Michel Margairaz, Henry Rousso, « La domination allemande », *in* Alain Beltran *et al.* (dir.), *La Vie des entreprises sous l'Occupation*, Paris, Belin, 1994, et Arne Radtke-Delacor, « Les usines françaises au service du Reich », *in* J.-L. Leleu, F. Passera, J. Quellien, M. Daeffler, *La France pendant la Seconde Guerre mondiale. Atlas historique, op. cit.*, p. 126.

52. É. Alary (dir.), B. Vergez-Chaignon, G. Gauvin, *Les Français au quotidien, op. cit.*,

53. Colette, *Lettres aux petites fermières*, Paris, Le Castor Astral, coll. «Les Inattendus», 1992, p. 49.

54. Voir les rapports de la préfecture de police de Paris entre 1940 et 1944.

55. En février 1942, Vichy oblige les fabricants de café à en produire avec 75 % d'ersatz ; le thé ne peut pas contenir plus de 25 % de vrai thé ; les feuilles de noyer ou de châtaignier doivent remplacer la matière première initiale.

56. É. Alary (dir.), B. Vergez-Chaignon, G. Gauvin, *Les Français au quotidien, op. cit.*, p. 254-255.

57. Bibliothèque du CAEF, Savigny-le-Temple, *Bulletin rouge brique*, août 1943, n° 14, p. 34-40.

58. Fabrice Grenard, *La France du marché noir, op. cit.*, et Paul Sanders, *Histoire du marché noir*, Paris, Perrin, 2001. Voir aussi, Jacques Delarue, *Trafics et crimes sous l'Occupation*, Paris, Fayard, 1968.

59. É. Alary, *La Ligne de démarcation, op. cit.*

60. É. Alary (dir.), B. Vergez-Chaignon, G. Gauvin, *Les Français au quotidien, op. cit.*, p. 728. Ce sont ici des chiffres datant de 1944, entre avril et juin. C'est une période de hauts prix au marché noir. De 1940 à 1942, les prix sont déjà très élevés. Voir aussi les chiffres de l'INSEE, ministère des Finances et des Affaires économiques, *Mouvement économique en France de 1938 à 1948*, Paris, Imprimerie nationale/PUF, 1950, p. 61.

61. Voir par exemple Administration du Contrôle économique, «Le marché noir allemand en France», dans *Cahiers d'histoire de la guerre*, mai 1950, p. 46-71.

62. Exemple pris dans Patrick Oddone, «Le comptoir du poisson de Gravelines pendant la guerre ou le sauvetage alimentaire de la France du Nord», *L'Occupation en France et en Belgique, 1940-1944, Revue du Nord*/Actes du colloque de Lille, 26-28 avril 1985, n° 2 hors-série – coll. «Histoire», université de Lille, p. 471-484.

63. Il ne publia pas sous l'Occupation et ne parvint plus à se faire publier après la guerre ; c'est un parent qui a pu faire éditer cet ouvrage en 2012 aux éditions Allia.

64. César Fauxbras, *Le Théâtre de l'Occupation*, Paris, Allia, 2012, p. 120.

65. *Ibid.*, p. 124.

66. Jacques Delarue, *Trafics et crimes sous l'Occupation, op. cit.*, p. 15-142.

67. Paul Sanders, *Histoire du marché noir, op. cit.*, p. 177.

68. *Ibid.*, p. 178-180.

69. Paul Sanders, dans *Histoire du marché noir, op. cit.*, p. 170-171, tire ces chiffres d'un rapport du service de recherche pour l'économie militaire de la Wehrmacht.

70. Barbara Lambauer, *Otto Abetz et les Français, ou l'Envers de la Collaboration, op. cit.*, p. 539.

71. Otto Abetz, *Pétain et les Allemands. Mémorandum sur les rapports franco-allemands*, Paris, Éd. Gaucher, 1946, p. 144-146.

72. Pierre Laborie, *L'Opinion française sous Vichy*, Paris, Le Seuil, coll. «Points Histoire», 2001.

73. Thibault Richard, *Les Normands sous l'Occupation, op. cit.*, p. 106.

74. Éric Alary, *Le Canton de Bléré sous l'Occupation*, Paris, Office d'édition et de diffusion du livre d'histoire, 1994.

75. Danielle Tartakowsky, *Les Manifestations de rue en France, 1918-1968*, Paris, Publications de la Sorbonne, 1997, et Dominique Veillon et Jean-Marie Flonneau (dir.), *Le Temps des restrictions en France (1939-1949)*, op. cit., p. 465-478.

76. Annie Lacroix-Riz, *Industriels et banquiers sous l'Occupation. La collaboration économique avec le Reich et Vichy*, Paris, Armand Colin, 1999, p. 83 et s.

77. AN, AJ 40/775, Lettres de Hauptmann à Bolk, 1ᵉʳ octobre et 12 novembre 1941.

78. Otto Abetz, *Pétain et les Allemands. Mémorandum sur les rapports franco-allemands*, op. cit., p. 143-147.

79. Alfred Sauvy, *La Vie économique des Français 1939-1945*, Paris, Flammarion, 1978, p. 100.

80. Alan Milward, *The New Order and the French Economy*, Oxford University Press, 1970, p. 272-273.

81. Jean-Paul Cointet, *Hitler et la France*, op. cit., p. 322.

82. Alfred Sauvy, *La Vie économique des Français*, op. cit., p. 104-105.

6. Loisirs et vie culturelle : les Français en otage ?

1. Jean-Louis Gay-Lescot, « La politique sportive de Vichy », *in* Jean-Pierre Rioux, *La Vie culturelle sous Vichy*, Bruxelles, Complexe, 1990, p. 83-114.

2. *Ibid.*, p. 101.

3. AN, AJ 40/557 (3 et 4), Affaires relevant du CGEGS, octobre 1940-décembre 1942.

4. Jean-Louis Gay-Lescot, « La politique française de l'éducation physique et du sport avant 1940 », *in* Jean-Pierre Azéma (dir.), *La Politique du sport et de l'éducation physique en France pendant l'Occupation*, Paris, INSEP/Comité d'histoire du ministère des Sports, 2018, p. 66.

5. Éric Alary, Marianne Lassus, « Le commissariat du colonel Pascot », *in* Jean-Pierre Azéma (dir.), *ibid.*, p. 116.

6. Interview du colonel Pascot dans la revue *France*, septembre 1943.

7. AN, 3 W 274, Haute Cour de justice, « Supplément d'information », notes des 15 juillet et 13 octobre 1942 concernant les activités sportives des Juifs (608 à 612), cité par Éric Alary, Marianne Lassus, « Le commissariat du colonel Pascot », *in* Jean-Pierre Azéma (dir.), *La Politique du sport et de l'éducation physique en France pendant l'Occupation*, op. cit., p. 130.

8. *Ibid.*

9. Le 7 juillet 1940 ; cité *in* Gérard Walter, *La Vie à Paris sous l'Occupation*, Paris, Armand Colin, 1960, p. 54.

10. W. L. Shirer, *La Chute de la IIIᵉ République*, Paris, Stock, 1970.

11. Philippe Burrin, *La France à l'heure allemande*, op. cit., p. 204.

12. Archives de la PP, rapports de situation de juin et de juillet 1940.

13. *Pariser Zeitung*, 5 et 13 avril 1941.

14. *Wegleiter* n° 7, 1ᵉʳ-15 novembre 1940.

15. *Lettres de la Wehrmacht*, op. cit., p. 100-101.

16. Insa Meinen, *Wehrmacht et prostitution sous l'Occupation (1940-1945)*, Paris, Payot, 2006, p. 21.

17. Robert Gildea, *Marianne in Chains. In Search of the German Occupation 1940-1945*, Londres, Macmillan, 2002, p. 76-78.

18. *Ibid.*, p. 77.

19. Archives départementales du Maine-et-Loire, 44W12, sources datées du 8 juillet 1940.

20. Insa Meinen, «La réglementation de la prostitution et des relations sexuelles par les occupants», dans *Travail, genre et sociétés*, 2003/2 (vol. 10), p. 69-82.

21. BA-MA, RH 36/562.

22. Patrick Buisson, *1940-1945. Années érotiques*, II : *De la grande prostituée à la revanche des mâles*, Paris, Le Livre de Poche, 2012, p. 190.

23. Claude Croubois (dir.), *Les Allemands en Touraine 1940-1944*, Chambray-lès-Tours, CLD, 1996, p. 203.

24. Ernst Jünger, *Journaux de guerre, op. cit.*, p. 217.

25. Franz Seidler, *Prostitution, Homosexualität, Selbstverstümmelung. Probleme der deutschen Sanitätsführung 1939-1945*, Neckargemünd, Vowinkel Verlag, 1977, p. 145 et 171.

26. *Lettres de la Wehrmacht, op. cit.*, p. 98.

27. Philippe Burrin, *La France à l'heure allemande, op. cit.*, p. 211.

28. Felix Hartlaub, *Paris 1941, op. cit.*, p. 77-87.

29. Archives de la préfecture de police de Paris, DA/853, Statistiques de la maison de Saint-Lazare sur les maladies vénériennes traitées dans l'établissement.

30. Insa Meinen, «La réglementation de la prostitution et des relations sexuelles par les occupants», *Travail, genre et sociétés*, 2003/2 (vol. 10), p. 69-82.

31. Dominique Veillon, *La Mode sous l'Occupation*, Paris, Payot, 1990, p. 151-152.

32. *Ibid.*

33. *Signal*, mars 1941, p. 17.

34. *Ibid.*, p. 164.

35. Dominique Veillon, «La mode comme pratique culturelle», *in* Jean-Pierre Rioux (dir.), *La Vie culturelle sous Vichy*, Bruxelles, Complexe, 1990.

36. Se reporter à la bonne synthèse de Stéphanie Corcy, *La Vie culturelle sous l'Occupation*, Paris, Perrin, 2005, p. 70.

37. Gerhard Heller, *Un Allemand à Paris, op. cit.*, p. 26.

38. François Broche, Jean-François Muracciole, *Histoire de la Collaboration*, Paris, Tallandier, 2017, p. 296.

39. Gerhard Heller, *Un Allemand à Paris, op. cit.*, p. 32-33.

40. *Ibid.*

41. Jouhandeau dans la *Nouvelle Revue française*, en décembre 1941. Chardonne pense aussi que l'Allemagne relèvera l'Europe.

42. Gérard Walter, *La Vie parisienne sous l'Occupation 1940-1944*, Paris, Armand Colin, coll. «Kiosque», 1960, p. 87-88.

43. *Wegleiter* n° 34, 13-27 décembre 1941.

44. Isabelle Bogen, «Le pari culturel nazi à Strasbourg : l'exemple du théâtre», *in* Jean-Pierre Rioux (dir.), *La Vie culturelle sous Vichy*, Bruxelles, Complexe, 1990, p. 204.

45. *Ibid.*, p. 210.

46. *Ibid.*, p. 221.

47. Serge Added, «L'euphorie théâtrale dans Paris occupé», *in* Jean-Pierre Rioux (dir.), *La Vie culturelle sous Vichy, op. cit.*, p. 324-336.

48. *Ibid.*, p. 336-337.

49. Gérard Walter, *La Vie parisienne sous l'Occupation 1940-1944, op. cit.*, p. 86.

50. Jean-Pierre Bertin-Maghit, *Le Cinéma français sous l'Occupation*, Paris, PUF, coll. «Que sais-je?», n° 2803, 1994, p. 8.

7. Répressions «expiatoires» et persécutions allemandes

1. Pour étudier l'immixtion des SS dans les rapports entre occupés et occupants, il faut partir de l'ouvrage de référence de Jean-Luc Leleu, *La Waffen-SS. Soldats politiques en guerre*, Paris, Perrin, 2007 (notamment la 5ᵉ partie «Au front et en retrait: la Waffen-SS dans la guerre», p. 541-680).

2. Clément Millon, *Occupation allemande et justice française: les droits de la puissance occupante sur la justice judiciaire, 1940-1944*, Paris, Dalloz, 2011; Gaël Eismann, *Hôtel Majestic. Ordre et sécurité en France occupée, op. cit.*

3. Clément Millon, *Occupation allemande et justice française: les droits de la puissance occupante sur la justice judiciaire, 1940-1944, op. cit.*, p. 113-117.

4. Gaël Eismann, «L'escalade d'une répression à visage légal. Les pratiques judiciaires des tribunaux du MbF, 1940-1944», *in* Gaël Eismann et Stefan Martens, *Occupation et répression militaire allemandes 1939-1945. La politique de maintien de l'ordre en Europe occupée*, Paris, Autrement, 2007, p. 127-168.

5. *Ibid.*, p. 135-136.

6. AN, F 60/1485, «État des condamnations à mort prononcées en zone occupée entre le 1ᵉʳ octobre 1940 et le 31 décembre 1941.»

7. Gaël Eismann, Thomas Pouty, Laurent Thiery, «La justice militaire allemande», *in* J.-L. Leleu, F. Passera, J. Quellien, M. Daeffler (dir.), *La France pendant la Seconde Guerre mondiale. Atlas historique, op. cit.*, p. 197.

8. Voir Jean-Pierre Besse, Thomas Pouty, *Les Fusillés*, Ivry-sur-Seine, éd. de l'Atelier, 2006.

9. Bruno Aubusson de Cavarlay (dir.), «La justice pénale en France», *Les Cahiers de l'IHTP*, n° 23, avril 1993.

10. Pierre Pedron, *La Prison sous Vichy*, Ivry-sur-Seine, éd. de l'Atelier, 1993.

11. Virginie Sansico, «La justice pénale "ordinaire"», *in* J.-L. Leleu, F. Passera, J. Quellien, M. Daeffler (dir.), *La France pendant la Seconde Guerre mondiale. Atlas historique, op. cit.*, p. 192-193.

12. Alain Bancaud, *Une exception ordinaire. La magistrature en France, 1930-1950*, Paris, Gallimard, 2002, p. 323-326.

13. Pour cela, se reporter à la thèse de doctorat de Virginie Sansico, *La Répression politique devant les tribunaux de l'État français, Lyon 1940-1944*, Lyon, université de Lyon, 2008. Voir aussi *La Justice des années sombres, 1940-1944*, Paris, La Documentation française/Association française pour l'histoire de la justice, 2001, p. 27-100.

14. Alain Bancaud, *Une exception ordinaire, op. cit.*, p. 261.

15. Voir le site http://www.ihtp.cnrs.fr/prefets/de/content/synthèse-zone-occupée-18-février-1941-dgto; synthèse de la DGTO en zone occupée, 18 février 1941.

16. *Ibid.*, p. 269.

17. Serge Klarsfeld, *Le Livre des otages*, Paris, Les Éditeurs français réunis, 1979, et Claudine Cardon-Hamet, *Triangles rouges à Auschwitz*, Paris, Autrement, 2005.

18. A. Luneau, J. Guérout, S. Martens, *Comme un Allemand en France, op. cit.*, p. 113.

19. BAMA, RW 35/32, «Avis à la population envoyé à la DGTO le 22 août 1941»; voir aussi la collection d'«avis» scannés et analysés brièvement dans http://www.culture.gouv.fr/public/mistral/caran_fr.

20. Rapport cité dans Ahlrich Meyer, *L'Occupation allemande en France, 1940-1944, op. cit.*, p. 41, que l'on peut retrouver sur le site Internet de l'Institut historique allemand (http://www.ihtp.cnrs.fr/prefets/ : rapport du MbF daté du 30 novembre 1941, inventorié aux Archives nationales sous la cote AJ 40/443).

21. Le ministre de l'Intérieur Pierre Pucheu a réussi à remplacer la quasi-totalité des anciens combattants inscrits sur la liste des otages par des communistes.

22. Jean-Pierre Azéma, *De Munich à la Libération. 1938-1944*, Paris, Le Seuil, 1979, p. 241.

23. BA-MA, RW 35/308, rapport du 21 avril 1942.

24. Serge Klarsfeld, *Le Livre des otages, op. cit.*, p. 46 et 49.

25. AN, AJ 40/444, chemise n° 4.

26. *Pariser Zeitung*, 13 juillet 1942.

27. Pascale Froment, *René Bousquet*, Paris, Fayard, coll. «Pour une histoire du XXᵉ siècle», 2001, 2ᵉ éd., préface de Pierre Laborie, nouvelle édition revue et augmentée (1ʳᵉ éd. Stock, 1994).

28. Voir Serge Klarsfeld, *Vichy-Auschwitz. Le rôle de Vichy dans la solution finale de la question juive en France. 1942*, Paris, Fayard, 1983, p. 209 : Bousquet à Oberg, 18 juin 1942.

29. *Ibid.*

30. Robert O. Paxton, *La France de Vichy, 1940-1944*, Paris, Le Seuil, coll. «Points Histoire», 1973, p. 278.

31. *Ibid.*

32. Ahlrich Meyer, *L'Occupation allemande en France, op. cit.*, p. 126.

33. Selon A. Meyer, le CDJC possède un dossier sur l'exécution massive du 11 août 1942, Erschiessungen v. 11. 8. 1942 (vom kom. Terroristen).

34. Sur les camps d'internement, se reporter à Denis Peschanski, *La France des camps*, Paris, Gallimard, 2002, mais aussi à Anne Grynberg, *Les Camps de la honte*, Paris, La Découverte, 1999, et à Tal Bruttmann, *Au bureau des affaires juives : l'administration française et l'application de la législation antisémite, 1940-1944*, Paris, La Découverte, coll. «L'espace de l'histoire», 2006.

35. Denis Peschanski, *Les Tsiganes en France, 1939-1946*, Paris, CNRS éditions, 1994, et Emmanuel Filhol, Marie-Christine Hubert, *Les Tsiganes en France. Un sort à part, 1939-1946*, Paris, Perrin, 2009.

36. AN, AJ 40/885, Zigeuner, 4 octobre 1940.

37. Emmanuel Filhol, Marie-Christine Hubert, *Les Tsiganes en France. Un sort à part 1939-1946, op. cit.*, p. 94.

38. Rémy Desquesnes, «L'organisation Todt en France», *Histoire, économie et société*, vol. 11, 1992.

8. Les Allemands face à la Résistance. Un combat inégal

1. Olivier Wieviorka, *Histoire de la Résistance (1940-1945)*, Paris, Perrin, 2013, p. 441.

2. François Marcot (dir.), *Dictionnaire de la Résistance*, Paris, Robert Laffont, coll. «Bouquins», 2006, p. 785-786.

3. Gaël Eismann, *Hôtel Majestic, op. cit.*, p. 214.

4. Virginie Sansico, *La Justice du pire, op. cit.*, p. 31.

5. «La répression anticommuniste dans le département de la Seine 1940-1942», *in* Denis Peschanski (dir.), *Vichy 1940-1944. Archives de guerre d'Angelo Tasca*, Annali Fondazione Feltrinelli, Milan et Paris, Feltrinelli editore/CNRS éd., 1985, p. 111-137.

6. Jean-Marc Berlière, *Le Monde des polices en France*, Bruxelles, Complexe, 1996, p. 170, et *Policiers français sous l'Occupation*, Paris, Perrin, coll. «Tempus», 2009, p. 153-154.

7. Notons que parallèlement le ministère de l'Intérieur a fait naître le service de police anticommuniste (SPAC) en octobre; il est dissous en juin 1942.

8. Archives de la préfecture de police, dossier professionnel «Veber» et dossier d'épuration de Veber; ce dernier dossier est également inventorié aux Archives nationales de France sous la cote Z⁶ᴺᴸ 7705 (dossier d'instruction de la procédure menée devant la Cour de Justice de la Seine contre Georges Veber).

9. Denis Peschanski, *Vichy 1940-1944. Contrôle et exclusion*, Bruxelles, Complexe, 1997, p. 76.

10. De nouveaux travaux importants viennent enrichir nos connaissances sur le STO, dont Raphaël Spina, *Histoire du STO*, Paris, Perrin, 2017, et Patrice Arnaud, *Les STO. Histoire des Français requis en Allemagne nazie*, Paris, CNRS éd., coll. «Biblis», 2014 (1ʳᵉ édition, CNRS éd., 2010); voir aussi la belle monographie de Jean Quellien, *Ceux qui ont dit non! Les réfractaires au travail obligatoire dans le Calvados*, Caen, CRHQ, 2003.

11. Albert Speer (1905-1981) était l'architecte préféré de Hitler; il a remplacé Fritz Todt, alors ministre de l'Armement, mort dans le crash de son avion le 8 février 1942.

12. Voir B. Garnier, J. Quellien (dir.), *La Main-d'œuvre française exploitée par le IIIᵉ Reich*, Caen, CRHQ, 2001.

13. Hans Umbreit, *Der Militärbefehlshaber in Frankreich, op. cit.*, p. 329.

14. Michel Boivin, «Les réfractaires au travail obligatoire», *in* Jean-Luc Leleu (dir.), *La France pendant la Seconde Guerre mondiale. Atlas historique, op. cit.*, p. 182-183.

15. Raphaël Spina, *Histoire du STO, op. cit.*, p. 311.

16. Bénédicte Vergez-Chaignon, *Jean Moulin l'affranchi*, Paris, Flammarion, 2018, p. 341-350; Daniel Cordier, *Jean Moulin. La République des catacombes*, Paris, Gallimard, 1999, p. 456-476; voir en outre Jean-Pierre Azéma, *Jean Moulin le politique, le rebelle, le résistant*, Paris, Perrin, 2006.

17. Olivier Wieviorka, *Histoire de la Résistance, op. cit.*, p. 315.

18. Guillaume Piketty, *Pierre Brossolette. Un héros de la Résistance*, Paris, Odile Jacob, 1998.

19. François Broche, *Dictionnaire de la Collaboration. Collaborations, compromissions, contradictions*, Paris, Belin, 2014, p. 641.

20. Voir les rapports du ministère de l'Intérieur, AN F1a/3959, Mission militaire de liaison administrative, Service des affaires civiles : documentation régionale sur la France, Seine : administration, politique/police, presse, radio.

21. AN, Z 6580, dossier d'épuration de Lebrun, rapports de police du 8 octobre 1945 et du 24 juin 1946.

22. Jean-Pierre Azéma, « La milice », *Vingtième Siècle. Revue d'histoire*, n° 28, octobre-décembre 1990, et Michèle Cointet, *La Milice française*, Paris, Fayard, 2013.

23. AN, AJ 40/1210, Affaires diverses. Milice française, rapports, armement (août 1943-avril 1944) ; non-respect de la convention d'armistice par les autorités françaises : notes allemandes (septembre 1943-mars 1944) ; officiers italiens membres de la délégation de liaison auprès de la commission allemande d'armistice.

24. Daniel Cordier, *La République des catacombes*, Paris, Gallimard, 1999.

25. Jean-Louis Panicacci, *L'Occupation italienne*, Rennes, PUR, 2010, p. 251-285.

26. BA-MA, RW 35/1281, RSi Ic Kst MVBez C, février 1944 et RH 20-7/194, Armeeoberkommando 7. Ic/AO/Abw. III.Nr 5025/43 geh.v., 25 novembre 1943. Voir aussi Peter Lieb, *Konventioneller Krieg oder NS-Weltanschauungskrieg? Kriegführung und Partisanenbekämpfung in Frankreich 1943-1944*, Munich, R. Oldenbourg Verlag, 2007.

27. Ahlrich Meyer, *L'Occupation allemande en France*, op. cit., p. 159-184.

28. BA-MA, RH 28-8/5, 157ᵉ division de réserve de la Wehrmacht, « Bericht über das "Unternehmen Frühling" vom 7-18 April 1944 » ; cité par A. Meyer, *L'Occupation allemande en France*, op. cit., p. 166.

29. Voir les rapports du préfet de la Dordogne dans AN, F1CIII/1838 aux dates suivantes : 5, 23, 27 et 28 mars 1944.

30. Claude Barbier, *Le Maquis de Glières. Mythe et réalité*, Paris, Perrin/Ministère de la Défense, 2014.

31. *Ibid.*, p. 269-318.

32. *Ibid.*, p. 312.

33. Robert Belot, Éric Alary, Bénédicte Vergez-Chaignon, *Les Résistants. L'histoire de ceux qui refusèrent*, Paris, Larousse, 2015 (2ᵉ éd.), p. 100.

34. Gaël Eismann, *Hôtel Majestic*, op. cit., p. 442 ; voir aussi Bernard Garnier, Jean-Luc Leleu, Jean Quellien (dir.), *La Répression en France. 1940-1945*, Caen, CRHQ, 2007, p. 162.

9. De la perte de confiance à la débâcle allemande (1944-1949)

1. Barbara E. Trimbur, *Francophile contre vents et marées*, op. cit., p. 263, vol. 1.

2. Eberhard Jäckel, *La France dans l'Europe de Hitler*, op. cit., p. 335.

3. Général Halder, *Journal*, op. cit., 8 décembre 1940, p. 218, vol. 2.

4. Instruction de Hitler n° 42, le 29 mai 1942, citée par Jäckel, *La France dans l'Europe de Hitler*, op. cit, p. 337.

5. L'Italie devait occuper la Corse, la côte méditerranéenne métropolitaine, et retenir la flotte française. Si besoin était, les Italiens devaient être aussi en mesure

d'occuper la Tunisie. Les Allemands avaient prévu, sans avertir les Italiens, de pénétrer en Espagne en cas d'attaque alliée par ce flanc.

6. Otto Abetz, *Pétain et les Allemands, op. cit.*, p. 182.

7. R. O. Paxton, «La coupure décisive pour Vichy (novembre 1942). L'État français vassalisé», *in* Jean-Pierre Azéma et François Bédarida, *La France des années noires, op. cit.*, p. 23, vol. 2.

8. Eberhard Jäckel, *La France dans l'Europe de Hitler, op. cit.*, p. 349. Le 13 novembre 1942, 2 000 hommes et 30 chars ont été débarqués à Bizerte par les forces de l'Axe.

9. Extrait de la lettre citée *in* Eberhard Jäckel, *La France dans l'Europe de Hitler, op. cit.*, p. 355 ; la lettre, écrite le 9 novembre, est également reproduite dans ADAP E/IV, n° 159, lettre de Hitler à Pétain, 9 novembre 1942.

10. *Ibid.*

11. E. Jäckel, *La France dans l'Europe de Hitler, op. cit.*, p. 356.

12. *Ibid.*

13. Jean-Louis Panicacci, *L'Occupation italienne*, Rennes, Presses universitaires de Rennes, 2010, p. 103-250.

14. AN, AJ 41/425, Chemise n° 214, lettre n° 7673/DSA/11 de la DSA au chef du gouvernement, 14 mai 1943, annexe 2 ; Goering était contre ce partage.

15. AN, AJ 41/425 ; les Allemands évoquent la limite italo-allemande sous le terme *Rhône-Linie*.

16. AN, 2 AG 461, Service des contrôles techniques, synthèse hebdomadaire des contrôles télégraphiques, téléphoniques et postaux, n° 210, classé «secret-réservé», 24 novembre 1942.

17. MAE, Papiers Rochat, pièce n° 44, vol. 56, lettre adressée à von Ribbentrop, le 23 janvier 1943.

18. E. Jäckel, *La France dans l'Europe de Hitler, op. cit.*, p. 372.

19. Une note de la DSA du 10 août 1944 révèle que dans les départements du Cher et de l'Indre – jamais divisé par la ligne de démarcation –, les formalités de passage de l'ancienne ligne de démarcation doivent être reconduites. En fait, il s'agissait du contrôle des cartes d'identité ou des laissez-passer temporaires dressés par les préfets ; AN, AJ 41/1110, dossier n° 2, «Ligne de démarcation, zones réservées ou interdites», note de la DSA sur le service des laissez-passer, 10 août 1944.

20. AN, F7/14897, Lettre du commandant de la police de sûreté et des SD au ministère de l'Intérieur, BNR. s pol. II Pol 1-111/1, 15 janvier 1943.

21. *Ibid.*

22. Hans Umbreit, *Der Militärbefehlshaber in Frankreich, op. cit.*, p. 72.

23. BA-MA, RW 35/v. 244, «*Allgemeiner Rückblick*», *Schlussbericht von Ministerialdirektor Dr. Michel, juni 1944* (voir l'extrait traduit dans la partie des Annexes).

24. Pendant les derniers jours de novembre 1942, les Allemands ont envisagé la dissolution de la commission d'armistice et le démantèlement de l'administration militaire en zone occupée. Il n'en fut rien. Le 18 décembre, Ciano et Hitler sont tombés d'accord pour maintenir les commissions et l'organisation allemande en zone occupée. Hitler avait besoin de cette fiction pour des raisons militaires et politiques. Cela permettait aux Allemands de donner des ordres plus directs et plus durs aux dirigeants de Vichy, sans toujours passer par la voie diplomatique.

25. E. Jäckel, *La France dans l'Europe de Hitler, op. cit.*, p. 368-369.

26. Cité par E. Jäckel, *La France dans l'Europe de Hitler, op. cit.*, p. 421-422.

27. Voir la thèse de doctorat de Rémy Desquennes, «*Atlantikwall et Südwall*». *La défense allemande sur le littoral français, 1940-1944*, thèse de doctorat, université de Caen, 1987 (sous la direction de Gabriel Desert), et Alain Chazette *et al.*, *Atlantikwall*, Bayeux, Heimdal, 1995. Plus récemment, le cinéaste Jérôme Prieur a commis une belle mise au point dans *Le Mur de l'Atlantique. Monument de la Collaboration*, Paris, Le Seuil, coll. «Points Histoire», 2017 (1ʳᵉ éd., Denoël, 2010).

28. Philippe Pétain, *Discours aux Français, op. cit.*, p. 323.

29. *Ibid.*, p. 324-326.

30. *Ibid.*

31. *Ibid.*, p. 329-334.

32. *Ibid.*, p. 334-335.

33. Jean-Pierre Azéma, *De Munich à la Libération, op. cit.*, p. 303.

34. Cité par Jean-Paul Cointet, *Pierre Laval*, Paris, Fayard, 1993, p. 473.

35. Benoît Lemay, *Erwin Rommel*, Paris, Perrin, coll. «Tempus», 2009.

36. Hans Umbreit, *Der Militärbefehlshaber in Frankreich, op. cit.*, p. 243-260; voir aussi Horst Boog, Gerhard Krebs, Detlef Vogel, *Das Deutsche Reich und der Zweite Weltkrieg*, vol. 7: *Das Deutsche Reich in der Defensive*, Stuttgart/Munich, DVA, 2001, p. 419 et s.

37. E. Jäckel, *La France dans l'Europe de Hitler, op. cit.*, p. 424.

38. Sur les débarquements et sur la Libération, voir entre autres Olivier Wieviorka, *Histoire du débarquement en Normandie. Des origines à la Libération de Paris, 1941-1944*, Paris, Le Seuil, 2007, notamment p. 181-214 et p. 281-295; mais aussi Jean-Pierre Azéma et Olivier Wieviorka, *Les Libérations de la France*, Paris, La Martinière, 1993; Joachim Ludewig, *Der deutsche Rückzug aus Frankreich 1944*, Fribourg, Rombach, 1994; Stéphane Simmonet, *Atlas de la Libération de la France*, Paris, Autrement, 2004.

39. Heinrich Böll, *Lettres de guerre, 1939-1945*, Paris, L'Iconoclaste, 2018 (préface de Johann Chapoutot), p. 250.

40. *Ibid.*, p. 261-262.

41. Richard J. Overy, *War and Economy in the Third Reich*, Oxford, Clarendon Press, 1994, p. 346, et Olivier Wieviorka, *Histoire du débarquement, op. cit.*, p. 184.

42. Chiffre donné au 13 mai 1944, cité par le chef du groupe d'armées Rommel, dans Erwin Rommel, *La Guerre sans haine, Carnets présentés par Liddell-Hart*, t. II, *Les années de défaite*, Paris, Amyot-Dumont, 1943, p. 242.

43. Olivier Wieviorka, *Histoire du débarquement, op. cit.*, p. 192.

44. *Ibid.*, p. 203.

45. Erwin Rommel, *La Guerre sans haine, op. cit.*, p. 245.

46. A. Luneau, J. Guérout, S. Martens, *Comme un Allemand en France, op. cit.*, p. 239-240.

47. Ernst Jünger, *Journaux de guerre, op. cit.*, p. 713.

48. *Ibid.*, p. 714.

49. Philippe Pétain, *Discours aux Français, op. cit.*, p. 336.

50. Ernst Jünger, *Journaux de guerre, op. cit.*, p. 716.

51. Maud Jarry, *Les Armes V1 et V2 et les Français*, Rennes, Marine éditions, 2010, et sa thèse de doctorat soutenue à l'IEP de Paris en 2008, *La France, les Français et les armes de représailles allemandes V1-V2* (sous la dir. de Maurice Vaïsse).

52. *Lettres de la Wehrmacht, op. cit.*, p. 272-273.

53. *Ibid.*

54. Erwin Rommel, *La Guerre sans haine, op. cit.*, p. 256.

55. Benoît Rondeau, *Invasion! Le Débarquement vécu par les Allemands*, Paris, Tallandier, coll. «Texto», 2014, p. 356-357.

56. Jean-Luc Leleu, *La Waffen-SS, soldats politiques en guerre, op. cit.*, p. 1245.

57. Julian Jackson, *La France sous l'Occupation*, Paris, Flammarion, 2010, p. 636.

58. Gaël Eismann, *Hôtel Majestic*, Paris, Flammarion, 2010, p. 442.

59. Christian Delporte, *Philippe Henriot. La résistible ascension d'un provocateur*, Paris, Flammarion, 2018, et Pierre Brana, Joëlle Dusseau, *Philippe Henriot: la voix de la Collaboration*, Paris, Perrin, 2017.

60. Jean Quellien, *Jour J et bataille de Normandie*, Caen, Le Mémorial, 2004.

61. Philippe Buton, *La Joie douloureuse. La libération de la France*, Bruxelles, Complexe, 2004, p. 32.

62. Max Hastings, *Overlord. D-Day and the Battle for Normandy. 1944*, Londres, Penguin Books, 1994 (1re éd., 1982), p. 247.

63. Benoît Rondeau, *Invasion!, op. cit.*, p. 302.

64. J. Ludewig, *Der deutsche Rückzug aus Frankreich 1944, op. cit.*

65. E. Jäckel, *La France dans l'Europe de Hitler, op. cit.*, p. 490 *sq.*

66. BA-MA, RH 19, Circulaire n° 1503/44 du commandant en chef de l'Ouest, 8 juin 1944, cité *in* A. Meyer, *L'Occupation allemande en France, op. cit.*, p. 190.

67. André Cotillon, *Argenton, 9 juin 1944: une tragique page d'histoire*, Argenton, Éd. du Cercle d'histoire d'Argenton, 2004.

68. Gaël Eismann, *Hôtel Majestic, op. cit.*; Ahlrich Meyer, *L'Occupation allemande en France, op. cit.*; Wolfram Wette, *Les Crimes de la Wehrmacht*, Paris, Perrin, coll. «Tempus», 2013 (1re éd., Perrin, 2009), entre autres.

69. Sébastien Chevereau et Luc Forlivesi, *Histoire et mémoire d'un massacre – Maillé, Indre et Loire*, Paris, Fondation de la Résistance, 2007, p. 65.

70. Peter Lieb, «Répression et massacres – L'occupant allemand face à la résistance française, 1943-1944», *in* Gaël Eismann et Stefan Martens (dir.), *Occupation et répression militaire allemandes, 1939-1945*, Paris, Autrement, coll. «Mémoires/Histoire», 2006, p. 178. Le procureur général de Dortmund, Ulrich Maass, a ouvert officiellement une enquête le 1er août 2005 sur les auteurs probables du massacre de Maillé; il parvient aux mêmes conclusions que les historiens. Faute de coupables et de preuves irréfutables, l'affaire a été classée sans suite en décembre 2017.

71. A. Luneau, J. Guérout, S. Martens, *Comme un Allemand en France, op. cit.*, p. 256-257.

72. E. Jäckel, *La France dans l'Europe de Hitler, op. cit.*, p. 464-465.

73. BA-MA, RW 35/551, ordre du MbF sur «la lutte contre les bandes et le ménagement de la population civile innocente», 19 juillet 1944.

74. Christine Levisse-Touzé, *Paris 1944. Les enjeux de la Libération*, Paris, Armand Colin, 1994.

75. Hélène Chaubin, *Corse des années de guerre 1939-1945*, Paris, Tirésias-AERI, p. 92-99.

76. Raoul Nordling, *Sauver Paris : Mémoires du consul de Suède (1905-1944)*, édition établie par Fabrice Virgili, Bruxelles, Paris, Complexe/IHTP/CNRS., 2002.

77. César Fauxbras, *Le Théâtre de l'Occupation*, *op. cit.*, p. 196.

78. *Ibid.*, p. 199.

79. Dietrich von Choltitz, *De Sébastopol à Paris. Un soldat parmi les soldats*, Paris, J'ai lu, coll. « J'ai lu leur aventure » (n° A203), 1969 (1ʳᵉ éd., Aubanel, 1964), p. 204-206.

80. *Ibid.*, p. 208.

81. Renée Poznanski, *Être juif en France pendant la Seconde Guerre mondiale*, Paris, Hachette, 1994, p. 635 *sq.* Se reporter également à Laurent Joly, *Vichy et la « Solution finale ». Histoire du Commissariat général aux questions juives*, Paris, Grasset, 2006, p. 765 *sq.*

82. Renée Poznanski, *Être juif en France*, *op. cit.*, p. 641.

83. Tal Bruttmann, *La Logique des bourreaux, 1943-1944*, Paris, Hachette, 2003, p. 260-261.

84. Serge Klarsfeld, *La Shoah en France*, Paris, Fayard, 2001, 4 vol.

85. *Ibid.*, p. 428.

86. AN, F7/15 304, conférence de presse du 6 août 1943.

87. Pierre Giolitto, *Volontaires français sous l'uniforme allemand*, Paris, Perrin, 1999.

88. Bénédicte Vergez-Chaignon, *Les Secrets de Vichy*, Paris, Perrin, 2015, p. 296-297.

89. François Broche, *Dictionnaire de la Collaboration*, *op. cit.*, p. 414.

90. Bénédicte Vergez-Chaignon, *Pétain*, *op. cit.*, p. 848.

91. Barbara Lambauer, *Otto Abetz*, *op. cit.*, p. 638.

92. É. Alary, *La Ligne de démarcation*, *op. cit.*

93. É. Jäckel, *La France dans l'Europe de Hitler*, *op. cit.*, p. 520.

94. *Ibid.*, p. 523-524.

95. Valentin Schneider, *Un million de prisonniers allemands en France. 1944-1948*, Paris, Vendémiaire, 2011, et Fabien Théofilakis, *Les Prisonniers de guerre allemands. 1944-1949*, Paris, Fayard, 2014.

96. Danièle Voldman, *Attention mines. 1944-1947*, Paris, France-Empire, 1985.

97. Valentin Schneider, *Un million de prisonniers allemands*, *op. cit.*, p. 107-108.

98. François Rouquet, Fabrice Virgili, *Les Françaises, les Français et l'Épuration*, Paris, Gallimard, coll. « Folio Histoire », 2018, p. 439.

99. Claudia Moisel, *Frankreich und die deutschen Kriegsverbrecher. Politik und Praxis der Strafverfolgung nach dem Zweiten Weltkrieg*, Göttingen, Wallstein Verlag, 2004, et Claudia Moisel, « Des crimes sans précédent dans l'histoire des pays civilisés. L'occupation allemande devant les tribunaux français, 1944-2001 », *in* Stefan Martens et Gaël Eismann, *Occupation et répression militaire allemandes*, *op. cit.*, p. 186-200.

100. Claudia Moisel, « Des crimes sans précédent dans l'histoire des pays civilisés. L'occupation allemande devant les tribunaux français, 1944-2001 », *in* Stefan Martens et Gaël Eismann, *Occupation et répression militaire allemandes*, *op. cit.*

101. François Rouquet, Fabrice Virgili, *Les Françaises, les Français et l'Épuration*, *op. cit.*, p. 451-454.

102. Se reporter pour les crimes jugés en Allemagne à Alfred Wahl, *La Seconde Histoire du nazisme. Dans l'Allemagne fédérale depuis 1945*, Paris, Armand Colin, 2006.

103. C'est l'unique crime non prescriptible en droit français depuis la loi du 26 décembre 1964.

104. Se reporter entre autres à Henry Rousso, *Vichy. L'événement, la mémoire, l'histoire*, Paris, Gallimard, coll. «Folio Histoire», 2001.

105. Micheline Bood, *Les Années doubles. Journal d'une lycéenne sous l'Occupation*, Paris, Robert Laffont, 1972.

106. Dominique Missika, *La guerre sépare ceux qui s'aiment. 1939-1945*, Paris, Grasset, 2001, p. 51-53.

107. Sarah Fishman, *Femmes de prisonniers de guerre (1940-1945)*, Paris, L'Harmattan, 1996.

108. Denis Demonpion, *Arletty*, Paris, Flammarion, 1996.

109. Exemple développé dans Alexandre Kauffmann, Fred Carol, «On les appelait les enfants de Boches», *Géo Histoire, La France sous l'Occupation*, septembre-octobre 2011, p. 120-127 (coordination et conseils d'Éric Alary).

Conclusion

1. Gaël Eismann, *Hôtel Majestic, op. cit.*

Bibliographie sélective

La bibliographie présentée ici ne se veut pas exhaustive. Il s'agit de quelques orientations portant sur l'Occupation et plus particulièrement sur les travaux permettant d'aborder les liens entre les Allemands et la France des années 1920 jusqu'à la fin des années 1940. Les notes de l'appareil critique donnent de multiples références complémentaires, notamment des cotes d'archives françaises et allemandes.

Instruments de travail et sources littéraires

Sources imprimées, récits et témoignages

D'autres sources imprimées moins utilisées dans l'ouvrage que celles citées ci-dessous sont inventoriées dans les notes.

AUROY, Berthe, *Jours de guerre. Ma vie sous l'occupation*, Paris, Bayard, 2008.
BOBKOWSKI Andrzej, *En guerre et en paix. Journal 1940-1944*, Montricher (Suisse), Les éditions Noir sur Blanc, 1991.
—, *Douce France*, Paris, Libella, 2015.
BÖHME Hermann, *Entstehung und Grundlagen des Waffenstillstandes von 1940*, Stuttgart, Deutsche Verlags-Anstalt, 1960.
BÖLL Heinrich, *Lettres de guerre, 1939-1945*, Paris, L'Iconoclaste, 2018 (préface de Johann Chapoutot).
CORBIN, Alain, *Sois sage, c'est la guerre. Souvenirs d'enfance, 1939-1945*, Paris, Flammarion, coll. «Champs», 2016.
FABER DU FAUR Moritz von, *Erinnerungen eines alten Offiziers*, Stuttgart, H. E. Günther, 1953.
FAUXBRAS César, *Le Théâtre de l'Occupation*, Paris, Allia, 2012.
GARÇON Maurice, *Journal 1939-1945*, Paris, Les Belles Lettres/Fayard, 2015.

GUÉHENNO Jean, *Journal des années noires*, Paris, Gallimard, coll. «Folio», 2002.

HALDER Franz, *Kriegstagebuch: tägliche Aufzeichnungen des Chefs des Generalstabes des Heeres, 1939-1942*, Stuttgart, Kohlhammer, 1962.

HARTLAUB Felix, *Paris 1941*, Paris, Actes Sud, 1999.

HELLER Gerhard, *Un Allemand à Paris, 1940-1944*, Paris, Le Seuil, 1981.

HITLER Adolf, *Mon combat*, Paris, Editions latines, 1932.

JÜNGER Ernst, *Journaux de guerre (1939-1948)*, t. II, Paris, Gallimard, coll. «Bibliothèque de la Pléiade», 2008.

KAGENECK August von, *La France occupée*, Paris, Perrin, coll. «Tempus», 2015.

KEITEL maréchal, *Souvenirs, lettres, documents*, Paris, Fayard, 1963.

LORRAINE Jacques, *Les Allemands en France*, Impr. P. Dupont, 1945.

LUNEAU Aurélie, *Je vous écris de France. Lettres inédites à la BBC*, Paris, L'Iconoclaste, 2014.

LUNEAU Aurélie, MARTENS Stefan, GUÉROUT Jeanne, *Comme un Allemand en France. Lettres inédites sous l'Occupation, 1940-1944*, Paris, L'Iconoclaste, 2017.

Lettres de la Wehrmacht, présentées par Marie Moutier, Paris, Perrin, 2014.

Où sortir à Paris? Le guide du soldat allemand (1940-1944), Paris, Alma éditeur, 2013.

RAUSCHNING Hermann, *Hitler m'a dit*, Paris, Le Livre de Poche, 1979.

ROSKOTHEN Ernst, *Gross-Paris. Place de la Concorde 1941-1944. Ein Wehrmachtsrichter erinnert sich*, Hohenrain-Verlag, GmbH Tübingen, 1989.

SHIRER William, *Berlin Diary: The Journal of a Foreign Correspondent 1934-1941*, New York, Grosset and Dunlap, 1943.

SPEER Albert, *Au cœur du IIIᵉ Reich*, Paris, Fayard, 1969, coll. «Pluriel», 2010.

SPEIDEL Hans, *Aus unserer Zeit. Erinnerungen*, Berlin/Francfort-sur-le-Main/Vienne, Propyläen Verlag, 1977.

WERTH, Léon, *Déposition. Journal de guerre 1940-1944*, Paris, Le Seuil, coll. «Points», 2007 (1ʳᵉ éd. Viviane Hamy, 1992).

Les instruments de travail

La France et la Belgique sous l'occupation allemande, 1940-1944. Les fonds allemands conservés au Centre historique des Archives nationales. Inventaire de la sous-série AJ 40, CHAN, 2002.

AGLAN Alya, FRANK Robert (dir.), *La Guerre-Monde, 1937-1947*, Paris, Gallimard, coll. «Folio Histoire», 2015, 2 vol.

ALARY Éric, VERGEZ-CHAIGNON Bénédicte, *Dictionnaire de la France sous l'Occupation*, Paris, Larousse, 2011.

HUSSER Beate, *Les Autorités allemandes d'occupation en France à travers les archives allemandes (conservées en Allemagne). Aspects de la répression et de la persécution (1940-1944)*, mémoire de maîtrise d'études franco-allemandes, Paris, université de la Sorbonne-Nouvelle-Paris-III, UFR d'allemand, 1997.

LELEU Jean-Luc, DAEFFLER Michel, PASSERA Françoise, QUELLIEN Jean (dir.), *La France dans la Seconde Guerre mondiale. Atlas historique*, Paris, Fayard, 2010.

MARTENS Stefan, «Le destin des documents allemands de l'Occupation après la Seconde Guerre mondiale», *La France et la Belgique sous l'occupation allemande, 1940-1944. Les fonds allemands conservés au Centre historique des Archives nationales. Inventaire de la sous-série AJ 40*, CHAN, 2002.

STEINBERG Lucien, *Les Autorités allemandes en France occupée. Inventaire commenté de la collection de documents conservés au CDJC*, Centre de documentation juive contemporaine, 1966.

Études générales de référence

Sur les relations franco-allemandes, le droit international et le pangermanisme

Ouvrages sur les relations internationales et les relations franco-allemandes

DUROSELLE Jean-Baptiste, *Politique étrangère de la France. L'abîme, 1939-1944*, Paris, Imprimerie nationale, 1986; rééd. Paris, Le Seuil, coll. «Points Histoire», 1990.

—, *Histoire diplomatique de 1919 à nos jours*, Paris, Dalloz, 1993.

Sur les frontières, le droit des frontières, les conventions internationales

ANCEL Jacques, *Géographie des frontières*, Paris, Gallimard, 1938.

BOTTIN Michel, «La frontière de l'État», *Revue Sciences de la société*, «Territoires frontaliers, discontinuité et cohésion», Toulouse, Presses universitaires du Mirail, février 1996 (n° 37), p. 15-25.

FISCHER Fritz, *Les Buts de guerre de l'Allemagne impériale, 1914-1918*, Paris, Éditions de Trévise, 1970.

FOUCHER Michel, *Fronts et frontières. Un tour du monde géopolitique*, Paris, Fayard, 1988.

—, *L'Invention des frontières*, Fondation pour les études de Défense nationale, 1986.

Les Frontières, Paris, A. Pedone, 1980 (actes du 13ᵉ colloque de Poitiers de la Société française pour le droit international, Poitiers, 17-19 mai 1979).

LAPRADELLE Paul de, *La Frontière. Étude de droit international*, Les Éditions internationales, 1928.

PILLET Alain, *Les Conventions de La Haye, 1899-1907, étude juridique et critique*, Paris, A. Pedone, 1918.

PRADEAU Christian, *Jeux et enjeux des frontières*, Bordeaux, Presses universitaires de Bordeaux, 1994.

RATZEL Friedrich, *La Géographie politique*, Paris, Fayard, coll. «Géopolitiques et stratégies», 1987, 3ᵉ éd. (1ʳᵉ éd. 1923).

Pangermanisme, nationalisme allemand, images de la France, fictions allemandes

BARRAL Pierre, «Idéal et pratique du régionalisme dans le régime de Vichy», *Revue française de science politique*, octobre 1974, XXIV (5), p. 911-939.

GEIGER Wolfgang, *L'Image de la France dans l'Allemagne nazie, 1933-1945*, Rennes, PUR, 1999.

KORINMAN Michel, *Deutschland über alles. Le pangermanisme, 1890-1945*, Paris, Fayard, 1999.

SCHÖNWÄLDER Karen, *Historiker und Politik – Geschichtswissenschaft im Nationalsozialismus*, Francfort-sur-le-Main, Campus, 1992.

SCHWABE Klaus, «Deutsche Hochschullehrer und Hitlers Krieg (1936-1940)», *in* BROSZAT Martin, SCHWABE Klaus (dir.). *Die Deutschen Eliten und der Weg in den Zweiten Weltkrieg*, Munich, Beck, 1989, p. 291-333.

Sur l'Allemagne nazie, Hitler et les dignitaires nazis

BLOCH Michael, *Ribbentrop*, New York, Crown Publishers, 1992 (trad. française: *Ribbentrop*, Paris, Plon, 1996).

BROSZAT Martin, *L'État hitlérien. L'origine et l'évolution des structures du Troisième Reich*, Paris, Fayard, 1986 (1ʳᵉ éd. Munich, 1969).

BÜCHELER Heinrich, *Carl-Heinrich von Stülpnagel. Soldat, Philosoph, Verschwörer, Biographie*, Francfort-sur-le-Main, 1989.

CHAPOUTOT Johann, INGRAO Christian, *Hitler*, Paris, PUF, 2018.

JÄCKEL Eberhard, *Hitler idéologue*, Paris, Gallimard, 1995.

KERSHAW Ian, *Hitler*, Paris, Flammarion, 1999 et 2000, 2 vol.

LONGERICH, Peter, *Goebbels*, Paris, Perrin, coll. «Tempus», 2015.

MARTENS Stefan, *Hermann Göring. «Erster Paladin des Führers» und «Zweiter Mann im Reich»*, Paderborn, Schöningh, 1985.

STEINERT Marlis, *Hitler*, Paris, Fayard, 1991.

TRIMBUR Barbara E., *Francophile contre vents et marées? Otto Abetz et les Français. 1930-1958*, thèse de doctorat en histoire, sous la direction du professeur Jean-Pierre Azéma, Paris, Institut d'études politiques, 2000, 3 vol.

Sur la guerre de 1940, l'armistice et l'invasion

ALARY Éric, *L'Exode de mai-juin 1940. Un tabou oublié*, Paris, Perrin, 2010; coll. «Tempus», 2013.

AZÉMA Jean-Pierre, *De Munich à la Libération, 1938-1944*, Paris, Le Seuil, coll. «Points Histoire», 1979.

—, *1940, l'année terrible*, Paris, Le Seuil, 1990.

AZÉMA Jean-Pierre, BEDARIDA François (dir.), *La France des années noires*, t. I: *De la défaite à Vichy*, t. II: *De l'Occupation à la Libération*, Paris, Le Seuil, 1993 (rééd. Le Seuil, coll. «Points Histoire», 2000).

BURRIN Philippe, *La France à l'heure allemande, 1940-1944*, Paris, Le Seuil, 1995.

CHARPENTIER Pierre-Frédéric, *La Drôle de guerre des intellectuels français*, Panazol, Lavauzelle, 2008.

DEJONGHE Étienne, LE MANER Yves, *Le Nord-Pas-de-Calais dans la main allemande (1940-1944)*, Lille, Éditions La Voix du Nord, 1999.

DOISE Jean, VAÏSSE Maurice, *Diplomatie et outil militaire (1871-1991)*, Paris, Le Seuil, coll. «Points Histoire», 1992 (1re éd., Paris, Imprimerie nationale, 1987).

DURAND Yves, *La France dans la Deuxième Guerre mondiale, 1939-1945*, Paris, Armand Colin, 1989.

FRIESER Karl-Heinz, *Blitzkrieg-Legende, der Westfeldzug, 1940*, Munich, Oldenbourg, 1995.

JÄCKEL Eberhard, *Frankreich in Hitlers Europa*, Stuttgart, Deutsche Verlags-Anstalt, 1966. Trad. française: *La France dans l'Europe de Hitler*, Paris, Fayard, 1968.

KERSHAW Ian, *Popular Opinion and Political Dissent in the Third Reich: Bavaria 1933-1945*, Oxford, Clarendon Press, 1983 (trad. française: *L'Opinion allemande sous le nazisme: Bavière 1933-1945*, Paris, CNRS éditions, 2002).

LABAYLE Éric et BRUNEAU Antoine, *1940. Dans l'œil du vainqueur*, Tours, Éditions Sutton, 2018.

LAUNAY Michel, *L'Armistice de 1940*, Paris, PUF, 1972.

—, «Les occupations en Europe, 1914-1949», *Relations internationales*, automne 1994, n° 79, et hiver 1994, n° 80.

SIMONNOT Philippe, *Le Secret de l'armistice*, Paris, Plon, 1990.

UMBREIT Hans, *Der Militärbefehlshaber in Frankreich 1940-1944*, Boppard am Rhein, Harald Boldt Verlag, 1968.

VAÏSSE Maurice (dir.), *Mai-juin 1940. Défaite française, victoire allemande, sous l'œil des historiens étrangers*, Paris, Autrement, coll. «Mémoires», 2000.

VERNOUX (général), *Wiesbaden, 1940-1944*, Paris, Berger-Levrault, 1954.

Sur les formes de la domination allemande de la France

Les rapports occupés/occupants, la vie quotidienne et l'opinion des occupés

ALARY Éric (dir.), VERGEZ-CHAIGNON Bénédicte, GAUVIN Gilles, *Les Français au quotidien, 1940-1949*, Paris, Perrin, 2006.

AZÉMA Jean-Pierre, WIEVIORKA Olivier, *Vichy, 1940-1944*, Paris, Perrin, 2000.

BARUCH Marc Olivier, *Servir l'État français. L'administration en France de 1940 à 1944*, Paris, Fayard, 1997.

BURRIN Philippe, *La France à l'heure allemande*, Paris, Le Seuil, 1995.

JOLY Laurent (dir.), *La Délation dans la France des années noires*, Paris, Perrin, 2012.

LABORIE Pierre, *L'Opinion française sous Vichy*, Le Seuil, coll. «L'Univers historique», 1990 (rééd. Le Seuil, coll. «Points Histoire», 2001).

LEFÉBURE Antoine, *Les Conversations secrètes des Français sous l'Occupation*, Paris, Plon, 1993.

MISSIKA Dominique, *La guerre sépare ceux qui s'aiment, 1939-1945*, Paris, Grasset, 2001.

OLIVIER Cyril, *Le Vice ou la Vertu. Vichy et les politiques de la sexualité*, Toulouse, Presses universitaires du Mirail, 2005.

PAXTON R. O., *La France de Vichy, 1940-1944*, Paris, Le Seuil, 1973, coll. «Points Histoire», (rééd. 1997).

ROUSSO Henry, *Les Années noires. Vivre sous l'Occupation*, Gallimard, coll. «Découvertes», 1997 (1re éd. 1992).

STEINBERG Lucien, *Les Allemands en France, 1940-1944*, Paris, Albin Michel, 1980.

SWEETS John F., *Clermont-Ferrand à l'heure allemande*, Paris, Plon, 1996.

THALMANN Rita, *La Mise au pas. Idéologie et stratégie sécuritaire dans la France occupée*, Paris, Fayard, 1991.

VEILLON Dominique, *Vivre et survivre en France, 1939-1947*, Paris, Payot, 1995.

Domination économique et pillages

ALARY Éric, *La Ligne de démarcation*, Paris, Perrin, 2003.

—, «La ligne de démarcation, une «frontière» économique?», *in* DARD Olivier, DAUMAS Jean-Claude, MARCOT François (dir.), *L'Occupation, l'État français et les entreprises*, ADHE, 2000, p. 53-67.

ARNAUD Patrice, *Les STO. Histoire des Français requis en Allemagne nazie*, Paris, CNRS éditions, coll. «Biblis», 2014 (1ʳᵉ éd. 2010).

BACHELIER Christian, «Le temps des restrictions», *Bulletin de l'IHTP*, juin 1989, n° 36, p. 19-78.

BELTRAN Alain, FRANK Robert, ROUSSO Henry (dir.), *La Vie des entreprises sous l'Occupation*, Paris, Belin, 1994.

BOUDOT François, «Aspects économiques de l'occupation allemande en France», *Revue d'histoire de la Deuxième Guerre mondiale*, 1964, n° 54, p. 41-62.

CÉPÈDE Michel, *Agriculture et alimentation en France durant la Seconde Guerre mondiale*, Paris, éditions M.-Th. Génin, 1961.

DURAND Paul, *La SNCF pendant la guerre, sa résistance à l'occupant*, Paris, PUF, coll. «Esprit de la Résistance», 1968.

GRENARD Fabrice, *La France du marché noir (1940-1949)*, Paris, Payot, 2008.

GRENARD Fabrice, Le BOT Florent, PERRIN Cédric, *Histoire économique de Vichy*, Paris, Perrin, 2017.

LACROIX-RIZ Annie, «Les grandes banques françaises de la Collaboration à l'épuration, 1940-1950. I. La collaboration bancaire», *RHDGM*, janvier 1986, n° 141, p. 32 *sq.*

—, *Industriels et banquiers sous l'Occupation. La collaboration économique avec le Reich et Vichy*, Paris, Armand Colin, 1999.

MARGAIRAZ Michel, *L'État, les Finances et l'Économie. Histoire d'une conversion (1932-1952)*, Comité pour l'histoire économique et financière de la France, 1991, 2 vol.

MILWARD A. S., *The New Order and the French Economy*, Londres, Oxford University Press, 1970.

—, *War, Economy and Society (1939-1945)*, Berkeley, University of California, 1987.

ROCHEBRUNE Renaud de, HAZERA Jean-Claude, *Les Patrons sous l'Occupation*, Paris, Odile Jacob, 1995.

ROUSSO Henry, «Vichy face à la mainmise allemande sur les entreprises françaises», *La France et l'Allemagne en guerre, septembre 1939-novembre 1942*, actes du colloque franco-allemand à l'Institut historique allemand de Paris, mars 1998, IHA, 1990, p. 469-489.

SAUVY Alfred, *La Vie économique des Français de 1939 à 1945*, Paris, Flammarion, 1978.

SPINA Raphaël, *Histoire du STO*, Paris, Perrin, 2017.

Domination culturelle

AZÉMA Jean-Pierre (dir.), *La Politique du sport et de l'éducation physique en France pendant l'Occupation*, INSEP, 2018.

BERTRAND DORLÉAC Laurence, *L'Art de la défaite, 1940-1944*, Paris, Le Seuil, 1993.

CORCY Stéphanie, *La Vie culturelle sous l'Occupation*, Paris, Perrin, 2005.

HANDOURTZEL Rémy, *Vichy et l'école*, Paris, Noêsis, 1997.

LASSUS Marianne, *Jeunesse et sports. L'invention d'un ministère (1928-1948)*, Paris, INSEP, 2017.

POULAIN Martine, *Livres pillés, Lectures surveillées*, Paris, Gallimard, coll. «Folio Histoire», 2013 (1re éd. Gallimard, 2010).

RIOUX Jean-Pierre, *La Vie culturelle sous Vichy*, Bruxelles, Complexe, 1990.

SAPIRO Gisèle, *La Guerre des écrivains. 1940-1953*, Paris, Fayard, 1999.

VEILLON Dominique, *La Mode sous l'Occupation*, Paris, Payot, 2001 (1re éd. 1990).

Sur les répressions menées par l'occupant

Le maintien de l'ordre allemand et la collusion policière franco-allemande

ALARY Éric, *Mars 1942. Un procès sous l'Occupation au Palais-Bourbon*, Paris, Éditions de l'Assemblée nationale, 2000.

—, *Histoire de la gendarmerie*, Paris, Perrin, coll. «Tempus», 2011.

BANCAUD Alain, *Une exception ordinaire. La magistrature en France, 1930-1950*, Paris, Gallimard, coll. «NRF Essais», 2002.

BERLIÈRE Jean-Marc, *Polices des temps noirs*, Paris, Perrin, 2018.

DELACOR, Regina, *Attentate und Repressionen, Ausgewählte Dokumente zur zyklischen Eskalation des NS-Terrors im besetz en Frankreich, 1941/1942*, Stuttgart, Jan Thorbecke Verlag, 2000.

EISMANN Gaël, *Hôtel Majestic. Ordre et sécurité en France occupée (1940-1944)*, Paris, Tallandier, 2010.

KLARSFELD Serge, *Le Livre des otages. La politique des otages menée par les autorités allemandes d'occupation en France de 1941 à 1943*, Les Éditeurs français réunis, 1979.

MARTRES Eugène, «Points de vue allemands sur résistance et maquis», in MARCOT François (dir.), *La Résistance et les Français. Lutte armée et maquis*, actes du colloque international de Besançon, 15-17 juin 1995, Annales littéraires de l'université de Franche-Comté, Paris, Les Belles Lettres, 1996.

MEYER Ahlrich, *L'Occupation allemande en France*, Toulouse, Privat, 2002.

POZNANSKI Renée, *Être juif en France pendant la Seconde Guerre mondiale*, Paris, Hachette, 1994.

THALMANN Rita, *La Mise au pas. Idéologie et stratégie sécuritaire dans la France occupée*, Paris, Fayard, 1991.

La persécution des Juifs

BRUTTMANN Tal, *Au bureau des Affaires juives. L'administration française et l'application de la législation antisémite (1940-1944)*, Paris, La Découverte, 2006.

KASPI André, *Les Juifs pendant l'Occupation*, Paris, Le Seuil, 1991.

MARRUS Michael, PAXTON R. O., *Vichy et les Juifs*, Paris, Calmann-Lévy, 1981.

PESCHANSKI Denis, *Vichy, 1940-1944. Contrôle et exclusion*, Bruxelles, Complexe, 1997.

—, *Les Camps français d'internement (1938-1946)*, thèse de doctorat d'État ès lettres (histoire contemporaine), sous la direction d'Antoine Prost, soutenue à l'université Paris-I-Panthéon-Sorbonne, 2000, 3 vol.

Sur le régime de Vichy, l'administration française, la Collaboration et le collaborationnisme

AZÉMA Jean-Pierre, BÉDARIDA François (dir.), *Vichy et les Français*, Paris, Fayard, 1992.

AZÉMA Jean-Pierre, WIEVIORKA Olivier, *Vichy 1940-1944*, Paris, Perrin, 1997 (rééd. 2000).

BARUCH Marc Olivier, *Le Régime de Vichy*, Paris, La Découverte, coll. «Repères», 1996.

—, *Servir l'État français. L'administration en France de 1940 à 1944*, Paris, Fayard, 1997.

COINTET Michèle, *Le Conseil national de Vichy, 1940-1944*, Aux amateurs de livres, 1989.

HIRSCHFELD Gerhard, MARSH Patrick (dir.), *Collaboration in France : Politics and Culture During the Nazi Occupation, 1940-1944*, Oxford-New York-Hambourg, Berg, 1989.

ORY Pascal, *Les Collaborateurs (1940-1945)*, Paris, Le Seuil, coll. «Points Histoire», 1976.

PAXTON R. O., *La France de Vichy, 1940-1944*, Paris, Le Seuil, coll. «Points Histoire», 1974 (éd. américaine, 1972).

RÉMOND René (dir.), *Le Gouvernement de Vichy et la Révolution nationale. 1940-1942*, Paris, Armand Colin, 1972.

Sur les Allemands et la Résistance, les mouvements, les réseaux et les maquis

AGLAN Alya, *La Résistance sacrifiée. Le mouvement «Libération-Nord»*, Paris, Flammarion, 1999.

BÉDARIDA François, «L'histoire de la Résistance. Lectures d'hier, chantiers de demain», *Vingtième Siècle. Revue d'histoire*, juillet 1986, n° 11, p. 75-89.

BERLIÈRE Jean-Marc, LIAIGRE Franck, *Le Sang des communistes. Les Bataillons de la Jeunesse dans la lutte armée. Automne 1941*, Paris, Fayard, coll. «Nouvelles études historiques», 2004.

CORDIER Daniel, *Jean Moulin, l'inconnu du Panthéon*, Paris, JC Lattès, 1993, t. III.

COURTOIS Stéphane, *Le PCF dans la guerre: de Gaulle, la Résistance, Staline*, Paris, Ramsay, 1980.

DOUZOU Laurent, FRANK Robert, PESCHANSKI Denis, VEILLON Dominique (dir.), *La Résistance et les Français: villes, centres et logiques de décision*, Paris, IHTP, 1995 (actes du colloque de Cachan, 16-18 novembre 1995).

FOOT Michael R.D., *Resistance: An Analysis of European Resistance to Nazism 1940-1945*, Londres, Eyre Methuen Ltd., 1976.

KEDWARD Harry R., *Naissance de la Résistance dans la France de Vichy. Idées et motivations, 1940-1942*, Seyssel, Champ Vallon, 1989.

MARCOT François (dir.), *La Résistance et les Français: lutte armée et maquis*, Besançon, Les Belles Lettres/Annales littéraires de l'université de Franche-Comté, 1996, vol. 617, série historique n° 13 (actes du colloque international de Besançon, 15-17 juin 1995).

MICHEL Henri, *Histoire de la Résistance (1940-1944)*, Paris, PUF, coll. «Que sais-je?», 1950.

NOGUÈRES Henri, *La Vie quotidienne des résistants*, Paris, Hachette, 1984.

La Résistance et les Français. Nouvelles approches, in *Cahiers de l'IHTP*, décembre 1997, n° 37.

SAINCLIVIER Jacqueline, *La Résistance en Ille-et-Vilaine, 1940-1944*, Rennes, PUR, 1993.

SEMELIN Jacques, «Qu'est-ce que résister?», *Esprit*, Paris, janvier 1994, p. 50-63.

VERGEZ-CHAIGNON Bénédicte, *Jean Moulin*, Paris, Flammarion, 2018.

WIEVIORKA Olivier, *Histoire de la Résistance*, Paris, Perrin, 2013.

La débâcle allemande, la Libération et le retour des Allemands en Allemagne

BARJOT Dominique, BAUDOUÏ Rémi, VOLDMAN Danièle (dir.), *Les Reconstructions en Europe, 1945-1949*, actes du colloque international organisé par le CRHQ et le Mémorial de Caen, Bruxelles, Complexe, 1997.

BÖHME K. W., *Die deutschen Kriegsgefangenen in französischer Hand*, Bielefeld, Gieseking, 1971.

PICAPER Jean-Paul, NORZ Ludwig, *Enfants maudits: ils sont 200000, on les appelait les «enfants de Boches»*, Éditions des Syrtes, 2004.

ROUQUET François, VIRGILI Fabrice, *Les Françaises, les Français et l'Épuration*, Paris, Gallimard, coll. «Folio Histoire», 2018.

ROUSSO Henry, *Le Syndrome de Vichy de 1944 à nos jours*, Paris, Le Seuil, coll. «Points Histoire», 1990 (1re éd. 1987).

SCHNEIDER Valentin, *Un million de prisonniers allemands en France 1944-1948*, Paris, Vendémiaire, 2011.

SIMONET Stéphane, *Atlas de la Libération*, Paris, Autrement, 2004.

VINCENT Marie-Bénédicte, *La Dénazification*, Paris, Perrin, coll. «Tempus», 2008.

VIRGILI Fabrice, *Naître ennemi. Les enfants de couples franco-allemands nés pendant la Seconde Guerre mondiale*, Paris, Payot, 2009.

VOLDMAN Danièle, *Le Déminage de la France après 1945*, Paris, Odile Jacob, 1998.

*Travaux d'histoire régionale, monographies :
les rapports occupants-occupés à l'échelon local (liste non exhaustive)*

ALARY Éric, *Le Canton de Bléré sous l'Occupation*, Paris, Office d'édition et de diffusion du livre d'histoire, 1994.

AUDOUIN-LE MAREC Michelle, *Hommes et combats en Touraine 1939-1945*, Bar-le-Duc, Martelle éditions, 1991.

BARADAT Honoré, *Les Basses-Pyrénées sous l'Occupation, 1940-1944, déportations, internements, fusillades, destructions*, Pau, Imprimerie commerciale des Pyrénées, 1969.

—, *Le Pays basque et le Béarn sous la botte allemande*, Pau, La République, 1970.

BAUD Henri, *Le Jura sous l'occupation allemande. Rapport départemental du Comité d'histoire de la Deuxième Guerre mondiale*, 1994.

BAZIN Jean-François, CANAUD Jacques, *La Bourgogne dans la Seconde Guerre mondiale*, Rennes, Ouest-France, 1986.

BÉCAMPS Pierre, *Bordeaux sous l'Occupation*, Rennes, Ouest-France, 1983.

BLANCHARD Jacques, *Le Camp de Douadic*, chez l'auteur, 1994.

BONNOT Thierry, *La Ligne de démarcation en Saône-et-Loire*, Genelard, Le Caractère en marche, 1994.

BRIAIS Bernard, *Le Lochois pendant la guerre 1939-1945*, Chambray-lès-Tours, Imprimerie CLD, 1988.

CASAS Raymond, JARDEL Lucien, *La Résistance en Loir-et-Cher*, Blois, Association des amis du musée de la Résistance, 1994.

CATHERINE Jean-Claude, *La Ligne de démarcation en Berry-Touraine, 1940-1944*, Châteauroux, CREDI Éditeurs, 1999.

—, «La ligne de démarcation en Berry-Touraine : images et réalités», *L'Indre de la débâcle à la Libération*, Éguzon, Aspharesd, 1995, t. I (article très court et peu documenté ; l'ouvrage consacré à la ligne de démarcation par le même auteur est beaucoup plus important et convaincant).

CHAUMET Michel, POUPLAIN Jean-Marie, *La Résistance en Deux-Sèvres*, Niort, Gestes Éditions, 1994.

COMBES Jean, LUC Michel (dir.), *La Charente de la Préhistoire à nos jours*, Saint-Jean-d'Angély, Éditions Bordessoules, 1986.

EYCHENNE Émilienne, «Le franchissement clandestin de la frontière dans les Pyrénées centrales», *Revue d'histoire de la Deuxième Guerre mondiale*, 1981, n° 131, p. 97-104.

—, *Le Passage de la frontière franco-espagnole pendant la Seconde Guerre mondiale dans le département des Hautes-Pyrénées*, thèse de doctorat de 3ᵉ cycle, sous la direction de Jacques Godechot, université Toulouse-Le Mirail, 1978.

—, *Montagnes de la peur et de l'espérance : le franchissement de la frontière espagnole pendant la Seconde Guerre mondiale dans le département des Hautes-Pyrénées*, Toulouse, Privat, 1980.

—, *Les Pyrénées de la liberté, 1939-1945*, Paris, France-Empire, 1983.

—, *Les Portes de la liberté*, Toulouse, Privat, 1985.

—, *Les Fougères de la liberté. Le franchissement clandestin de la frontière espagnole dans les Pyrénées-Atlantiques pendant la Seconde Guerre mondiale*, Toulouse, Milan, 1987 (les ouvrages de cette historienne reprennent souvent la même approche et les mêmes cartes, mais ils posent une problématique d'ensemble novatrice ; c'est l'une des premières recherches scientifiques sur le passage clandestin).

FOURCAULT Michel, *Bléré et la ligne*, Chambray-lès-Tours, Imprimerie CLD, 1975.

FRANCOIS Pierre abbé, *Passeurs et déportés, un groupe de la vallée de l'Orne*, Pont-à-Mousson, chez l'auteur, 1994.

GILLOT-VOISIN Jeanne, *La Saône-et-Loire sous Hitler*, Mâcon, FOL, 1996.

HUGUEN Roger, *Par les nuits les plus longues. Réseaux d'évasion d'aviateurs en Bretagne, 1940-1944*, Saint-Brieuc, Coop Breizh, 1993 (1ʳᵉ éd. 1976).

JACQUEMET Marie-Laure, *Passeurs et passages clandestins de la ligne de démarcation dans le Jura*, mémoire de maîtrise sous la direction de François Marcot, université de Franche-Comté, 1995.

JEANNET André, VELU Marie-Hélène, *La Saône-et-Loire dans la guerre, 1940-1945. La vie quotidienne sous l'Occupation*, Roanne, Éditions Horvath, 1984.

JOUANNEAU M., *L'Organisation de la Résistance dans l'Indre*, Versailles, Imprimerie Aubert, 1975.

MARCOT François, *La Franche-Comté sous l'Occupation : 1940-1944*, Besançon, Cêtre, 1985 et 1989, 2 vol.

—, *La Résistance dans le Jura*, Besançon, Cêtre, 1985.

MOLLANS Henri de, *Combats pour la Loire (juin 1940)*, Chambray-lès-Tours, Imprimerie CLD, 1985.

MORIN Claude, *Les Allemands en Touraine 1940-1944*, Chambray-lès-Tours, CLD, 1996.

MUNOS Odile, *Les Passages clandestins entre la Haute-Savoie et la Suisse pendant la Deuxième Guerre mondiale*, mémoire de maîtrise, université des sciences sociales de Grenoble-II, 1984.

PAISOT-BEAL Sophie, PRÉVOST Roger, *Histoire des camps d'internement en Indre-et-Loire, 1940-1944*, Joué-lès-Tours, chez l'auteur, 1993.

PENAUD Guy, *Histoire de la Résistance en Périgord*, Périgueux, Éditions Pierre Fanlac, 1985.

PICARD Roger, *La Vienne dans la guerre 1939-1945. La vie quotidienne sous l'Occupation*, Roanne, Éditions Horvath, 1984.

POULLENOT Louis, *Basses-Pyrénées, Occupation, Libération, 1940-1945*, Biarritz, J. & D. éditions, 1995.

PRÉTOT Gaston, *Le Rat blanc*, Belfort, France-Régions, 1990.

RIBAULT Jean-Yves, «La ligne de démarcation: l'exemple du département du Cher», note présentée en mai 1976 lors d'une session du Comité d'histoire de la Seconde Guerre mondiale.

ROUGERON Camille, *Le Département de l'Allier. 1940-1944*, Moulins, Presses de l'Allier, 1969.

SOULEAU Philippe, «Résistance et contre-Résistance dans le sud de la Gironde», *Les Cahiers du Bazadais*, 4ᵉ trimestre 1998, n° 123.

—, *La Région de Langon sous l'Occupation*, Breil-sur-Roya, Cabri, 1992.

—, «La ligne de démarcation en Gironde», *Les Cahiers du Bazadais*, 2ᵉ trimestre 1998, 121, p. 5-44.

—, *La Ligne de démarcation en Gironde*, Périgueux, Éditions Fanlac, 1998.

UHART Robert, *Saint-Martin-le-Beau, village de Touraine*, La Roche-Rigault, Éditions PSR, 1990.

VIVIER Robert, *Touraine 39-45*, Chambray-lès-Tours, Imprimerie CLD, 1990.

Index

Remerciements

Qu'il me soit permis de remercier vivement, en premier lieu, Benoît Yvert, P-DG des éditions Perrin qui, une fois encore, a cru dans ce vaste projet, celui d'une histoire globale de l'occupation allemande en France vue du côté allemand, une synthèse inédite qui renouvelle en partie l'approche de cette sombre période de notre histoire. Cet ouvrage s'ajoute à d'autres projets d'ampleur déjà écrits chez Perrin sur l'histoire des Français.

Je souhaite remercier vivement Élodie Levacher, éditrice chez Perrin, qui par ses relectures et ses suggestions pertinentes a permis de structurer au mieux l'ensemble de l'ouvrage.

Je remercie en outre le travail de l'équipe Perrin avec laquelle je travaille depuis des années, sans qui cet ouvrage n'aurait pu voir le jour. Mes remerciements vont aussi au cartographe.

Que Pierre-Frédéric Charpentier, mon camarade de chambrée en hypokhâgne, mon ami fidèle, grand historien de l'histoire des intellectuels (entre autres!), soit chaleureusement remercié pour ses idées, ses conseils de lecture et pour les discussions autour des Allemands en France, notamment lors d'une promenade sur les bords de Loire à Amboise.

À ma chère Bénédicte Vergez-Chaignon, soutien de tous les instants, jamais avare de conseils et de suggestions, d'archives à partager et d'amitié indéfectible, des remerciements très chaleureux.

Enfin, à Florence, mon épouse, sans qui rien ne serait possible, partageant les relectures, les doutes du chercheur et les idées. Merci aussi à sa maman Annick, trop tôt partie, avec laquelle j'aimais partager les petites histoires de la guerre autour de Pornichet et de Saint-Nazaire. Je continuerai avec Gaston. Que mes parents soient associés à ces remerciements pour leur engouement à m'encourager toujours dans les études historiques.

Enfin, à mes enfants, Anne, Gabrielle, Louis et Pierre, qui me posent tant de questions stimulantes sur la guerre, sur les Français, sur les joies et les crises sociales de ces derniers. En espérant que cet ouvrage répondra à leurs questions ainsi qu'à celles de tous les lecteurs férus d'histoire de la Seconde Guerre mondiale... pas si lointaine que cela.

Table des cartes et tableaux

Table

Table   421

Table 423

Cet ouvrage
a été achevé d'imprimer sur Roto-Page
par l'Imprimerie Floch à Mayenne
pour le compte des Éditions Perrin
12, avenue d'Italie
Paris 13ᵉ
en mars 2019

Nº d'impression : 94067
Dépôt légal : mars 2019
Imprimé en France